东方·剑桥 世界历史文库
Orient & Cambridge World History Library

A New History of India

印度史

斯坦利·沃尔波特 著
李建欣 张锦冬 译

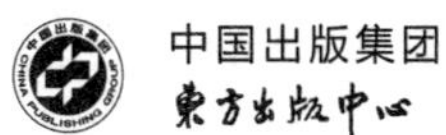

图书在版编目(CIP)数据

印度史/(美)沃尔波特著;李建欣,张锦冬译.
—上海:东方出版中心,2015.5
(东方·剑桥世界历史文库)
ISBN 978-7-5473-0786-1

Ⅰ.①印… Ⅱ.①沃… ②李… ③张… Ⅲ.①印度—历史 Ⅳ.①K351

中国版本图书馆 CIP 数据核字(2015)第 074663 号

上海市版权局著作权合同登记:图字 09-2009-286 号

责任编辑:赵　明
技术编辑:徐儒静
装帧设计:罗　洪

印度史

出版发行:东方出版中心
地　　址:上海市仙霞路 345 号
电　　话:(021)62417400
邮政编码:200336
经　　销:全国新华书店
印　　刷:常熟新骅印刷有限公司
开　　本:640×960 毫米　1/16
字　　数:463 千字
印　　张:33.5
版　　次:2015 年 5 月第 1 版第 1 次印刷
ISBN 978-7-5473-0786-1
定　　价:60.00 元

东方出版中心邮购部　电话:(021)52069798

目录 Contents

中文版序言

中国与印度,我们这个世界人口最多、经济增长最快的两个新兴超级大国,各自都孕育了繁荣了 4 000 多年的灿烂的古代文明。因李建欣、张锦冬两位学者对我的《印度史》的翻译,联想到几百万的中国学生现在能够用他们自己的语言学习印度历史,我非常高兴。

今天,高科技时代和云计算使世界变得越来越小,加快了个人、文化、政治和金融等各个方面的交流,实现了信息的即时传递,使我们准确地理解彼此的观点和信仰成为最重要的事。

印度与中国在 1954 年倡导的五项原则(Panch Shila)呼吁将互相尊重主权和领土完整、互不侵犯、互不干涉内政、平等互利作为实现和平共处的最佳途径。在引导自己的国家走上和平外交大道时,这些文明与合情理的原则依然为亚洲领袖们提供了一种可供采用的模式。

我最好和最有智慧的朋友之一,肯尼思 · 加尔布雷斯(Kenneth Galbraith)曾经告诉我:"其民众的大多数都是受过教育的人的民族很少互相争斗。"我愿意相信它是真实的,并且会加上"尤其是那些互相了解彼此历史的民族"。中国与印度越互相认识到对方对医学、数学、科技、艺术、文学和哲学的贡献，他们的领袖们就越能竭力强调两个国家之间的友好合作，越能够改善有幸生活在如此开明政体中的25亿人民的生活。

斯坦利·沃尔波特

2011年9月

英文版(第八版)序言

在过去的20年中,印度从一个濒临破产的债务国一跃成为世界第四大经济体和南亚的超级大国。美国的商业巨头,从通用电气、福特到微软和戴尔都到印度外购并寻求技术支持。获得独立以来的60年间,印度的人口翻了四倍多。它的最富裕的4亿人享受着城市化的现代生活的一切奢侈与机会,以及土地富饶、灌溉便利(每年生产两到三季作物)的乡村的惬意。而印度最贫穷的3亿无地的劳动者却也一直生活在缺乏可饮用水或充足的食品之中。

60年前,印度的首都新德里仅仅是25万人的家;今天,它扩大到400多平方公里,居住着1 500多万人。自本书上一版发行四年来,在印度原有的12.5亿人口的基础上又增加了大约7 000万人(法国与爱尔兰人口之和)。

2004年举行的全国大选带来由进步的国大党领导的联合进步联盟(UPA, United Progressive Alliance: 联盟,同盟)政府执政,1991年,金融改革的卓越的设计师曼摩罕·辛格(Manmohan Singh)出任总理,此次金融改革促使印度萧条的保护主义经济向全球投资开放,开始了增长与发展最迅速的时期。

我对在过去60年间在印度史方面赐教良多的许多睿智的导师们、亲爱的朋友们和学生们心存感激。尽管我不能在此列举曾经帮助我的所有人的名字，但我必须首先感谢我的导师、宾夕法尼亚大学南亚地区研究系(the South Asian Regional Studies Department)的创办者和第一任主任、该系首位梵文教授诺尔曼·布朗(W. Norman Brown)，他把我引入古老印度的神圣语言、赐予我解开多姿多彩的文化之奥秘的锁钥。50年前，诺尔曼·布朗将我引入印度历史学家的职业生涯，而我的另外一位最卓越的导师肯尼斯·加尔布雷斯(J. Kenneth Galbraith)就印美关系使我深受教益，与我从诺尔曼·布朗那里获得的关于梨俱吠陀时代的教益一样多。拥有二位如此睿智而慷慨的导师，我感到三生有幸！我还必须感谢霍尔登·福尔伯(Holden Furber)在我博士研究期间的辛勤指导，并帮我引见其伦敦的好朋友西里尔·亨利·菲利普斯(Cyril Henry Philips)、珀西瓦尔·斯皮尔(Percival Spear)和巴沙姆(A. L. Basham)。

我感谢优秀的学界朋友恩斯利·艾姆布利(Ainslie Embree)、埃里克·斯托克斯(Eric Stokes)、肯尼斯·巴尔海契特(Kenneth Ballhatchet)、大卫·考普夫(David Kopf)、维什奴·纳莱因(Vishnu Narain)、布里顿·马丁(Briton Martin)、拉吉莫罕·甘地(Rajmohan Gandhi)、斯蒂芬·海(Stephen Hay)、朱迪思·布朗(Judith Brown)、理查·帕克(Richard Park)、阿克巴·阿赫迈德(Akbar S. Ahmed)、休·廷克(Hugh Tinker)、哈菲兹·马立克(Hafeez Malik)、查尔斯·海姆萨特(Charles Heimsath)、塔潘·雷乔杜里(Tapan Raychaudhuri)、卡伦·伦纳德(Karen Leonard)、乔克·麦克莱恩(Jock Mclane)、莱格哈凡·依耶尔(Raghavan Iyer)、斯蒂芬·科恩(Stephen P. Cohen)、鲍勃·弗赖肯伯格(Bob Frykenberg)、乔·艾尔德(Joe Elder)、迪克·西斯辛(Dick Sission)和迪利普·巴苏(Dilip Basu)，他们在过去50多年给予了我启发性的帮助和对我的著作的善意的批评。成千上万的学生选择了我印度史的课程，但只有几十位献身于印度，成为热诚的学者和教师，我感谢他们每一个人：拉居·“乔治”·托马斯(Raju “George” Thomas)、拉维·卡利娅(Ravi Kalia)、布兰达·奈斯(Brenda Ness)、悉达·拉曼(Sita Raman)、阿诺德·卡敏斯基(Arnold Kaminsky)、宇瓦拉吉·普拉萨德(Yuvaraj Prasad)、罗杰·朗(Roger Long)、马克·吉尔伯特(Marc Gilbert)、桑迪·格列格(Sandy Grieg)、尼尔·乔克(Neil Joeck),他们都对印度史这一十分复杂的课程贡献良多。

我们“许多年前”首次访问印度时,几位印度朋友就友爱地“收养了”多萝西(Dorothy)和我自己,为他们喜爱我们并邀请我们到他们家,我特别要感谢他们每个人和他们出色的家庭成员:劳·萨希卜·帕特瓦德罕(Rao Sahib Patwardhan)和他的“潘达瓦”(Pandava)兄弟们、英德尔吉(Inderji)和希拉·古吉拉尔(Shiela Gujral)、马德胡卡尔(Madhukar)和图尼·沙(Tunni Shah)、契霍特(Chhote)和马赫什·巴拉尼(Mahesh Bharany)、多克托尔吉(Doctorji)和马尔瓦夫人(Mrs. A. S. Marwah)、马杜(Madhu)和哥皮·迈塔(Gopi Mehta)和舍依拉·卡利亚(Sheila Kalia)。

我要感谢牛津大学出版社对我的著作的坚定信任,布赖恩·惠尔(Brian Wheel)和劳拉·兰卡斯特(Laura Lancaster)对加快本书第八版付梓的友善的帮助我也充满感激。

最后,无论如何都要感谢我亲爱的妻子多萝西,还包括我们可爱的儿子们:丹尼尔(Daniel)和亚当(Adam),当然还有黛布拉(Debra)和凯蒂(Katy),感谢他(她)们让我拥有了聪明而英俊的孙子萨姆(Sam)、马克斯(Max)和赛宾(Sabine)。祝愿和平会回到我们长期以来饱受折磨的世界并将福祉惠及整个南亚!

斯坦利·沃尔波特

2007年8月于洛杉矶

第一章 生态环境

印度因印度河而得名,4 000 多年前,肥沃的印度河岸孕育了一个 3
伟大的城市文明。这个独特文明在南亚产生、发展并绵延不绝达 4 000 年,与西方、中国文明鼎足而立,同为世界上最灿烂的文化体系。印度思想的成熟、印度艺术的华美、印度帝国统一的力量和财富赋予印度历史无与伦比的辉煌。早在基督纪元起始之前,印度就激发了遥远地区人们的想象,吸引从马其顿到中亚的统治者入侵次大陆并试图征服它的人民、获得他们的艺术品。更近一些时期,其他入侵——无论是由伊斯兰教或基督教的热诚所发动或被对商业利益、权力的觊觎所刺激——给南亚带来新的移民潮。每次入侵都为印度的庞大人口增加了多样性,为其丰富的文化模式增添了复杂性;而且,原初文明的许多最早的种子都以清晰地得到辨识的形式得以存留。就像早就突出于大榕树主干的树枝一样,印度文明的伟大传统经过一代一代的传播,越过了它们由之诞生的次大陆,从无数的地方传统中吸取营养,常常屈从于征服,但基本上经受住了变化。

述说印度历史必须从印度文明在南亚生态环境中的出现说起。南亚次大陆包括从西部的兴都库什(Hindu Kush)和俾路支山脉(Baluchi Hills),北部的喜马拉雅山脉(Great Himalayas),到东部的缅甸山脉(Burmese mountain)和南部的印度洋(Indian Ocean)的广袤地区,总计

150 多万平方公里。这块风筝状的次大陆上,它的南北和东西支架各
4 绵延约 2 000 公里,差不多可以看到每一种地形、气候和地理形式:从低于海平面的荒漠到世界上最高的山峰(珠穆朗玛峰也译为埃佛勒斯峰[Everest]29 028 英尺);从终年干旱的到地球上最湿润的地带(阿萨姆[Assam]的乞拉朋齐[Cherrapunji],平均每年有 426 英寸的降雨);从半岛古代前寒武纪的花岗石(约 50 亿到 200 亿年)到北部相对年轻的一排新生代山脉(约 6 亿年)。

从地理上讲,次大陆大略可以被划分为三个主要水平区域:北部山脉地带;它相邻的、由它而生的印度河-恒河冲积平原;南部的半岛地块,最初可能是非洲的一部分。北部山脉形成天然的屏障,可以阻挡入侵的军队和来自北冰洋的风,为南亚遮挡严寒,甚至远胜于对军队的阻挡,而且使印度平原北纬 30 度以北地区一月份平均气温达 50 华氏度以上,而次大陆其余地区享受着 80 华氏度的暖意。尽管印度的最南端低于赤道以北 8 纬度,拜北方屏障所赐,全年的气候都是亚热带的。炎热是印度生态环境最普遍的特征,因此直到今天太阳和火仍被印度教崇拜,这是毫不奇怪的事情。尽管炎热对印度思想、工作习惯和健康的影响无法度量,但它的作用是不容忽视的。中国与印度的文明形成对照,尤其是它们在现代所取得的成就,炎热对印度生产力的消极影响是一个几乎不能被低估的因素。

也许由于印度的炎热,水在印度人的生活和思想中总是充当着特别神圣的角色。印度河水系的水域,其中一个较小的支流是索安(Soan),成为北印度文化的摇篮;而且,与旁遮普(Punjab,“五河之地”)和信德(Sind)的冲积山谷一样,其裹挟着淤泥的激流,是喜马拉雅冰雪常年带来的礼物。

人类在南亚聚居的最早的遗迹是人们发现的、散落在索安河谷(位于现在巴基斯坦北部)的石片。这些原始的工具或武器是旧石器时代
5 人类在北印度出现时留下的唯一的遗迹。它们似乎显示在第二间冰期(20 万至 40 万年以前)的某个时期,人类曾越过西北部的兴都库什山(Hindu Kush Mountains)移居南亚,或者可能从他们最初在中亚或东

亚的聚居地直接翻越高耸的喜马拉雅山（“雪的居所”），在那里发掘了旧石器时代的骨骼遗骸和原始石器工具。

由中国西藏南部的冰川供给水源，印度河在急转向南之前，向北、向西穿过克什米尔，几乎流经了 1 000 公里，在经过南伽峰（Nanga Parbat）时切割成峡谷，向下通过马拉根德山口（Malakand Pass），接纳了阿富汗喀布尔河（Kabul River）的水源。这两条河在犍陀罗（Gandhara）地区（正位于开伯尔山口［Khyber Pass］之北）合流，它成为历史上军队从西部侵入印度的最好的途径。北印度另外两支较大的河系，亚穆纳-恒河（Yamuna-Ganga）与布拉马普特拉河（Brahmaputra）都发源于西藏冰川的同一地区，如此地靠近印度河的发源地以致它们可能曾经属于唯一一个浩瀚的湖泊，其史前的统一和宁静可能曾被喜马拉雅山喷发的巨大力量所打破，使它们的水源向各个方向分流。这种古代河水的自然转移为南亚的北部平原带去了成吨的沉积土并且日积月累使其土壤肥沃，多产果实，现在它在政治上的反映是：次大陆被划分为巴基斯坦、印度和孟加拉国三个部分。这三个国家分别主要依靠印度河、亚穆纳-恒河与布拉马普特拉河。印度人长期以来把“母亲恒河（Mother Ganga）”崇拜为女神。赫尔德瓦尔（Hardwar）——在这里，恒河以奔流的力量从它的峭壁中冲出，然后平静地流经北方邦（Uttar Pradesh）的平原——只是许多圣城（包括安拉阿巴德［Allahabad］和瓦拉纳西［Varanasi］）中的第一个，这些圣城标示恒河1 500多公里的新月状的路线，直到东部的孟加拉湾。在孟加拉三角洲上，恒河的出口与“梵之子（Brahma's Son，布拉马普特特拉河）”之出口汇合，它在拉达克山脉（Ladakh Range）之北的 1 000 公里之旅，只是在它折回拉达克山脉并在不丹与缅甸之间开辟道路进入“孟加拉的土地（Bangladesh）”时才终结。

从地理学上讲比较年轻的北部多座高山之南和它们的冲积平原位于贫瘠的荒漠之地（拉贾斯坦［Rajasthan］）和多岩石的温迪亚（Vindhya）与萨特普拉（Satpura）山脉，它们是中印度古老的山峰。位于北回归线南面的这一中央山脉给北南印度便捷的交通总是构成难以

6 克服的自然屏障,这在印度大部分历史上激励人们在温迪亚-萨特普拉-焦达讷格布尔(Vindhya-Satpura-Chota Nagpur)这一分界线的北部和南部发展实质上独立的文化和帝国。

德干高原(Deccan Plateau)隆起于塔普蒂(Tapti)河之南,在萨特普拉山(Satpura Range)以下,像一张被风雨剥蚀的旧桌子一样向东倾斜,迫使南印度的主要河系——默哈讷迪河(Mahanadi,"大河")、戈达瓦里河(Godavari)、克里希纳河(Krishna)、高韦里河(Cauvery)都流入孟加拉湾。德干高原的西边是一个像脊柱似的山屏,被称做西高止山脉(Western Ghats),平均约有3000英尺高,收获了每年由阿拉伯海吹来的西南季风中的大部分降雨。因此,德干高原的大部分都是干旱、贫瘠的劣地,就像美国的西南部。不过,西印度狭窄的沿海地区更像热带雨林,接受着每年100到200英寸的降雨。马拉巴(Malabar)海岸这一地区是世界上种植胡椒、肉豆蔻和其他香料最好的地区,这些调味品对西方人的胃口是一个强烈的诱惑。

缺少由北部长年雪水源源不断供给的河流的馈赠,南印度总是依赖降雨来获得水源。直到今天,南印度的农民还以仪式上的舞蹈和狂热的崇拜来欢迎每年6月季风的到来。在孟加拉和沿奥里萨(Orissa)邻近海岸线的地区,季风常常伴随着飓风来到。在对阿萨姆发泄完它的暴怒之后,雨水向西移动,受喜马拉雅山的阻挠,降水偏移至恒河平原,北方最远至德里。

每年为南部带去恢复元气的雨水的季风,也可能由东非沿海路给印度半岛输送第一批居民,大约与东亚移民首次漫游到北部的索安河谷同时。而且,除了工具,我们并没有得到骨骼遗骸来告知我们旧石器时代南印度游牧部落的情况,这里的工具都是石核用具,而不是原始石器。在德干高原的西部、中部和东部都发现有粗糙的石斧,但由于这些早期发现中绝大部分都位于半岛东部海岸(科罗曼德尔[Coromandal])的马德拉斯(Madras, 金奈[Chennai]),这种以石头为核心的生产被称为马德拉斯工业。它的技术和产品几乎与南非和南欧的一样。

8 因此,在印度历史上第一个并且是最漫长的时期,在南亚至少有两个相距遥远而又相互独立的人类聚居和文化发展区域。什么导致一个人群把原始石器作为他们的主要工具或武器,而另一个人群却坚持用石核工具呢?难道是因为一个最初崇拜山神,而另一个崇拜母神吗?当他们首次形成语言工具时,他们的语言是怎么不同呢?历史对这些问题并不提供答案。不过,我们知道达罗毗荼语(Dravidian)一直是南印度占统治地位的语系,它是一种独特的交流方式,与印欧语(Indo-European)、北印度的印度-雅利安语(Indo-Aryan)迥异。长期以来南亚还有其他几种有代表性的大的语系,包括北部的汉藏语系(Sino-Tibetan),还包括为与世隔绝的山民所使用的许多种部落语言,像与东南亚的孟-高棉语(Mon-Khmer)相关的扪达语(Munda)。从历史上讲,我们只能有把握地确定相对晚近的印欧语言的产生时间,尽管人们已对达罗毗荼语开展了许多学术研究,原始达罗毗荼语的语法还没有被发现。因此,我们还没有办法有把握地确定讲达罗毗荼语的人在印度土地上出现的时间。一些南印度的分离主义者要求建立一个"自治的"达罗毗荼斯坦(达罗毗荼人的土地),他们以下面的主张为根据:"达罗毗荼文明"要早于北部的雅利安人的出现,他们只是后来才征服印度半岛的人民,并把他们"较低级"的文明强加到他们之上,但是历史并没有提供支持这种主张的正面证据。

在大约开始于公元前3万年的中石器时代,在长期以来阻碍人类进步的冰河最后退去之后,人类似乎进行了第二次大规模的移民,从东非或南欧移民至南亚。在德干高原的表面散落了许多细石器,直至中印度,甚至在旁遮普也有发现。这些小型的石头武器被称为小工具(pagmy tools),它们与在法国、英国和东非发现的如此相像,以至于有可能是由与南亚旧石器时代前辈迥异的猎人和食物采集者带到南印度去的。在中印度穿越温迪亚与萨普特拉山的讷尔默达河(Narmada River)河谷中的发现显示了那一地区由早期至中期石器时代人们的进化路线。

在美索不达米亚、埃及和波斯,印度的西部邻居们在公元前9 000 9
至1.5万年间完成了由原始狩猎和食物采集到作物种植的转变,这种转变标志着新石器时代的开端和文明的到来。新石器革命于公元前8 000年发生于南亚,大约是在西北部边陲的俾路支(Baluchistan)的山地发现了新石器时期最早的村落,在那里驯养着绵羊和山羊,种植着小麦和大麦。

从生态学上讲,南亚的印度-伊朗(Indo-Iranian)边疆可能是被视为不足以支撑半干旱农业和畜牧经济的唯一地区。一年不足10英寸的降雨,还都集中在冬季,长期以来那里一直是发展干旱农业和随季节变化把牲畜在山地和草地之间迁移的地区;村落遗址与养殖的多样化可能反映了半游牧职业者的数量还相当小。这些俾路支村民们用土坯建造房屋,使用石制或骨制工具,驯养绵羊、山羊和牛。在最早的遗址里还没有发现金属或陶器,不过,此后这一地区曾生产了手工制作的黄红色泥罐。在奎达(Quetta)之北不到100公里的地方,在兹霍布河(Zhob River)河谷的许多遗址里发掘出了南亚边境很早有人定居的有趣的证据。来自这些发掘地点的母神小塑像尽管未注明日期,却显示:印度当时最流行的崇拜形式也可能是它最古老的崇拜对象。赤土制作的、背部隆起的公牛也在兹霍布河谷被发掘出来。公牛后来与印度教的湿婆神(Shiva)紧密相关,被作为大神的神圣化身神牛(Nandi)而被崇拜。除此之外,在这一地区还散落着许多男性生殖器模样的石质物品,进一步显示了某种类型的古代生殖崇拜,类似于之后与湿婆有关的崇拜,它的主要崇拜对象一直是石质男性生殖器。在靠近莫克兰(Makran)海岸的俾路支南部,发现了其他一些早期的村庄遗址,其中一些遗物一般被归类为一种库利(Kulli)文化,它的暗黄色陶器与它的西邻很相似,但它习惯的埋葬方式似乎是火葬,后来成为印度人最常见的埋葬形式。在这一文化遗址中,还发现了许多"女神"泥塑像和小公牛。陶器的一些几何图形,像心形的菩提树(pipal,无花果树)树叶,一
10 直是印度文明的重要宗教与艺术符号。大约3 000年后,一般认为佛陀正是坐在一棵菩提树下开悟的。

相邻的印度河谷(Indus Valley)平原,从生态上讲与尼罗河和底格里斯河-幼发拉底河谷非常相似,都是新石器文明的摇篮。它是一个半

干旱区,并不需要铁器来清理和整顿,并且河水冲刷下的充足的淤泥可充当天然肥料。印度河道长廊林可烧制足够的砖,用于建造和周期性(大约每隔140年)再建印度河谷的城池。以下一点似乎也是清楚的:逐渐被农业和放牧所驱赶或毁灭的规模较大的、最难以捉摸的印度河谷的动物,像虎和犀牛,事实上是河岸边长长的野草和开阔的林野中天然的动物群。从来没有在中印度西部被发现的大象似乎被转移到了信德(Sind)。到公元前7000年,移居者们在波伦山口(Bolan Pass)脚下的迈尔伽(Mehrgarh)安顿下来。那里新石器时代的土墩逐渐长到超过30英尺高,其中发掘出了石刀和骨质工具,还有泥塑像。

村落文化几乎同时产生于上述的俾路支山地,这一时期显然比伟大的印度河城市文明要早一些。1929年发现的第一个这样的村落阿姆利(Amri)位于信德,距印度河谷不过1公里,地处刚刚高于水位最高点的河岸上。究竟印度早期的村民用了多长时间才生产出足够剩余的小麦和大麦,并发展出相应水平的技术能力,以使他们能够实现从村落文化到城市文明的跨越,这实在难以说清楚。500年对于完成这样一种历史跨度的社会变迁来说几乎不算太长。无论如何,阿姆利至少显示出四个发展阶段,它们都早于印度河文明的更高级的阶段。从粗陋的壕沟里发掘出被埋藏的手工陶器和贮藏罐,这一遗址还发掘出了晚些时期的、上有复杂、精细的几何图案设计的暗黄色陶器,它们是在轮子上制作的,还有紫铜和青铜碎片。这一村落文化最后一个阶段的土坯建筑与上有美丽彩绘的陶器联系在一起,这些陶器上绘有背部隆起的印度公牛(zebu)和其他被驯养的动物。分别与印度河有相同距离的几个地方,最近的是在科特·迪吉(Kot Diji),印度河文明的南部伟大的"首都"——摩亨佐-达罗(Mohenjo-daro)西北大约25公里处,发现了几个类似的村落。

印度河谷东部的拉贾斯坦(Rajasthan)沙漠地区在4000至5000 11
年以前似乎拥有与信德一样的生态环境,那时尚未干涸的萨拉斯瓦蒂"河"系(Saraswati)流过它长长的贫瘠沙地注入阿拉伯海。在印度北部的"首都"哈拉帕(Harappa)东南120公里的卡利班根(Kalibangan),

最近发掘出了另一个哈拉帕以前时期的村落。这是在现代印度而不是在巴基斯坦发现的第一个这样的遗址。尽管并不知道是什么导致了后来萨拉斯瓦蒂河的改道或干涸,关于早期社会生活的这一证据证明拉贾斯坦并不总是荒芜的。也许拉贾斯坦与古吉拉特(Gujarat)属于同一个生态系统,后者的铲子状的颌向南伸入阿拉伯海,而前者的中心地带在信德和旁遮普,是适宜于新石器发展和迅速成长的一个地区,而且很容易被早期印度文明的铜、青铜、石制工具和武器所征服。

然而,拉贾斯坦沙漠以东的亚穆纳-恒河平原坚韧的、为季风所滋润的娑罗双树(sal)树林为人类的定居设置了更加难以克服的障碍,直到公元前1000年后,用牛牵引的铁犁发明成熟之后,人们才得以克服这样的障碍。在亚穆纳河与恒河之间的河间(Doab)地区,每年有多达40英寸的降雨,以及古老冲积层上的热带干旷草原土壤,在这里并没有发现在雅利安人之前有人类族群定居的遗迹,它的丛林显然太稠密,因而阻碍了新石器时代人类的迁入。河间地下层土中发现的赤陶和赭陶可能反映了居住在这一地区的早期部落人群的漫游,但德里附近的哈斯蒂纳普尔(Hastinapura)发掘出的大量彩绘灰陶的聚藏似乎并不早于公元前1000年。在这一地点也发掘出了一些北部黑色磨光的陶器,它也许是雅利安占领印度之后的第一个大城市,而这些陶器显然是较晚时期(大约公元前500年)的产品,可能是由东部的恒河平原(比哈尔附近)带到哈斯蒂纳普尔的,在那里,发现了大量散发出黑色光泽的铁。

在恒河与亚穆纳河汇合的地方附近,坐落着北方邦的现代城市安拉阿巴德,平均年降水量达到40英寸;向东,增加到100英寸,而到孟加拉和阿萨姆,降水量则更多,那里能够种植水稻,有时一年达到两至三季成熟期。另一方面,小麦、大麦和小米是恒河平原西部以及旁遮普
12 北部的基本作物,那里的年降水量接近20英寸,达不到40英寸。甘蔗生长于这两个生态区域,是印度最常见和最重要的作物之一。在历史上相对隔绝的地区被称做孟加拉(Bangal, Bangladesh),是世界上最大的三角洲土地聚集区,4000多年前,当伟大的印度河城市文明繁荣之时,这一地区一定还被娑罗双树林所覆盖。

第二章　印度河文化(约公元前 2500—前1600)

对古代旁遮普城市哈拉帕(哈拉[Harra]是湿婆的名字之一)的重 13
要发掘开始于1921年,继这次发掘之后的另一重大考古事件,即对沿印度河往南的摩亨佐-达罗("亡者之丘")的发掘开始于一年之后,它们改变了我们对古代印度历史的理解。对这两座地处印度河流域的城市(相距约400公里)的发掘,首先将印度城市文明的起源至少向前推进到雅利安人侵入之前1000年。这两个遗址的古代文化遗存也彻底改变了印度雅利安"征服者"与雅利安人到来之前的族群之间相对的文化地位。雅利安人到来之前的达萨人(dasas),或"奴隶(较黑的皮肤把他们与雅利安人的"肤色"区分开来)",突然显得更高级和成熟一些,而且从技术上讲也比从西边侵入的半野蛮的、游牧的雅利安人更为早熟,雅利安人"文明"的优势似乎只表现在武器和对套上挽具的马匹的使用上。

1921年1月,当约翰·马歇尔爵士(Sir John Marshall)派萨尼(D. R. Sahni)主持对哈拉帕的发掘时,他完全有理由猜测:有什么重要的东西正埋藏在旁遮普的蒙哥马利(Montgomery)区、沿拉维河(Ravi)东岸耸立的、被泥土覆盖的土丘下。100年来,这个地方已经为在印度的英国官员所知悉了。英国将军、业余考古学家亚历山大·孔宁海姆爵士(Sir Alexander Cunningham)早在1853年和1873年就先后几次访问这个地方,他发现并记录了一些不可释读的小印章,还在土丘附近拣拾了一些有趣的其他什物。这一地区还散落着成千上万的烧制的砖块,为从拉合尔(Lahore)到木尔坦(Multan)的100公里的铁路轨道提
14 供了足够的道砟,讲究实际的印度承包商和英国工程师确实为此而利用它们。

哈拉帕发掘出的古代文物的丰富多样使这座城市的名称与它所代表的印度河文明相称。现在以碳-14年代测定法确定,它至少出现于公元前2300至1750年之间。周长不少于3.5公里的这一伟大的城市曾经在巨大的防御砖墙(其墙基达40英尺厚)后面兴盛过。哈拉帕的防御砖墙保护其城堡免受拉维河水的冲刷和人类可能的侵袭。城堡自身几乎有50英尺高,从大小与地理方位上看,它与在摩亨佐-达罗发现的一些城堡类似,也是与工人区一起耸立在下城之西。似乎是由同一个帝国城市规划的中央委员会设计了这两座城市;甚至建造它们使用的砖都是按一样的标准尺寸烧制的。哈拉帕的砖块被广泛用于修筑铁路路基,这使考古学家们不可能清晰地辨认防御城墙中的任何建筑遗物,就像在摩亨佐-达罗发现的那些,但是在沿着河岸的城堡北部发现了几座粮仓。这几座粮仓被建成两排,每一座粮仓有六个贮藏区,都设有通风道使空气能自由地穿过粮仓的厚墙,这些粮仓用于贮藏足够哈拉帕人口(估计大约35000人)食用的小麦和大麦;或者,它们被用于贮藏从摩亨佐-达罗或遥远的苏美尔(Sumeria)顺流运来的产品或进口的商品。这些规模庞大、造价昂贵的设施证实了哈拉帕文明的富庶,像苏美尔人一样,它可能也被奉为神灵化身的祭司——国王所统治。在摩亨佐-达罗发现的一座小型石塑像也许代表了这样一位国王。他那细长的眼睛、厚厚的嘴唇、长满胡须而无表情的脸孔反映了一种超自然的宁静和力量,而他那缀满宝石的束发带和臂章,还有他外衣上的苜蓿叶图案也许是标志高贵地位的符号。

工人区或工房位于哈拉帕的粮仓和有城墙防护的城堡之间,它们比相当晚近的印度城市贫民的住所更结实,排水系统也更好,低种姓者

或“贱民”出身的劳动者生活在城墙之外,身陷赤贫状况之中,依附在印度社会破败的边缘。难道印度河时期的社会(Indus society)已经两极
分化成祭司-武士精英统治绝大多数的城镇手工艺人、商人、雇工和其 15
他“神之奴仆”,就像后来的印度社会(Indian society)那样?并没有发现列举任何祭司-国王或他的辅佐大臣们的历史记录,因此我们只能假设他们也许拥有保护他们的臣民免受洪水和野兽袭击所必需的技能。不过,从印度河印章上镌刻的引人瞩目的形象上我们可以获知:老虎、大象、犀牛,还有水牛和公牛都曾栖息在现在几乎已经荒芜的这一地区的森林中。从这些印章中我们还可以知道:印度河的人民已经拥有了一种书写语言。

在摩亨佐-达罗发掘出一张非常清晰的地图,是关于位于阿拉伯海以北250公里处的印度河西岸的一座古代城市的。实际上,在几百年间,不少于10座城市是用这同一种型制建造的。散落在信德沙地上丰富的砖块、碎片、印章、塑像、珠子和其他什物,令马歇尔和他的助手们惊呆了,以至于他们牺牲了科学的精确性而一味追求速度。因此,我们对摩亨佐-达罗发掘出的遗迹的时间顺序不甚了了,最早的三个遗址现在已经浸没在上升的地下水面以下了。我们只知道由城墙防护的城堡内有许多气势恢弘的建筑,其中一座建筑包括一个由砖砌成、外涂沥青的火炕式供暖系统,再加上梳妆室,是完整的一套,而且在大小与复杂性上与依然构成大多数印度教寺庙不可缺少之一部分的“洗澡池”类似。不过,在摩亨佐-达罗尚没有发现大的寺庙或崇拜中心,但可能是因为适合作寺庙的位置恰在浴室之东,还没有被发掘出来。一座神圣的佛教窣堵坡(stupa)耸立在城堡的一个地方,还没有得到移走的许可。在浴室的西边发现了一座巨大的粮仓,而在粮仓旁边最近发掘出一座更大的建筑(长230、宽78英尺),可能是一座皇宫。

在城堡围墙的外面散乱地分布着非常简陋的城池,摩亨佐-达罗的绝大多数人口居住在这里。城市沿南北方向布局,被划分为许多主要街区,各区之间以职业或亲属群体分割开来,就像以后的印度城市,各种姓都居住在他们自己的聚居地。有些街区有很大的房屋,结实的砖

基显示它们为多层结构。家庭生活围绕保证私密性的内部开阔的庭院
16 展开,从那以后,富有的印度家庭基本上都以这种方式建筑和组织。无论在个人房屋内部或公共街道上,用砖覆盖的下水道从技术上讲都很成熟,甚至比许多现代印度城镇的下水道都要卫生。摩亨佐-达罗的市政管理,无论是否以神权政治的形式,肯定是诚心诚意的。街道或街区,还有砖瓦的标准大小一致,进一步证实了中央集权的存在。在下城的一个区发现的一排小房间要么是警察局的营房,要么是一座寺院。至少在历史上具有生机的500年间,在摩亨佐-达罗城的主街道上还排列着公用水井和商店。

轮制的陶器,大多数为红色或浅黄色彩釉黑陶,其表面常常设计有动物或几何图案,大量发现于印度河的主要遗址中。无数的酒杯小碎片好像显示:这些人可能开启了此后印度人使用一次性泥杯的习惯,也许是出于害怕污染。还发现了许多较大的污水渗漏罐和奇异的穿孔容器。除了陶工,摩亨佐-达罗的手工艺人还包括优秀的冶金术士,他们善于制作铜、青铜、石质的工具和武器。

摩亨佐-达罗、哈拉帕和最近在印度河发掘的科特·迪吉(Kot Diji)、洛塔尔(Lothal)、卡利班甘(Kalibangan)印度河遗址的厚砖墙和未装饰的街道,给人留下浓重的功利主义的总体印象,尽管一些遗留下来的小物件也让人得以一窥印度河城市兴盛的艺术和美。例如,摩亨佐-达罗的一尊裸体的青铜"舞女"是最具现实主义色彩的,她那瘦削的、孩子气的女性气质,以及她的站姿、高傲的头颅和任性悬着的胳膊似乎在挑衅性地嘲笑人类。不过,在印度河的所有被发掘物中,最激动人心、也最使人受挫的,是在摩亨佐-达罗的丰富遗存中发现的一个小方块滑石印章。这些华贵的印章可能是供商人们为他们的器皿"加上商标"而制作的,它们提供了关于瘤牛(Brahmani bulls)、"独角兽"、老虎和其他动物的鲜艳的画像,它们逼真的画像在2 000年后再现于阿育王石柱的柱头上。这些印章还包含一些象形符号(通常位于那些动物形象之上)——印度文明的第一批尚未被解读的文献。在这些印章上有大约400个象形文字已被辨认出来,这种语言中有太多的符号是

表音的,而太少的符号是表意的。我们假设一些象形文字是印度河商 17
人们的专有名称,从右至左书写。人们已作出多种尝试以解读印度河流域的手写体并把它与以后的婆罗谜(Brahmi)文字联系在一起,最近的一次尝试是由一批俄罗斯的印度学家作出的,他们利用计算机对这些象形文字进行了分析。

在摩亨佐-达罗北部地区发现的一枚印章刻画了一位呈瑜伽坐姿的人物形象,他的阴茎勃起,为一头老虎、大象、犀牛、水牛和鹿所围绕;头戴有角的头巾,似乎有不止一个脸孔(或者可能是一头老虎的面具),一张虎皮遮盖在他的躯干上,胳臂上戴有臂镯。这个形象也许是作为兽主(Pashupati)的印度"大神(Maheshvara)"湿婆的最早艺术表现。从印度河遗址发现的大量阴茎石柱和普遍用公牛作为图案的印章,我们可以推断:湿婆以其此后的几种化身被印度河的人们所崇拜。在较晚的时代,人们发现在每一个印度教湿婆庙的入口处,湿婆的坐骑白公牛都被描绘为在耐心地等待,腿蜷缩在身体下面。在这样一座寺庙的深处,在它的至圣所或内殿(garbha-griha)总是站立着一尊雕像,代表湿婆自己:一尊抛光的阴茎石柱,有时还以珠宝或湿婆面孔的形象来装饰,但一般是未经装饰的。湿婆作为瑜伽生育神,作为丛林野兽的驯服者或毁灭者的狩猎之主,其双重角色有助于解释在印度文明的盛衰中湿婆形象的持续的二重性。他是赐予生命的播种者,同时又是毁灭者,他发怒时只用最小手指轻弹的力量就能剥掉老虎的皮。摩亨佐-达罗出土的另一个让人着迷的印章,好像也描绘了一尊三只角的神(三叉戟是湿婆的特征之一),他站立在一棵树中央,似乎要从树的中间出来。树外边的另一个形象弯着腰、伸出胳臂作恳求的姿势,好像在崇拜"树神"。在他身后是一头站立等待的公牛,他们的下面站立着七个姑娘,好像在欢宴的快乐气氛中围绕着"圣树"翩翩起舞,可能是在庆祝丰收,或者是古老的在春天里举行的仪式。

在摩亨佐-达罗还出土了许多小的泥塑像,包括未加修饰而塑造的妇女形象,她们的女性生殖器如此突出地呈现出来以至于它们似乎被
当做母神的仪式形象。而且,在印度河遗址还发现了许多女性外阴形 18

状的石头，这强化了以下假设：母神崇拜是哈拉帕文明的宗教生活中的一个重要因素，就像它曾在印度历史上所表现的一样。湿婆与阴性“力量”或母亲象征的性力(shakti)之间的关系，似乎在以充分发展的城市形式出现的印度文明时代就已经牢固地确立了，后者的名称有很多，像室利(Shri)、黛维(Devi)、雪山神女(Parvati)、迦利(Kali)、杜尔伽(Durga)等，但其本质是大地和养育生命。

印度河文明(现在以不少于70个未发掘的遗址为代表)的范围扩大到旁遮普和信德的近50万平方公里，从俾路支的边疆到拉贾斯坦的荒地，从喜马拉雅山麓的小丘到古吉拉特的尖端，在它成熟期的近500年间探测其生态系统的界线。最近，在沿莫克兰(Makran)海岸发现的哈拉帕村落，包括现代伊朗边界附近的苏特卡根·多尔(Sutkagen Dor)的村落，清楚地证实了与苏美尔人间持续繁荣的贸易，尤其是在阿卡德(Akkad)的萨尔贡王朝(Sargon，公元前2 334—前2 279)时期。幸亏在1932年乌尔(Ur)的苏美尔考古发掘点中发现了印度河印章，我们才知道来自哈拉帕和摩亨佐-达罗的商人们在公元前2 300至前2 000年之间与苏美尔商人们在做生意。哈拉帕河边的巨大粮仓好像在显示：印度河商人们把他们剩余的粮食出口到苏美尔，可能还有别的地方。

在这一时代(约公元前2 000年)，印度河的人们开始把棉花纺成纱并织成布，在摩亨佐-达罗曾发现染色的碎布。把棉花纺成布匹并制作衣服是印度对世界文明的主要贡献之一，而纺棉和织布始终是印度的主要产业之一，其产量不断扩大以满足国内市场并用于出口。要确定当时棉花的产量有多大是不可能的，不过这些稀奇的、质量上乘的产品确实被出口到美索不达米亚，而且确实是这种贸易的主要商品。印度大多数出口的商品可能是体积和重量相对较小的奢侈品，诸如蚀刻的红玉髓念珠、贝壳和骨头镶嵌物、象牙梳，甚至可能是孔雀羽毛和类人猿——后来由所罗门王(King Solomon)从印度进口的物品——再加上珍珠和贵重的木制品。尚不清楚香料是否还在采用和买卖，尽管从印度河遗址发现的绿长石来看，我们知道摩亨佐-达罗的商人们从南

边远至南印度的尼尔吉里丘陵(Nilgiri Hills)进口产品,而且可能与马 19
拉巴(Malabar)海岸建立贸易关系。在遗址中发现的中国西藏的硬玉显示了印度河商业接触的北部的可能界线,而银、绿松石、锡和天青石是从波斯和阿富汗进口的。

到摩亨佐-达罗和哈拉帕时期,游牧狩猎、食物采集和渔业维持了石器时代晚期人们的经济,而在俾路支山区,边陲小村的小农经济显然已被成熟的利用泛滥与灌溉的农业和商业经济所取代,后者才能支撑庞大的城市人口。尽管小麦似乎还是印度河谷最重要的粮食作物,在洛塔尔已发现水稻(无论野生的还是培育的);其他一些作物包括紫花豌豆、海枣、芥菜籽、芝麻。印度河的人们驯养了许多种动物,包括狗、猫、骆驼、绵羊、猪、山羊、水牛、瘤牛、大象和鸡(在一些印度河遗址中发现的一两个陶像描绘的好像是马,但这些也许反映了在国外的旅行和进口的商品,因为马最先随着雅利安人一起侵入印度的可能性是最大的)。家禽的驯养显然丰富了摩亨佐-达罗和哈拉帕的日常饮食,而且与棉纺一起被列为印度奉献给世界文明的最早礼物。瘤牛和水牛已经成为印度主要的役畜,尽管在印章上对二者的描绘显示:它们既被崇拜,又被鞭打。迄今为止,对待役畜的这种极其类似的矛盾态度一直是印度人行为的特点,役畜整夜占据农舍的前厅,但无论何时只要它们套上挽具游荡,就会感受到其主人棍子的严酷。这样一种人格上貌似的矛盾也许只是矛盾的自然环境的反映,大好的收成与贫瘠的土地共存,干旱与洪涝、盛宴与饥饿共存。因此,几乎不用惊讶印度的逻辑学家可能是第一个提出矛盾的共存性的。

在摩亨佐-达罗还没有发现墓穴,但在哈拉帕发现一些墓地,最近在洛塔尔港和卡利班甘也有发现。对将近100具尸体的骨骼碎片的认真分析表明:哈拉帕的人们主要是澳大利亚原始土著居民(Proto-Australoid)与地中海体格的混合,就像在现代印度半岛,其人种身高5
英尺到5英尺9英寸,平均寿命大约在30岁。大多数的尸体都是仰卧 20
着被埋葬的,头指向北方。通常尸体与许多罐子一起被埋葬,而且有些骷髅还装饰着珠宝。几副棺材被放置在坚固的砖室中,尽管没有发现巨大的或“皇家”的墓，但在卡利班甘最近发现了一座长 4 英尺、宽 2 英尺的墓窖。不过，最有趣的墓葬发掘来自古吉拉特的洛塔尔港，位于摩亨佐-达罗西南方 450 公里处，在那里发现了三个双人墓室，每一座都有男女两性的骷髅。这一发现也许首次呈现了著名的印度习俗——萨蒂(sati)，按照这一习俗，寡妇无论活着还是死去都被要求顺从其丈夫。正像我们知道的那样，按照习俗，寡妇陪葬一般采用火葬，而与坟墓无关，但妻子永远忠贞的观念很可能远早于实际生活中处置死者(方式)的改变，在较晚的时期它几乎成为遍布全印度的普遍葬法。

越来越多的持印度教原教旨主义的历史学家倾向于称印度文明的第一阶段为“印度河-萨拉湿伐蒂(Indus-Sarasvati)”或简称“萨拉湿伐蒂文明”。他们认为绝大多数最古老的城市文明遗址都是沿着萨拉湿伐蒂河及其较小的现已干涸的支流的河床发现的，因为在印度教神圣的《梨俱吠陀(Rig Veda)》中提到的“萨拉湿伐蒂”，被认为“沿着其河岸分布着许多庞大的、人口稠密的城市”。尽管现在那些较小的萨拉湿伐蒂遗址，在其规模或发掘物的丰富性上没有一座能接近哈拉帕或摩亨佐-达罗，但它们都位于印度的国界以内，而不属于现代的巴基斯坦。在 1000 多年间，占据这一古老地区的那些人居住的 680 000 平方公里的土地上，已确认有 2 600 多个“较大的印度河谷”遗址。

公元前 1850 年后，一些因素开始改变哈拉帕文明的性质，损害其生活质量并且破坏了到那时为止还整齐的城市环境，其破坏性如此之大，以至于街道不再呈现精心设计的棋盘状布局，家庭规模在缩小，陶器作坊和下水道也在退化甚至消失了。摩亨佐-达罗以南，靠近昌胡·达罗(Chanhu-daro)这一印度河小镇有两个村庄，它们处于印度河文明的衰落阶段，被考古学家称为朱卡(Jhukar)和占伽(Jhangar)文化。似乎高效、富庶和强大的哈拉帕帝国承受住了一些灾难性的打击，把规模
21 较大的城镇留给从相邻的村庄或更遥远地区的擅自闯入者居住；相比他们的前辈，这些人更加原始。他们的浅黄色陶器更加粗糙，他们的印章更为朴质，而且其设计与处于最兴盛时期的摩亨佐-达罗的风格完全不同。(不过，一些几何图案和粗略的素描让人想起哈拉帕和更早一些

时期的俾路支山地文化。)

朱卡的人们对釉陶珠的使用可以这样来解释：在昌胡·达罗学手艺的当地手工艺人被他们的“新统治者”征用,被迫继续生产他们的陶器;或者它只是反映了传统的一种支离破碎的持续,这种传统为幸免于自然灾难的较早时期城市文化的残余分子所保留。也许釉陶手工艺人的家比那些印章镌刻工或陶工更远离印度河。我们不用再假设哈拉帕和摩亨佐-达罗那由城墙保护的巨大城堡会被克敌制胜的雅利安游牧部落所攀越,他们的马拉战车和带柄战斧足以击败太阳也很少照射到其遥远堡垒的帝国。

大约公元前1700年,由地球构造运动引起的一系列洪水使这一曾经辉煌的文明宣告终结。无论出于什么原因,印度河似乎改变了它的河道,招致哈拉帕农业精致的平衡系统的毁灭。贮藏的珠宝和其他珍贵物件,包括铜器,在摩亨佐-达罗的最上层被发现,这表明人们意识到了即将到来的厄运,以及当洪水升高时折磨平民的、散布开来的恐慌。许多住宅被迅速地放弃。烹饪器具散落在厨房里;柴草在房顶坍塌后在闷烧,就像被点燃的木门框碎片在闷烧一样。但其中令人吃惊的是逃难中人们的骷髅,当房屋的墙和天花板碎裂时,一个家庭的五个成员被埋在瓦砾堆中,就像在地动时或河水疾速冲进来时一样。只在摩亨佐-达罗就发现了至少30具骷髅,没有被埋住却被困在其中,被可怕的灾难所害。直到最近他们被假设成被一支入侵的军队所杀害,尽管现在看来,他们似乎更有可能是在逃避一场地震与洪水的联合袭击。

标志着摩亨佐-达罗最后日子的混乱似乎也波及北部的哈拉帕,而且可能远在南部的洛塔尔也有呼应,尽管来自这些遗址的证据没有清晰地确定这一点,不过至少洛塔尔在印度河文明中心衰落之后似乎还 22
兴盛了相当长一段时间。在哈拉帕,一座坟墓(墓地H)在1946年被发现,它的陶器与衰落的朱卡文化的作品很像,而它的下葬习俗与更早一些时期、相邻的坟墓相当不同,那里采用土葬。墓地H采用的方法是把被埋藏的骨碎片放在一个大骨灰瓮里,这标志着向哈拉帕的土葬过渡,而且反映了新居民的习惯,他们可能是最近的“征服者”,也许是雅利安人。骨灰瓮肩上的图案包括孔雀、公牛(或者可能是母牛)和植物这些熟悉的主题,其中哈拉帕的菩提树叶后来出现在佛教的图像中。此外,孔雀内有星星、小人形象,还有一位男子留着波浪式长发,正在呵斥一群牲畜,其中一只正受到一只狗的威胁。潘底特・瓦兹(Pandit M. S. Vats)领导了后一阶段哈拉帕的发掘工作,他提出,也许人的形象代表的是死的灵魂,而狗是雅利安人称之为夜摩(Yama)的死神之猎狗,骨灰瓮则是被视为抗击入侵者尖兵的早期印度-伊朗部落的产品。不过,马克・肯诺耶(Mark Kenoyer)教授并不相信印度河流域城市精英们中这种权力的"过渡"反映了印度-雅利安人的"入侵"。到了朱卡文化时期,我们只发现了粗劣的灰黑色抛光陶器,雕刻粗糙的装饰图案让人想起大约在公元前1 000年古吉拉特发现的碎片。哈拉帕的辉煌不只是褪色了。城市帝国连同其坚固的城堡都已逝去,戏剧性地消失了,像它出现一样莫明其妙,被印度河的淤泥和旁遮普奔腾的支流冲掉了,像被上升的潮水危及的一个沙堡的世界一样,它那易碎的城墙和模糊的轮廓,所有这些都留给了下一波的居住者,他们说印度-雅利安语并把马匹运用到战争之中。

第三章　雅利安时代(约公元前1500－前1000)

大约公元前2000年,最初说印欧语的半游牧原始人被一些自然灾难(可能是干旱、长期的冰冻或饥荒)驱使,离开了自己的家乡,他们最有可能生活在里海(Caspian)与黑海(Black sea)之间的地区。无论他们分散的原因何在——甚至可能是由于中亚的蒙古人的一系列入侵——古意大利人的、希腊人的、德国人的、英国人的、凯尔特族的(Celtic)、伊朗人的、说梵语的和现代说印地语人的祖先为了生存下来,被迫从俄罗斯南部逃离。这些部落四散开来,分成更小、更有凝聚力的单位,赶着他们成群的牛、绵羊、山羊和驯养的马,在欧洲和印度的历史上翻开新的一章。赫梯人(Hittites)是定居在新家的第一批印欧人,因为我们仅在卡帕多细亚(Cappadocia)的高加索(Caucasia)南部发现他们的踪迹,确定其时期大约为公元前2000年。不过,其他部落继续向前走;有一些越过安纳托利亚(Anatolia)向西,另一些越过波斯(现在被称为伊朗,雅利安人的亲族,因为印度-伊朗语是由印欧人在公元前1800至前1500年间被带到这一地区的)向东。印度-伊朗人(Indo-Iranians)似乎在他们长期移民之后曾经和谐地在一起生活过一段时间。不过,到大约公元前1500年,他们好像再次分裂,历史上所说的印度-雅利安人(Indo-Aryans)游牧部落,或简单地说雅利安人继续向 23

东前进，越过危险的兴都库什山进入印度。

我们关于语言祖先的最早历史的知识来自像弗里德里希·麦克思·缪勒(Friedrich Max Müller，1823－1900)这样的语言学家，他们在一个多世纪中耐心重建移居史，并发展了语言古生物科学。通过
24 对这一语言大家族中所有语言的分析和对地理、气候、植物、动物共同术语的抽取，尽可能地绘出了“最初家乡”的生态图，它与高加索的极其相像。激发了比较语言学和语文学的出色的、具有独创性且卓有成效的见解是由威廉·琼斯(William Jones，1746－1794)爵士公布出来的，他是英国东印度公司(British East India Company)高级法院(High Court)的法官。威廉爵士在他1783年到达加尔各答后开始学习梵文，三年后他撰写了一篇具有启发性的学术论文，其中提到了使印欧语系中希腊语、拉丁语、德语和梵语都具有亲缘关系的词汇和其他语言要素。

我们并不拥有印度雅利安时代(约公元前1 500—前1 000)第一世纪的任何考古证据，但我们能够从雅利安人的宗教“知识圣典”或吠陀(Vedas)中拼合出这一时代的图像，吠陀是由每一部落的游吟诗人通过严谨的口头传说勤勉地保存下来的。这些圣典中最古老、最重要的一部是《梨俱吠陀(Rig Veda，字面意思是“知识颂”)》，由1 028句梵语偈颂构成，其中大多数是献给各位雅利安神并请求得到他们的恩惠的。它是世界上最早的印-欧文学遗存。

与哈拉帕雅利安人到来之前的人们不同，雅利安人与他们迁移来的牧群一起生活在部落村庄里。他们的房屋用竹子或轻木料建成，经受不了时间的侵蚀；他们并不烧制砖，没有建精致的浴室或下水道，没有雕刻华贵的甚至朴素的塑像；他们没有印章或著作，没有彩陶工艺，没有极好的房屋。这些相对原始的部落人群难道竟能够强攻和征服构筑堡垒的印度河城市？也许。他们把马套上战车，而且他们似乎挥动着带柄的青铜战斧(在印度河城市的最上层曾有发现)，还使用长长的弓与箭。经过集体迁徙他们变得坚强，忍受了使手脚起水疱的毒阳光，并翻越了冻雨和雪密布的高高的关口。不过《梨俱吠陀》对这种旅程以

及雅利安人对印度的“入侵”没有反映，它确实提到雅利安人夺取了“构筑堡垒的地方(pur)”，黑皮肤的人们(达萨人)在他们的堡垒中试图徒劳地防御肤色更白(“小麦肤色”)的雅利安人。(梵文词 dasa 后来逐渐有了“奴隶”的意思。)

由于《梨俱吠陀》在约公元前 600 年之前并没有以文字的形式出 25
现，并且现在保存下来的最早的文本只是在约公元后 1 200 年，首先我们会问：当像一般假设的那样，雅利安人首次侵入印度之时，我们如何知道早在公元前 1 500 年吠陀颂诗真实的创作情况？在 1909 年之前，麦克斯·缪勒的“回溯推测(dead-reckoning-backwards)”的技巧是粗略估计吠陀年代的唯一方法。麦克斯·缪勒从语言和观念的角度对吠陀文献的整个本集进行分析，他注意到梵语在示格词尾、词形、句法、词汇和意义的各种变化。他确定了在古代希腊语和拉丁语中用多长时间产生同样的变化并形成了梵语演化的类似时间表。那些依然被印度教徒视为“启示”或天启(shruti，字面意思是“听闻的”)的吠陀圣典的演化经历了三个主要的阶段。第一个阶段包括《梨俱吠陀》和其他三个古老颂诗、符咒或咒语的“本集(Samhitas)”：《娑摩吠陀(Sama Vedas)》、《夜柔吠陀(Yajur Vedas)》和《阿闼婆吠陀(Atharva Vedas)》，它们均为古老的诗体文献。接下来产生了一系列对每个吠陀进行注释的散体文献，对那些通常意义含糊的颂诗进行详尽阐述，并且细致地描述准备吠陀祭祀和恰当地抚慰诸神要求的具体步骤。因为它们提高了雅利安祭司阶层婆罗门(brahmans，源于“神圣的言说”或“那些唱颂神圣言辞之人”一词)的作用和意义，所以那些注疏被称为婆罗门书(Brahmanas，或梵书，净行书)。最后产生了第三组神秘哲学著作，其主要形式是诗体对话，而且其激进的新宗教信息将其自身与婆罗门书和本集之类彻底区分开来；这就是吠檀多的《奥义书(Vedanta Upanishads)》，其中的许多观念与早期佛教的类似。缪勒推断它们一定创作于大约佛陀生活的时代，或大约公元前 6 世纪。不过通过回溯推测法，他估计留下的 108 个奥义书文献也许经历了几百年的演变，这期间即使没有语言上的变化，观念上却有比较大的改变。这将使其创作时间向前推至约公元前 8 世纪,其后至少两个世纪才编写了梵书。如果吠陀本集的最后一批在那时已经完成并且为公元前 1 000 年的注疏做好准备的话,那么《梨俱吠陀》最古老部分至少要早于它四个世纪,作出这样的推断似乎是安全的,因而《梨俱吠陀》的编写时间被确定为大约公元前 1 400 年。

26 1909 年,在卡帕多细亚(Capadocia)的菩伽兹·科伊(Boghaz-köi)的赫梯(Hittite)文化遗址发掘出了一些土简,上面刻着赫梯王苏庇路里乌玛(Subiluliuma)与他的在东边的邻国——米坦尼王国(Mitanni)马提瓦扎(Mattiwaza)国王(大约公元前 1 400 年在位)缔结的条约。祈求四尊神因陀罗(Indara)、伐楼那(Uruvna)、密多罗(Mitira)、双马神(Nasatiya)来为这一条约作神圣之见证,《梨俱吠陀》中它们名称的梵文拼写基本相同,分别为 Indra, Varuna, Mitra, Naksatras,证明这一时期吠陀万神已经获得了它们的身份。缪勒的推断被证实使我们假设,由于《梨俱吠陀》并没有提及雅利安人对印度的入侵,因此这一过程至少开始于一个世纪之前,或者可能开始于大约公元前 1 500 年。最后一波部落入侵可能是在第一批雅利安人开始越过西北关口之后的几百年后发生的。这是在全印历史上最为重要的一次入侵,因为除了他们高加索的基因之外,雅利安人还带来了一种新语言——梵语和一座全新万神殿,此外还有父系家长制和他们的部落得以组织的三个种姓划分的社会结构(祭司、武士和平民)。

印度教原教旨主义者和文化民族主义者坚持认为不存在任何雅利安人的“入侵”或“征服”,也不存在说印度-雅利安语的人们在古代向印度的移民。他们声称梵语和达罗毗荼人(Dravidian)的语言都是印度的本土语言,一些极端主义者争辩道:《梨俱吠陀》最初是由婆罗门智者在几千万年前的冰川时期以前,在位于北极的“北极之家(Arctic Home)”“听闻”的。这些虔诚的印度教徒认为印度教是世界上最古老的“永恒宗教(Sanatana Dharma)”。他们相信现代的一切主要的“发明”,像汽车、飞机和计算机,都被史前时代的吠陀时期的印度人“预料到”了。一些现代的印度历史学家被以下的观点说服:麦克斯·缪勒的印度-雅利安语文学只是一位伪科学的西方帝国主义者——“东方学家”——试图把印度教那灿烂的早熟贬损为明显的历史“谬误”，只是希腊-波斯神话和英帝国基督教信仰的偏见。不过，一些不带偏见的、科学的现代语言学者，像阿斯科·帕波拉(Asko Parpola)，决定性地证实了“吠陀语是古代梵语，或古老的印度-雅利安语……[它的]发源地……被芬兰-乌戈尔语族(Finno-Ugrian)原始母语中的许多原始雅利语的外来 27
词所揭示，它大约在公元2200至1800年间从俄罗斯中部消失”。①

由于受吠陀文献所限，相比印度文化的其他方面，我们对古代雅利安人的宗教自然知道得更多一些。不过在考虑《梨俱吠陀》中的宗教信仰与实践之前，让我们看看从这部文献中能得到关于雅利安人的社会结构和其他世俗事务的什么信息。“雅利安(aryan)”一词首先是一个语族的指称，它其次的含义是“出身高贵的”或“贵族的”。雅利安“平民”或维什(vish，这个词后来通常指代雅利安社会的最大种姓吠舍[vaishyas])，被最宽泛地划分为“部落(jana)”。尽管由语言、宗教和在反抗他们共同的非雅利安的“黑色”敌人达萨中团结起来，这些部落似乎一直在互相争战。最重要的雅利安部落被称做婆罗多(Bharata)，可能是它的第一位“国王(raja)”的名字；直到今天，印度共和国还珍视这一称号，1950年，其宪法开始颁布时就采用婆罗多作为其梵语的官方名称。较晚出现的雅利安史诗《摩诃婆罗多(Mahabharata，“伟大的婆罗多”)》是关于国王的众多侄子们及他们之间无休止的战争的故事。每一个雅利安部落都有它的吟游诗人，他们都是祭司，而且只有他们记忆吠陀颂诗并主持祭祀仪式。国王、他的婆罗门、维什居住在村子(grama)里，在附近的牧场放牧着值钱的牛群、马群、山羊与绵羊群。雅利安人非常重视母牛，它们逐渐被当做钱币，并作为婆罗门举行宗教仪式的报酬。不过，吠陀时代的雅利安人还是食牛肉者、饮酒者和武

① 阿斯科·帕波拉：《吠陀时代雅利安人的印度》，载《印度百科全书(*Encyclopedia of India*)》，由斯坦利·沃尔波特(Stanley Wolpert)编辑，密歇根州法明顿山：汤姆逊·盖尔，2006年，第4卷，第211－215页。迈克尔·威兹尔(Michael Witzel)：《印度教(法)》，载《印度百科全书》，同上，第2卷，第188－193页。

士。何时印度人开始把牛视为圣物还不完全清楚;一定是较晚的时期才出现的,或者可能是以变化了的形式重新被采用的一个雅利安人以前的概念,因为我们可以假设雅利安人入侵以前的人崇拜牛。因此,印度人是崇拜金钱的最早的人群,尽管他们可能并不是唯一的。

28

家庭生活

正如每一个雅利安部落都为一位专制的男性国王所统治一样,每一个家庭都为它的父亲所控制,他作为他的妻儿的统治者的角色成为此后印度家庭关系的标准模式,男性至高无上和由年龄规定等级制度的规则一直保持着。在联合或扩大的家庭中,所有儿子的妻子们都生活在一起,在家长制的家庭中抚养他们的孩子们,这种家庭似乎在雅利安时代的早期就出现了。吠陀中最常见的祈祷之一就是祈求“强壮、英勇的(vira)”儿子们,不仅需要他们帮助看护牧群,还能在战争中为他们的父辈和部落带来荣誉,并且在他们的父辈死后能举行祭祀仪式以帮助他们的灵魂获得平安。在《梨俱吠陀》中 vira 一词实际上与“儿子”几乎不做区分,因为所有的年轻男子都被期望成为英勇的战士。不过,女儿们则不被重视。会为她们置办嫁妆,尽管在雅利安社会中,妇女的地位可能会比大部分印度历史上妇女所享有的地位要高一些,但她们被禁止参加任何祭神仪式,因为她们的出现被视为污染的来源。只有儿子可以继承财产,通常是在其父去世后,在儿子们中间平等地分割。长嗣继承权是专门留给皇室的,除非长子是盲人或者有严重的生理缺陷。我们在吠陀中没有发现一夫多妻或童婚的证据,尽管二者此后在印度绝大多数地区都很盛行,这还是反映了在雅利安人之前的风俗重新出现了。

在《梨俱吠陀》创作时期,雅利安人定居的国家被称为“七河地区(Sapta Sindhava)”。它主要由旁遮普构成,它的五条大河(杰赫勒姆河[Jhelum]、杰纳布河[Chenab]、拉维河[Ravi]、比亚斯河[Beas]和萨特莱杰河[Sutlej])流入印度河,而印度河由此接纳了第七条河,即所谓的娑罗室伐底河(Sarasvati),现在这条河只是拉贾斯坦沙漠中的一条小溪。恒河直到《梨俱吠陀》时期结束时才为雅利安人所知(只在一部晚期著作中提到一次),这表明得胜的部落向东扩张得十分缓慢,用了大约五个世纪才从开伯尔(Khyber)推进到德里以外的地区。综观整个插曲,雅利安人与雅利安人到来之前土著之间的冲突、合作和融合的过程一定给雅利安社会和思想的性质带来了相当大的变化,也为土著文明的性质带来较大的变化。

创世神话 29

在这一时期,随着诸王获得了高贵的"武士(刹帝利,kshatriyas)"的帮助和家族长老"会议(sabha and samiti)"的建议来管理他们迅速成长起来的部落,诸王发起的战争和征服带来了新的人群和新的问题,简单的部落结构变得更加复杂。关于这些印度最早的政治制度,我们只是知道它们的梵语名称而已,但从了解到的其他地方,尤其是其他的印度-欧洲的部落规则来看,作出以下的假设似乎是合理的:每一位国王挑选最健壮的战士作为他的随从,并听从那些最精明或最强大的部落族长的建议。在《梨俱吠陀》中有其名姓的"智者(rishis)"是国王们首先接近,在实践或精神事务中寻求帮助的人。在雅利安人中发现的军事、王族和祭司阶级的截然区分似乎随着时间的推移在减弱;如果祭司-国王们确实统治了雅利安之前的哈拉帕,可能是雅利安诸王从他们的奴隶那儿学会了更多地听从他们自己婆罗门的忠告。无论如何,出现在《梨俱吠陀》第10也是最后一"卷"的《原人歌(Purusha-sukta)》解释了雅利安社会的四大"种姓(varna)"源于原人身体的不同部位:婆罗门最先生出,源于口;刹帝利第二生出,源于臂;吠舍第三生出,源于腿;首陀罗最后生出,源于脚。根据这种"启示",所有的国王出生就是刹帝利,落在所有婆罗门之下,只有婆罗门与原人之"头"有关,这种启示当然会激起古代王族的愤怒,尽管这不足以使其删除圣诗或改变其中的一个词。

在《梨俱吠陀》中最常提到的金属是金,而且一定是从西北部的河流中淘出的,用在祭祀仪式中,也用以加工珠宝。第二种最常见的金属是 ayas，最初其意义可能是青铜，而不是铁，因为后来在《阿闼婆吠陀》中，我们发现了在“红”ayas 与“黑”ayas 之间进行的区分，前者最有可能指青铜，后者指铁。《阿闼婆吠陀》中的一些段落现在所知是《梨俱吠陀》完成后几个世纪内添加的，因而很有可能直到雅利安人东移到远至
30 现代比哈尔邦（丰富的矿藏直到今天还在开采）时，铁才被发现的，不可能是在公元 1 000 年之前。那时对铁的使用由西部的赫梯人从铁被发现的中心传播到伊朗，并随着新一波入侵的伊朗人进入印度，因为铁的使用最初与针、马具以及武器联系在一起。拉尔（B. B. Lal）在德里东部的河间地区的发掘开始于 1950 年，在这里发现了一个雅利安大部落的雄伟首都哈斯蒂纳普尔古代城市的遗迹。彩釉灰陶碎片将它最低一层的时期确定为公元前 1 000 年，在较晚期的几层出土了一些铁制武器和工具，是目前印度发现最古老的。

在《梨俱吠陀》的创作时代，雅利安人显然已经从游牧的畜牧经济向一种农业与畜牧结合的经济过渡，因为他们已收获一些种类的“谷物（yava）”，一定是大麦或小麦。不过，在《阿闼婆吠陀》之前没有提及水稻。在《梨俱吠陀》时代，狮子已为人所知，就像大象一样，它的梵语名称意思是“有一只手的兽”，但在印度河谷印章中如此突出的犀牛和老虎在里面都没有被提到。马的重要性上仅次于牛，而马车比赛是雅利安人重要的运动之一。

歌舞

吠陀时代的雅利安人好像喜爱音乐、酒和赌博，还有战争和马车比赛。他们的所有颂诗都是被唱出来的，但《娑摩吠陀》是特别为歌唱而制作的，配以琵琶、长笛和鼓，据说是众神、众女神在弹奏它们。至少从这一时代开始，印度人持续地把歌舞作为他们宗教崇拜的有机组成部分，今天神圣的印度教仪式，包括葬礼游行，如果没有音乐家参与是不完满的，没有一座寺庙没有自己的舞蹈人员。然而，印度人对歌舞的热爱要早于雅利安人的入侵，因为摩亨佐-达罗幸存下来的“舞女”在向我们默默地诉说与印度文明一样古老的一门艺术。在哈拉帕发掘出的另

一尊雕像可能是比印度河文明晚些时期的作品,是一位舞者的裸体躯干的灰石小雕像,他上背部与臀部那与众不同的三处曲线让我们想起湿婆作为“舞王(Nataraja)”最优美的造型。至于饮品,苏摩(soma)是吠陀战神因陀罗每天都要痛饮的,帮助他战胜与之作战的可怕的恶魔, 31
而且我们必须假设雅利安部落也陶醉于这样的饮品。这种天神的饮品是含酒精的、使人迷幻的,还是麻醉性的,并不十分清楚,尽管我们可以假设它是由喜马拉雅山丘陵地带的野生植物提取而来的,可能涩口或致幻。这种饮品的功能是如此的强大以至于被神化起来,而且苏摩祭祀成为雅利安人一年中最具有宗教色彩的事件。

由于骰子与国际象棋一样是在印度发明的,而且在摩亨佐-达罗发现了许多由坚果刻成的骰子,因此说雅利安人热衷赌博一点儿也不奇怪。“把它们像神奇的炭块一样撒在木板上,尽管它们自身是冰冷的,却能把心烧成灰烬”。在《梨俱吠陀》这 圣典中收录的一首很少见的世俗颂诗,其中一位赌徒如此哀悼。“赌徒的弃妇哀痛……负债、恐惧和缺钱,晚上他游荡到别人的家里”。在整个史诗时代,雅利安印度人一直痴迷于赌博,而且在《摩诃婆罗多》中,我们发现五位正直而高贵的般度(Pandava)兄弟将他们的王国和唯一可爱的妻子(梵语文学中最著名的一妻多夫制例子)输给了骰子那变化莫测的、极具诱惑的滚动。

其他世俗颂诗让我们洞察到《梨俱吠陀》时代印度人日常的消遣和渴望。当他们扩张到德里和恒河平原时,他们会安下心来从事村庄里相互依赖的日常工作,部落中有木匠、修造轮子的人、铁匠、制革者、织布工、纺纱工,还有农民和牧民。从事体力劳动的首陀罗最初可能是雅利安人到来之前的达萨,由于其黝黑的肤色被降低到农奴或被囚禁的奴隶的身份,并且多半处于较低的地位。渐渐意味着“种姓”并且还与修饰语婆罗门、刹帝利、吠舍和首陀罗一起使用以确定印度种姓社会四大范畴的梵语词,最初的意思是“覆盖物、掩蔽物”,与皮肤的遮盖及其变化的肤色联系在一起。每一个种姓都有他独特的肤色;婆罗门为白色,刹帝利是红色,吠舍是棕色,首陀罗是黑色。因此,在印度雅利安时代早期产生了对肤色的敏锐意识,而且此后一直是强化等级森严的社

会态度的重要因素，这种等级森严的社会态度深深地扎根在印度文明
中。在《梨俱吠陀》中没有提及“不可接触者”，但在印度社会中对污染
32 的恐惧非常普遍，难以置信它们实际上不是起源于雅利安人之前的时
代。不可接触者这一亚种姓很可能产生于雅利安时代晚期，最初可
能来自做被视为“不干净”事务的那些首陀罗或达萨，像与动物尸体
有关的制革工和清洁工，尤其是火葬场骨灰的清扫工。因而，所有首
陀罗都被完全视为低于前三种更高级的“再生”种姓的生命，后者的
“再生”圣线仪式标志着他们获得成人身份并且可以接受吠陀知识，有
些人与其他人相比如此地没有价值，以至于被抛置到受认可的社会范
围之外。

吠陀宗教

早期雅利安人的宗教集中在对自然诸神的崇拜上，为了获得生活中美好的事物和死后的安宁而向诸神奉献祭品，并没有一尊神统治着众神。在《梨俱吠陀》中包含了大约 33 尊神的名称，不过，为其献上许多颂诗、最强大的几尊神是因陀罗、伐楼那、阿耆尼(Agni)和苏摩(Soma)。因陀罗是战神，年轻、英勇，无往而不胜。像托尔(Rhor)[①]一样，他挥动着金刚杵，徜徉在空界中，不太重要的暴风神楼陀罗(Rudra)是他的助手，只是在很晚的时期才被确认为《梨俱吠陀》中湿婆的原型。因陀罗与放水和赢得战争胜利的能力的联系有助于解释他的特殊意义，因为他被赞誉为“以他的威力能够制服洪水和大河”。也许他是第一位雅利安人的伟大领袖，他朝气蓬勃的力量能够消除一切障碍，他站立在那儿是如此的高大、强壮，似乎把天父(Father Sky)都放在他的肩上，将其与地母(Mother Earth)分开，正如一个过分简单化的吠陀创世神话所陈述的。他需要太多的营养，每天早上去打败恶魔弗栗多(Vritra)之前要痛饮三大口苏摩汁，他无四肢的躯干包括一切造物，包括太阳、水和牛，在一种无活动的停顿和黑暗状态中包举生命。

① 托尔，北欧神话中的雷神。——译者注

凭借他那“非凡而致命的武器”金刚杵，因陀罗劈开黑魔的掩蔽，释放出曙光(这正是为什么印度教徒每日很早就向着因陀罗念诵祈祷的原因，帮助他们战胜黑暗)，使恶魔“拜倒”，同时水流“像吼叫的公牛一样”奔 33
向海洋。因陀罗于是成为“一切运动着的和静止着的主人”。弗栗多是雅利安人到来之前权力的象征，“达萨主人”的“看门人”，因此，讲述因陀罗与弗栗多之间战争的诗歌可以看成是历史性的并且具有宇宙起源的意义，传达了雅利安人胜利的本质。因此，实际上可以得到这样的暗示：弗栗多根本不是恶魔，而是雅利安到来之前的人们为了农业灌溉、控制河流而建筑的跨越印度河的水坝，并且通过毁坏雅利安人涌进这一地区和它的大城市的“屏障”或“掩护”而促进他们的“征服”。

不过，一旦因陀罗获得胜利，宇宙法则(最初是 rita，后来是 dharma)之王伐楼那将步入雅利安宗教权威的核心位置。伐楼那统治着充满阳光的天空，是正义的神圣之王，“像屠夫铺展兽皮一样，他通过为太阳罩上毯子，铺开大地……把空气释放到树木之上……为马匹注入力量，为奶牛注入牛奶，为心灵增添意志力，为水流注入火，为天空带去太阳，向大山遍撒苏摩”。伐楼那是雅利安时期印度的、神圣的最高审判者，偏离德行之道的那些人可以颂扬他求得福佑。由于比因陀罗更年长、更富有智慧，伐楼那最受雅利安人崇拜，是天上的政界元老，与日神苏利耶(Surya)和《梨俱吠陀》中他更次要的化身之一毗湿奴(Vishnu)紧密相连，毗湿奴后来与湿婆(Shiva)共享印度教事实上是一神教的统治地位。

阿耆尼是火神，因此拥有许多化身，跨越地、空、天三界。每一种祭祀都需要他，他反射太阳的光辉，拥有治病、拯救、保卫或毁灭的威力。被欢呼为“(原始)水流的后裔”，他还被称做“黑暗的照亮者”，而且作为圣坛上会多种语言的神，他充当主持“仪式的功能”。苏摩是不死之神，他的“醇香甘露”汁给予人“自由”并且使人不得病。雅利安人向神圣的苏摩唱道：“让我们以快活的心情享用您赐予的琼浆，像祖传的财富一样，噢！苏摩吾王！请您延长我们的寿命……赐福我们，让我们繁荣昌盛……因为您君临每一个地方,噢!苏摩!”

在吠陀时代雅利安人所崇拜的次要的具有自然威力的神中,最可
34 爱的是黎明女神乌莎斯(Ushas),天空的“玫瑰手指的”女儿。人们把最美的诗歌唱给她。她带来“最清朗的光明”。

雅利安自然崇拜宗教表面上的粗朴性很快被吠陀时期对宇宙起源和对宇宙力量的控制的追求所掩盖。祭祀的直接目的是获得神的赐福,无论是财产、长寿或子孙,但它也拥有宇宙意义,表现在:举行适当的祭祀有助于维持宇宙秩序的平衡。雅利安的户主们向神献苏摩、提纯的黄油(ghi)和其他精美的食物不仅仅是为了获得赐福,因为正如抚慰他们是神的义务,反过来,他们得以一种相应的方式来回报神。由于众神和人们都有他们各自的义务,这些都是万事万物的宇宙计划的一部分,而且只有所有存在者的行为都得当,预先设计如此运行的宇宙功能才能与真正的秩序宇宙法则保持一致。虚妄的恶魔总是试图毁灭完美的平衡,使洪水泛滥,造成干旱或饥荒,以老虎或疯狂的大象的面目出现;他们曾经以蚊子和其他恶毒的生物出现,嗡嗡作响,在大地上爬行或行走。平衡在一切时代都是脆弱的,这就是为什么需要如此之多的祭祀,为什么不得不请来婆罗门日夜唱诵他们记忆的圣诗的原因。秩序(rita)总是被谬误(anti-rita)所破坏,就像真实(sat)或实存的世界总是被想象(asat)或虚构的假象、幻想,子虚乌有的忧虑和恐惧所掩盖一样。Sat 一词最初的意思是“存在的”,因而逐渐等同于宇宙真实和它潜在的道德原则、真谛。对于吠陀时代的人们来说,宇宙被划分为地球那美丽的外表以及它之上的苍穹,存在物遍布于这一范围之内,而恶魔般的黑暗位于此世之下,那里为幻想与虚妄所统治。印度的日常较量更新了创造的奇迹,但对这一强大英雄的沉思很快使人提出这样深奥的问题:“谁曾看到他?我们应该向谁发出赞美?”

在《梨俱吠陀》完成之前,这种沉思有助于许多超上诸神的产生,他们包容一切的性质和非人格化的特点,更接近于一神论而不是泛神论的众神。生主神(Prajapati)的意思是“造物之主”,与“造一切神(Visvakarman)”和“祈祷主(Brahmanaspati,圣言[brahman]之主)”

一样,都是比因陀罗更为全面的神。最后一个名称的引入清楚地暗示 35
婆罗门祭司不断增长的力量和专横,通过把"言语"本身神化为女神的话(Vac)进一步抬高他们仪式中的唱诵。不过,一元创造原理的演化只是在《梨俱吠陀》的末尾处才出现(第 10 卷第 129 首),我们发现一个中性代词和数词"那一个(Tad Ekam)"被引用,作为一切创造的源泉,预先考虑并满足了区分每一种和所有自存、自生、独特的众神的要求。"那时既没有有(sat),也没有无(asat)。既没有空中,也没有那外面的天。什么东西覆盖着?什么地方?在谁的保护下?是不是有浓厚的深沉的水?"①以此开始所有吠陀颂诗中最出色、最早熟的一首。它接着写道:

当时没有死,没有不死,
没有夜、昼的光辉;
那一个(Tad Ekam)以自己的力量无风呼吸,
这以外没有任何其他东西。

起先黑暗由黑暗掩藏,
那全是未被照亮的水。
全生由空虚掩着,
那一个以炽热的伟力而产生。

到大约公元前 1000 年,印度的雅利安人提出并尝试解答了一些一直难以索解的问题。在认为自我孕育的"热力(tapas)"是创造的起源时,《梨俱吠陀》听起来出人意料地具有科学色彩,以至于我们发现难于把这晚期的成熟与《梨俱吠陀》早期的天真保持一致。然而,Tapas

① 诺尔曼・布朗(W. Norman Brown):《宇宙中的人类(*Man in the Universe*)》,伯克利与洛杉矶:加利福尼亚大学出版社,1966 年,第 29 — 30 页。——原注。这首诗采用金克木先生的汉译,有改动,载金克木:《梵佛探》,河北教育出版社,1996 年,第 155 — 157 页。——译者注

一词后来才用于与瑜伽冥想相关的意义，而它在《梨俱吠陀》中的使用
可能反映了印度宗教和“科学”的最古老形式的再现，后者作为孤寂冥
想的自愿承受的苛严在印度历史上产生如此之多启发性的洞见。“欲
望(kama)”后来逐渐有了“爱”的意思，是“那一个”鼓动生命的源泉，创
造背后的力量甚至推动一个中性的神灵去首先种下“意识的种子”，就
像它是如此频繁地推动印度最杰出的圣贤和诸神从他们严肃沉思的深
36 处提升至喜乐的巅峰一样。难道雅利安人到来之前的瑜伽行者
(yogis，诸如摩亨佐-达罗出土的印章上刻画的人物)此时学会了他们
征服者的语言，反过来把他们自己的奥秘教给了婆罗门游吟诗人？难
道印度的“热力”和古代智慧已经开始吸取年轻的雅利安人的能量和乐
观的自信？

第四章　北印度的征服和统一(约公元前 1 000 — 前 450)

雅利安人对北印度的“征服”,是一个入侵的野蛮的游牧部落与他 37
们更为开化的、雅利安人之前的“奴隶们”之间,在制度上逐渐同化、在社会文化方面逐渐融合的过程。这一历史变迁的过程需要 1 000 多年的时间,到公元前 326 年孔雀王朝(Mauryan)的统治之时,这一政治上的统一才达到顶点,此时北印度的权力和文明成就的中心向印度河以东迁移了 1 000 多公里,到达恒河平原的现代巴特那(Patna,当时称华氏城 [Pataliputra])。我们再现这一缓慢而复杂的历史演变过程的资料包括文献与考古方面的;在印度大多数地区,许多世纪的文献资料如同大多数印度洞窟的墙壁一样都是空白的,甚至当激动人心的美丽的古代壁画被发现时,也只有碎片了。

《摩诃婆罗多》

《摩诃婆罗多》这一史诗的核心可能反映了大约公元前 1 000 年印度的生活,开始于福身(Santanu)王对美丽的恒河女神魂不守舍的爱,他与她“结婚”象征着雅利安人向东推进,进入恒河平原的河间地区。不过,它并不是一场简单的罗曼史或征服,要会使用沉重的犁和结实的工具去清除草木茂盛地区的原始森林,甚至连成熟的哈拉帕技术都未能做到。

38 最近在北方邦(Uttar Pradesh)的哈斯蒂纳普尔、阿拉姆吉尔普尔(Alamgirpur)、拘赏弥(Kausambi)发现的彩釉灰陶表明：大约在公元前1 000 年，雅利安人掌握了冶铁技术，他们可能是从西亚尔克五世(Sialk Ⅵ)时期统治相邻的伊朗高原的印欧远亲那里学到的。① 套上牛的铁犁和带柄的铁斧能清理石制、青铜和铜制工具不能穿透的土地。

尽管雅利安人的军事武装足以克服向东推进的自然屏障，而且其武器装备能够战胜来自达萨土著先驱者的抵抗，然而他们似乎从未解决自己部落之间的冲突。《摩诃婆罗多》很像《伊利亚特》，浸透了无休止的战争和鲜血，回荡着国王侄子们的哭泣声，他们为福身王的领土的继承权而进行殊死搏斗。一种十分原始的、或许是非雅利安人的野蛮行为的残留表露在高贵的战士怖军(Bhima)的血腥欲望中，他像狼那样嚎叫，他杀死了自己的侄子难敌(Dushasana)，并在啜饮侄子的心脏之血后，在俱卢之野(Kurukshetra)战场上狂舞。雅利安人的骑士品质至此达到了亚瑟王传奇的水平。在主角坚战(Yudhishthira)那里，虔诚的美德与对赌博的无可救药的痴迷联系在一起，他在掷骰子赌博中不仅输掉了一切财产和王国，而且还输掉了他们般度五兄弟拥有的一切，还有他们共同的可爱妻子——黑公主杜芭蒂(Draupadi)。史诗中的战争标志着为了拥有像哈斯蒂纳普尔(德里附近)那样的都城、大片领土的王国，游牧部落向雅利安部落联合和结盟的转变，他们统治着周围的农业和森林地区，这些地区逐渐被称做“雅利安人的土地(Arya-varta)”。

《梵书》

在对吠陀进行注疏的梵书中出现了为圣化王族而设计的几种精致的祭祀，它们创作于大约公元前 1 000 至前 700 年，进一步证实了王权

① 参见班纳吉(N. R. Banerjee)：《印度的铁器时代(*The Iron Age in India*)》，德里：曼什拉姆·曼诺哈拉尔，1965 年。艾尔夫·黑尔特贝特尔(Alf Hiltebeitel)：“《摩诃婆罗多》”，载《印度百科全书(*Encyclopedia of India*)》，由斯坦利·沃尔波特(Stanley Wolpert)编辑，密歇根州法明顿山：汤姆逊·盖尔，2006 年，第 3 卷，第 82－93 页。还参见他的“《罗摩衍那》”，同上，第 390－399 页。

的重要性在提高。在众神与恶魔的战斗中,我们被告知:众神战败了,直到他们决定“选一位国王”,他们选了能迅速使他们制胜的因陀罗。 39
因此,“国王祭仪(rajasuya)”把国王作为一位“众神的伙伴”,继承了因陀罗的一些能力。为了使年老的国王变得年轻而举办其他的祭祀,他喝能使他返老还童的苏摩,参加他们总是获胜的马车赛会。举行“马祭(ashva medha)”是为了扩大国王的疆域,进一步证实他的威力。一匹白色的大牡马被松了缰绳,任其驰骋一年,后面紧跟着一队皇家骑兵,他们立桩以标明凡是国王的牡马践踏过的土地都归国王所有。年末这匹马被赶回家,首先与国王的众妃嫔进行仪式上的交配,然后被杀死、分割,象征国王以及王朝的统治遍及四方。当国王们变得更加强大时,他们不再仅仅满足于国王的称号,而是采用更炫耀的称号,像“大王(maharaja)”、“最高的君主(samraja)”。《梨俱吠陀》中记载的早期的部落首领只是在定期会议上碰面的许多家庭首领中的第一个而已,与这些国王极其类似,就像竹村与哈斯蒂纳普尔这些城市极其类似一样。

《百道梵书(Satapatha Brahmana)》有寓意地把雅利安人的东扩与阿耆尼圣火的蔓延联系在一起,他在前进时消耗掉森林,只是在足够宽阔的河流前止步,以让他的信徒们学会在他的烈焰中不致烧毁自己的情况下背他过河。毗提诃·摩吒婆(Videha Mathava)用船把阿耆尼运过甘达克(Gandak)河,这条河那时被称做拘萨罗(Kosala,即现在的北方邦)的自然界线;因此,这条宽阔的河流以东的地区根据它的开拓英雄被命名为毗提诃(Videha,即现在的比哈尔)。从这个故事中我们可以假设,雅利安人在运用他们的犁耕耘这块富饶的土地之前,在清理恒河之北的丛林时使用了砍伐与火烧的技术。此时水稻就在这一季风冲积区种植,可以推测,不久以后雅利安人逐渐依赖灌溉系统以助水稻生长。拘萨罗和毗提诃是北印度的较短的史诗《罗摩衍那》中的男女主角罗摩(Rama)和悉多(Sita)出生的王国。

《罗摩衍那》

《罗摩衍那》的篇幅不到《摩诃婆罗多》的四分之一,其作者被认为

40 是诗哲蚁垤(Valmiki)。我们假设它大约创作于公元500年以前,而它的史诗的核心实际上似乎要早于《摩诃婆罗多》,因为在《罗摩衍那》中根本没有提及《摩诃婆罗多》中勇敢的男主人公们,尽管罗摩与悉多的故事在更长的著作中被详细讲述了好几次。从十车(Dasharatha)王的拘萨罗首都阿约提亚(Ayodhya)开始,现在的北方邦这一地区较早的名称为奥德(Oudh),《罗摩衍那》让我们得以深入观察雅利安人晚期宫廷生活之特色。我们了解到年老的国王三个妻子之间那无休止的阴谋诡计,她们斗争和密谋的目的都是为了让她们的儿子获得继承权。我们看到正法(dharma)的力量变得如此的强大,甚至可以支配一位国王的"适当"的行为。作为神圣知识的守护者和解释者、国王祭仪的主持者,婆罗门祭司阶层保持着它的特权和对宫廷的影响力。

不过,我们看到隐士-圣贤那苦行而自然的生活与宫廷的奢侈、堕落形成了鲜明的对比,他们在原始森林中的家构成《罗摩衍那》中"被流放"的英勇的夫妇的另一种背景。城市与恒河平原依然是野外的、未经开发的森林地区之间在精神与经济上的相互依赖,有助于我们更好地理解在史诗时代,北印度逐步完成的社会经济过渡的过程。伟大的圣贤一心追求在森林里不被干扰地修习他们的瑜伽,然而他们不断地被"恶魔"袭击,恶魔罗波那,亦称十首王(Ravana)是印度文学中恶棍的原型,如同罗摩是神圣的英雄国王的原型一样。尽管十首王的海岛王国被称做兰卡(Lanka),斯里兰卡(锡兰)海岛是否是被雅利安人发现或征服的还不能确定。十首王及其领地可能是以临近奥德的雅利安人到来之前的强盗为基础而塑造的,与马尔瓦(Malwa)南方崎岖地区或者德干半岛相邻。我们从《摩诃婆罗多》中知道:雅利安人此时已经向南,将触角伸过温迪亚山脉的屏障(1500到3000英尺高),因为故事讲的是一位名叫阿伽斯特亚(Agastya)的婆罗门智者(即投山仙人)是怎样"羞辱"中印度山脉的。由于嫉妒高耸的喜马拉雅山,温迪亚山脉蛮横地生长,以至于遮挡住了太阳的每一条光线,居住在喜马拉雅山上的诸神被唤醒去传递这一信息。阿伽斯特亚是温迪亚的导师,他当时正在向南方行进。当温迪亚看到他的导师接近时,自然低头鞠躬,而阿伽斯特亚则机警地让他保持这个姿势直到他归来——尽管他再未回来。

整部《罗摩衍那》都可以被当做雅利安人与雅利安人到来之前的土 41
著人之间冲突的一个寓言来读，结局是雅利安人对南部的“征服”。而罗摩和他可爱的妻子——毗提诃(Videha)国王阇那迦(Janaka)的女儿悉多，被流放在森林，十首王绑架了悉多并把她带到兰卡。在寻找妻子期间，罗摩与森林中的猴子们联合起来，其首领是哈奴曼，帮助他发现了十首王的堡垒。猴军把它们的尾巴连起来，临时搭建了一座桥，让罗摩可以跨过去杀掉恶魔般的敌人，解救他的妻子。显然，雅利安人缺少足够的力量去“征服”南印度，不能从北印度调集武装入侵的军队。在这一时代也没有充分的通讯或供给线，事实上这一过程似乎与史诗中讲述的非常接近。从林中“动荡的堡垒”一定对雅利安人的定居点形成屡次的冲击，接踵而至的抢劫、强奸、绑架或谋杀，迫使雅利安中强壮的人以他们家宅的舒适安全为代价进行复仇。无论是以单人还是以小队的形式。这些英雄们既赢得了国王的热爱，也从一路上遇到的许多部落人们那里获得了急需的支持，他们很快从这些人那儿认识了雅利安“文明”的奥秘，包括铁制工具和武器的制造，为保证一年的收成使用犁、种子和水。敌对的部落进行抵抗，最终被北部入侵者以更先进的武器和自信所打败，他们自然相信众神站在自己一边，借因陀罗之威进行作战，向顽固的“恶魔们”猛掷铁制“金刚杵”。

“种姓”制度

从事农业生产，新人群的多元融合，这样一个扩张的过程带来了印度独特而复杂的社会组织体系的发展，并被葡萄牙人错误地贴上种姓制度的标签。因为葡萄牙人在16世纪所称的“种姓”实际上是《梨俱吠陀》中观念性的阶级(varna)制度，由婆罗门、刹帝利、吠舍和首陀罗构成，而印度人所谓的种姓实际上要狭窄得多，是与出生(jati)相关的、同族结婚的群体。在吠陀晚期开始出现的具体的社会模式只不过是阶级
与出生体系的结合。正如已注意到的那样，事实证明印欧部落被划分 42
为祭司、武士和平民的经典三分法是不够的；那三个阶级成为“再生的”

婆罗门、刹帝利和吠舍种姓，“被征服的”哈拉帕人很早就被划入只有一生的首陀罗的系统。或者我们至少可以假设，由于首陀罗的起源一直不太清楚，只能从他们低下的二等法律地位和他们被婆罗门规定为“再生族”的奴仆、可以被“任意流放”或“杀戮”的事实进行推断。首陀罗不准聆听或学习吠陀颂诗，他们被视为具有一定效能的魔法，是专为再生族保留的；事实上，后来的法律文书规定：偷听念诵吠陀颂诗而被抓住的首陀罗可以“往他耳朵里灌熔化的铅水”。随着雅利安社会界限的不断扩大，越来越多、越来越不同的部落人群被吸收进来，增加一个较低的种姓很快就显得很有必要，这个种姓的习俗或职业非常地陌生或“不洁”，以至于首陀罗都不想“触碰”他们。因此，出现了一个四种姓系统之外的人群：不可接触者，也被称做“第五种姓(panchamas)”，或贱民。关于种姓制度的起源我们能推测的大抵如此。更为复杂的出生系统的起源似乎还被埋藏在印度雅利安以前的土壤的更深处。

从摩亨佐-达罗这一古代城市不同方位的建筑平面图的各种尺寸，我们可以假设：这样一个社会等级可能建立在职业地位与因通婚或共同生活而被污染的原始的恐惧之上。不过，到了雅利安晚些时期，在梵书的文献中详细罗列了一些特殊的职业。这些职业名册不只是一个职业描述的清单，它们都是圣典，而且似乎指明印度社会中不同人群从事的工作类型有特殊的神圣性和意义。此后我们还会注意到职业行会的出现和整个村子只有一种职业的成员，无论是织布工还是渔民，从地理上都与“污染的”邻居隔绝而居。仅仅从职业不能解释种姓制度的起源，但图腾与禁忌所反映的仪式之根源至少与所从事工作的类型或所使用工具的性质一样重要。对失去能力的自然恐惧(无论是通过感染或阉割)天然地使得婚姻被控制在可信赖的群体内，与自己的家庭足够亲密以确保友谊与支持。对失去“身份”的部落恐惧或对失去“纯洁性”
43 的种族恐惧进一步使一种出生系统的偶然模式得以发展得更加复杂化，这一系统最终使每一个种姓再分为成百的亚种姓，而且在有些情况下，在印度次大陆形成几千个“种姓”。因为事实上它是雅利安人与雅利安人到来之前的土著人之间相互作用的一种综合，产生的社会等级的具体模式或其拼凑在各地区之间存在着极大的不同。例如,在南印度和孟加拉,在具有征服地位的婆罗门与转而接受婆罗门教和雅利安的农业生活方式的首陀罗之间,基本上没有发现中间的种姓。

犁和灌溉农业极大地提高了雅利安殖民者的粮食供应,使印度总人口的急剧增长和村镇扩大的家庭单位的增长成为可能。亲属纽带和姻亲,还有经济上的相互依赖把每一地区王国中的村庄联系在一起,为最强大王朝的领土增添了社会力量和财富。因此,向东和向南的扩张和文化上的融合在继续,梵语的雅利安“大”传统与雅利安之前的“小”传统、征服与融合的不断结合,或退缩到被对死亡的恐惧所强化的原始魔法之后,或更糟,退缩到缺少部落神力(mana)的生命之后。每一个雅利安家庭都保留它神圣的炉火,每天至少五次,由婆罗门家主或他的婆罗门祭司或厨师(烹调处于婆罗门流行职业的第二位,因为没有人会害怕享用由这样神圣的手准备的食物)准备祭祀供品供奉在这里。每年都要建造巨大的苏摩祭坛,煞费苦心的祭祀过程要进行整整一年,而且只有巨商富户才供得起,雇用几十个婆罗门奠酒和念诵咒语,到了这一梵书的时代,咒语已上升到比众神还重要的地位。人们相信火祭是获得宇宙能量的密钥,在这一神圣的仪式中,控制圣音的念诵——这种圣音包含有与正法(dharma)一样非凡的意义,通过祈雨可以延长寿命。苏摩祭一般选择在季风刚刚开始时结束。

奥义书哲学

然而常常有这样的年头:在祭坛彻底准备好之前,降雨已经来到,或者更糟糕的是,在祭火被点燃并且所有的婆罗门都得到他们的酬金——成群的牛之后数日或数周,降雨还没有降临。每当这些时候,为祭祀花费如此巨大却宣告失败的强大的国王、刹帝利和富裕的吠舍们 44
一定会质疑祭祀的有效性,或者至少会质疑这些婆罗门的能力。事实上,定居并没有带来多少救助,苦难压倒了快乐,甚至死神都徘徊在最光明的生命大道上,早期雅利安人的乐观与自信逐步被侵蚀。在《梨俱吠陀》时代,死者被埋葬在他们的“小土屋”内,由此他们既可以上升到阎摩(Yama)的天堂,加入到璀璨的太阳诸神中,也可以下降到地狱里恶魔般混沌的虚幻(asat)的黑影中。到了梵书时代,地狱的概念与天堂的概念一样,更精致化了,不管是模仿圣火祭仪,还是要清除身体中废物的妖怪;当雅利安殖民的中心向东推进时,就像铁或金被精炼一样,火葬变得越来越普遍。此时也产生了一种新理论(至少对于吠陀思想来说它是崭新的,因为它极有可能起源于雅利安人到来之前的时期),当一个人“死去”之后,会在地狱中经受剧烈的痛苦与折磨,他会醒过来也只是为了再次忍受痛苦。这一时代的另一部梵书中写道:一个人在此世消耗的“食物”会在来生提前“消耗他”,这似乎预示了后来成为印度教原理的“业(karma)”和“轮回(samsara)”的观念。因此,雅利安人土地(Arya-varta)上的城市与乡村回荡着婆罗门青蛙般的念诵声,而恒河的上空则充斥着由火葬柴堆和祭坛升起的烟雾,一些智者在静悄悄地观察与沉思。

最使他们惊骇的是资源的耗费吗?是陈旧仪式和单调的咒语的陈腐乏味吗?或者是那些主持祭仪的祭司过分世俗、唯利是图吗?也许它们都毫无意义,那么长生不老的国王哪里去了?或者,从不生病的富人哪里去了?或者,强壮到足以抵挡虎爪或疯象的长牙的强人哪里去了?到了大约公元前700年,至少恒河平原上最智慧的一些头脑,已经不再痴迷婆罗门祭仪及其呈现的确立的体系,他们作为隐士徜徉于森林中,冥想,并向一些富裕的信徒传授他们的智慧,寻求解决为最近一些变化所加剧的问题,这些问题与印度历史本身一样永恒:

引导我从虚幻走向真实!
引导我从黑暗走向光明!
引导我从死亡走向永恒!

45 这就是奥义书神秘主义者的三种探求,他们这108部诗体哲学对话作为吠陀启示圣典的最后成果被保留下来,代表了公元前8世纪,在东部恒河平原上出现的正统思想对婆罗门教的"反叛"。奥义书(Upanishad)的字面意义是"坐近",表明这些思辨的知识是如何由导师(gurus,似乎主要是刹帝利)在森林里的"专题讨论会"上向学徒传授的。因此,刹帝利与婆罗门对第一种姓的争夺可以被视为:在宗教-哲学上对奥义书所代表的正统思想的"反叛"在社会中的反映。在把《梨俱吠陀》的咒语或祭祀作为帮助获得解脱的可能手段的前提下,奥义书的作者们强调获得解脱(moksha)的另一条不同的道路,这条道路由此成为吠檀多冥想的终极目标。当雅若洼基夜(Yajnavalkya)智者准备离开家成为行乞的森林漫游者,并问他的妻子她喜欢的"最后的解决"是什么时,所有的弥勒薏(Maitreyi)对她丈夫的要求都是"永生的奥秘"。这时他阐明了性灵(atman,阿特曼)的"真实",因为"以性灵之见,闻,念,思,而此世界一切皆知矣"。不过,自相矛盾的是,真实是不可见的,"是如击鼓也,其外之声未可摄也,然取其鼓,或取其击鼓者,则其声得已"。[①] 在《梨俱吠陀》中,阿特曼的意思只是"气息",而且一定是气息与生命相关,气息的中断与死亡相关,因此才导致其地位的提高,首先其意义是"自我",然后是"灵魂",生气勃勃的普遍因素。不过,许多学生发现很难接受它们不被视为宇宙本质的东西。施伟多凯也徒(Svetaketu),这位在跟从传统的婆罗门学习12年后使自己变得智慧而"自负"的年轻人,就是这么一位怀疑论者,但他的父亲通过要他"由彼树摘一无花果来"教育他阿特曼的"真谛"。对话这样继续着:

此是也,父亲!
破之。
破之矣,父亲!
其中汝何所见耶?

① 此处《大林间奥义书》的汉译参考了徐梵澄先生的译文,载《五十奥义书》,中国社会科学出版社,1984年第一版,第560－561页。——译者注

殊微细之子也，父亲！

再破其一子。

破之矣，父亲！

其中汝何所见耶？

无物矣，父亲！

46 吾儿！此至精微者，汝所不见也，然由此至精微者，此一大无花果(Nyagradha)树而挺生也焉。吾儿！汝其信之矣！是彼为至精微者，此宇宙万有以彼为自性也。彼为真，彼为自我，施伟多凯也徒，彼为尔矣。①

最后一行把宇宙灵魂与个人灵魂等同起来，为奥义书提供了掌握真谛并且控制宇宙力量和事件的奥秘：学会“领悟”，即掌握和控制我们真实的自我。不过，这样一种神秘的知识和领悟不可能保证任何人都能掌握；它是一种直觉的感悟，它的到来像一阵“炫目的”光亮，或者根本不会到来，因为掌握它的奥秘就像光脚走过“剃刀锋口”一样艰难。瑜伽修习、坐法、练气和控制饮食有助于为获得这样的智慧而准备好心意，正如学习奥义书对话一样，但可感知的任何事物都不能保证解脱，或者“祛除欲望”并且从一切欲求、我执中“解脱”出来，也不能保证再生、解脱的无有欲望、无所住心、无所作为。男人们与女人们加入到这场领悟真实之意义的艰苦奋斗之中还不迟。像迦吉·婆者克娜维(Gargi Vacaknavi)这样奥义书的女主角所提的问题是最难的，她们好奇的心灵使智者雅若洼基夜发脾气。“凡此世界万物经纬交织于何者中耶？”迦吉问道。这位智者开始只是回答“风中”，但迦吉又问“风又经纬交织于何者中耶？”依次先后问“太阳界”、“月界”、“星宿界”、“诸天界”，直到最后雅若洼基夜被迫承认万物都“交织于大梵世界中”。

① 此处《唱赞奥义书》的汉译参考了徐梵澄先生的译文，载《五十奥义书》，第210页。——译者注

大梵世界又经纬交织于何者中耶?

这位智者回答:迦吉!毋过事穷诘矣!庶使汝头不堕也![①]

业与轮回

从“圣言”的首位和梵天(Brahma)的神圣性之中产生了中性的一元本体——梵(Brahman),他的超自然精神弥漫整个宇宙,在奥义书中与个人的自我(atman)等同。因此,为了理解真实,人们必须欣赏这个宇宙等式的特点,从中被提炼的吠檀多的本质是梵语等式“tat tvam asi 47
(汝为彼)”。第三人称单数代词 Tat (彼)代表梵;第二人称单数 tvam (汝)代表自我;而 asi 只是“to be(是)”的单数现在时形式。印度教徒将会在数千年的时间里,继续沉思这一似乎简单的等式,试图把握其神秘意义。无论我们称其为悲观主义或实在主义,奥义书关于此世及其居民的观点最终都是消极的。正如老国王,山林隐士布里赫多罗陀(Brihadratha)评论的,“在这个由骨、皮、肌、髓、肉、精液、血液、黏液、眼泪、涕、粪、尿、肠气、胆汁和痰所聚集的,这个散发着恶臭、虚幻的躯体内,有什么可以享乐的呢?”[②]这一问题现在正好由一种充分发展了的信仰所解决,即有一个永恒的存在的循环(samsara),再生——再死——再生,由此人们发现自己“像一只落在枯井中的青蛙”,整个世界衰败了,巨大的海洋干枯了,山峰崩塌了,连小昆虫、蚊子生来就会死去。唯一的希望,唯一的“逃脱之道”是掌握自我与万物合一的神秘知识。为了“控制”宇宙,一个人只要能控制住自我就可以了;为了“逃避”普遍的痛苦,人们只需要从纠缠住自我的罗网中解脱出来,就像森林中的藤蔓与杂草缠绕住一棵树一样。任何的欲望、“行为(karma)”现在都被视为灵魂寻求解脱的障碍、罗网和虚妄的陷阱,而

① 此处《大林间奥义书》的汉译参考了徐梵澄先生的译文,载《五十奥义书》,第 583 页。——译者注

② 《弥勒奥义书(Maitri Upanishad)》第一章,第二节,参见徐梵澄《五十奥义书》第 437 页。——译者注

与轮回的概念相关的业律(Law of Karma)是作为印度文明的著名原理而出现的。

这一“律则”认为每一种行为,无论善恶,都会产生作用,会在未来某个时间产生相应的果。因此,我们过去个别业的总和决定了我们当下的生活,就像我们当下的行为会决定我们未来的生存处境一样,并且不仅仅是今生的。单靠业就可以断定:在我们必定经受的循环的受难链条中我们注定要再生多少次。如果一个人邪恶十足,他就会再生为蚊子!善业自然比恶业要好,而再生为人自然被视为一个极大的恩惠——比魔鬼、昆虫和绝大多数动物要高级得多——而且一个人的出生和种姓越高自然就越好。而美德与财富和权力一样,会有它自己相应的报偿,恒河平原的瑜伽行者的眼光要超越这些“欲乐”,而投向免受凡人所有痛苦的纯粹喜乐上。这种喜乐在奥义书中被描绘为“无梦的深睡”和“超越一切的”、完美的解脱,就像梵被
48 否定性地描述为“非此非彼(Neti, neti)”一样。与人类生活一样,时间也注定是周期性的,经历了上百万年的劫(kalpas)或时代(yugas),每一时间的度量单位在寿命无限的梵的生命中都只是一瞬。我们“看到”的都只是“幻相(maya)”,由于我们未意识到其虚幻性才赋予它们“名称与形式(nama rupa)”。一部奥义书称“幻相的制造者”为“伟大的主(Maheshvara)”,这一称呼后来被用到湿婆身上,他的冥想力和创造力当时可能被视为与控制生死的能力等同。旁遮普雅利安人的乐观主义和对闪光的真实(sat)的信仰,在比哈尔森林中似乎被雅利安人之前黑暗、混乱或恶魔般弗栗多的非存在(asat)的悲观信仰所取代,它现在似乎比凡人或神的世界更接近印度现实的终极目标。

“诚然,无欲者,犹如无上财宝中而得至宝”,《弥勒奥义书》写道。“以为此我也,彼,我之所有也。遂以私我而自缚,如鸟在网罗。是故有志欲,妄想,遍计我执之相者,则为有缚;非是者,乃得解脱。是故人当坚住于无有志欲,无有妄想,无有遍计我执,此解脱相也。引乃斯世入大梵界之道,此乃斯世已辟之门,由之而度入黑暗之彼方,愿

望萃聚之所。”①

佛教

佛教文献提到,公元前6世纪,从阿富汗的甘蒲阇(Kamboja)到孟加拉的鸯伽(Anga)的北印度,有16个主要的王国和由部落寡头统治的国家。其中最强大的部落地区(mahajanapadas)是摩揭陀(Magadha)和拘萨罗(Kosala),前者统治着恒河以南的恒河平原东部,后者控制着摩揭陀稍微偏西的地区和雅利安人定居、贸易的大河通道的北面。拘萨罗是这样一个地区,它包括以前史诗中的首都阿约提亚,并且吸收了曾经 49
繁荣的滨河城市迦尸(Kasi,后来被称为瓦拉纳西[Varanasi]和贝拿勒斯[Banaras],印度教崇拜之“都”)的独立部落地区(janapada)。拘萨罗的首都位于靠近喜马拉雅山脚的舍卫城(Sravasti),其权力中心就在释迦(Sakya)部落以西,该部落最著名的成员释迦牟尼(Sakyamuni,释迦族的圣人)——乔达摩·悉达多(Siddharth Gautama)、觉悟者(Buddha),大约公元前563年就出生在迦毗罗卫(Kapilavastu)。许多像释迦这样的山地部落此时都逐渐成为雅利安属国不断扩大的外围领土,以进贡或者后称为税的代价来获得它们的部落地位和独立。像悉达多这些部落的王子们一度被雅利安人的仪式和统治的“文明的”装饰所吸引,而后被拒绝,他们被迫寻求奥义书导师们着手解决的类似问题的答案。在大约30岁时,乔达摩抛弃了奢侈安逸的生活,在拘萨罗和摩揭陀王国南部的森林中漫游六年,最后获得开悟,改变了自己的名字并给世界留下了伟大的一种宗教哲学。

摩揭陀的首都在王舍城(Rajgir,今拉杰吉尔,“王宫”),它不仅控制着东部恒河沿岸的贸易,而且掌握着巴拉巴尔山区(Barabar Hills)丰富的矿物资源,在那里,铁分布在极易开采的表层。摩揭陀向东和向

---

① 《弥勒奥义书》第6章第30节,载罗伯特·恩斯特·休谟(Robert Ernest Hume):《十三奥义书(*The Thirteen Upanishads*)》,伦敦:牛津大学出版社,1931年,第442－443页。——原注。汉译引自徐梵澄《五十奥义书》第470页。——译者注

南扩张，很快把孟加拉的部落地区鸯伽归入它的王国版图，到佛陀的最大护法频毗娑罗王(Bimbisara)统治时期(大约公元前540—前490)，它已成为北印度最富庶、最强大的王国。摩揭陀的王子们、铁匠们和富裕的商人们和旁遮普的农民们相比，并没有更感激婆罗门为祈求他们的权力和财富而作的祷告和祭祀，频毗娑罗王自己也发现：无论是出于逻辑的原因，还是为了国家利益，佛陀的异教的理性主义都比婆罗门教更有吸引力。巴利语佛教圣典中的一个故事讲述：佛陀如何通过向一位自负的宫廷婆罗门询问他的父亲是否活着，从而赢得频毗娑罗王的好感的，这位婆罗门正坚持国王应该毫不犹豫地奉献他的50只最健壮的羊作祭祀，因为“无论他祭献的是什么都会直接进天堂”。这位婆罗门回答他的父亲活着，佛陀因此发问，“那么为什么不用他献祭呢？”搭救了国王心爱的羊并把那位婆罗门从宫廷赶了出去。佛陀否定了那
50 位婆罗门先天虔诚的狂妄，坚持只有“像一位婆罗门那样行为做事”的人才值得被像婆罗门那样对待。佛陀用他的善行、非暴力和贫穷的僧团替代了婆罗门教祭司对魔术和财富的垄断，提高了正在崛起的刹帝利和吠舍的期望，并且在拘萨罗和摩揭陀掀起一场伟大的和平革命。

大约公元前527年，在迦尸的郊区鹿野苑的一个鹿园里，佛陀被认为在他自开悟之后开始初转“法轮(dhamma，巴利语：dharma)”，首次讲道。他关于四圣谛的讲道蕴含了他的思想并且逐渐成为上座部(Theravada)佛教，或被基督纪元后的大乘(Mahayana)佛教徒称为小乘(Hinayana)佛教的哲学核心。第一圣谛是“苦(dukkha)”以及一切存在如何无情地与苦密切相关。从生到死，经历病痛和衰老，悲哀无处不在，与我们相爱的人分离无比辛酸，与我们痛恨的人偏偏相聚；日常生活无从摆脱苦。第二圣谛是“无明(avidya)”，受苦的根本原因。无明恰好也是现实的基本性质，而且在这里，就像第一圣谛的悲观主义风格一样，似乎佛陀在他漫游的岁月里听取了奥义书智者的讲道。不过，他对现实性质的三重定义与其他正统学派或当时主要的异端学派都相当不同，因为他提出一个“一切皆苦”、“诸行无常(anicca)”、“诸法无我(anatta)”的世界。后者将上座部佛教与奥义书时代的唯心论的婆罗

门教和耆那教尖锐对立起来,而且我们所知的当时在北印度流行的几个唯物主义学派(如生活派[Ajiavikas],“无灵魂”,顺世派[Charvaka or Lokayata],“人民的”),他们的教诲没能经受住时间的磨蚀或宗教对手的破坏,基本上没有保留下来。

佛陀在鹿野苑初转法轮中继续解释道,在我们拥有理解现实无我、
无常的悲哀的智慧之后,我们就能够避免苦难,或至少减轻苦难,因为
我们“生存的意志”会减弱,就像我们的感官欲望和我们对“触”、“受”、
“爱”、“取”、“有”和“生”的贪恋会减弱一样,所有这些环节都会把我们
系缚在循环的苦难、再生和再死之轮上。佛陀也许借鉴了当时早熟的
印度医学思想,从而提出他的第三圣谛,即能够认识的任何“病症”事实 51
上都能被治愈。(我们至少知道,有一位摩揭陀的伟大医学家耆婆
[Jivaka Komarabhacca],他曾在公元前6世纪为治疗阿盘提[Avanti]
国王普拉迪奥塔[Pradyota]的病,跋涉600多公里,从王舍城到乌贾因
[Ujjain],并且因他的成功得到可观的报酬)佛陀的第四个,也是最后
的圣谛,是灭苦的八正道:掌握、实践和遵循正见、正思惟、正语、正业、
正命、正精进、正念、正定。当然,困难在于如何适当地定义“正确”,但
如果一个人没有失足地走了八正道,涅槃(nirvana,字面意义是“吹
灭”,就像蜡烛的灯焰一样)的目标就能实现,并且苦难最终会被战胜。
因此,涅槃是解脱(moksha)在佛教中的说法,一个可以避难而不是欲
乐的“天堂”。

佛陀用他生命中的余下45年向他的信徒传播他的四圣谛,聚集在他周围的信徒众多,以至于他很快建立了一个僧团(sangha),它不断地成长,并注定在他寂灭后扩大到全世界。最初只有男子可以加入僧团,而且不淫(brahmacarya)的戒律与非暴力(ahimsa)和无所有(aparigraha)一样重要——将会成为印度教虔敬观念有机组成部分的三誓戒(甘地在其后半生完全接受了它们)。佛陀在寂灭前不久,接纳尼众进入僧团,但他一直对女性对他的僧人们产生的影响抱有疑虑。当他最重要的弟子阿难问他如何在妇女们面前举止端正时,佛陀建议“不去端详她们”。但如果不经意看见了她们怎么办呢?那么,最好“不与她们讲

话”。但是假如不能避免与她们讲话，该怎么办呢？“噢！阿难，那就保持警觉吧！”佛陀告诫道。

僧团的所有成员在他们寻求涅槃的过程中都要持守“正戒(sila)”，修习瑜伽冥想、进行沉思研究。他们不得不切断所有的家庭联系，也不要指望有后代，每天还必须去乞食，为那些在他们钵中放入米的人们赐“福”，托钵乞食此后一直是印度人的美德而不是羞愧的象征。剃发、着藏红色袈裟，佛陀的赤脚弟子们行进在宽阔的恒河平原上，传播他的节
52 制、非暴力和热爱众生的教义。禁欲的观念是如此的流行以至于吸引了世界其他地区的宗教领袖，向西传播到近东以至欧洲，向北、向东传播到中国和日本。尽管印度的佛教僧团从来没有获得过类似中国和日本的武力或财富，但他们确实成为反抗婆罗门教的一支难以对付的思想力量，并且在摩揭陀获得了相当重要的政治地位。

其中一部佛教文献讲述了频毗娑罗的儿子和继位者阿阇世王(King Ajatasatru)前去拜访佛陀，后者“暂住”在摩揭陀的芒果林中，有不少于 1 250 名弟子与他在一起。就在他的大象到达芒果林之前，国王害怕了，担心有陷阱，因为他听不到“任何声音”，很难相信 1 250 个人聚集在一起却不发出“喷嚏或咳嗽的声音”。这恐怕是僧团训练有素的力量。佛陀在 80 岁(约公元前 483 年)于拘尸那罗涅槃时，实际上已经为他的弟子们所崇拜，每日向他祈求“庇护”。当阿难向他请教在他涅槃后如何管理僧团时，佛陀最后的教导是“你必须成为你自己的指路明灯，成为你自己的庇护者。除了你自己外不在任何地方寻求庇护。坚持真谛……在我的僧众中谁这么做了谁就会进入最高的境界。一切因缘和合的事物都会消失。警醒着精进向前”。

耆那教

建立一个僧人教团并且反对吠陀和婆罗门权威的另一位刹帝利王子是筏驮摩那·摩诃维拉(Vardhamana Mahavira，约公元前 540 —前 468 年)，出生于现在巴特那城附近的柏萨(Besarh)。Mahavira(字义是“大雄”)是季纳特里卡(Jnatrika)部落酋长的儿子，与佛陀一样，在大

约30年岁时放弃了享乐主义生活而成为一位游方僧。他似乎首先加入了被称做尼乾陀(Nirgranthas,“离系”)的裸体苦行者教团,大约10年之久,尼乾陀的创立者被称做波湿伐(Parshva),也可能是大雄的导师。在波湿伐寂灭后,大雄和他自己的追随者从其母教团中分离出去,建立了一个新教团耆那教(Jainas)。Jaina意思是“耆那(征服者)的追随者”,这一称号之所以授予大雄一定是因为他出色的自制力。在耆那 53
教圣典于公元454年于伐拉比(Vallabhi)集会上被最后记录下来之后,他也逐渐以第24祖([tirthankara],津渡的开设者)而闻名。Tirthankaras是“渡河”传布信仰者,在耆那教中相当于神,大雄是他们中的最后一位;波湿伐是第23祖。大雄信奉的是比佛陀还要严厉的苦行形式。他不但裸体行走,而且提倡和实践自我折磨与绝食而死,把它视为通向解脱最可靠的方式。尽管他从决心绝食而死到最后成功用了13年的时间,大雄被认为是最后一位进入教祖天堂中的纯粹、完美平和状态的耆那教徒,从世俗解脱从而达到最高境界,与彻底中止业的解脱(moksha)、与涅槃相似。

耆那教的核心教义是万物皆有生命:从岩石、蚯蚓到众神的万物都拥有某种形式的“灵魂”,被称做“命(jiva)”。与自我(atman)一样,所有的命都是永恒的,但与奥义书的观念论恰成对比,耆那教中并没有无数的宇宙自我,只有有限数量(上千万亿个)、处于各个层次的命,其中一些比其他的更有力量。例如,一块岩石的命只拥有一种“感觉”——触觉,因此比人、神或地狱居住者都要弱小得多,他们拥有触、味、嗅、看、听和心等多种感觉能力。在耆那教看来,命自身不为任何神所创造,但总是作为灵魂的永恒的宇宙渊薮而存在。在耆那教时间的二劫(kalpa)循环的黎明,所有的命都是静止和自由的,不被补特伽罗(pudgala,物质微粒)所阻碍,后者以无形的业之网诱捕他们,从而拖累和玷污他们达万亿年,直到转回到静止的另一劫时为止。

非暴力

耆那教“非暴力(ahimsa)”的教义几乎与其“命”的概念一样重要。

也许拜耆那教所赐,非暴力成为后来印度教非常重要的一个教义,尽管佛教也禁止伤害任何生命,而且佛教僧人与耆那教僧人一样,都被要求遵守不杀之戒。大雄的“清净不变的永恒律则”是“万物呼吸,万物存
54 在,万物存活,一切有情都不应被伤害,或虐待、凌辱、折磨,或被驱赶”。耆那教很彻底地禁止伤害生命,直到今天大雄宗教的虔诚信徒还戴着面具以防吸入看不见的微生物,还随身带着扫帚以便在他们坐下之前把看不见的小生灵从椅子上或地毯上赶走。与佛教一样,耆那教的哲学很快就获得了一种宗教信仰的所有特征,首先被一个男性僧人教团信奉着,后来又有尼众和护持的在家弟子们的加入。耆那教非暴力的一个重要的经济上的效果是:其教团的在家弟子甚至因担心耕地伤害了土地中的生灵而不再从事农业,转而从事商业和银行业,这些都是非暴力的行业,而且常常获利更大。主要集中在古吉拉特的耆那教区很快变得十分富裕,并且一直是现代印度繁华的商业区。矛盾的是,虔诚的耆那教徒被鼓励“杀掉”的唯一生灵就是他自己,以绝食的方式,尽管这样的死法被视为从迄今为止所陷入生命的解脱性“再生”。在大雄自杀2000多年后,甘地把这种绝食而死作为了一种政治工具。

恒河流域诸王国的出现,城镇的增加,北印度交通和贸易路线的发展,还有宗教哲学新学派的建立,都是以后雅利安化对土著部落和东部恒河平原风俗影响的产物。时间和距离不仅会减弱雅利安仪式的最初的特点和部落的田园风格,而且也完全改变了雅利安这个词的含义,从基本上是一个语言家族转变为一种文化殖民的社会经济模式。到这一急剧变化的时代的末尾,婆罗门教在拘萨罗和摩揭陀的冲积平原上陷入了困境,它们急切地取尽木料以围成坚固的城市,而这些城市几乎是曾经点缀过印度河的那些大城市遗迹的再现。到了公元前4世纪,沿着恒河两岸分布的交战的诸王国和部落都被统一在一个帝国的庇护之下,一个比曾经出现过的任何哈拉帕帝国都要伟大的帝国。

第五章　印度第一个统一的大帝国（公元前326－前184）

尽管在公元前6世纪，在恒河平原上许多互相竞争的诸王国和部 55
落同盟中，摩揭陀已经成为最强盛的国家，但它还需要在频毗娑罗统治这个天然富足的地区之后200年，才能获得对次大陆的控制。在其东北呾叉始罗（Taxila）发现的穿孔的摩揭陀银币证明：跨越印度河-恒河的贸易从阿阇世王统治时期（大约逝于公元前459年）到随后的巽伽（Sisunaga）和难陀（Nanda）的摩揭陀王朝一直持续繁荣。后一王朝（其君主可能是首陀罗出身的“篡位者”）的财富据说比其后的王朝都要多得多，证实摩揭陀不断增强的经济实力激发了其对帝国统治领导权的觊觎。提供这种领导权的君主是旃陀罗笈多·孔雀（Chandragupta Maurya，公元前324至前301年在位），在亚历山大大帝于公元前326年入侵印度河流域之后，他统一了北印度。正如居鲁士大帝（Cyrus the Great，公元前558－前530）的阿契美尼德（Achaemenid）帝国似乎启发了他的同时代人频毗娑罗，促使其建立摩揭陀王国一样，亚历山大统一世界的梦想激发了印度第一个伟大的统一者，他把摩揭陀变成了一个南亚的马其顿王国。

印度西北部的犍陀国地区的首府是呾叉始罗（接近巴基斯坦的首都伊斯兰堡），它在公元前518年被波斯人控制。作为大流士一世

(Darius)的阿契美尼德帝国的第 20 个属地,印度每年要上贡不少于 360 塔兰特(talent)[①]的金粉,根据希罗多德(Herodotus)的记载,在他的《波斯战争》[②]的叙述中讲述了不少关于印度的传说故事,包括巨大
56 的挖金蚂蚁的描述,它们在混杂着金子的沙漠中劳作。这些传说一定刺激了亚历山大到印度河流域以外探险的野心。由圣经权威通过大海运送到所罗门王神庙里的“俄斐(Ophir)”[③]的“象牙、猿和孔雀”,进一步为西方世界提供了关于奇异财富的证据,它位于波斯人的东方以外的迷人地区。通过征服如此辽阔而遥远的帝国将会赢得的荣耀、权力和财富,激发了世界上最年轻的将军在公元前 326 年的春天粉碎波斯人的权力,率领他强大的军队扫荡阿塔克(Attock)以北的印度河流域。呾叉始罗的国王,一个叫阿姆比(Ambhi)的聪明的统治者一箭不发地欢迎亚历山大不可阻挡的军队,向入侵的军队(据估计有 2.5 万到 3 万名马其顿骑兵和由亚洲人构成的希腊步兵)打开边境城市的大门。

亚历山大带领军队向东进发的时候,很快遇到了另一条河,杰赫勒姆(Jhelum, 希达斯皮斯[Hydaspes]),在它的河岸以外是伟大的雅利安国王波罗斯(Porus, 普鲁[Puru])的领土,他不自量力地想要阻止入侵者进入他的国家。波罗斯拥有 200 头战象,印度天然的坦克军团,但亚历山大战无不胜的骑兵从它们的侧面发起冲击,火红的马其顿箭使它们受到惊吓而后退,冲垮了集中在它们后面的波罗斯的步兵(步兵和由大象组成的墙,一直是印度人用于战争防御的锋利的第一条战线)。随着这次惨败,再没有哪一位印度国王想要阻挡亚历山大的前进步伐,但当他向东前进越过旁遮普时,却遭遇从后部威胁到他的部队的反抗力量,先是在坎大哈,后是在斯瓦特(Swat)。这时亚历山大已经到达第五条大河——比亚斯河(Beas, 海发西斯[Hyphasis]),他显然听说遥远的摩揭陀拥有财富和权力,因此急于前往这个“东部之海(可能是

---

① 古代希腊、罗马、中东等地的重量或货币单位。——译者注

② 即《历史》或《希腊波斯战争史》,主要叙述希波战争及阿契美尼德王朝和埃及等国历史,系西方第一部历史著作。——译者注

③ 《圣经·列王纪》中的盛产黄金与宝石之地。——译者注

指恒河)”冒险。根据查斯丁(Justin)和普鲁塔克(Plutarch)的记载,亚历山大此时遇到了一个名叫“桑德罗科图斯(Sandrocottus)”的“年轻男子”,那时的旃陀罗笈多,事实上是未来孔雀帝国的缔造者。在比亚斯,亚历山大的军队拒绝再向东前进;勇敢的将军满足了他的军队的愿望,而在公元326年7月,亚历山大开始折回他再也没有活着看到的故乡。当马其顿军队的实力减弱时,恢复元气的摩揭陀的势力波及西部孔雀王国统治的地方。

孔雀王朝月护王(Chandragupta Maurya) 57

尽管我们对印度第一帝王家庭的起源所知甚少,孔雀(梵语:Maurya;巴利语:Moriya)这一称号可能来自孔雀之名,是这一氏族最初的、雅利安之前的图腾。有些记载说月护王(Chandragupta,音译为“旃陀罗笈多”)是牧民的儿子,不过还有些材料说他的母亲来自难陀皇宫,但不管他的家庭血统是什么,很显然是特别的,因为他建立的王朝统治了印度大部分领土长达140年。长期以来,人们认为辅佐这位年轻的月护王出色地执掌大权的天才,是年老的婆罗门大臣考底利耶(Kautilya)或阇那伽(Chanakya),人们认为他是《政事论(Arthashatra,“物质收益的科学”)》的作者,这是一本现实政治的教材,让人们想到马基雅维利的《君主论》。至少在传统上,印度贤明的婆罗门“按捺住”性子来约束和引导年轻统治者冲动行为的理想是这样确立的,无论在月护王统治期间是否真的这么实行。

感谢托马斯·特洛特曼(Thomas Trautmann)最近对《政事论》文本和其中最常见的梵文词汇所做的辛苦的统计分析,[1]我们知道整部、多层次的著作不可能由考底利耶写出,它可能于大约公元250年完成。不过,他可能写了早期的一部分,把自己的观念和智慧奉献给了——毫

① 参见托马斯·特洛特曼:《考底利耶与其〈政事论〉:对其作者和文本演化的一个统计分析》,莱顿:布里尔出版社,1971年。还可参见托马斯·特洛特曼的论文“《政事论》”,载《印度百科全书》,由斯坦利·沃尔波特编辑,密歇根州伍德兰德黑尔斯:托姆森·盖尔,2006年,第1卷,第55－57页。

无疑问，其他婆罗门大臣或供职于许多印度王朝的地位较低的官僚也都作出了贡献——古代印度国家关于自然、政治和经济的概括性论述。因此，《政事论》不一定仅仅作为早期孔雀王朝政治的第一手来源，它还对实际运作和在几百年间激励拥立国王者、国王们的长期目标与理想，提供了非常珍贵的材料。这部著作以对国王的教育和训练一章开篇，嘱咐他要“精力充沛”和“保持清醒”。上朝时，国王被建议永远不要让
58 他的请愿者在门口等候，因为国王让他自己“与人民疏远”肯定会“造成商业上的混乱和公众的不满”。君主必须学会控制他自己的感官，特别是“六敌”，欲、嗔、贪、空、慢、爱。他必须控制他的国民——尤其是强势的大臣们、富裕的商人、有智慧的婆罗门，还有美丽的王后们；为完成如此艰巨的任务，他还必须雇佣一大批间谍。事实上，间谍似乎是早期印度官僚制度中一个主要的职业，而且《政事论》详细说明了间谍的各种“伪装”功能，诸如假学生、假祭司、假家主、假装弃世的智者、假商人、假投毒者、假的女托钵者，还有其他这样“欺诈的人”。

孔雀帝国的经济

为了养活大批的间谍、士兵和文职官员，这些处于孔雀帝国权力顶峰的人员总数可能超过 100 万人，印度的君主通常要拿出其国土出产的所有作物价值的四分之一，有时甚至高达二分之一。贸易、黄金、兽群和其他财产形式都要征税，但由于此时大多数印度人都是农民，定居在“不少于 100，不多于 500 家庭”的村庄里，土地收入成为、并且一直是所有印度王国和帝国（包括英帝国）的主要财源。事实上，它可能已经为摩揭陀难陀王朝的君主们贡献了财富，帮助他们在这一王朝最后一位帝王——月护王于公元前 324 至前 322 年从华氏城（Pataliputra，现在的巴特那）的王位上被罢黜之前，扩大他们的边界。在孔雀帝国统治期间，华氏城似乎是世界上最大、最繁荣的城市。作为伟大的摩揭陀的首都，占据恒河与其支流会合的东边的南岸，长不低于八公里，宽一公里半，周围由木栅栏围绕，有 570 个塔，以及 600“肘尺”宽（相当于 900 英尺）、30 肘尺深的壕沟。市政由六个委员会（每个由五个人组成）

管理,传统的、由长老组成的五人委员会(panchayat)管理着印度的村庄、行会和种姓,还有城镇。从其管理委员会的名称中,我们可以对孔雀帝国首都的成熟和复杂的活力有生动的一瞥,这些名称都保留在希腊使节麦加斯梯尼(Megasthenes)的日记片断中:产业技术、贸易与商 59
业、税收、外国人、重要统计以及公共场所,包括市场和寺庙的维护。

从《政事论》中,我们可以欣赏孔雀帝国的官员是如何被精明地选拔出来的,他们是如何被严密地监视和监督的。政府公务员"应该始终不渝地严守职责",就像行政管理手册上规定的那样,因为人们"从本性上讲就是变化莫测、喜怒无常的"。官员们应该在"相互之间或者没有争论,或者并不统一"的情况下工作,因为如果他们同心协力地工作的话,"他们会消耗掉国家的收入",但如果他们工作不一致的话,"他们会损害工作"。官员们只应该像"被指挥着那样"工作,在不知情和没有上方允许的情况下"什么都不要"做。因此,福祸兼有的官僚制很显然不是最近从西方引入到印度土地上去的,也许其根源在于哈拉帕社会中。麦加斯梯尼在印度孔雀帝国观察到有七个"阶级",最高的是朝廷的议员,他被列在婆罗门之上;其他人是农民、牧民、士兵、手工艺者和间谍。

月护王在他生命的最后 25 年致力于巩固对北印度的控制,把摩揭陀的势力扩大到印度河流域及以外地区。公元前 305 年,他与亚历山大在西亚的继承者塞琉古·尼卡托(Seleucus Nikator)签订协议,将孔雀帝国沿兴都库什山脊的西部边界确定了下来。为回报希腊人把所有力量从旁遮普撤到伊朗高原,塞琉古从月护王那里接受了 500 头战象,并且在华氏城互换大使。在协议中还有一条秘密"婚姻"的条款,尽管不清楚塞琉古是否把他的一个女儿送到了月护王的宫廷,后来提及的耶槃尼(Yavani,希腊)妇女曾作为月护王卧室的"精锐护卫",暗示了这种可能性。

孔雀帝国被划分为"区(janapada)",这反映了早期部落的边界,这些区由帝王最近的亲戚或最信赖的将军管理。孔雀帝国的军队被组织为四个主要的军团,其兵力据称有 6 万步兵,3 万骑兵,8 000 战车和

9 000头战象。即使这些数字有些夸大或只是在帝国最强大时才有效，
60 要维持如此庞大的军队证实了国家具有惊人的规模和集中管理的能力。不过对建立在如此巨大的军事和内政官僚制度基础上的这一时期印度人口的估计至多是猜测，似乎有理由假设，在公元前 3 世纪，南亚的人口接近 5 000 万。

为了鼓励清理林地，相关税收被减免，而且国家资助在部落地区定居，大多数是首陀罗，他们的地位比奴隶稍高一些。《政事论》警告“国库亏空”是对“国家安全的一个重大威胁”，忠告君主不能太多地减免土地税。孔雀帝国经营和拥有所有的矿产，还包括一些重要的工业，像造船和兵工厂。大的纺织中心也为国家所拥有，这意味着至少从理论上讲，为了《政事论》中所描述的政体，国王要成为一个社会化的君主，对工匠和专业人员等实施严格的工作管理。“不能”履行“合同”的工人要被扣掉四分之一的工资，还要为“破坏合同而征收”两倍于他们工资的赔偿。洗衣工(dhobis)不锤打“光滑的石头”上他们要洗的衣服就会被惩罚，就像由于疏忽和粗心大意而致其患者死亡的医生(vaidyas)一样。度量衡由国家制定，货币由国家控制。孔雀帝国内的标准硬币是银帕那(pana)，3.5 克铸造。国王的顾问岁入 48 000 帕那，而工程师、矿业管理者和军官要突降到 1 000 帕那；前线士兵和间谍，500 帕那；木匠和其他手工艺者，120 帕那；处于经济阶梯的底部、缺少技艺的劳动者，只有 60 帕那。我们可以设想最后提到的工资只够维持他和他直系亲属的吃穿而已。

因此，孔雀帝国和它的国王与前几百年的农村王朝极不相同。理论上，国王拥有所有的土地和财富，事实上，存在大量免税或者暂时免税的地产，就像新清理的土地；或者永远免税，像宗教地产，例如婆罗门教的、佛教的或耆那教的，或者是王室成员及继承人赠予他们英勇的仆人的礼物。许多手工艺者和商人的行会(shreni)也拥有他们私人的法人团体。行会对它们的成员实施司法自主，就像出生发挥的作用那样，
61 在城镇建立领地，在村子里，种姓由长者和首领组成的委员会控制，就像村子由它们管理一样。因此，一个互助的私营企业和由国家控制的

经济在印度存在了 2 000 多年。行会也曾作为军事单位而被提及，而且这一术语似乎被广泛地应用到区别于任何实体性的、有凝聚力的孔雀帝国的“团体”，规模上介乎部落与出生系统之间，尽管后来仅限于指代“行会”这一主要含义。有些行会被用于在野地或荒地上殖民；强健的、准军事化的农民手工业者，他们的社会纽带和手工天赋使其成为孔雀帝国边境地区优秀的守卫者和定居者。

《政事论》还详细阐明了关于印度外交政策的古典曼荼罗(mandala，“坛”)论，“征服者国王”的疆域被视为中心，周围由 12 个同心圆围绕，紧邻国王的区域被称做“敌人”的领域，之外的部分是“朋友”的土地，这样一个现实政治的定义随着“朋友的朋友们”而继续，如此等等，直到最后两个圆，那里由“居间的国王”和“中立的国王”居住。对于征服者来说，最重要的是防止居间的君主联合他的敌人们，或者从理论上说，说服其站到自己这一边来。中立的国王一般来讲太遥远因而置身事外，但一旦他被挑唆或诱惑加入争斗的话，他拥有足够的力量以证实其危险性，就像遥远的亚历山大那样。

阿育王的影响

根据耆那教传说，月护王于公元前 301 年退位以后成为南印度的一位耆那教僧人，在那里他绝食而死，而他的儿子宾头娑罗(Bindusara)掌管了华氏城。很奇怪，我们对宾头娑罗 32 年的统治所知甚少，尽管他将孔雀帝国的势力范围扩大至温迪亚山脉以南，并且与西边的希腊邻居继续保持外交关系。也许他最为人们所称道的是对塞琉古的继任者安条克一世(Antiochus Ⅰ)的奇怪的请求，他曾经写信给他，要求得到一些希腊的酒、无花果和哲学家(Sophists)。安条克一世送去了无花果和酒，但礼貌地解释道那里还没有哲学家的市场。宾头娑罗对印度历史的最大贡献是他的儿子，阿育(Ashoka，“无忧”)，他公元前 269 至前 232 年在位，与任何其他的印度古代君主相比，阿育王 62
的政策和个性拥有更清晰的图像，这都得益于他让人在巨石上镌雕的敕令和竖立的砂岩抛光石柱，在他辽阔帝国的疆域内竖立了许多波斯风格的石柱，如擎天柱一般。在加尔各答英国铸币厂工作的业余碑铭研究家詹姆斯·普林塞普(James Prinsep)在1837年第一次释读了阿育王敕令的婆罗米文字，而且从那时起，许多印度学家都献身于重现印度最强大的、也许是最开明的帝王的持久的信息。阿育王的敕令镌刻在至少18块岩石和30根石柱上(尽管只有10根柱子保持着完好的状态)，大约有5000个字。大部分碑文采用的是婆罗米字体，它被确认为梵文天城体(Devanagari)和现代印地语的祖先，从语音学上讲是早期世界上最科学的一种字体。尽管阿育王铭文是尚待释读的最早的印度人的创作，它们的铭文清晰地见证了几百年的历史演变。在印度西北部发现的一些铭文是用另一种字体——卡罗什提(Karoshthi)刻的，事实上它被确认为阿拉米语(Aramaic)的变体，从右向左书写，显然是经由阿契美尼德的波斯而传入印度的，当时在那里还有广泛的用途。

在他前八年的统治中，阿育王像大多数古代君主通常所做的那样，以一种无比残忍的方式迅速巩固和扩大他的权力。那时，按照《政事论》的经典对策，“一个强者对另一个强者应该发动战争”，阿育王侵入他的南部(现在的奥里萨)的边远部落王国羯陵伽(Kalinga)，经过他的时代里一场最血腥的战争之后征服了它。在他最长的敕令中，阿育王讲述了多少人被“残杀”，更多的人“死去”，另外的人从征服和殖民的土地上“被俘虏”。在南印度被彻底击溃、最后一次主要的部落对抗中，孔雀帝国的行政部门所能提供的官方记录是：放弃它的征服政策，而选择更为开明的、提倡和平与非暴力的政策。石柱铭文宣称阿育王厌恶他过去的杀戮，并为“羯陵伽的征服而悔恨”，据说这使他决定此后拒绝暴力而选择佛陀的非暴力佛法。实际上，阿育王在他统治的第10个年头皈依了佛教，尽管他是否这么做，与他新统
63 一帝国所“采取”的绥靖政策比起来并不那么重要。“如果死于羯陵伽或被俘获的100个或1000个人现在应该忍受同样的命运”，一个帝王敕令声称——尽管是以有着“天爱(Devanampiya)”和“慈亲(Piyadassi)”王的名义写就的，由官僚机构发布的国家文告——这“对于陛下来说是一

件痛苦的事”。

因此,紧接羯陵伽征服而来的,是孔雀帝国宣称它的帝王决心承担“错误”,只要不借助于暴力惩罚“都可以承受”,“普爱”一切臣民,包括“森林部落”,尽管他们被建议“改造”。不过,对于那些还没有屈服于孔雀帝国统治的人们,他们被警告要记住:帝王不只是慈悲的,也是强大的,用胡萝卜也用大棒以完成孔雀帝国在南印度的殖民,坚决保证疆域内一切“生灵”的“安全、自制、平静和幸福”。在阿育王统治结束之前,孔雀帝国的规则是从克什米尔到迈索尔、从孟加拉到阿富汗的中心地区都要上贡。只有其南部的三个达罗毗荼人的“王国(喀拉拉[Kerala]、朱拉[Chola]和潘迪亚[Pandya])”保持独立,像锡兰一样。孔雀帝国时期的印度与它的所有邻邦,与西里亚(Syria)的安条克二世(Antiochus Ⅱ)、埃及的托勒密二世(Ptolemy Ⅱ)、马其顿的安提柯·哥纳塔斯(Antigonus Gonatas)、伊庇鲁斯(Epirus)的亚历山大保持外交关系。阿育王被称颂为第一位真正的转轮圣王(chakravartin),全印之王。他称所有的印度人为“我的孩子们”,并且在石头上刻上他的温情主义政治表达:希望“他们在来世和今生获得所有的福祉”。据说阿育王通告他的属下,让他们完全放心,无论他在哪里,无论进食还是在休息,他总是“忠于职守”,履行对国家的“义务”。他十分享受他操纵着的巨大的权力,并以宗教般的虔诚来为帝国工作,但他不能独自掌管如此辽阔的帝国。他指定了许多特别的正法官(dhamma-mahamattas)作为派往地方政府的特使巡视整个帝国,监督地方官员是否履行了他们的职责,考虑到距离遥远,印度各个地区的风俗、法律和语言迥异,这几乎是一件不可完成的任务。尽管如此,它毕竟是尝试对迄今为止基本上处于自治或无人定居状态的地区实施中央集权控制的开 66
始。我们可以放心地假设距华氏城最远的地区最少受到中央总部经常性访问的影响,但阿育王的正法官像后来英国的收税员一样,在其疆域内最遥远的角落插上红旗,而且这本身就很有意义。

保留下来的阿育王石刻铭文充满了很好的道德建议;它们劝告孔雀帝国的人要“听父母的”,要“慷慨地对待朋友、亲戚、婆罗门和苦行者”,要防止“杀害生灵”。其他一些主要的劝告是要容忍一切“教派”,“慈悲”和“诚实”。法(dharma)这一独特的词语的意思是宗教、法律、义务和责任,与其他的词相比,阿育王更多地用到它,他认为它“最优秀”。在他统治的第 26 个年头,帝王题写了以下的话:“除了正法的大爱,严格的反省,极力的顺从,无比的尊重,充沛的精力之外,今生与来世都难以达到……这就是我的规则:以正法统治,按照正法进行管理,
67 正法之下我的臣民的喜悦,并且由正法得到保护。”阿育王放弃了传统的每年一次的皇家打猎,而选择“宗教正法的朝圣(dharma yatra)”,亲自朝拜帝国遥远的角落,对他的人民来说,他是帝国统一的活的象征,他们一定把他看做神的化身。为了改善帝国内的交通、加快统一的过程,阿育王让人们在他经过的道路上种植遮阳的树木,而且从国库调拨资金支持这样的公共工程,例如在他统治期间所修的主干道上挖井和建立客栈。正是由于阿育王尊奉了非暴力,在那一时代有更多的印度人成了素食主义者。不仅如此,帝王的个人榜样还有助于启发其疆域之外上百万的人们,因为他的特使被派往锡兰和缅甸,可能还包括更遥远的地区,如东南亚,让那里的人们改信佛教,并通过佛教被吸引到孔雀帝国的和平和印度文明上去。

在公元前 250 至前 240 年间,阿育王在华氏城主办了第三次佛教大集会,华氏城此时成了亚洲艺术与文化最重要的中心。阿育王石柱顶部是大写字母并以动物雕像装饰,最著名的是鹿野苑(Sarnath,萨尔纳特)的四头狮子,其中三头成为现代印度的国家标志。狮子支撑着一块巨石“法轮(dharma chakra)”,以纪念佛陀在鹿野苑初次讲道,狮子立在石柱顶板上边,雕刻了四个较小的法轮和四种动物——一头大象、一匹马、一头狮子和一头公牛。马和牛都特别有活力,而且是美丽的现实主义艺术作品。它们完美地再现了早在 2 000 多年前,摩亨佐-达罗印章上雕刻的精巧的形象,以至于我们禁不住想说它们是由同一个手工艺人雕刻的。因此,雅利安统治早期,印度历史上的艺术空白似乎是资源遗存上的空白,而不是印度伟大工艺传统死亡的见证。一代代人以不变的形式传承的这一传统,正像它持续在更近的历史光芒中闪

耀一样，经受住了所有的战乱和时间的侵蚀。阿育王的宫廷艺术家能轻易地为哈拉帕的统治者工作，就像他们为华氏城的主人工作一样。

传统认为阿育王建造了不少于8.4万座窣堵坡(stupas，字面意义
是“聚集”)，或者佛教圣骨土丘，佛陀的骨灰据称是从八座更早建立的、
最初的窣堵坡中被分出来的，这些由坚固的石头建造的半球形的丘，最 68
大和最著名的一座竖立在中印度的桑吉(Sanchi)，后来被佛教徒崇拜，他们围绕着窣堵坡按顺时针方向转。在阿育王去世几百年后，窣堵坡被精心设计的石制栏杆和“门(tornas)”装饰，顶部在“小方屋(harmika)”之上，有许多排伞，置于鸡蛋形的丘上，通过它，佛陀的灵魂可以由地上到天上，获得解脱和永恒的安宁。多排的伞被一些艺术史家视为东亚宝塔建筑原型，后来被那些早期亚洲史的不知疲倦的文化信使——佛教传法僧介绍到中国。因而，窣堵坡是对印度再度燃起浓厚兴趣和赞助纪念性艺术的有力证据，事实上它们可能是早期、不那么永久的雅利

一位佛教僧人在转达美克(Dharmekh)窣堵坡，它是最早的化身，可以追溯到公元前一世纪，最晚增添的是六世纪的。

安祭祀土丘的石制复制品。无论如何，窣堵坡似乎都是宇宙的象征，因此它可能被视为印度教寺庙的原始起源，后来与印度教寺庙共同拥有这种微观宇宙的含义。作为神圣的纪念物，窣堵坡也被称为 chaityas
69 (音译“支提”、“招提”，意思是“窟、殿”)，也开凿于坚硬的岩石洞穴中，被摩揭陀的僧人们视为尊崇之地。在阿旃陀(Ajanta)和埃洛拉(Ellora)的支提洞窟中发现了印度最美丽的雕塑，它们都是在阿育王之后几百年完成的，不过在他在位期间开始雕凿的那些塑像都还完好地保存着。僧人们生活与修习的石刻洞窟被称做毗诃罗(viharas，精舍，寺)。有几千个都是在这一时代开凿的，以至于摩揭陀逐渐以“毗诃罗之地”而闻名，或者现在的叫法：比哈尔。

在阿育王统治的最后岁月里(以他在公元前 232 年去世而结束)，他似乎完全从公众生活中抽身。随着阿育王的退隐，孔雀帝国的统治失去了大部分的活力，无论是经济还是精神方面都有所衰退。货币很快贬值，帝国的南部与北部的堡垒都受到攻击和侵蚀。他的许多儿子们争夺王位，关于谁继承了王位，印度资料所说并不一致，鸠那罗(Kunala)、他的儿子萨姆普拉提(Samprati)和他的孙子达沙拉沙(Dasharatha)都处于直接继承者名单上最靠前的位置。不过，统一的技术障碍和一个官僚制度巨大的开销很快使孔雀帝国中央集权化成为一种想象。维护其统治的努力使其实力受到如此大的削弱，因此，毫不奇怪，分裂、地方重新要求自治和各地区之间的对抗与侵略，很快随着这位神-王-父(God-King-Father)阿育王的去世而出现。不过，至少到公元前 184 年，印度历史上第一个伟大王朝持续统治着摩揭陀，此时孔雀帝国的最后一位国王巨车王(Brihadratha，布里赫多罗陀)被他的婆罗门将军普什亚米多罗 · 巽伽(Pushyamitra Shunga)杀害，他在中印度开启了一个新的国王谱系，直到公元前 72 年，统治着一个实力大为减弱的“帝国”。因此，印度第一次统一持续了 140 年；以月护王和宾头娑罗的剑赢得，按照《政事论》精明的实用主义进行统治，在阿育王的帝王家长式统治下得到巩固，他对人民的各种信仰、方言和发展阶段的宽容，接受了印度次大陆地方多元化的现实，并且在帝国内推行一种正法的"白伞(white umbrella)"[①]体系。在北方入侵、南方背叛后，它分崩离析，为谁该继任而不停地争吵，与此相比，在如此早的次大陆、技术统一的一个国家中，统一的观念会保留如此长的时间这一事实更不值得奇怪，——因为，毕竟孔雀帝国统治印度几乎与英国人一样长，他们是在 2000 多年以后。

① "白伞是加冕期间置于君主头顶的华盖，是至高无上政治权威的象征。如此就职的统治者不被视为一位短暂的专制君主，而是正法或最高法律的手段，尽管古代印度国家并不是神权政治国家。尽管在国际关系方面采取一些马基雅维利式的外交形式，但这些政策与庄严的正法的高尚理想相比，首先被视为低一级的权宜之计。"唐纳德・麦肯齐・布朗(Donald Mackenzie Brown)：《白伞：从〈摩奴法典〉到甘地的印度政治思想(*The White Umbrella: Indian Political Thought from Manu to Gandhi*)》，伯克利与洛杉矶：加利福尼亚大学出版社，1965 年，序言(由拉摩斯瓦米・艾亚尔所做[C. P. Ramaswami Aiyar])。——译者注

第六章　政治上的分崩离析和经济、文化上的繁荣(约公元前 184 — 公元 320)

70 从孔雀帝国领主地位的崩溃到公元 320 年,笈多帝国的一个王朝重新拥有对所有北印度领土的控制权,五个世纪中,印度在政治上一直处于分崩离析的状态。中亚族群的一系列入侵,再加上南部一些新的地区性君主国势力的增强,将摩揭陀的力量削弱为孔雀帝国以前的状态,仅为半封建独立状态的几个有竞争力地区中的一个。不过,在这一政治上处于分崩离析的时期,印度还是从急剧扩张的海外贸易中获得了可观的利益,从财富的流动中、从罗马与中国对印度产品不断增强的需求中,许多商人和手工艺者的行会繁荣起来。从思想上和艺术上来说,这是一个增长和文化融合的重要时期。

大约在公元前 250 年,大夏(Bactria)的西北部地区宣布从塞琉西(Seleucid)的统治中独立出来。到公元前 190 年,希腊-大夏(Greco-Bactrian)入侵者重新占领了白沙瓦(Peshawar),10 年之后,随着孔雀帝国统治的崩溃,他们将整个旁遮普置于自己的统治之下。亚历山大的这些继承者用赫拉克勒斯(Heracles)[①]、阿波罗和宙斯的形象铸造

[①] 一译赫拉克勒斯或海格利斯,主神宙斯与阿尔克墨涅(Alcmene)之子,力大无比,以完成 12 项英雄业绩闻名,大力神。——译者注

了优良的硬币,硬币正面是他们国王的头像——欧西德莫斯一世(Euthydemus),德米特里一世(Demetrius),米南德(Menander)。我们知道,大约公元前 150 年,这些君主中的最后一个从首都萨加拉(Sagala,现在的锡亚尔科特[Sialkot])统治着旁遮普,他在僧人那先(Nagasena)的劝说下改信了佛教,国王与那先的对话保存在《弥兰王问经(Milindapanho)》里,弥兰陀(Milinda)是米南德的印度化名字。 71
现在保存下来不少刻有铭文的柱子,其内容是纪念大夏人对西北印度的征服,最有名的是那个位于比斯那伽(Besnagar,比尔萨[Bhilsa])的伽鲁达(Garuda)石柱,它是由希腊国王安提亚尔基达斯(Antialkidas)派往摩揭陀的第五个王朝——巽伽王朝,当时在位的统治者为婆伽跋陀罗(Bhagabhadra)的大使黑利奥多鲁斯(Heliodorus)建立的。黑利奥多鲁斯称他自己是“伐苏提婆(Vasudeva)的崇拜者”,他是雅利安之前西北印度的地方神,即克里希纳(Krishna,“黑天”)。克里希纳被雅利安化,成为一个毗湿奴的“人间化身(avatara)”,而毗湿奴逐渐发展演变为印度教二大神之一的吠陀太阳神。在大约公元前 200 年,克里希纳被吸收进《摩诃婆罗多》较晚的部分,作为英雄阿周那(Arjuna)的神御,在有关神的对话《世尊歌(Bhagavad Gita,即〈薄伽梵歌〉)》中他要重振阿周那低迷的精神状态。毗湿奴最后有 10 个化身,不仅包括克里希纳,还包括罗摩和佛陀——有力地见证了印度教吸收各种地方崇拜的英雄与异教神进入它那有伸缩性的模式里的能力。也许正是由于其宗教观具有如此的灵活性才吸引了像黑利奥多鲁斯这样的希腊人,他绝不是唯一的一个为印度文化魅力所折服的外国征服者。在僧人那先使弥兰陀国王改信了佛教的对话后,我们知道,有不少于 500 个希腊人和 8 万个僧人(即使后一个数目有所夸大)。可以肯定地假设:如果不是绝大多数,至少也有许多希腊人在思想与行为上都效法他们的国王。印度文化的传播似乎减弱了像弥兰陀这样的国王们对他们大夏总部的掌控,不过大约公元前 175 年由欧克拉提德斯(Eucratides)率领的反叛使第二线的希腊-大夏君主掌握了权力。

希腊-大夏人的合法性

把卡斯托耳(Castor)和波吕丢刻斯(Pollux)[①]的骑马形象铸造在钱币正面的欧克拉提德斯及其继任者,从开伯尔山谷迁移到呾叉始罗,统治犍陀罗地区 100 多年。逐渐以这一地区的名称而闻名的杰出的古典佛教艺术,是犍陀罗产生的印度-希腊融合过程最持久的遗产,随着国际贸易规模的不断扩大,许多其他的印度和西方的思想潮流在这一
72 地区传播开来,医药、天文学、占星术也都深受这种思想交流的影响,印度与西方的宗教也都是如此。

在基督纪元开始之前的重要的几百年里建立和维持的东西方大夏之桥,可能是基督教出现的一个重要的催化剂,也可能是上座部小乘佛教转变为大乘佛教的重要的催化剂,后者的许多宗派吸引了整个亚洲的几百万的信奉者。大乘佛教的核心教义是菩萨的观念("他拥有佛的本质"),一位有慈悲心的、可爱的救世者,而不是自私的弃世者,他在涅槃的入口处停下来,下凡来普度众生,众生通过他的护佑从苦和轮回中解脱出来。是菩萨的观念受到关于基督生命报告的启示,经由波斯和大夏到达印度,还是一个由东方到西方的文化传播过程?或者类似的观念几乎同时在相隔遥远的地区各自独立地发展起来?对于这些问题迄今为止还没有发现有力的历史资料可以解答、证实。

中亚的入侵

大约公元前 50 年,希腊-大夏的最后一位国王赫迈乌斯(Hermaeus)试图防守入侵者从两翼对他领土的围攻:斯基泰人(Scythian,中国的《史记》、《汉书》中称之为塞种人)从北部的入侵和帕提亚人(Pathian)从西部的入侵,但他失败了。斯基泰人也被称为萨迦人(Shakas),被贵霜人(Kushans,库善人、月氏人)从他们中亚最初的家乡驱赶到这里,他们是说印欧语的游牧部落,在匈奴(后来在西方以 Huns 而闻名)的

---

① 在希腊神话中,卡斯托耳与波吕丢刻斯为宙斯的双生子。——译者注

掠夺和蹂躏中被迫逃离出来。斯基泰人是在这分崩离析的 500 年间涌入南亚次大陆的许多游牧部落的第一支。事实上,在斯基泰人入侵和占领旁遮普的 100 年或更长的时间内,我们发现波斯的帕拉瓦人(Pahlavas)似乎也参加了对印度河流域的掠夺和攻击,这可能表明在 73
进入印度之前,斯基泰人已经迁移到大夏的南部以征服帕提亚。可能存在着两条互相独立但基本同时的攻击战线,一条是斯基泰人在北部对喀布尔山谷(Kabul Valley)的攻击,另一条是帕拉瓦人在南方对波伦山口(Bolan Pass)的攻击。无论如何,我们发现许多帕提亚统治者使用的、上面有希腊语题名“众王之王(basileos basileon)”的硬币,币的另一面有斯基泰统治者的名字,像摩斯(Maues)、弗诺尼斯(Vonones)。我们还发现梵文的题名,如“rajatiraja(众王之王子)”或“maharajasa rajarajasa(伟大的国王和众王之王)”,显示了波斯国王的自命不凡。摩斯似乎是旁遮普的第一个斯基泰人统治者,而弗诺尼斯是比他年轻一些的同时代人。有几位萨迦国王都叫阿泽斯(Azes),但这一时期最有名的帕提亚统治者是冈多弗尼斯(Gondophernes),他的名字长期以来与使徒多马(Apostle Thomas)联系在一起。根据《次经・使徒行传》的记载,当使徒为了传播基督福音而在他们中间划分世界时,印度被分给了多马,他抗议说他身体弱不能走那么远。不过,在他抗议的时候,国王古德纳法(Gudnaphar,冈多弗尼斯)派遣的“某位商人”已出现在他们面前,他说他需要“一位灵巧的木匠”。这想必是为了说服圣多马前去传教,而且传说坚持他死在了南印度,那里有许多改宗的基督徒依然把他视为将基督教传入印度的圣殉教者-圣徒。

贵霜人

大约在基督纪元 1 世纪时,贵霜人开始入侵印度,那时帕拉瓦的最后一位国王被更为强大的中亚游牧部落击败,而斯基泰人则被驱赶向印度的更纵深地区,定居在乌贾因附近的马尔瓦地区。现在转化斯基泰武士的印度化的进程也在顺利进行中,他们都取了刹帝利的名字,为了与吠陀知识相协调,婆罗门让他们丢掉占星术。这种中亚血液周期性地注入有助于在拉贾斯坦(Rajasthan, Rajputs[拉其普特])和中印度的“中部省”——中央邦产生一种特别有活力的、浪漫和丰富多彩的
74 地区文化。许多拉贾斯坦的印度教武士(1 000 年后穆斯林入侵的最激烈的反抗者之一)都是这些斯基泰人、贵霜人和以后的胡纳人(Hunas)的后代。统治印度西北部地区的第一位贵霜人的国王库朱拉·卡德斐西斯(Kujula Kadphises)在约公元 64 年去世,他的儿子威玛(Wima)继任。

在呾叉始罗发现的一个标明时间为公元 78 年的银卷子,记载了对佛教圣骨的珍藏并且提到了“贵霜的伟大的国王”、“众王之王”和“天子(Maharaja Rajatiraja Devaputra Kushana)”,显示贵霜众君主不但称他们自己为“伟大的国王”和“众王之王”,而且是“天子”,模仿中国皇帝的称号。采用这种尊贵称号的国王也许是贵霜君主中最伟大的迦腻色伽(Kanishka),他从大约公元 100 年开始,统治了 20 多年。从首都普鲁沙普拉(Purushapura,现在的白沙瓦,它控制着山口)开始,迦腻色伽把他的帝国从大夏扩大到贝拿勒斯,包括克什米尔、旁遮普、信德、德里、马图拉和桑吉。与阿育王、米南德一样,迦腻色伽改宗佛教并在克什米尔主持了第四次佛教集会。小乘经典的权威版本在此次大会上被刻在铜板上,而且据说存放在为保存它们而特别建造的一座窣堵坡里,但其地址不详。这次大会还促进了大乘佛教的发展并向中国传播。除此之外,在迦腻色伽统治期间,佛教的石质与青铜塑像开始在犍陀罗和马图拉雕凿。

地处连接印度、中国和西方的贸易路线的中心,迦腻色伽的贵霜帝国十分繁荣。迦腻色伽之后的君主们铸造的金币比得上罗马便士(denarius)的重量,而且展现了为抗击中亚的冷风而必须穿厚实的外衣和带垫靴子的有力、粗壮的人物形象。在马图拉发现的无头石质塑像可能是迦腻色伽自己,因为那坚定的站立姿势反映了巨大的力量和自信,人物所持的皇家宝剑看起来对于凡人来说太沉重,难以挥动。迦腻色伽的财富与智慧吸引了亚洲各个地区的艺术家、诗人、音乐家,还有僧人和商人纷纷来到他的宫廷。这些杰出人物中最伟大的就是梵语

诗人和戏剧家、佛教徒马鸣(Ashvaghosha),据说是他让帝王信佛的。他的《佛所行赞(Buddha Charita)》是古典梵语诗体文学中最早的典范
之一。我们从参访过迦腻色伽首都的中国佛教徒那里得到报告,其雄 75
伟建筑包括一座 14 层的木质舍利塔,有 600 多英尺高,不幸的是在公元 6 世纪后它被烧毁了。不过,1908 年,在白沙瓦出土了一个只有 8 英寸高的精巧的银制匣子;铭文中提及迦腻色伽的名字。而且它还是到目前为止发现的最早的佛陀和菩萨形象,从视觉上显示了从小乘佛教到大乘佛教的转变。迦腻色伽的帝国是由许多总督管理的,由庞大的军队保卫。尽管他皈依了非暴力的宗教,但据说中亚几位强大的君主一直穷兵黩武直到他生命痛苦地结束,根据传说,他被自己心怀不满的副官在其宿营的帐篷中闷死。在迦腻色伽逝世后,贵霜王朝持续了 100 多年,在大约公元 240 年,被来自西方的萨珊人(Sassanians)不断扩大的势力推翻。

巽伽、甘华(Kanvas)和安得拉王朝

一波又一波中亚和波斯的入侵使印度西北部脱离了本土的控制,孔雀帝国的政治崩溃进一步使次大陆东北部、中部和南部地区分崩离析。摩揭陀在巽伽的统治下坚持到公元前 72 年,其版图还包括孟加拉、博帕尔(Bhopal)和马尔瓦。尽管它的建立者拥有正统婆罗门教信仰,后来的巽伽君主们明显成为佛教的慷慨护法,就像在巽伽统治下在桑吉和毗卢(Bharhut)建造的精致窣堵坡所证实的那样。巽伽王朝的最后一位君主被他的“仆人”伐苏提婆・甘华(Vasudeva Kanva)从摩揭陀的君主位置上给废黜了,他成了甘婆王朝(Kanvayana)的奠基者,这个王朝只持续了半个世纪。公元前 27 年,摩揭陀被南印度突然崛起的、强大的安得拉(或萨塔瓦哈纳[Satavahana])王朝征服。它显然来自戈达瓦里(Godavari)和吉斯特纳(Kistna 或克里希纳[Krishna])河三角洲,是说泰卢固语的达罗毗荼人的故乡,他们的后代现在生活于被称做安得拉的一个邦,伟大的安得拉王朝从公元前 2 世纪到公元 2 世纪将其影响扩大到了南印度和中印度的大部分地区。在征服了马哈拉

施特拉(Maharashtra,“伟大的国家”)西北部的德干地区之后,安得拉
76 后来在戈达瓦里的派坦(Paithan)建立了他们的首都,现在浦那(Poona,古代的 Pune)东北大约 100 公里,它是此后马拉塔(Maratha)权力的中心。梵文词语 satavahana 最常用的意义是“七驾”,指毗湿奴的七驾战车,每驾代表一周中的一天;因此它指的是达罗毗荼人的安得拉的雅利安化。老普林尼曾经在其著作中把安得拉(andarae)说成是“强大的种族”,控制着许多村庄和至少 30 座有城墙的城镇,再加上 10 万步兵,2 000骑兵和 1 000 头战象的军队。在公元前 230 年后的 450 年中,这个强大的王朝统治着印度的中部,从公元前 1 世纪从甘婆王朝夺取的马尔瓦的温迪亚的北部,延伸到南部栋格珀德拉河(Tungabhadra)和吉斯特纳河,这两条河在泰米尔纳德(Tamil Nad,“泰米尔人的土地”)分流。位于吉斯特纳河岸的阿马拉瓦蒂(Amaravati)后来成为萨塔瓦哈纳东南部的首都,靠与罗马、锡兰和东南亚的贸易而繁荣,可能是公元 2 世纪印度最繁荣的城市。萨塔瓦哈纳王朝在马尔瓦和古吉拉特都战胜了斯基泰,但它最终被后来的入侵者驱赶走了。在东部,他们与在摩诃罗阇・卡罗毗拉(Maharaja Kharavela)统治下再度复兴的羯陵伽发生冲突,他在公元前夕获得了权力,这主要是从在奥里萨的布瓦内斯瓦拉(Bhuvaneshvara)附近发现的较长的“象窟(Hathigumpha)”铭文中得知的。尽管象窟铭文没有标明时期,但大约雕刻于公元前 200 年到公元前 25 年之间。它提到伟大的羯陵伽君主先后对北印度发动的三次入侵,其中一次迫使摩揭陀国王屈服。在卡罗毗拉伟大的胜利之后,据说摩揭陀的战利品被带回了奥里萨,这为建造布瓦内斯瓦拉的第一座寺庙提供了必需的资金,它后来成为印度艺术和建筑中独特的奥里萨风格的中心。

泰米尔人的喀拉拉(Keralas)、潘迪亚(Pandyas)和朱拉(Cholas)

安得拉和羯陵伽的南部是三个古代泰米尔“王国”,喀拉拉(又译哲罗,Cheras 或 Keralas)在西,潘迪亚在中间,而朱拉位于东部海岸(“科

罗曼德尔”的字面意思是“朱拉圆圈”)。麦加斯梯尼和《政事论》都提到了“潘迪亚的珠宝”,证明这个最南部地区的名声至少在公元前4世纪已经传播至华氏城。潘迪亚可能在所罗门王的寺庙建造时期就已经是 77
一个兴盛的政治实体。潘迪亚这一名称可能来自Pandu(般度),史诗《摩诃婆罗多》中一个有正义感的皇室的名字,也许是显示泰米尔纳德雅利安化的最早的资料。在南印度发现的铭文显示早在公元前2世纪皇家对喜欢的臣民会赐予财物。潘迪亚的首都马杜赖(Madura)依然是南印度最大的寺庙之城之一,是泰米尔书写文化中心,而那里,几所桑伽姆(Sangam,“学院”或“研究院”)至少在公元2世纪就已经很兴盛了,它们以容纳了500多位诗人而闻名。有2000多首桑伽姆的诗歌保留下来,被收录在九部选集和一部泰米尔语法书《托尔卡毗雅姆(Tolkappiyam)》中。我们从后者不仅可以了解语法,还可以深入了解早期泰米尔人的社会生活,他们在地理区域的基础上被划定“种姓”,即山民、平原上的百姓,森林、海岸和沙漠中的百姓。在这五个基础群体中职业还有区分,包括摸珍珠者、渔民、造船者和船夫。早期的泰米尔王国似乎是女族长统治,而且直到19世纪,喀拉拉和泰米尔纳特德的其他一小片区域都是母系继位。达罗毗荼人的亲属系统建立在姑表(或舅表)联姻基础上,显然与北部流行的印度-雅利安系统不同,其中异族通婚带来“陌生人”而不是亲戚的婚姻。桑伽姆文学提到了几位非常早的喀拉拉国王的名字,其中一位被认为袭击了雅瓦纳(Yavana,希腊或罗马的)船只。还提到了几位早期的朱拉君主,他们主要与东南亚进行贸易。古代的泰米尔纳德由金银珠宝的发现和对外贸易的不断扩大而致富,是一个充满佳肴和财产的有名的地区。桑伽姆诗歌赞美了持续数周的宫廷酒宴,上有“多肉的排骨”、“三和水(可能是可可奶、棕榈果汁和甘蔗汁)”,以及烈性棕榈酒(用糖棕发酵的致醉饮料)。

宫廷生活也被成群的演员推向高潮,他们唱歌、跳舞,随着音乐伴奏而表演,极像成群的巴简(bhajan,“虔诚”)乐师还在南印度继续进行巡回表演一样。妇女们也积极加入这些巡回剧团,后来古典的婆罗多(bharat natyam)舞蹈形式的发展和庙妓舞蹈家(devadasis)的演化,成

78 为南印度达罗毗荼人对印度文明所作出的文化贡献的一个重要方面。在桑伽姆时代之后的几个世纪中编写的泰米尔纳德的史诗，讲述了两位妓女舞蹈家的冒险，玛达维(Madavi，第一部史诗悉拉帕迪卡拉姆[Silappadikaram，嵌以宝石的脚镯]中的荡妇)和她的女儿玛尼麦伽莱(Manimegalai)，她的名字也是第二首诗的题名。在经历了一系列充满激情的爱之后，这两个妇女最后都放弃了她们的职业而成了佛教比丘尼。

南部的三个泰米尔王国最初似乎时而加入为了对付北部邻邦而设计的政治联盟，时而彼此之间发动战争。从一个确定时期大约为公元前165年的铭文中，我们可以知道所有这三个王国都加入了反抗羯陵伽的卡罗毗拉(Kharavela)入侵军队的“同盟”之中，自然后者击败了他们。也许他们共同的失败让泰米尔国王们从自私行为中汲取了大智慧，因为在公元前1世纪中期之后并且一直持续到公元4世纪，喀拉拉、朱拉和潘迪亚之间发展出一种比统一防御更常见的冲突模式。潘迪亚人地处它们中间，因此他们时而与喀拉拉人结盟以对付朱拉，时而与朱拉结盟以对付喀拉拉。在公元4世纪早期，这种削弱他们力量的战争再次使这些王国面临外来的征服，这时一个新王朝帕拉瓦(Pallavas，“掠夺者”)出现于以前朱拉的首都建志补罗(Kanchipuram，Conjeevaram)。帕拉瓦在公元325年在泰米尔纳德坚定地立足，但他们的起源一直是南印度历史上一个让人着迷的问题。尽管这一王朝的奠基者最初可能是帕提瓦人或帕提亚人，是北方人的后代，但似乎更有理由相信他们是萨塔瓦哈纳东南部的封臣，公元2世纪萨塔哈瓦纳的崩溃导致他们独立，宣称拥有建志补罗的权力，由此他们想方设法废黜了朱拉的君主。从铜盘、石刻铭文和钱币中可以看出，这个王朝在南部统治的历史可以追溯到公元325年，而且至少有800年，成为印度所有历史上统治时期最长的王朝之一。

对外贸易

在南印度港口发现的大量罗马钱币证实了海外贸易的兴旺和赢

利的程度，在《厄立特里亚海航行记(Periplus ["海洋地理"] of the 79
Erythrean Sea，印度洋贸易的一个匿名指南)》留下的残篇中也有所报告，它可能是在公元1世纪时，由一位阿拉伯海的船长写下的。从印度半岛的港口海运来了象牙、缟玛瑙、棉织物、丝绸、胡椒和其他调料、珠宝，其中最繁荣的是讷尔默达(Narmada)河上的布罗奇(Broach)、靠近孟买的苏尔帕拉卡(Surparaka)和靠近本地治里(Pondicherry)的阿里卡梅杜(Arikamedu)。罗马人用各种物品来买印度产品，包括铜、锡、铅、锑和酒，但在泰米尔纳德发现的公元后较早几个世纪的罗马金币的数量表明：如普林尼(Pliny)所抱怨的，贸易平衡有利于印度。因此硬币在国际上的"流向"最初是由西流向东。现在贸易路线在次大陆交叉往复，而由骆驼、牛、驴子构成的商队用钱币驮走了城市文化的种子和乃至超出印度地理范畴的产品。从呾叉始罗到喀布尔的陆路贸易路线分岔，北至中亚北部和中国，向南、向西分别到坎大哈和波斯湾，使印度成为商业往来不断增强时代中-罗贸易的经济中心。行会非常发达，它们富裕的成员向宗教团体捐助财产，尤其是向佛教和耆那教教团——重商主义的进取心在传统宗教中的产物。在德干有精心刻凿的石窟，其中最著名的是阿旃陀和埃洛拉，被保留至今天作为商业行会繁荣的见证，它们领袖的塑像有时被放在宗教石窟大门外面，以纪念他们对教团的赞助。在整个印度，商队停留的地方和港口出现了熙熙攘攘的新城市，在那里，行会承担起维持城市秩序的责任，并且制定了法律条款以管理行会成员的社会行为和商业行为。

钱币的广泛使用和商业与财富的增长导致印度银行家和金融家(shreshthins 或 seths)的出现，他们帮助支持失败的行会、贫穷的君主和更穷的地主。旅行和贸易的风险越来越高，利息增高，从每年15%至240%，但收益足以满足人们对金钱的更大需求。印度的银行和商业家族在国内外许多大的城市企业中心建立尽可能多的分支机构，因
此，较早培育出了财富亲属网络，通过帝王的资源和权力，金融"家族" 80
获得了不断增长的财富。建立在罗马便士(124格令)重量之上的金币

和银币,在孔雀帝国时代引入,用于日常流通,与铜币和贝壳一样。不过村庄和农村地区的经济一直保持互助和非货币状态,根据出生种姓,按照以货易货的层级式惠顾(jajmani)模式提供传统服务。每村的仆佣和技工——清洁工、理发师、洗衣工、铁匠和制革工——都有各自的农民老主顾(jajman),他们为回报他一年的"固定"服务,为他的家庭提供足够的大米以度过每一年。

印度教

贸易的扩大与财富的增加在许多方面刺激了印度教思想和艺术的发展。不仅佛教发展成为成熟的大乘,崇拜菩萨,而且婆罗门教也作为一种信仰而出现,它的核心崇拜形式从吠陀的火祭转变为对某个教派神,毗湿奴或湿婆的个人崇拜。因此这一时期标志着印度教从早期吠陀-婆罗门教仪式信仰中脱颖而出,而且从纪元前后起,印度教对次大陆民众的吸引力持续增强,尽管佛教和耆那教起初一直是其强有力的竞争对手。印度教的法典,像《摩奴法典(Manava Dharmashastra)》是在这一时期编著的,就像许多往世书(Puranas) 一样,关于各种印度教神,尤其是毗湿奴、湿婆和梵的神话和寓言,都是在这一时期编著的。毗湿奴逐渐被提升到人类救世主的地位,当魔鬼威胁要毁灭宇宙正法时,他的化身(avataras)就会出现在地面上。到目前为止,他有九个化身:鱼(Matsya)、乌龟(Kurma)、公猪(Varaha)、人狮(Narasimha)、侏儒(Vamana)、持斧罗摩(Parasurama)、《罗摩衍那》中的主人公罗摩、克里希纳和佛陀。他的第 10 个化身,骑在马背上的救世主伽尔金(Kalkin),无论何时,只要世界需要毗湿奴的拯救,他就会在将来按预定而来。通过把佛陀列入对毗湿奴的膜拜仪式之中,印度教试图再夺回那些放弃它的仪式正教而改信佛教解脱允诺的几百万民众。

81 与罗摩共同享有毗湿奴最受欢迎的化身荣誉的克里希纳,是印度挤奶女工的吹笛子的情人,其中最美丽的是拉达(Radha)。作为神圣的情人,克里希纳和拉达后来被拉其普特的艺术家出色地描绘出来。克里希纳还传授奥义书哲学的要义,而且通过《薄伽梵歌》中与阿周那的对话阐明印度教的解脱之道。作为阿周那的御者,克里希纳能够安慰伟大的武士,武士在俱卢田野最后一次大战就要开始之前丧失了勇气,放下了武器。在敌方(他的考拉瓦[Kaurava]侄子们)的队列中他看到他上了年纪的导师和他的叔父,他不能承受杀戮亲属的后果。因此,在战争就要开始时,他想放弃这场宏大的战争,但克里希纳提醒他:作为武士,战斗是他的首要义务(dharma)。神御还向他解释了“现实”的真实性质,教导阿周那:他在战场远处对方行列中看到的面容和身体只不过是虚幻的形象,潜藏于他们中的不灭的“灵魂(atman)”是不可能被刀箭杀死的。克里希纳说,“他(atman)不杀戮,也不会被杀”。“他不生,也不死”。

《薄伽梵歌》的核心教义是克里希纳解释作为解脱之道的“业瑜伽(karma yoga)”。那些追求永恒解脱的人不再需要任何吠陀祭祀;也基本上不可能从拥有物质的世界中完全抽身。克里希纳教导阿周那:只要他对行为之结果毫不措意而行动,他做任何事情业都不会受到束缚。对成功与失败“淡然”是这种新方法的关键,正是有了它,虽然人们依然受到生命行为之轮的束缚,却能够逃离轮回的强制。奥义书解脱的紧要目标是为那些从事各种活动,却没有任何自私动机地做事,完全能够克制自身的欲望的精英们而准备的。“对他们来说,爱与不爱是一样的”,这种人能够“超越”死亡和轮回,获得解脱的完美的平静。印度教另一个主要的解脱之道——信爱(bhakti)——在《薄伽梵歌》中也有介绍并且后来变得比业瑜伽还要流行。为了说服阿周那,克里希纳最后透露自己是神圣的毗湿奴,解释道:“那些虔诚尊崇我的人,他们在我之中,我也在他们之中,”并将信爱的观念发展成为基督教的宽恕。“即使
一个非常恶的人一心尊崇我,不管他做过什么,他就被认为是义的…… 82
即使那些出身卑贱的人,妇女、技工种姓的孩子和奴隶,就是他们也能达到最高的目标”。

因此,印度教的解脱既向印度的农民大众、也向婆罗门精英大开方便之门。不过,印度教自身把不平等性作为它信仰的核心观念,与“种姓”制度不可分割地联系在一起。一位婆罗门的正法(dharma,宗教或

义务)与一位刹帝利的极其不同,而且每一个种姓都脱离了低种姓首陀罗的世界,虽然也被包容在印度教之内。不可接触者尽管是“种姓以外的人”,还是印度教徒,与首陀罗一样,只要他们在今生尽他们的义务(dharma),他们也被许诺最终通过再生而得以提升。如果低种姓愚蠢到反抗他们的奴隶地位,他们只会积聚恶业。因此对其出生时地位的毫无抱怨的接受,是一个人在印度教种姓阶梯上得以最终提高的最牢靠的方法,与业及轮回的“规律”一致。

不著名的吠陀雨神楼陀罗(Rudra)现在成了湿婆神、印度教的大神(Maheshvara),不像毗湿奴的信徒,其宗派信奉者并没有把他提升到首要位置。作为神圣的瑜伽行者和生育神,湿婆立刻成为生命的吉祥创造者、兽主神(Pashupati)、舞王(Nataraja)和黑暗毁灭者,出没在坟地,吃掉有毒的东西;比虎还要凶猛;死亡和时间的化身。湿婆成为印度教各个极端之间和解的典范:爱欲与苦行弃世,疯狂的移动与不动之静,暴力与被动。尽管湿婆的现代教派的信徒在南部处于统治地位,传说他的神山之家却在喜马拉雅的卡拉萨(Kailasa),据说恒河狂暴的激流由于他头发的缠绕而变得相对和缓,从这里流向地面。湿婆的妻子是这个或那个母神——仁慈的帕尔瓦蒂(Parvati,雪山神女)[①],好品德的娑提(Sati)和黑暗与恶毒的迦利(Kali,时母)[②]或女魔杜尔伽(Durga,难近母)[③](所有的印度教神都有相对应的女神,人们认为他的潜在的凡间的“力量”或萨克蒂[shakti]是积极的生命力量。毗湿奴的

① 喜马拉雅山的女儿,恒河女神的姐妹。她十分温柔、美丽。湿婆神在喜马拉雅山修行时雪山女神爱上了他,但遭到拒绝。她为了表示对爱情的忠贞,修行了1 000年,终于获得了湿婆的欢心,成为他的妻子。引自黄心川主编:《世界十大宗教》,东方出版社,1988年,第87页。——译者注

② 她全身黑色,有四头四手,额上有三只眼睛,口吐火舌,手提头颅,胸前挂一串骷髅,腰上系一圈人手,降魔时喜嗜魔血。引自同上。——译者注

③ 她有十臂,手持长矛或毒蛇,骑着狮子或老虎。难近母为了拯救诸神和人类,化作水牛与牛魔等庞然大物进行殊死搏斗,终于把牛魔杀死,取得了胜利。雪山神女、时母、难近母这些印度教湿婆派母神后来被佛教密宗吸收,随着密宗传入我国西藏等地区,也为我国喇嘛教徒所崇拜,在喇嘛寺庙中到处可见这种神像。引自同上。——译者注

妻子是吉祥天女[Lakshmi]①,是幸运女神,而梵的新娘是辩才天女[Sarasvati],是艺术的神圣资助者),除了有许多新娘,湿婆还有许多孩子,包括战神伽蒂吉夜或室建陀(Kartikeya or Skanda)和象头神(Ganesh),他在南北方都受到崇拜。印度教徒继续接受许多不那么神 83
圣的小神,包括梵、因陀罗、阿耆尼和半神、女神、牛和婆罗门。

印度教湿婆神的三相(Trimurti)。这是印度教作为宇宙的创造者、保持者和毁灭者的"大神"的最著名的石窟。公元 9 世纪镌刻于孟买港象岛的石窟内墙的最高处。

不过,对于一个优秀的印度教徒来说,种姓律则和世俗义务要比神更为重要。真正要紧的是吃喝得体,嫁(娶)对了人并且行为"正确";也就是说,与一个人的种姓、出生和生命阶段(ashrama)的律则(dharma)一致。按照印度教的法典(Dharmashastras),人生有四个阶段,每一阶段只适用于前三个再生种姓,而且它们显然反映了一般印度教徒生活的理想

① 《薄伽梵往世书》中说:"她手持莲花圈,蜜蜂绕花飞鸣,她转动着含笑的可爱的慈祥面孔,两颊闪烁着美丽的耳环,双乳紧凑,圆满匀称,并敷有檀香及番红花粉末;腰肢纤细,几不可见。踝饰环钏,举步发悦耳的玎玲之声;身躯柔软,宛如一黄金之藤。"引自[法] 雷奈·格鲁塞:《东方的文明(上卷)》,中华书局,2003 年,第 288 – 289 页。——译者注

而不是实际的阶段转换。第一个阶段被称做梵行期(brahmacharin),是禁欲的学徒时代,开始于一个男孩授圣线仪式(通常在6至12岁之间)之后,那时他离开了父母的家而与导师生活在一起。《法论》强调这一生命阶段禁欲的重要性,尤其是在与导师妻子的关系上,她也许常常对年
84 轻学徒专心学习的能力提出挑战。由于一位印度教徒妻子的理想年龄是她丈夫的三分之一,在年龄和兴趣上,许多妻子一定与年轻的学徒而不是他们的婆罗门导师更接近。无论如何,学习的梵行期禁欲的重要性是这样的,以至于后来“梵行”一词只意味着这个。

在记诵了吠陀咒语,可能还学习了一到两个吠陀的副支(vedangas,包括这些学科:语音学、语法、韵律学、占星术和词源学)之后,毕业生回家,举行淋浴仪式,然后结婚。结婚仪式通常要由父母安排,由占星术来决定时辰,优秀的印度教徒进入他的第二个阶段,家居期(gryhastha)。作为一家之主,他的义务与以前或以后的阶段相当不同,因为现在这个人的基本义务是开始组成一个家庭,使其繁荣和享受生活。“爱(kama,包括性爱的享受[rati])”的快乐和美德从仪式上被规定下来,而关于爱的经典教本是犊子氏(Vatsyayana)的《爱经(Kama Sutra)》,大约写于公元2世纪。一位优秀的家主有责任使自己和妻子幸福,尽可能多生孩子,而且在他力所能及的范围内积聚尽可能多的物质财富,在每一个忙碌的宗教仪式或节日中将其适当的一部分奉献给婆罗门。在看到他孙子的面孔后,他确保了自身血脉的延续并且在他去世后为他的灵魂祈祷,再生的印度教男性教徒就准备进入第三个生命阶段,即林栖期(vana-prastha)。

印度教的第三、第四期似乎受到佛教和耆那教作为禁欲理想的苦行主义的启发,而且他们可能再次反映了婆罗门的吸收能力和智慧,他们选择通过吸收来征服敌对方。相对较少有富裕的印度教徒会真正放弃他们的家产而去穿上森林隐士的破袍子,不过这仍然是早就渗透到他们意识中的一个理想。进入第三个阶段意味着离开家庭、放弃职业(尽管他的妻子愿意的话可以一起加入),到森林中去过一种粗陋而简朴的生活,没有财富或工作会影响为第四、也就是最后

一个阶段云水生涯(sannyasin 或 bhikshu)做准备而必需的休闲。能够获得这样的智慧或勇气的人很少：无家、无牵挂、形单影只的云游生涯。在这最后一个阶段中，即使愿意陪伴的妻子也被抛到脑后。 85
与过去的所有瓜葛，与行动世界的所有联系，积聚的财富、业的现实和人类都应被切断，为死做准备。只有平静而净化了的灵魂，从每一种束缚和世俗瓜葛中解脱出来的灵魂，才有希望享受终极解脱(moksha)的喜乐。

基督教与犹太教的传入

基督教可能也是在这一时期传入印度的。小而颇有影响的喀拉拉叙利亚基督徒团体坚持宣称他们的教派是由圣·多马创立的，他可能在公元1世纪航行到马拉巴(Malabar)，而且据说于公元68年在现代马德拉斯郊区的麦拉坡(Mylapore)殉道。科钦较小的犹太教区也声称是在公元1世纪建立的，但没有明确的历史证据，如此早的马拉巴的犹太人定居点迄今为止还没有发现。与佛教及印度教一样，耆那教此时也分了教派，裸体的天衣派(Digambaras, sky-clad)向南迁移，定居在现代的迈索尔，而白衣派(Svetambaras)大本营则建立在古吉拉特和西部的卡提阿瓦(Kathiawar)。

佛像

基本上这一时期所有伟大的艺术和建筑遗存都是佛教的。首先在贵霜统治时期的北部发展起来的佛像是这一时期最激动人心的艺术遗产之一。正是在马图拉佛像按照它独特的印度风格而发展，希腊化的罗马风格贯穿到犍陀罗艺术中。随着大乘佛教对佛陀的神圣化，对无论是佛陀还是菩萨的描绘都构成了重大的挑战，也促进了宗教崇拜的发展。马图拉的佛陀面容和塑像形式的肃穆和力量是印度对世界艺术的最出色的贡献之一，它们最后演变为不少于32相(lakshanas)，象征了他的智慧、慈悲和力量。另一方面，多产的犍陀罗佛像通常更接近罗
马帝王和参议员而不是瑜伽行者。但第三种风格的佛像，是在奥里萨 86

以东地区出产的，与马图拉形式很相像，其灵感和艺术表现完全是印度式的。第一次以石头和金属赋予开悟者以视觉生命的本土艺术家设计了很多姿势，辅以不同的手势(mudras)，以此来描绘佛陀的不同的开示，包括他最有名的无畏势(abhaya mudra)，甘地后来也采用它作为他喜欢的手势之一。

在这一时期，桑吉的大窣堵坡的入口和围栏用肉感的夜叉(yakshis，母神形象)、跳舞的大象和其他雕凿的形象来美化和装饰，用它们来描绘佛陀的前世和本生，这些都在《本生经》故事这一文学形式中讲述。从建筑上讲，最重要的作品是在安得拉统治时期，大多数是在德干凿岩而成的石窟中完成的。在浦那附近的卡莱(Karla)开凿的支提(chaitya，招提，窟殿)是这一时期早期德干建筑的最美丽的代表，而且一直是印度保存下来的最好的石窟。在入口处外面雕凿的清秀的供养人的形象可能是一位富商及其妻子，他们奉献资金来开凿这个石窟作为他们向佛教僧团做的功德。在石窟里边清凉的石头深处，僧人可以步行绕过在长长的支提窟远处的尽头开凿的窣堵坡来舒适地拜佛，在它的外边是由活石刻成的许多根栏杆。毗诃罗(Viharas，寺庙)是僧人们生活的多个空间，也是这一时期雕凿的；它们通常反映了居住者的苦行生活，不过没有雕塑。在纳西克(Nasik)、巴伽(Bhaja)、孔达尼(Kondane)、朱那尔(Junnar)、阿旃陀和埃洛拉同样保存下来了支提与毗诃罗，最后两个地方成为规模最大、使人印象最深的印度石窟艺术中心。阿旃陀的 27 座石窟散布在新月形的山坡上，由于一次山崩被掩没几百年后，于 19 世纪晚期被一位英国旅行者重新发现。阿旃陀最美丽的绘画似乎是安得拉王朝衰落之后至少 3 个世纪，可能是在公元 6 至 7 世纪创作的。埃洛拉的 34 座石窟也确定为大约公元 5 至 8 世纪时创作的。而且，在阿马拉瓦蒂也建造了一座大的窣堵坡，但今天它的影响只遗留在窣堵坡栏杆上浮雕的小画像上。阿马拉瓦蒂的有些浮雕刻画的是来自《本生经》的场景，它们构成印度雕刻中最美丽的创造珍品。

87

位于马哈拉施特拉邦山腰的佛教石窟正面景色，该石窟开凿于公元前 2 世纪，并继续装饰和雕刻直至 5 世纪。

印度科学

在这一繁荣时期，科学与艺术得以兴盛，并增加了与印度以外世界的接触。医学与天文学都得益于大夏的统治，正当这些研究领域中印度的观念有助于产生西方的思维时，希腊文化的观念被传播到北印度。印度医学思想的早熟也许归功于早期的瑜伽修习，它得益于至少从孔雀帝国时代起佛教与耆那教就得到的帝国的支持。印度人对草药治疗的兴趣和致幻之剂的采用可以追溯得更远，远至《阿闼婆吠陀(Atharva Veda，约公元前 1000 年)》，其中《阿育吠陀(ayurvedic，印度长寿医学)》的药方首次被发现。不过在公元 2 世纪，遮罗迦(Charaka)编写了印度现存最早的医学教材《遮罗迦本集(Charaka Samhita)》，有点儿像盖伦(Galen)和希波克拉底(Hippocrates)的著作。瑜伽教会了印度人关注脊柱，到那时他们还没有重视大脑的力量，相信心是人类智力的器官。他们还相信健康主要取决于保持人体内三种“体液”的适当平衡， 88
这体液与古代印度哲学的三“德(gunas)”相关：真理(sattva，萨埵)、情欲(rajas,罗阇)和黑暗(tamas,答磨)。

印度人对天文学的兴趣至少可以追溯到吠陀时代,那时祭坛的建立要求有天文学的知识。在与希腊世界接触之前,印度人使用的是阴历,把每月划分"明"与"暗"各 15 个太阴天(tithis)。每两个月组成一个印度的季节,总共有六个季节,每 30 个月一个闰月,增加一个月以赶上太阳年。西方天文学似乎把太阳历、一周七天、小时等引入了印度,还有我们的黄道十二宫。印度的天文学较早地把天主要分为 27"宿(nakshatras)"。不过,在有些领域——特别是数学与语法——印度人要比西方思想家先进得多。波你尼(Panini)在其《八章集(Ashtadhyayi)》中对梵语进行了生理学与形态学的出色分析,而这部书可能完成于公元前 4 世纪末,波颠阇梨(Patanjali) 的那部杰作《大疏(Mahabhashya)》写于公元前 2 世纪,从而使梵语成为第一种进行过科学分析的语言。遗憾的是,这些独创性著作的重要权威有助于梵语的标准化和长期的、不实用的复合词的发展,但也因此减少了把它作为"活的"语言的应用。其他一些不太"精致化"的通行语言被称做"俗语(prakrits)",成为印度各个地区通行的方言,后来演化出北印度许多现代的印度-雅利安语言,但每一种都离它的古典梵语祖先越来越远。

第七章　古典时代(约 320 — 700)

北印度在笈多帝国(约 320 — 550)和根瑙杰(Kanauj)的戒日 89
(Harsha Vardhana,606 — 647 年)王朝统治时代的再次统一,也许可以在印度教国家的古典原型中进行研究,它们的时代构成印度的古典时代。印度教的新流行形式出现于这一时期,还有杰出的寺庙艺术的遗迹与梵语文学,它们一直都是印度历史的灵感源泉。

笈多诸王,与孔雀帝王一样,在摩揭陀建立他们帝国力量的基地,他们在这里控制着来自巴拉巴尔山上的丰富的铁矿脉。旃陀罗·笈多一世(Chandra Gupta I)与孔雀帝国的奠基者只是同名,没有任何关系,他在 320 年 2 月铸造钱币以纪念他在华氏城的加冕礼,而且他为自己起了个高贵的梵语称号:“众王之王(Maharajadhiraja)”。通过与古代强大的栗呫婆(Lichavi)部族国王(统治着恒河以北、与它相邻的吠舍离[Vaishali]的领土)的女儿成婚,旃陀罗·笈多取得了对重要的恒河动脉的控制权,它承担着北印度主要商品的运输。从横跨东中部恒河平原的强大中心,笈多诸王将他们帝国的边界扩大至西部的旁遮普和东部的孟加拉,旃陀罗的儿子及其继任者沙摩陀罗曾经在 335 年到大约 375 年间统治这一地区。这个强大的新王朝也将克什米尔收入囊中,很快将其疆域向南推进到德干。对无畏武士沙摩陀罗·笈多

(Samudra Gupta)的长篇颂词被镌刻在安拉阿巴德的阿育王石柱上,正是它为我们保留了关于古代印度这位拿破仑的武力征服的清晰记
90 载,他临终的父亲告诫他“要征服全世界”并且逐步接近实现整个南亚难以企及的目标。“身经百战”,沙摩陀罗·笈多被认为“用武力消灭”了北印度的9位国王,在南部战胜了不止11位国王,同时迫使他帝国外围的五位国王作为他的“封臣”而上“贡”。即使强大的君主,像贵霜和塞种(Shakas)的最后一位国王这样的,都被列入诸侯纳贡者的名单,锡兰王亦不例外。因此沙摩陀罗·笈多有充足的理由用马祭(ashvamedha)的仪式为他的辉煌统治加冕,这标志着在历史上帝王重新恢复了对婆罗门仪式的支持。

旃陀罗·笈多二世

不过,笈多实力和文化繁荣的高峰是在沙摩陀罗的儿子和继位者旃陀罗·笈多二世统治期间(约375－415)达到的。我们可以从一出当时流行的梵语戏剧中来洞察旃陀罗·笈多二世的大胆和活泼的个性,即由毗舍佉达多(Vishakhadatta)在几个世纪后(可能是在6世纪)编写的《王后与旃陀罗·笈多(Devicandragupta)》。宫廷剧讲述了旃陀罗的哥哥罗摩如何继承了他父亲的王位,但却许诺要把他的妻子送给在战场上打败他的残暴的塞种统治者,他的虚弱和背信其义一览无遗。旃陀罗·笈多打扮成妇女,自愿英勇地装扮成王后,他进入敌人后宫后把塞种君主给杀死了,归来成为他哥哥宫廷中的英雄。毗舍佉达多这时让旃陀罗·笈多杀害了罗摩并与他的遗孀成婚。如果这个故事是建立在真实基础之上,它确实透露了他足智多谋的个性,并且有助于解释他的统治时期如何成为笈多王朝最激动人心的朝代之一。由于保留下来的他的独创性宫廷诗人和剧作家迦梨陀娑(Kalidasa)的作品,以及中国佛教朝圣者法显的日记,我们对旃陀罗·笈多统治时期的印度的了解比大多数其他早期朝代要多得多,法显从公元5世纪初开始在印度游历六年。迦梨陀娑几部出色的梵语经典都保留了下来,但基本上除了他的名字(字面意思“女神时母的仆人”)也许显示了其南印度

首陀罗的出身之外,我们对这位“印度的莎士比亚”一无所知;另一方面,内在的文学证据显示他是来自曼达索(Mandasor)或乌贾因的婆罗门。无论出生在哪里,迦梨陀娑的作品出于宫廷授意是没有问题的,而且毫 91
无疑问,他的最大的宫廷资助者“能与太阳同辉(Vikramadity)”,传说告诉我们:将塞种人从可爱的乌贾因赶走的正是旃陀罗·笈多二世。

在旃陀罗·笈多的帝国直接控制了阿拉伯海的港口和西方贸易的财富之后,钱币的证据见证了 409 年塞种人最后被笈多王朝击败。通过把女儿普拉巴瓦蒂(Prabhavati)嫁给德干的伐迦陀迦(Vakataka)国王鲁陀罗森纳(Rudrasena)二世,旃陀罗·笈多二世把他的帝国的影响力扩大至温迪亚以南。旃陀罗·笈多自己与那迦(Nagas)的女王鸠毗罗(Kuvera)结婚,通过政治同盟进一步加强了他对帝国东翼的控制。法显的记载描述了在这一开明时代整个北印度百姓享有的内在的和平、突出的个人自由和宽容,那里“王(法显从不直呼其名旃陀罗·笈多)治不用刑、斩”。作为一位佛教僧人,法显自然对这种非暴力行为的证据表现出浓厚的兴趣,他也许是出于说教的原因而报告,他还注意到“有教养的”印度人都是素食主义者。他发现华氏城是宫殿之城,拥有如此普遍的富裕,“其国长者、居士各于城内立福德医药舍。凡国中贫穷、孤独、残跛一切病人,皆诣此舍,种种供给”。尽管在北印度婆罗门教有所复活,印度教有所立足,佛教还是持续兴盛,单马图拉就住着几千个僧人,华氏城也有几百个。而且,法显还注意到“不可接触者(旃荼罗)”,徘徊于印度教社会的边缘(“与人别居”),手里拿着锣以提醒经过的高种姓人们他们要出现了,别污染了他们(“若入城市,则击木以自异”)。

迦梨陀娑的《沙恭达罗》

《沙恭达罗》是迦梨陀娑的七部作品之一,是以它最美丽而哀伤的女主角的名字命名的,她是森林中一位美丽的孤儿少女,国王杜什衍陀(Dushyanta)在她隐居之处打猎时迷上了她。沙恭达罗“迷人的青春”迷住了国王,以至于他完全忘记了他的妻子和宫廷中的责任。他举办了一个简朴的刹帝利式“恋爱结婚”仪式,与这位可爱的女孩结了婚,与

92 她在其隐居处生活并使她有了身孕。在回到宫廷之后,忙碌的国王忘记了沙恭达罗并且最初拒绝承认他们的孩子,只是到后来才把那位青年确立为他的儿子和继承人。迦梨陀娑想象力之丰富,他的对话的普遍与永恒性,他对每种自然美景的敏感和他创造的人物的人性光辉足以掩饰其情节或戏剧原则方面的弱点,赋予《沙恭达罗(Shakuntala, shudraka)》古典的光辉。迦梨陀娑的其他戏剧都赶不上《沙恭达罗》的美,不过至少他有一首诗《云使(Meghaduta)》是一部文学珍品,从飞逝的白云俯视的印度全景式的图像中,捕捉了天各一方的情人之间的思念,负载了情人从温迪亚传到喜马拉雅的爱的信息。迦梨陀娑的才华是独特的,但他并不是这一时期唯一的一个用梵语创作不朽的世俗文学的诗人。《沙恭达罗》同时代作品《小泥车(Little clay cart, Mrichakatika)》是关于一位贫穷的婆罗门善施(Carudatta)的现实主义的故事,他绝望地爱上了一位贞洁的妓女春军(Vasantasena)。它是唯一一部包含有法律审讯场景的梵语戏剧。

印度教寺庙

在笈多时代,帝王慷慨地支持印度教、佛教和耆那教信仰,因此印度教寺庙成为印度的古典建筑形式。与它的古希腊的寺庙一样,印度寺庙(这一时期最精致的代表是保存下来的中印度的代奥格尔[Deogarh]和南印度的艾霍莱[Aihole])是作为神之家而产生的,在那里,信徒可以上贡,向“生主堂(womb-house)”或圣所的偶像祈祷。一座寺庙为一尊神而建造:毗湿奴、湿婆或母神(在艾霍莱是难近母)。早期的印度教寺庙无论形式还是规模都比较适度,最初只是由圣所构成,通过一个比较大的正方形厅堂(mandapa,信徒集中在这里)进去。外面是一个门廊,通常用美丽的浮雕装饰,描绘的是各种形式的神或者神话中的场景。屋顶是平的,但后来有了壮观的塔。石块不用灰泥就可以垒在一起,整个寺庙通常建在一个用砖石铺砌好的正方形的特殊的平台上,代表微观宇宙。寺庙入口,与佛教及耆那教石窟的入口一
93 样,一般都装饰以神的形象和似神的人形随从。印度教寺庙从如此粗

陋的起源演变为后来奢侈华丽的结构，甚至成了一座城市，尤其是在 8 世纪以后的南部。

笈多时代也标志着石窟和雕刻艺术的顶峰。现在依然装饰着阿旃陀暗黑色墙和石窟屋顶的壮观的干壁画片断描绘了优雅的人物形象，他们的珠光宝气和浓密的头发造型恰巧反映了笈多和伐迦陀迦宫廷的风格，是值得保留的人间天堂，像大乘佛教“天”的景象。耶输陀罗(Yashodhara)在 5 世纪对《爱经》的注疏包含了对绘画“六支”的详细讨论，为印度的古典技法又提供了相对新的艺术形式。笈多时代人物雕塑的特点是古典的肃穆和简洁，这反映在同一时期创作的鹿野苑和马图拉的佛陀塑像上。我们还发现类似母神的、撩人的妇女的粉红色碎片，其形式之丰富、股肉之弹性似乎让人忘记了它们是用石头雕刻的。甚至由笈多君主们铸造的金币都是艺术品。

阿旃陀石窟墙上的佛陀本生干壁画，约公元 460－490 年。

与中国和东南亚的贸易 94

商业与佛教共同促进了这一时期印度与中国和东南亚的往来。从孟加拉(当时被称做文加[Vanga])的耽摩栗底(Tamralipti)港口，印度的器皿向南经海运到锡兰，然后向东经由马六甲海峡到达东南亚的转口港，从这里，中国的商船运走印度的棉制品、象牙、铜制品、猴子、鹦鹉和大象。中国向印度出口的商品主要有麝香、生丝和编织丝、桐油和琥珀。鸦片和茶叶此时还没有成为亚洲这两个最大强国之间贸易的要素。印度教王国扶南此时是一个被婆罗门混填(Kaundinya，拘陈如)统治的富裕国家，他是许多航行到东南亚的印度人之一，他们把梵语文化带到大多数的半岛和群岛。巴厘岛还反映着印度影响的早期潜在的痕迹。苏门答腊的室利佛逝(Sri-Vijaya)王国和爪哇的瞻波(Cho-po)也都成了印度教力量，后来成了佛教力量的岛屿。当印度与中国的贸易得经由骆驼商队的运输通过中亚的北部丝绸之路，或通过南部更不安全的海上路线时，东南亚对印度棉布市场的开放、印度商人对东南亚香料资源的利用，使南部路线越来越有利可图。印度对罗马黄金的消耗逐渐削弱了这个正在崩溃的帝国的经济，在公元3世纪后，印度与罗马的贸易衰落了，但在马杜赖(Madurai)和其他南印度城市都发现了与笈多时代的公元1世纪同时期的罗马钱币。如果我们注意到亚拉里克一世(Alaric)愿意以3 000磅印度胡椒作为赎金在410年赦免一座城市，我们就会领会印度出口到罗马的商品的价值。印度的珍宝、象牙、香水、木材、香料和棉布始终是西方文明世界需求的商品。所有的印度君主们和商人们反过来确实需要一些硬币和阿拉伯马匹。

像任何其他印度帝国一样，笈多帝国主要靠印度农村把每一种收成上交国库的土地收入的“分成”来支持。除了国家传统上要求农民上交的收成的四分之一之外，如果他们的土地被浇灌了，他们还得交浇水
95 税，通常上交他们家畜和黄金的五十分之一，肉食、蜂蜜、香水、药草和水果财产的六分之一。通常每月需要一天的强制劳动，用以维护道路、水井和浇灌系统。尽管有如此高的税收，这一时期的印度农业似乎还很兴盛，除了主要作物水稻、小麦和甘蔗外，还提供了丰富而多汁的产品供外国访问者享用。水果包括芒果、好几种甜瓜、大蕉、椰子、梨子、李子、桃、杏、葡萄、石榴和柑橘。更为常见的香料还有姜与芥末，而且

印度的奶牛提供了各式各样的奶制品。尽管人们不再广泛地食用肉，鱼在孟加拉和南印度的饮食中仍继续发挥很大的作用。由于贸易的兴盛，货币经济在大城市很繁荣，铸造了多种钱币。行会现在有了他们自己的徽章——彩旗和牦牛尾(chauris)——用于节日游行中，行会根据“分成”资格对总收入进行结算。大多数手工业者行会分成四个等级：学徒、高级学徒、能手和师傅，他们相应地有资格分享利润的一、二、三和四级。在 456 至 466 年间，一个制油工人行会从邻近的太阳庙里接受了一块永久的土地，作为他们承当永远为寺庙提供崇拜和做菜的用油的回报，证实在一些行会与宗教机构之间建立了一种互惠关系。印度不断扩大的海外贸易和高利润导致通货膨胀和大规模的破产，而相当多的注意力都放在了“债务人”身上，越来越多的印度法律文书规定了对不能还债的人的惩罚。

笈多王国，有点儿像更为集权化的孔雀帝国模式，拥有所有的盐和金属矿、首都郊区的公有土地，并且经营着对国王有特殊用途的各种工业企业，包括宫廷铸造、兵工企业、金银作坊、皇室穿衣和布置宫殿所需的织布厂和纱厂。笈多与孔雀王朝的主要区别在于宗教归属的区别。笈多的官僚制度可能没有阿育王时代那样遍布整个社会，但它的密探精英团体以一种日常安全运作的方式继续维持着国家管理机器的运转，而其庞大的军事机构既用于增加国家地产的持有，又可阻止外国人和国内敌对力量试图推翻君主的图谋，声称全面统治是国王与生俱来的权利。

旃陀罗·笈多二世于 415 年去世，他的儿子鸠摩罗·笈多(Kumara 96
Gupta)继位并统治了 40 年。为了证实自己的英勇不凡，他举办神圣的马祭并铸造金币，上面刻着骑在孔雀身上的六头十首战神迦絺吉夜(Kartikeya，也称鸠摩罗)，作为国王个人权力的象征。鸠摩罗的统治是和平的，尽管在晚期面临着来自西部的入侵威胁，游牧的中亚匈奴人开始猛烈地撞击印度的开伯尔山口之门。鸠摩罗在 455 年把他的领土完好无损地传给儿子塞建陀·笈多(Skanda Gupta)，这位伟大笈多王朝的最后一位国王。塞建陀·笈多很快就在西北边境与胡纳人

(Hunas 或匈奴人[Huns])[1]狭路相逢,为了使他的统治期比 25 年更长久一些,塞建陀·笈多只好避开其掠夺性的攻击。国库消耗太大,帝国逐渐衰弱下去,在塞建陀于 467 年去世后不久,帝国迅速衰落,最终于 5 世纪末彻底走向崩溃。484 年征服波斯的胡纳人领袖头罗曼(Toramana)领导了对印度的入侵,并在公元 500 年之前将旁遮普从笈多的控制中给夺了过来。他的儿子密希拉古拉(Mihirakula)在 515 年吞并了克什米尔和恒河平原的大部分,增强了自身实力。笈多王朝的抵抗被粉碎了,而且到 6 世纪中期这一王朝帝国的辉煌逐渐淡去了。

分裂

在笈多帝国崩溃后的半个世纪里,北印度几乎又重回到旃陀罗·笈多登上王位之前的政治上分崩离析的状态中。在西部的卡提阿瓦(Kathiawar)半岛,被穆克里人(Maukharis)统治的伐拉毗(Valabhi)王国从摩揭陀王国中独立出来;而在东部,孟加拉、阿萨姆和奥里萨都挣脱出来,像北部的尼泊尔、克什米尔一样。拉其普特,一个由焦特布尔(Jodhpur)的瞿折罗人(Gurjaras)创立的新王国,而且,也许发源于中亚的这一部族的另一支确立了对布罗奇(Broach)的控制。后来,与帝国时代的笈多没有关系的笈多一支统治了马尔瓦。

戒日帝国

606 年,一位年轻的君主——戒日王(Harsha Vardhana,《大唐西域记》卷 5:"曷利沙伐弹那,唐言喜增。")登上了德里以北塔内萨尔
97 (Thanesar)的王位并且试图再次统一整个北印度。他的婆罗门朝臣波那(Bana)撰写的颂词《戒日王传(Harsha Carita)》和中国最杰出的佛教朝圣者玄奘法师,为我们保留下来了关于他的王朝的记载(他在 630 至 644 年"巡行圣迹"旅行到戒日王的印度),使我们得以对曷利沙了解

---

① 即嚈哒人。一般认为是和大月氏混血的匈奴人。东罗马史家称之为白匈奴人。——译者注

位于印度中部的卡朱拉霍(Khajuraho)的印度教神庙,建立于公元 10 世纪,金德拉(Chandella) 王朝作为对神之美进行崇拜的永久纪念物而建立。

得很详细。戒日王只有 16 岁时就登上王位,最终在他统治的第 41 年时征服了从卡提阿瓦到孟加拉的北印度大部分地区。因深受其姐姐(在她正要跟随她的丈夫走向火堆时他救了她)的影响,戒日王与阿育王一样,也是佛教的支持者,他既是一位武士、国王,又是一位诗人。在曷利沙的疆域向东扩展时,他把首都迁移到恒河边上的根瑙杰,使它成为北印度的重要政治中心。在戒日王统治的开明时期,印度教很受欢迎,发展出它自己的古典"崇拜(puja)"形式,信徒被要求带着他们的贡品水果、甜食和其他佳肴到神像前面来,既可以"虔诚(bhakti)"地崇拜神像,也可以通过表演一些神秘的仪式(与女性力量[shakti]有关,后来被称为密教[Tantric])来崇拜。

密教的秘传性质使其起源和仪式变得模糊不清,尽管它显然比 98
婆罗门教的雅利安宗教观念发生得要早,可以追溯到古代母神崇拜和湿婆崇拜形式。密教仪式的放荡性质——通常在"被污染的"火葬场进行群体性交,并且与吃肉和饮酒精饮料联系在一起——有悖于婆罗门教伦理和其他印度教的行为规范,我们几乎不能解释为什么

公元10世纪雕刻在卡朱拉霍的甘德利亚·摩诃迪奥(Kandariya-Mahadeo)神庙外墙上的神圣的阿布沙罗斯(Apsaras)仙女。

这种行为如此地流行和持久,除了将它看成是印度文化意识中最根深蒂固的一个方面外,我们根本不能反思更多的内容。东印度,或许
99 是孟加拉,似乎是密教的地区性中心,密教由此传播到整个次大陆,
以它的崇拜形式既改变了佛教,又改变了印度教。佛教的金刚乘(Vajrayana)也在7世纪产生于同一地区,引入了它最强大的神——许多女性救世主,被称做多罗(taras),她们是较弱的诸佛、诸菩萨的配偶。佛教的第三种形式后来成为尼泊尔最重要的信仰。印度教与佛教的密教形式都颂扬女性力量、与母亲相关的生殖的大地力量,把它作为

神性力量的最高形式。通过性交(maithuna)来崇拜母亲被尊崇为神仪，但婆罗门教和佛教的早期形式的风俗习惯至此根深蒂固地确立了下来，不允许有公开的、密教式的纵酒狂欢行为，而在通常避免所有其他人参加的秘密的夜间仪式中继承下来。密教仪式与瑜伽修炼有紧密联系，因为身体与气息的控制是进行性交的核心内容。对作为精神修炼的瑜伽的研究首先根据王瑜伽(raja yoga)的八支，通过身体的控制，一定的行为、姿势(asana)的修习，气息(prana)的练习，感官的控制和意念的执持，完美地达到深入的冥想状态(samadhi)和独存(kaivalya)这一绝对自由的状态。对于信奉密教的人来说，把技巧和性交作为解脱之道的"力量瑜伽(hatha yoga)"和赖耶瑜伽(laya yoga)都是很重要的。

印度哲学

瑜伽只是这一时期出现的古典印度哲学的六个学派之一，并且直到今天仍在印度得到继续的研究。与瑜伽紧密相关的数论(Samkhya)有可能比雅利安人的征服还要早，尽管现存最早的经典——自在黑(Isvara Krishna)的《数论颂(Samkhya Verses)》确定日期只是公元 2 世纪的。这派哲学把世界分析为由 25 个基本要素构成，其中 24 个是"物质(prakriti)"，另一个是"精神"或"自我(purusa，字面意义是"人")"。在这一体系中没有神圣的创世者；所有物质都是永恒的、无前因的，但基本上都拥有三个性质(gunas，德)：萨埵(sattva，真理)、罗阇 100
(rajas，欲望)和答磨(tamas，黑暗)。这三个性质之中哪个占统治地位决定了事物或人的"性质"，品德高尚和高贵、坚强和明朗，或懒惰、愚痴、卑鄙、残酷，等等。物质的 24 种形式是从原初物质(prakriti)中产生的，由原初物质产生了智慧(buddhi，觉)，产生了我感(aham kara)，从而有了意(manas)，由此产生了五种感觉，然后产生五种感觉器官、五种行动器官，最后产生五种粗质(地、空、风、火、水)。不过，自我静止不动，而且有无数个这样的"自我"，他们都是平等的，每一个都与一个阴性的物质结合，很像耆那教中被物质捕获的命(jiva)。自我的终极解脱在于认识到与原初物质的分离与不同，允许精神或灵魂不再受苦而且获得真正解脱的自由。

古典印度哲学的其他四个学派或“见(darshana)”一般都是成对的：正理论(Nyaya)与胜论、前弥曼差与吠檀多。“正理”的意思是“分析”并且是印度的逻辑体系，它教诲人们通过掌握推理和分析的16个范畴的知识而获得解脱，包括三段论法、辩论、反驳、诡辩、争论、议论等。正理论的三段论法比希腊的还要精密，它典型的五部例证是：(1)山有火；(2)因为有烟；(3)有烟的地方一定有火，像在厨房；(4)山上有烟；(5)因此山上有火。印度的逻辑学家不仅坚持要有中项，而且还要有不少于五种谬误的中项，使正理论成为世界上最复杂、最严密的逻辑分析体系。印度哲学的胜论(Vaisesika，特殊)有时被称做印度的“原子”体系，因为它的基本前提是自然的每一要素的独特性。物质宇宙产生于组成地、水、火和空的原子之间的分子式的相互作用。不过，还存在非原子的“物质(dravyas)”，像灵魂、意识，或者时间与空间，它们有助于解释原子理论无法说明的事物。就像其他学派已经注意到的，这一学派的解脱是通过完美的知识而获得的，遵从这条道路的“自我”从物质和轮回中达到解脱。

前弥曼差(Purva-mimansa，早期的探究)完全建立在对《梨俱吠陀》仪式和圣典的研究之上。对于这些信奉正统印度教的人，解脱等同于严格举行婆摩吠陀祭祀，因为吠陀中规定的一切都必须逐字当成永
101 恒的真理。没有一个哲学研究学派比得上这个最极端形式的婆罗门正统派的残留，随着时间的推移，这一体系吸收的信徒越来越少。吠檀多(Vedanta，“吠陀的末尾”)，其灵感来自奥义书的沉思而不是《梨俱吠陀》的祭祀，又被称为“后弥曼差(Uttara-mimansa，晚期的探究)”。它是印度教影响最大的哲学体系，发展出了许多支派，一直对印度历代的最主要知识分子乃至超出印度国境的全世界具有普遍的吸引力。通过梵这一元本体，吠檀多哲学试图对印度圣书中所有的表面的不同和冲突进行调和。最伟大的吠檀多导师是商羯罗(Shankara，约780－820)，他是一位南印度婆罗门，他的绝对一元论学派提出了我们的世界是幻(maya)，唯一的真实是梵(Brahman)，也被叫做自我(Atman)的

观念。在他短暂但出色的一生中,商羯罗从他的家乡喀拉拉漫游到喜马拉雅,在他活动过的地方建立了许多宗教派别(mathas),成为印度史上最受尊敬的人之一,仅次于佛陀的神圣导师。吠檀多的其他一些派别后来与商羯罗的严格的一元论分道扬镳。其中最流行的吠檀多派别是由伟大的毗湿奴派导师罗摩奴阇(Ramanuja,约 1025－1137)创立的,他把梵视为一种神圣的存在,世界与有限的人类构成他无限完美的身体真实的部分。罗摩奴阇拒绝了幻,强调虔诚的重要,在他看来"虔诚"意味着热切的、充满爱的冥想并信奉神,是达到解脱最安全的道路。

虔诚

在这一时期,虔诚派运动是南印度最重要的运动,可能让人想起泰米尔民众对婆罗门教的雅利安化的反应,它尽管是由帝王的法令强加的,但几乎改变了普通民众的心灵。泰米尔诗人圣贤,无论是湿婆派的那衍纳尔派(Nayanar)还是毗湿奴派的阿尔瓦尔派(Alvars),都吟唱着他们对神强烈的爱,对神的精神和神圣化身的崇拜,以由喜乐而带来的令人陶醉的情人般的激情进行写作。无论是由于南印度的气候或是由于达罗毗荼的语言和文化,这些泰米尔纳德的诗人们给印度教注入了新的生命力,它很快席卷北部,将民众从佛教和耆那教那里吸引到已经 102
复兴的印度教这里来,其核心教义变成对神的爱。综观这一时期,泰米尔诗圣充满激情的虔诚诗歌在南印度的寺庙里伴着音乐和舞蹈唱出来。在雅利安化的过程继续改变着南部的同时,达罗毗荼人的观念和行为模式向北传播,而处于印度文化这两大中心之间的德干之桥自身也被这种不断加快的思想交流改变。

帕拉瓦(Pallavas)

南印度的政治体系不应被视为一个竞争性的、中心发展的官僚国家的群体,就像北方那样,而是一个"多中心的权力体系"。另一方面,存在着围绕半岛几条大河的流域盆地、以村庄为基础的农业权力的核心地区，以及与之并存的相对隔离的高地和森林居民中心，后者保存着他们的部落组织而且与村民对抗。声称对这些地区拥有权力的那些武士大家族，像帕拉瓦一样，在建志补罗进行统治，或者像潘迪亚和朱拉一样在坦贾武尔(Tanjore)进行统治，他们都是雅利安文化和印度教文明的婆罗门和真正的首陀罗(sat-shudra，尤其是[vellala]种姓)传播者。所谓的帕拉瓦帝国，据说于公元 600 年统治了印度半岛的大部分地区，而事实上比强盗好不了多少，他们用城市堡垒来保存从泰米尔纳德大部分地区抢劫来的财富。他们的对手朱拉同样是抢劫能手，并且得益于他们的航海能力，他们还把掠夺袭击的范围扩大到东南亚。帕拉瓦-朱拉统治南印度的时期持续到 12 世纪，农民与森林居民不断的斗争构成其特点。与北方的雪融化为大河提供水源不一样，南方灌溉农业主要靠贮水池和水库蓄水，河水仅被放在第二位。有助于统一核心地区的两个农业机构是布拉摩德亚(brahmadeya，由婆罗门掌握的村民圈子)和更大的贝里亚纳杜(periyanadu，“郡县”，地方议会)。婆罗门控制前者，每一地区占统治地位的农民种姓引导着后者。当时的铭文也提到巡回的商人团体和手工艺人团体(nanadesi)，有点儿像行会，似乎都在贝里亚纳杜的管辖之下，或者至少在居住的核心地区共同
103 负有维持秩序的责任。核心区在经济上相对自足，种姓的规则和其他传统的印度教社会秩序在他们中间流行，尽管基本上是按南印度的划分，类别有：婆罗门、非婆罗门、左手(idangai)或者是右手(valangai)的不可接触者。后一种划分似乎源于职业的不同，右手与农业相关，而左手与畜牧业或手工业劳动相关。

最伟大的帕拉瓦国王，摩哂陀跋摩一世(Mahendra Vikrama Varman Ⅰ)，在 17 世纪前 30 年一直统治着建志补罗，而戒日王则统治着北方。“伟大的因陀罗”筏尔曼还是一位诗人，被认为是一部下流的独幕剧《醉游(Mattavilasa Prahasana)》的作者。这一时期，由岩石开凿而成的帕拉瓦寺庙(mandapas)反映了摩哂陀跋摩一世对帝王权力的自负。他采用狮子作为他的纹章符号，并且此后一直是帕拉瓦王朝的图腾兽。在他的继位者纳拉辛哈跋摩一世(Narasimha

位于瓦拉纳西恒河沿岸的印度教焚烧的台阶(ghats),瓦拉纳西是古代印度教祭拜的最神圣的城市,吸引来自印度各地的朝圣者前来生活、祈祷或死去。

Varman Ⅰ,约 640－668)统治期间,美丽的单体二轮战车(rathas)被镌刻在帕拉瓦的摩诃巴利普罗(Mahabalipuram)海港,位于马德拉斯 104
南部并且靠近巴拉尔河(Palar)的河口,矗立在距首都建志补罗约 40 公里的地方。由花岗石丘开凿而成的摩诃巴利普罗的"七宝塔(其中只有一座保留下来)"是达罗毗荼建筑和南印度石雕最早、最精美的代表。尽管漂浮的沙子和拍打的潮水长期以来改变了海岸线,使摩诃巴利普罗几乎成了一个荒芜的海港村,精致的蓄水池和沟渠系统的遗迹则见证了这个城市曾经的繁华,它的商船之王曾经派遣装满各种商品的大船发往东南亚和中国。事实上,大多数柬埔寨和爪哇的艺术及建筑,包括吴哥窟(Angkor Wat)和巴拉布都(Barabudur),如果不是帕拉瓦艺人和技工生产的,肯定也受到了他们的启发。此后,在罗阇僧诃(Rajasimha)和摩晒陀跋摩三世统治期间(约 700),摩诃巴利普罗和建志补罗的寺庙建筑都得到了发展。位于首都的湿婆和吠昆塔山(Vaikuntha Perumal)寺庙都是帕拉瓦艺术的巅峰,也是达罗毗荼寺庙风格的开端,它的截棱锥的塔(shikhara)耸立在中心寺庙之上。

马哈拉施特拉

本德尔肯德(Bundelkhand)的伐迦陀迦人(Vakatakas)的起源也许可以追溯到塞种人,在笈多王朝时代他们成为西部德干的统治者,把权力中心确立在维达尔巴(Vidarbha)地区的那格浦尔(Nagpur)附近。德干的河流都向东流向孟加拉湾,尽管如此,在它崎岖不平的台地上,一直是这样的景象:许多来回移动的、相互竞争的武士帮派,与统治着更为富庶的泰米尔纳德和安得拉海岸的那些人不停地冲突。缺少雨水更加剧了德干的战斗性,这个“伟大国家(Maharashtra)”贫瘠的、成锯齿状的山丘成了许多印度最坚强的步兵和骑兵的天然训练场。6 世纪中期,一个强大的新王朝遮娄其王朝(Chalukyas)控制了德干的西南部。从位于巴达米(Badami)的克里希纳河之南的首都开始,他们加强了对补罗稽舍一世(Pulakeshin Ⅰ,约 535 — 566)统治的比贾普尔(Bijapur)地区的控制。在下一世纪强大的补罗稽舍二世(610 — 642)统治期间,他们扩大到阿拉伯海,征服了孟买的象岛(Elephanta,
105 Gharapuri);他们还继续向北进发,打败了戒日王的军队,可能后者正试图入侵德干;然后向东征服羯陵伽,向南击败了摩哂陀跋摩一世率领的帕拉瓦军队。这时,补罗稽舍二世有足够的理由承担“东西洋之主”的帝王称号。在 641 年玄奘访问补罗稽舍统治下的马哈拉施特拉时,
106 他称那块土地和平,人民辛勤劳动、自豪,完全服从他们的大王的意志。此时,巴达米由寺庙与堡垒构成的首都其周长约有 5 公里,而补罗稽舍有几百头的战象听候他的命令,随时准备“群驰蹈践,前无坚敌”。这就是印度权力政治的盛衰之道,仅仅一年之后,伟大的补罗稽舍就在战斗中被健壮而年轻的帕拉瓦君主纳拉辛哈跋摩一世所杀。当帕拉瓦于 642 年占领巴达米之后,另一个遮娄其王朝在德干东部产生,其首都在孟加拉湾皮希塔普拉(Pishtapura)的戈达瓦里(Godavari)河以北。巴达米的遮娄其王朝后来有所复苏,以一种虚弱的回光返照苟延残喘至 8 世纪中期。他们最终被自己的封臣罗湿陀罗拘陀(Rashtrakutas,“国家之主”)所击败和取代。

印度教圣人湿婆的吉罗娑山神庙，于公元 8 世纪雕刻在埃洛拉坚硬的岩石山的外面。

罗湿陀罗拘陀的第一位国王丹蒂杜尔伽(Dantidurga)在 752 年夺取了巴达米的控制权。不过，罗湿陀罗拘陀的首都却建在埃洛拉(Ellora)，靠近现代的奥兰加巴德(Aurangabad)；在戈达瓦里以北，丹蒂杜尔伽的继任者克里希纳一世(Krishna I，约 756 — 775)在这里资助开凿了印度最大的岩石寺庙，它是世界建筑的奇迹之一：湿婆神的"吉罗娑山(Kailasanatha)"。它比帕提农神庙(Parthenon)还要大，这种对湿婆天堂的独特描绘被刻在一座坚硬的岩石山上，其正面被遮挡着，直到访问者进入狭窄的过道，才突然发现自己被露天的大象、大神、女神的巨大塑像所包围。印度人石雕的才华从来没有被如此出色地展现过,尽管经历时间的磨蚀,许多寺庙的大门和石柱上复杂的花边设计被磨掉了,吉罗娑山仍矗立着,是对罗湿陀罗拘陀权力的唯一的、最绝妙的赞美。它是印度人通过视觉艺术的媒介来表达其崇拜之冲动的最精彩的典范之一。无怪乎,据说建筑大师退后几步观赏其完成的寺庙时大声叫道:“噢!我**是怎么**作出来的?”在埃洛拉有许多佛教、耆那教和其他印度教的石窟,其中有一些非常美,但在吉罗娑山只有一个。

罗湿陀罗拘陀政权一直将其优势保持到 9 世纪和 10 世纪早期,但到了 10 世纪末,一个新的遮娄其王朝崛起,在印度西部夺回了祖先谱系的荣耀,安顿在海得拉巴城(Hyderabad)西北部的格利亚尼
107 (Kalyani)。不过,此时,古典时代已经接近尾声,因为印度及其文明要接受一股来自西方的新力量、一系列骇人的入侵的挑战,并给他们带来了一套有关价值观念的新宗教体系,其在许多方面与印度教的基本观念和结构对立。

第八章　伊斯兰教的影响（约 711 — 1556）

622 年，在沙特阿拉伯的沙漠中产生的伊斯兰教注定要从根本上 108
扭转印度历史的进程。自 2 000 多年前雅利安人广泛分布以来，任何一系列的入侵都没有像先知穆罕默德（570 — 632）把宗教传入印度那样，对南亚产生如此深远的影响。这种影响的历史遗产不仅在巴基斯坦和孟加拉国可以看到，而且在迄今还生活在印度的 1.4 亿穆斯林中也可以看到。

很难想象有比伊斯兰教与印度教更不同的两种宗教生活方式。伊斯兰教（字面意思是“顺从”）的核心教义只有一个神，安拉。每一位穆斯林在任何时间都必须服从安拉的意志，其意志透露给安拉最完美的先知穆罕默德，再通过天使长加百列（Gabriel）传达出来，并且记录在神圣的《古兰经》中。将近 40 岁的时候，先知穆罕默德开始接受启示，但他在麦加的讲道受到嘲弄和奚落，并没有赢得改宗者，最终导致他向北“飞（hijrat）”到麦地那（Medina），此后，这座城市于 622 年邀请他成为它的现世精神领袖，这在穆斯林的日历上被算为第一年。伊斯兰教明确的一元论用于把所有的穆斯林（那些服从安拉意志的人）都团结到公社（umma，乌玛）中，它很快既成为强大的社会力量，又是强大的军事力量。要成为一位穆斯林，一个人首先要肯定信条：“万物非主，唯有真主；穆罕默德是主的使者。”为了得到安拉的爱，所有的穆斯林不得不向穷人施舍（zakat，天课）；每日面朝阿拉伯的权力中心麦加礼拜五次，在巩固了对麦地那的控制之后，穆罕默德将他的人民的精力引向
109 被征服的地方；在第九个太阴月（Ramadan）斋戒；并且至少要到麦加朝觐（haji）一次。“圣战（jihad）”指积极从事对没能平静地服从神的意志的那些人的斗争，尽管犹太教徒和基督徒从伊斯兰教诞生之日起就被赋予特殊的身份：“保护识字人（dhimmis）”，因为他们的经书被认为是建立在少数先知的“部分启示”之上的。作为识字人，假如他们能向穆斯林统治者支付特殊的“人头税（jizya）”，约占每人货币收入总价值的百分之六，他们就能继续遵从他们的信仰。不过，提供给异教徒的选择只有一个：要么信仰伊斯兰教，要么死。先知在自己的一生中对麦加的征服给予了穆斯林一个阿拉伯权力的坚强核心，围绕这一核心，在穆罕默德死后的几十年中穆斯林不断扩大其联盟。在一个世纪之中，伊斯兰教就爆发式地越过北非和西班牙，经过底格里斯河和幼发拉底河到达波斯和印度。在世界历史上，从来没有出现过如此有感染力和在政治上有潜力的观念。军事狂热与取代了阿拉伯部落间冲突的社会团结的伦理的结合，使穆斯林的力量在他们狂热扩张的第一个世纪内基本上不可战胜。最后的宣判日，在这一天，所有的死者都将复活以聆听神的永恒判决，这是由穆罕默德想出来的一个生动的概念，没有谁能比那些死于正义之战的英勇的战士更有资格被允诺一种美好的图景：居住在安拉天国中清凉的、充满山泉的天园中。

伊斯兰教的阿拉伯人对信德的征服

在新信仰茁壮成长的前 20 年间，印度快活地遗忘了伊斯兰教的存在。不过，阿拉伯的商人们带回去的足够的南亚财富，刺激了武士们的胃口，在信德穆斯林商船遭受到的袭击很快激怒了穆斯林们。644 年，第一位抵达印度的伊斯兰教军队的阿拉伯指挥官，从信德向他的哈里发报告：“缺水，水果也很糟糕，而抢劫者都很大胆；如果派来的部队过

少,士兵就会被杀掉,如果派来的过多,他们就会被饿死。”[①]这种悲观
的估计进一步把穆斯林的征服推迟到了公元 711 年,当一艘装满各种 110
商品的阿拉伯船只经过印度河口时,遭到了海盗的抢劫,伊拉克的乌玛亚德(Ummayad)统治者气急败坏,他启用了 6 000 匹叙利亚马和同样数量的伊拉克骆驼对信德王展开远征。阿拉伯军队很快占领了布拉曼纳巴德(Brahmanabad),指挥官为他在那里发现的“不信教的人(kaffirs)”提供两种选择:要么改信伊斯兰教,要么去死。不过,当穆斯林学者们听说了印度宗教图书,并且穆斯林君主们精明地认识到有太多的印度教徒杀都杀不过来时,很快就把识字人的身份加到那些极端的另一些人身上。事实上,在伊斯兰教渗透到波斯时,被保护人的范畴已经扩大到可以容纳琐罗亚斯德教徒(当他们为躲避穆斯林的迫害而逃到西印度时被称做帕西人[Parsis]),因此当发现为了得到特殊的税收而提供给印度教徒二等国民的同样待遇时几乎不用惊讶。不过,让人惊讶的是伊斯兰教要用多长时间从信德的狭小范围传播到次大陆的其他地区。我们不应该把信德想象为伊斯兰教传播到整个南亚的集结地,因为伊斯兰教的传播主要不是从阿拉伯海的回流河汊,而是从开伯尔山口的阿富汗高台开始的,那时还不到 10 世纪末。

到 10 世纪,自 8 世纪中期阿拔斯(Abbasid)哈里发建立以来,当伊斯兰教的统治从巴格达而不是大马士革或麦地那开始,成为一个以波斯文明装点、由土耳其武装的奴隶保护的帝国时,伊斯兰教在许多方面有了改变。繁荣的商业和工业把全世界的财富都运到了巴格达,但是帝国很快变得太辽阔、太多样以至于任何一位哈里发(神的“代表”)都难以掌控,而且在它的边疆、东西,地区统治者领导的独立王国不断产生,到 11 世纪时,出现了一个世俗的君王称号苏丹(sultan)。自 9 世纪以来,中亚土耳其的奴隶们(Mamluks)已经被大规模地买卖以支撑逐

---

① 阿尔比拉·杜里的“弗图胡尔·布尔丹(“Futu'hu-l Bulda'n”of al'Bila'duri)”,收入爱略特(H. M. Elliot)与约翰·道森(John Dowson)编辑的《由它的历史学家讲述的印度史:穆罕默德时期:信德的历史学家》第一卷(加乐各答:苏悉尔·笈多有限公司,初次编辑 1867 年,第二次编辑 1955 年),第 25 卷,第 17 页。

渐衰弱的阿拔斯哈里发的军队,但到了10世纪,整个土耳其游牧部落都被驱赶到阿富汗和波斯。第一个独立的土耳其伊斯兰教王国是由萨曼王朝(Samanid)的武士、奴隶亚拉提真(Alptigin)建立的,他于962年夺取了阿富汗的加兹尼(Ghazni)要塞,以此为首都建立了一个王朝,一直持续了几乎200年。正是他的孙子马茂德(Mahmud,971－1030)
111 “伊斯兰教之剑”,每年从他的加兹尼高地向印度发动不少于17次的血腥突袭,实施他的圣战,其掠夺至少与其天堂的允诺一样多。

对加兹尼进行劫掠的马茂德

加兹尼的马茂德于997年开始他的劫掠,每年冬天他都要离开冰冷的首都袭击旁遮普平原,狂热地打碎无数印度教寺庙的塑像,他以伊斯兰教破除旧习的狂热,把这些视为对安拉的憎恨,而且掠夺印度城市,把他和他的土耳其游牧部落的骑兵能够越过阿富汗山口带回去的珠宝、硬币和妇女洗劫一空。塔内萨尔(Thanesar)、马图拉、根瑙杰、那伽尔科特(Nagarkot),最后甚至索谟那特(Somnath)有名的卡提阿瓦(Kathiawar)寺庙之城都被挑出来作为马茂德袭击的目标,他利用它们的财富把偏僻的加兹尼转变为11世纪世界最大的伊斯兰教文化中心。杰出的物理学家、天文学家、哲学家和历史学家阿尔·比鲁尼(al-Biruni,生于973年)和伟大的波斯诗人、《列王纪(音译沙·那摩)(Shah Nama)》的作者菲尔多西(Firdawsi)仅仅是被马茂德吸引到加兹尼来的伊斯兰教名人中的两位。尽管宫廷编年史家乌特比(Utbi)声称:根瑙杰马茂德一个人就用剑毁坏了一万座印度教寺庙。这显然夸大了他的苏丹的非凡,还是不难看到由夺去其总人口百分之一生命的袭击所留下的印度教与伊斯兰教之间严重的憎恶的后果。例如在1025年,据报道,索谟那特印度教居民静观马茂德凶猛的军队向他们的寺庙之城墙发动进攻,他们坚信湿婆一定会保护他的信徒免受伤害,湿婆“神奇的”铁林伽(Lingam)正悬挂在索谟那特“生主堂”中的磁场里。在这里,编年史家可能也有所夸大,因为他写道:那天,超过5万印度教徒被屠杀并且有价值超过200万第那尔(dinars)的金银财宝被马茂德从用剑击碎的林伽中取出来。无论这场致命袭击的实际获得是多少,这种攻击带来的震惊在那些人的记忆中会被更加痛苦地放大,他们无望地眼看着朋友们和家庭被入侵者杀害或成为奴隶,而这些入侵者声称是以神的名义进行杀戮、强奸和劫掠的。在去世之前,马茂德吞并了帝国最东边的旁遮普省。

古尔王朝(Ghurid)的攻击 112

加兹尼王朝(Ghaznavid)只是一系列突厥-阿富汗穆斯林入侵北印度并粉碎自治的印度政权的第一例,最初是在旁遮普,后来进一步深入到南部和东部。在马茂德死后150年,加兹尼被与其相匹敌的突厥人的古尔王朝所占领,它也是起源于中亚的凶猛放牧部落。1175年,古尔的苏丹穆罕默德和他的奴隶副将顾特卜-乌德-丁·艾伯克(Qutb-ud-din Aybak)领导了对印度的第一次攻击,1179年,毁坏了加兹尼王朝位于白沙瓦的要塞,在1186和1193年分别占领了拉合尔和德里。穆罕默德回到了加兹尼,留下他的副将从德里加强古尔王朝对北印度的控制。对于天才的突厥士兵而言,像顾特卜-乌德-丁,军事奴隶制被证明是通向权力的方便之门,而且作为东部伊斯兰教的一种制度,它允许聪明、勇敢而忠诚的年轻人青云直上,是他们脱离出生时地位的一条重要途径。突厥的中亚马匹和能以最大速度发射的弩(铁马蹬的使用使古尔王朝的神枪手在骑马时精神振奋)打破了军事实力平衡,而对顾特卜-乌德-丁的军队有利,但印度并没有不战就交出自己的土地。

拉其普特

拉其普特(字面意思是"王子")进行着最顽强的战斗,突厥-阿富汗人长年忙于试图将这些凶猛的刹帝利从他们贫瘠的土地上驱赶出去,结果却并不如人意。尽管所有拉其普特的这四个主要王朝(普罗提诃罗[Pratihara]、帕拉马拉[Paramara]、乔汉[Chauhan]和遮娄其)都宣称他们或者是从雅利安的太阳(surya)或者是从月亮(chandra)降生的,可能它们都源于中亚,这也有助于解释他们在战争中的胜利和非凡的坚韧。在任何事件中他们都充当印度抗击穆斯林入侵的英勇的前锋，而且甚至在战斗失败时，或被追赶着从一个到另一个被遗弃的要塞时，他们也从不彻底投降。孟加拉（包括比哈尔、阿萨姆和奥里萨）在一系列独立王朝的统治下一直繁荣，首先是波罗（Pala），然后是跋摩（Varman），最后是犀那（Sena），后者的首都纳迪亚（Nadia）在 1202 年被突厥-阿富汗军队占领。印度的主要佛教中心，包括那烂陀大学，曾
113 经有不止 1 万名僧人在这里生活和学习，在这一时期也被劫掠，成千的佛教徒被驱赶，逃往尼泊尔，无数来不及逃亡的人们被杀害。突厥-阿富汗实施的迫害，其矛头直接指向佛教寺庙的中心，其严重性在于，它是如此无情以至于佛教被迫从它的诞生地流播出去，再也没能大规模地归来。直到 1954 年，印度不可接触者的博学的领袖安贝德卡尔（B. R. Ambedkar）公开让他的约 5 万追随者改信佛教，作一种政治抗议方式。尽管尼泊尔、中国、日本和大多数东南亚国家的佛教在散居之后都很兴盛，在长达约 750 年里，在印度的土地上僧伽没有圣地。也许毗湿奴教派把佛陀作为它的化身，结合越来越流行的虔诚派运动，印度教的苦行主义和此后穆斯林的神秘主义足以满足那些皈依后保留下来的印度佛教徒的精神需求。

德里苏丹的开端

1206 年，古尔（Ghur）王朝的穆罕默德在拉合尔被暗杀，随之顾特卜-乌德-丁·艾伯克正式宣布自己为德里的苏丹，开启了穆斯林与印度关系的新阶段，标志着南亚一系列伊斯兰教王朝的开端。顾特卜-乌德-丁建立的奴隶（Mamluk）王朝把北印度从战争之地（Dar-ul-harb）转变为服从之地（Dar-ul-Islam）。德里苏丹持续了 320 年，包括五个前后接续的突厥-阿富汗王朝。1210 年，顾特卜-乌德-丁因从玩马球的马上摔下来而死去，他能干的女婿沙姆斯-乌德-丁·伊勒特米思或伊杜米思（Shams-ud-din Iletmish or Iltutmish）继位，他在德里统治了 25 年（1211－1236）。他获得王位时，西部面临着许多政治上的挑战者，伊杜米思很精明，他首先在德里周围和恒河平原加强自己的力量，通过授

予有田地地区(iqta)的收入而赢得大多数突厥军官(iqta'dars)的支持，这
都是以前顾特卜-乌德-丁分配的。在外交上，他使成吉思汗(Ghengiz
Khan)不再入侵德里。他向所有的印度教徒保证知识人的地位，并且只
要地方的印度教首领和小邦主持续向国库上交必要的收入，他们就可
以拥有自己的领地。伊杜米思被他的朝代的编年史家和诗人以一种相 114
对温和的方式称颂为宗教上虔诚的君主，对那些无权力的人采取劝说
和宽容的策略。尽管如此，他还是坚决镇压反抗，就像他在孟加拉做的
那样，1225 年那里发动了反抗，直到他在 1229 年给镇压下去。他的拉
其普特战役没有取得决定性胜利，尽管他在 1231 年和 1235 年分别占
领了瓜寥尔(Gwalior)和乌贾因。到次年他去世的时候，德里苏丹已经
成为北印度最强大的国家，而且他精力充沛的女儿拉济娅(Raziyya)继
承了王位，她拥有王位达三年。拉济娅是在印度土地上进行统治的唯
一一位穆斯林妇女，但她并不是印度历史上最后一位极其精明的妇女，
能够把她父亲的基业发展到德里政治权力的高峰。拉济娅在 1240 年
被谋杀，她父亲的宫殿护卫“四十人集团(它们拥有一个共同的名称)”
在此后六年共同统治奴隶王朝。

四十人集团中最狡猾、最肆无忌惮的是巴尔班(Balban)，他曾是苏丹拉济娅的主要的猎犬看护者。1246 年，他通过成为傀儡王巴拉姆(Bahram)的大管家(amir-i-hajib)而有效地掌握了权力，而且他一直统治到 1266 年，他僭取了苏丹的称号和权力，长达 20 多年。在德里四十人集团中，权力的争夺和政治阴谋从来没有停止过，使东西部的土耳其地方统治者基本上形成了独立的地方权力基础，其中突出的几个是奥德和信德，1255 年，他们试图挑战巴尔班的中央权威。不过，巴尔班的领导权还很稳固，他不仅战胜了自己的统治者，还通过坚定的联合和外交魅力把蒙古人阻挡在海湾。因此，有足够的理由相信巴尔班是通过弑君而登上王位的，他用尽心机把苏丹提升到神圣的地位(一旦他拥有了它)。尽管总是被他的宫廷护卫精英团队所包围，巴尔班除了其主要官员外都不与他们讲话，像处置陌生人一样残忍无情地除掉其亲戚。对于宫廷中的敌对力量，他毫不犹豫地招来大象把他们踩死，他用具有

璀璨外表的波斯仪式和壮观的王宫来威慑臣民,与“同等列首位”的正统伊斯兰教理想比起来,他更像一位传统印度模式的伟大君主。成为
115 苏丹的这位奴隶坚持人们对他拜倒和亲脚礼。他雇佣刺客毒害了以前四十人集团的所有同事,巴尔班由于没有朋友的提醒而结束了他长期的统治。巴尔班采用了传统的印度策略,至少掌握了《政事论》所传授的夺权之术,他一直依靠间谍并加强苏丹的间谍部队。不过,在他为血统纯正的突厥人服务时,他限制了其最高的位置,随着官僚的增加,他发现有必要承认阿富汗和在印度出生的穆斯林的中等地位,尤其是在不断扩大和着力加强的军队中。随着巴尔班在 1287 年去世,他的王朝也灰飞烟灭,尽管仍有名无实地苟延残喘了三年之久,在官僚机器努力维持其存在时,无能而争权的孙子们都充当了宫廷中对立力量的傀儡。

查拉尔-乌德-丁·菲罗兹·卡尔吉(Jalal-ud-din Firuz Khalji)利用他作为巴尔班军队将军的位置使自己青云直上,他在 1290 年登上王位,发动了一场政变从而建立了第二个德里王朝。卡尔吉最初是突厥人,后来迁移到阿富汗,并在加兹尼和古尔王朝入侵印度时在那里定居。查拉尔-乌德-丁夺取权力时,他已经 70 岁了,其统治只维持了六年,但由奴隶王朝到卡尔吉王朝的转变依然标志着苏丹印度化的重要一步,现在更自由地依靠土著人民的支持。查拉尔-乌德-丁自己所做的只不过是镇压巴尔班的支持者;不过,他建立的短命但重要的王朝由于其继任者、他的侄子阿拉-乌德-丁(Ala-ud-din)的统治而在印度历史上留下了印记,他在 1296 年杀了他的叔叔。在篡位前不久,阿拉-乌德-丁·卡尔吉冒险前往德干袭击和抢劫雅达瓦人(Yadavas)的家乡德瓦吉里(Devagiri)富庶的首都,他用抢劫来的、带到北方的金银收买那些人的忠诚,让他们杀了他的叔叔。南亚因此不知不觉地支持了德里苏丹,现在它的财富在某种程度上与德干和泰米尔纳德联系起来,这两个地区迄今显然对穆斯林入侵的冲击并不在意。

德干北部的雅达瓦人(雅杜[Yadu]部落的后裔)是后来遮娄其王朝的封臣,他们在阻止相邻的印度封建国家向南扩张(尤其是迈索尔地

区的霍依萨拉[Hoysalas]和安得拉往东的卡卡提亚[Kakatiyas])的战斗中有所削弱。这些中世纪的印度君主们本质上都起源于封建制度，通常以他的最高君主分封给武士免税的土地开始。封臣一般称自己为 116
萨曼塔(samanta,“纳贡者”或“高级封臣”),直到他感觉自己强大到可以采用“大王”的高贵称号时为止,或者还有大萨曼塔,常常加在前者之后。只要封臣承认自身大王的领主地位,他就有义务为领主的防御提供军队,提交部分收入,让自己的女儿与领主成婚。尽管印度的封建制度与在西欧产生的现象相当不同,包括既没有大规模土地私有的耕作,也没有普遍的庄园制度,主要是指政治的分散、地方经济的自立,还有地主有条件地拥有土地(提供兵役)。君主分封免税地产,常常被叫做扎吉尔(jagirs),作为对士兵的回报,这一直是印度历史上晚期帝国和封建制度的共同特征,直到 19 世纪晚期,那时这些另外的收入被英国人收走。免税领地也常常被印度君主分封给婆罗门和他们衷心的侍从,但在印度封建制度下没有产生一个教会的等级制度,不像西方那样。

泰米尔人的朱罗王朝

尽管朱罗从它与东南亚间不断增长与扩大的贸易中获得了巨大的声望和财富,但此时泰米尔纳特德依然处于四分五裂的状态。当朱罗的君主毗查耶拉耶(Vijayalaya,约 846－871)还是一位帕拉瓦的封臣的时候,他就想方设法在 850 年占领了坦贾武尔,为他的继任者提供了富裕的寺庙之城作为权力中心。在此后的统治期间,建志补罗被朱罗控制,而且巴兰答伽一世(Parantaka Ⅰ,907－955)从他们的首都马杜赖驱逐了潘迪亚人,实际上建立了一个朱罗王国。在朱罗国王罗阇罗阇(Rajaraja,约 985－1016)更晚一些、发动更有力扩张的时期,与锡兰一样,喀拉拉也被占领了。罗阇罗阇的儿子拉金德拉(Rajendra,约 1016－1044)统治时期,朱罗的军队甚至进发到唐伽跋陀罗(Tungabhadra)以北,对卡利亚尼 (Kalyani) 西部的遮娄其王朝造成极大的破坏。这时朱罗的海军已成为印度洋最强大的;它不仅征服了马尔代夫,而且在 1025 年击败了室利佛逝的舰队,是当时横跨马来西亚 117

和现代印度尼西亚的海洋大帝国。

在群岛上发现许多朱罗王朝的佛教和印度教的青铜神像，确定为这一南亚统治时期的。青铜铸造艺术在朱罗的寺庙之城坦贾武尔、建志补罗和奇达姆巴拉姆(Chidambaram)达到完美的巅峰，制作了"舞王(Nataraja)"湿婆的10世纪天才的技工，独创性地用本巴努托·切利尼(Benvenuto Cellini)[①]浇灌金子的方法来铸造青铜。用一只脚踩住矮小的魔鬼穆亚拉卡(Muyalaka)的后背，湿婆站稳开始他的广大无边的生命之舞，让烧成灰烬的世界恢复生命力，在遗忘梦想的墓地上方抬起其粗壮的左腿，一只手拿着催人觉醒的小鼓，另一只手中托举着创造与毁灭之火，并且用剩下的另两只手表达"无畏(佛陀的无畏手势[abhaya mudra])"。艺术家很少能在任何其他介质中达到金属塑像中如此完美的平衡与和谐，上面氧化的绿锈只是丰富了它的美，其符号以一种神秘的力量包容了所有的印度教文明，而且它优美的形式在印度几乎被无数次地复制，尽管后来的复制品没有一个能赶得上朱罗技工的完美程度。无论刻画的是湿婆还是女神吉祥天女，无论是罗摩还是带着他的侍从及化身(vahana，迦楼罗[Garuda]，金翅鸟)的克里希纳，朱罗帝国艺术家的工艺在其优美方面都是无可挑剔的，把金属神奇地转化成肉的质感，向他们的对象灌注生命气息。在寺庙建筑中，朱罗建立在从帕拉瓦那里继承的基础上，并且坦贾武尔的湿婆庙大约完成于1000年，是与罗阇罗阇的伟大相称的不朽作品。这是一个当时最有抱负的、最大的印度教寺庙，与泰米尔纳德的景观判然有别的巨大的达罗毗荼寺庙的前身。一座巨大的石塔(shikhara)高耸在内部神龛之上190英尺处，郊外几公里外都能看到的崇拜石柱。第二座朱罗的大寺庙是恒伽康达朱罗普兰(Gangaikondacholapuram)，大约在1025年由拉金德拉一世建造，以它壮观的"牛的堡垒(gopuram)"大门而闻名，基本上是一度繁荣的库姆巴科纳姆(Kumbakonam)朱罗城的所有遗存。

① 本巴努托·切利尼(1500－1571)，意大利雕塑家、金匠，除雕塑外，也从事金币、奖牌等金属制品的制作，代表作有《帕尔修斯》雕像，并写有《自传》。——译者注

朱罗海军接着又抢劫了印度东海岸的财富,同时阿拉伯的穆斯林商人 118
在西岸和整个阿拉伯海几乎控制了所有的印度贸易。

卡尔吉苏丹

在阿拉-乌德-丁・卡尔吉(Ala-ud-din Khalji,1296 — 1316)统治期间,苏丹达到了中央集权的巅峰。阿拉-乌德-丁重新指定了许多免税的扎吉尔(jagirs,免税地产),以前只指定穆斯林的贵族,付给他的官员现金并亲自掌握其强大的军队。为了保持国库充实,苏丹把税收提高到每次收成的百分之五十,并且对其疆域内的所有印度教臣民都严格征收。他还推行两项新税收,一个针对产奶的牲畜,一个针对房屋。他的间谍网和忠诚的朝臣使人们更加害怕而不是痛恨他,而且他与一位改变信仰的奴隶马利克・卡福尔(Malik Kafur,苏丹国内第二个拥有权势的人物)的同性恋关系也许有助于说明宫廷内的奇特与复杂。他是一位残酷却很有能力的君主,第一个成功地在德里引入工资与价格的控制机制。在印度大多数的历史上司空见惯的私人囤积金银在阿拉-乌德-丁统治时期被中止了。食物、谷物和布料都维持在很低的价格水平上,这样士兵和一般工人可以在没有高工资的情况下生活下去。商人得注册,并且他们的利润受到国家的严格控制;农民们只能以固定价格把他们的粮食卖给注册了的食物商人。囤积是禁止的,一旦发现将受到重罚。

这样的经济控制有利于大多数德里的人口,但出了这一地域这种经济控制就不太有效,而且它们激起了商人和相邻地区农民的反对,他们感到受了歧视。而且,比这种内部的反对更为严重的是,从 1303 至 1306 年起,阿拉-乌德-丁就面临着凶猛的蒙古人的入侵,他们威胁要毁坏大多数印度西北部的城市。不过,由于他的经济改革,阿拉-乌德-丁得以装备强大的军队来对抗蒙古的骑兵,最后把他们赶回阿富汗。随着北部防御的稳固,阿拉-乌德-丁再次转向南方寻找更多的黄金。
1307 年,雅达瓦人的德瓦吉里首都被占领并且被当做卡尔吉王朝向德 119
干更深入进军的跳板。许多拉其普特的首领都被阿拉-乌德-丁的军队击败,古吉拉特的首领也是如此。1309 年,南印度的卡卡提亚王国被占领,一年后,卡尔吉的军队向泰米尔纳德的潘迪亚地区发动袭击,把穆斯林的信仰传播到印度半岛的最南端。马利克・卡福尔试图控制宫廷和军队但没有成功,他被自己的士兵杀掉了。阿拉-乌德-丁的儿子顾特卜-乌德-丁・穆巴拉克(Qutb-ud-din Mubarak)在其父死后又将统治延续了四年,他在宫廷享受易装癖快乐的同时,通过放弃所有控制物价下跌的企图,降低收入需求,总体上放松行政管理,在德里算是虚弱地控制了局势。

德里的图格鲁克王朝

图格鲁克人在 14 世纪的大部分时间里统治着德里。印度第三个穆斯林王朝的创立者是吉亚斯-乌德-丁・图格鲁克(Ghiyas-ud-din Tughluq),他是一位宫廷土耳其奴隶和一位印度教查特族(Jat)妇女的儿子,他温和地统治了五年。1325 年,吉亚斯-乌德-丁和他喜爱的儿子在他另外一个儿子和继任者穆罕默德(约 1325 — 1351)所建立的凯旋大帐篷突然坍塌时,双双被害。穆罕默德・图格鲁克踏着其父亲和兄弟的尸体走向王位,他的长期统治被解读为一个既不敏感又没有天赋的人试图为其罪恶在宗教上进行赎罪。于 1325 至 1354 年到亚洲和非洲旅行的伊斯兰世界的旅行家伊本・白图泰(Ibn Battuta)曾经担任穆罕默德宫廷上的首席卡济 (qazi,伊斯兰教法官),他回忆苏丹严格要求"臣民掌握伊斯兰教的净礼和礼拜的规定与教义"。不过,他教导别人做他自己都忽略的东西时不可能成功,并且这一时期变乱风起云涌。在 1327 年通过在德干建立第二个都城来镇压南部对他统治的反抗的一次雄伟计划中,穆罕默德・图格鲁克强迫他的许多贵族和官员放弃他们德里的家,向南迁移 500 多公里,越过温迪亚-萨特普拉分水岭,到达道拉塔巴德(Daulatabad,德瓦吉里)。在那次艰难的旅行中许多人
120 死去。而且对于那些活下来的人来说,德干的酷热和河流永久缺水使道拉塔巴德成为苏丹第二个都城中的不适于居住的地区。

1329 至 1330 年,穆罕默德・图格鲁克又尝试了另一个奇异的改

革：发行新货币。可能是希望学习中华帝国成功地使用纸币，苏丹发行了黄铜或紫铜的代币，据称相当于越来越少于 1 坦卡(tanka，140 格令)的银。这一项目显然也受到纸币发行的启发，而且其运作不是出于以下的事实：即使外国商人已经在印度使用代币了，他们还是拒绝用代币购买物品。而且，印度人可以把他们的青铜交给皇家造币厂换回金或银，每月他们都很热心地干这种事情。实际上，随着这次“改革”而来的是大多数印度人似乎都成了厨房铜匠，而且据说成堆的图格鲁克青铜代币后来在苏丹国库的外面一直躺了百年。由于公共财政的严重亏损，苏丹被迫在三到四年内收回他的这种特殊货币。从 1335 到 1342 年，印度遭受到了最严重、持续时间最长的干旱和饥荒。尽管所有外国旅行者的记录都注意到了那一时代可怜的灾难，但苏丹并没有通过普遍免税和分配食物，齐心协力地帮助臣民们。对经济的普遍不满导致苏丹内的反抗，且在南方最为明显。1335 年，图格鲁克的统治者阿森·沙(Ahsan Shah)建立了一个独立的马杜赖(Madura)苏丹。当穆罕默德的军队向南移动要扑灭那场大火时，拉合尔和德里的其他人起来反抗，迫使苏丹回到北方。印度教的首领注意到泰米尔纳德的穆斯林官员的成功，也同样举起了从德里独立出去的旗帜。穆斯林侵入德干把许多印度教武士驱赶到唐伽跋陀罗河以南，那里在 1336 年崛起了一个新的印度教王国，以它的首都毗奢耶那伽罗(Vijaya-nagar，“胜利之城”)命名。

印度教的毗奢耶那伽罗王朝

毗奢耶那伽罗的建立者诃里诃罗一世(Harihara Ⅰ，约 1336 – 1357)作为他的南方祖国的统治者，为了服务于图格鲁克都改信了伊斯兰教，但他又能改回印度教并且很快成为德干南部主要的纳贡大君主。 121
在赢得最强大的地方地主们(nayakas)的支持和效忠之后，诃里诃罗征服了霍依萨拉大君主巴拉拉三世(Ballala Ⅲ)的领地，并且把他的城市首都发展成为印度半岛地区最“重要的地方”。到 1343 年，毗奢耶那伽罗王朝拥有向霍依萨拉纳贡的所有土地的统治权，但后来，在寻求扩大它对唐伽跋陀罗北部的控制方面却不太成功。反对穆罕默德·图格鲁克的变乱于1345年在道拉塔巴德和其他德干城市爆发，它是由一些不满的穆斯林贵族领导的，其中的哈桑·甘古(Hasan Gangu)在1347年正式宣布自己为德干苏丹。为自己取了阿拉-乌德-丁·巴曼·沙(Ala-ud-din Bahman Shah)的名号后，哈桑建立了巴赫曼尼(Bahmani)王朝，一个最强大、最持久的德干穆斯林王朝，保持统一200多年并且在分裂后还以四分五裂的形式又持续了百年。在14世纪后半叶和15世纪，巴赫曼尼王朝进行了10次不是决定性的却血腥的战争，以反对毗奢耶那伽罗对克里希纳河与唐伽跋陀罗河之间(他们有争议地界的标志)富饶的赖久尔(Raichur)河间土地的占有。因此南印度有效地从德里苏丹的控制中脱离了出去，后者达到它权力的顶峰并在穆罕默德·图格鲁克去世之后进入到一个快速衰落阶段。

1338年孟加拉宣布从德里独立出去。在同这一地区主要的贵族(maliks)殊死作战后，马利克·哈吉·伊利亚斯(Malik Haji Ilyas)取得了胜利，得到沙姆斯-乌德-丁(Shams-ud-din，约1339－1359)苏丹这一称号并建立了伊利亚斯·沙(Ilyas Shahi)王朝，从它的首都拉克纳瓦提(Lakhnawati)统治孟加拉几乎100年。因此，可以说，孟加拉很早就从西印度穆斯林的统治下获得了独立，并且一直维持到16世纪莫卧儿征服时为止。在这一时代，仅仅语言和政治上的独立还不足以把孟加拉地区与北印度其他地区区分开来，因为即使占统治地位的伊斯兰教实践形式也是与它的文化性格和古代遗产相一致的。苏非派或称苏非主义，为伊斯兰教的神秘主义，主要是作为波斯对伊斯兰教正统派影响的遗产而得以发展的，在孟加拉大众，尤其是最低种姓的印度教不可接触者和以前的佛教徒中获得强烈的共鸣，后者在1202年后一直没有僧伽为他们提供精神生活的指导；对于许多穆斯林来说显然也有吸引力，因为它复兴了伊斯兰教的教义。

122 伊斯兰教的苏非主义

苏非圣者的三个教团于13世纪出现在印度：契斯提(Chishti)、苏哈拉瓦迪(Suhrawardi)和费尔多希(Firdawsi),它们都以寻求与神的神秘合一来吸引人,全世界范围内如此众多的印度教徒、穆斯林和其他"陶醉于神"的寻求者都在体验这一状态。对神的虔诚的爱自古以来就在充满激情地寻求"母神"的孟加拉宗教意识中发挥着十分重要的作用,其根源同样也在肥沃的冲积层中,雨季奔涌的河水滋润了孟加拉首要农作物"黄金般的"黄麻的生长。在面对自然丰富而可怕的力量时,爱与悲、人类的脆弱与贫穷这些难以言表的复杂情感有助于形成孟加拉人独特的敏感、激情、活泼的性格特征;它似乎也预定了几百万孟加拉人对伊斯兰教神秘主义的狂热喜爱。来到孟加拉偏僻村庄的导师(Pirs,苏非宣教者)为贫穷的农民带去了圣爱的信息,很像印度教的虔诚派圣人为他们提供通过对母神的崇拜而解脱的道路,或者大乘佛教徒带去的允诺:通过接受菩萨的赐福而获得神圣的解脱。在这一独立的穆斯林统治时期,朝廷的赞助也促进了孟加拉人对梵语史诗文学的翻译,很快就减弱了婆罗门博学之士对民众的控制,为这一文化多产的地区提供了地方文学语言的国家级研钵。在一系列独立的穆斯林王朝的统治下,孟加拉获得了它的主权地位,不再受到德里的干涉,直到1576 年伟大的莫卧儿政权和阿克巴的征服时为止。

1351 年,穆罕默德·图格鲁克在信德平叛时被杀,他的堂兄菲罗兹(Firuz)在德里登上王位,自此统治了 37 年(1351 — 1388)。他以取消拷打而闻名,他喜欢建筑,一生都信奉伊斯兰教正统教义,并得益于在位期间充沛的雨季和大好的收成。他想再次征服孟加拉的企图没有成功,但他很快满足于建立一个新首都而不是继续无益的战争。新德里以他的名字命名的菲鲁扎巴德(Firuzabad),布满了花园、清真寺和学院。对乌拉马(ulama,穆斯林神学家、学者)的慷慨资助给菲罗兹带来德里所有苏丹中最好的"历史性新闻舆论",并且据说他建了不少于 123
40 座清真寺、30 所学院和 100 所医院,还在首都的郊区建了 200 座新城镇。他还被各种灌溉项目所吸引,资助建设了 50 多个大坝和水库,由此使贫瘠的土地变得多产。也许是比他的前任们更不爱猜疑,菲罗兹削减了宫廷密探,向生产性的企业加大投资。他似乎也是最有智慧

(如果不是最开明的话)的苏丹君主之一,尽管他的正统信仰使他对印度教实施了一些敌对行动,最终远离了大多数臣民。婆罗门感到自己受到了特别的迫害,因为他们过去可以免于付人头税(jizya,就像他们免于付所有的税一样),但现在却必须付。在菲罗兹统治期间,许多非婆罗门民众改信伊斯兰教,因而得以完全免付人头税,尽管他们还得履行缴纳不那么繁杂的穆斯林札卡特(zakat)[①]的义务。

帖木儿(Timur)对德里的劫掠

菲罗兹是最后一位强大的德里苏丹。在他死后的10年中,有半打短命的君主曾虚弱地支配着这一急剧衰落的王国的不稳定命运。在德里内部互相争斗的敌对力量之外,中亚帖木儿(Timur,Lame,泰摩兰[Tamerlane])的军队在印度西北门外面等候着,他们突然冲过关口掠夺了旁遮普并在1398年进入德里。帖木儿军队对旧德里展开杀戮和掠夺,留下用印度教徒的头颅和蹂躏后的尸体堆成的“高高的塔状物”。成千上万的奴隶作为活的战利品被拖走,撒马尔罕(Samarkand)最大的清真寺后来由德里的石匠重建。在1399年的炎热季节到来之前,帖木儿放弃了印度平原,在他向北返回祖国时,身后留下的是血迹哀鸣;在他疯狂的袭击之后,德里城有几个月都是在饥饿和瘟疫的剧痛之中度过的,“没有一只鸟飞过”。仅仅在100多年后,帖木儿伟大的孙子巴布尔(Babur)返回来在同一地方建立了莫卧儿王朝。

帖木儿入侵的直接后果是加快了苏丹分崩离析的过程。1401年,
124 古吉拉特在柴法尔汗(Zafar Khan)的领导下宣布独立。在与西方人的贸易中古吉拉特兴盛了起来,它的首都艾哈迈达巴德(Ahmadabad)在15世纪中叶逐渐被誉为“印度的威尼斯”。那一时期建的宏伟的清真寺和华丽的宫殿一直保存到今天,矗立在现代棉织厂、耆那教宫殿和英国人的“平房”中间,作为因贸易与政治独立而涌入印度这一最有进取

① 即“天课”,伊斯兰教“五功”之一,是以安拉名义向穆斯林征收的一种宗教税。最初是一种自愿捐助,用于济贫,被视为宗教“善功”,又称“济贫税”。——译者注

心的地区财富的有力见证。古吉拉特印度教商人种姓被称为巴尼亚(bania),由于他们拥有的大量财富,很快招致了其他印度人和外国人的嫉妒。古吉拉特往东,是由迪拉瓦尔汗(Dilavar Khan)在 1401 年建立的独立的马尔瓦苏丹,他是一位阿富汗贵族,也使自己从德里君主的统治中解放了出来。尽管贫瘠的马尔瓦缺少古吉拉特拥有的富庶与权力,但居于古吉拉特与恒河平原之间的这一战略位置使它能接近必须穿越这一地区的富裕的商队。通过对他们的掠夺和最终对所有商人强加的通行税,马尔瓦的苏丹用尽心机积累了财富和强大的权力基础。

德里的赛义德(Sayyids)和洛迪(Lodis)王朝

在帖木儿之后,有两个王朝声称拥有德里这个破烂的苏丹国。第一个,是 1414 年由突厥基兹尔汗(Khizr Khan)建立的,其姓是赛义德,暗示出身于先知,并丁 1450 年又控制了德里。后来,赛义德被阿富汗的一个部族洛迪废黜,他们养马很成功而被提升为“贵族”,并且他们德里的继任者还控制了旁遮普的大部分地区。布鲁尔(Buhlul)·洛迪统治了德里和旁遮普近 40 年(约 1451 — 1489),在此期间,有相当多的阿富汗农牧民定居在北印度。布鲁尔的儿子锡坎达尔(Sikandar,约 1489 —1517)被他的宫廷历史学家称颂为登上德里王位的苏丹中最智慧、最专注、最勤奋、最有远见的。他自己写诗并邀请各方面的学者来到他的旁边,鼓励他们编写医药(Ma'dan-ul-Shifa)和音乐(Lahjat-i-Sikandar Shahi)方面的书。而且,锡坎达尔对学术与文化创造的支持似乎促进了这一时期伊斯兰教与印度教的几次重要的融合,尽管令人 125
吃惊的是,锡坎达尔自己还是很正统的。也许因为他的母亲是一位印度教徒以及他很早就爱上了一位印度教的公主,这一事实促使他试图通过定期展示毁坏寺庙和神像的狂热的方式,来证明他比他王国的苏非派宣教者和毛拉(mullas)[①]更为正统。无论如何,几个神秘容忍主义

① 一些伊斯兰国家对精通伊斯兰教神学的穆斯林、伊斯兰宗教法律教师和解释者以及有学问人的尊称。——译者注

的新教派融会了几大宗教思想的精华,并在锡坎达尔断气之前活跃起来。

锡克教的产生

在 14 世纪末之前,印度教的虔诚派运动产生于南印度,并传播到了恒河流域,贝拿勒斯的罗摩奴阇最伟大的弟子罗摩难陀(Ramananda)沿着恒河岸传播他信爱的教义。在罗摩难陀的许多信徒中,有一位名叫伽比尔(Kabir,1440 — 1518)的识字的穆斯林织工,他的虔诚诗和专心敬神的生活激励了上百万的信徒放弃了他们对伊斯兰教和印度教的教派偏见,而选择一种纯朴爱神的合一的道路。在旁遮普,拿那克(Nanak,1469 — 1538)生来就是一位印度教徒,但他是在伊斯兰教的民主教义中被养育成人的,拿那克反对种姓制度并成为他创建的锡克(Sikh,信徒)信仰的第一位神圣的导师(Guru Dev)。拿那克设想的教义是虔诚地信爱其名称是真谛(sat)的“一位神,创世者”——这个宗教只是后来才变成一个好战的宗教,后来的祖师由于莫卧儿的迫害而拿起了剑。在孟加拉,最受欢迎的虔诚派印度教讲道者是阇多尼耶(Chaitanya,1485 — 1533),他那令人陶醉的信爱使他的弟子们相信他是神圣的爱人者克里希纳和拉达(Radha)的化身。由阇多尼耶建立的融合的教派集中在对真谛圣人(Satya-Pir)的崇拜上,成功地吸引孟加拉人加入了他们的阵营。

因此,到 16 世纪初,印度不仅在政治上分崩离析,而且在精神生活上也被分裂成许多宗教-哲学阵营。最后一代洛迪的伊卜拉欣(Ibrahim,1517 — 1526)不能得到为其父亲服务的那些人的忠诚,并且他很快发现自己面临着先是比哈尔,后是拉合尔,最后是由梅瓦尔的桑加拉纳(Rana Sanga of Mewar)率领的印度教拉其普特同盟的反抗。北方完全投入到对权力的政治争夺中,以至于没发现西欧的先锋葡萄牙人(在
126 1498 年到达了马拉巴海岸并且由此为了获得贸易的立足点纠集更强大的军队返回这里)已不被注意地、秘密地来到了德里。对于伊卜拉欣来说,最致命、最直接的威胁不是来自 1 000 公里外的海上,而是来自

附近的拉合尔，其城门大开以欢迎疾驰而过的喀布尔的国王——巴布尔(Babur,“虎”,1483－1530)，其父系方面是巴拉斯(Barlas)突厥人帖木儿的后裔，其母系方面是伟大的蒙古国王成吉思汗的子孙。拉合尔的统治者道拉特汗(Daulat Khan)邀请巴布尔把他从伊卜拉欣那里给“拯救”出来，而巴布尔在他的《回忆录》[①]中写道：在过去20年里“他从未停止过考虑征服印度斯坦”，就欣然接受邀请。不过，他不是作为旁遮普总督的同盟者才来到印度的，而是作为印度历史上最伟大的穆斯林王朝的奠基者而来的，作为莫卧儿的第一代帝王(padishah)。

莫卧儿帝国的开端

“把我的脚放在坚定的马镫上，把我的手放在信神的缰绳上，”巴布尔写道，“为战胜伊卜拉欣前进……他战场上的军队据说达到1万人而且他们……还拥有将近1000头大象”。他们就在北部、德里之西的帕尼帕特(Panipat)田野上相遇。巴布尔带领着他的约1万名查加台(Chagatai)土耳其和阿富汗士兵，包括中亚最精良的骑兵，带来了外国大炮，并把它们放在伊卜拉欣前进的大象队列的前面。“当太阳上升到与矛一样高时进攻开始，”巴布尔在其《回忆录》中记录道，“而且战争持续到中午，敌人被彻底打乱了，大败。由于全能的真主的保佑和仁慈，我化险为夷了！如此强大的军队半日之内即灰飞烟灭”。

1526年4月21日是莫卧儿帝国的开端，巴布尔夺得了在德里贮藏的财宝并在他的军队中慷慨地分发，他们马不停蹄地前进到阿格拉，亚穆纳(Yamuna,朱木拿[Jumna])河南约100公里的地方，征服的城 127
市第二天成为了莫卧儿的两个都城之一。不过，不是所有对莫卧儿军队的抵抗都被击溃了，因为伊卜拉欣的弟弟穆罕默德从帕尼帕特逃到孟加拉后又组织了一支军队，而且拉其普特联盟在桑加拉纳(约1509－1528)的旗帜下汇集了强大的军队。他的人民都尊崇他为罗摩王位的

① 《泽比尔·伊德·丁·穆罕默德·巴布尔的回忆》，由雷登(J. Leyden)和艾斯凯因(W. Erskine)译，由金(L. King)评论，伦敦：牛津大学出版社，1921年，二卷本。

继承人和“太阳之子”,梅瓦尔的拉纳在拉其普特的36个皇家部落中处于首位。[①] 梅瓦尔王朝历经几百年的穆斯林的入侵与统治,它几乎是同盟中唯一幸存的一个,由此加强了它首要的和神圣的地位,而且桑加是他贵族血统中最伟大的拉纳。印度联合起来反抗莫卧儿军队的独眼独臂领袖,身上带着在战争留下的80处伤口,1527年3月,在阿格拉以西不到40公里的坎奴(Khanua)战场上,他几乎让人们相信了他神圣的出身。他那更庞大的军队包围了巴布尔的军队。为了鼓励其士气低迷的被围困的士兵,巴布尔打碎金酒杯并在可怜的人中分发碎片。然后他命令士兵们把所有的酒都倒到地上,发誓再也不喝被禁的饮料。桑加拉纳等候得太久了。到他攻击莫卧儿时,他自己的联盟已经被种姓对立削弱,失去了凝聚力,还有一些同盟军遗弃了他。1527年3月15日,巴布尔在坎奴获得胜利,迫使梅瓦尔人在受到致命打击后逃跑,粉碎了拉其普特再夺回阿格拉或德里的希望。第三次也是最后一次尝试源于莫卧儿的力量被巴布尔自己削弱时,1529年5月6日,他带领军队向东越过哥格拉(Gogra)河,在现在的北方邦击败了阿富汗与孟加拉联军,它是由最后一位苏丹穆罕默德·洛迪(Mahmud Lodi)集结的。

三次战争胜利后,虎(即巴布尔)将所有北印度的土地都归入他的版图,但仅仅一年多之后,在1530年12月26日的最后一次战斗中,他死于阿格拉,他呼唤神取走自己的生命以换回儿子胡马雍(Humayun,1508－1556)的康复。尽管巴布尔的王朝依然统治着印度土地,但他
128 从未停止对冷空气和他中亚家乡香瓜的想念。而胡马雍几乎失去了父亲经过殊死搏斗才创立并传给他的帝国。胡马雍对鸦片和占星术比对权力更感兴趣,他受到弟弟和曾为巴布尔效劳的阿富汗将军们的挑战。这些阿富汗将军中最强大的是舍尔汗·苏尔(Sher Khan Sur),他在比

① 关于梅瓦尔的历史,参看詹姆斯·托德(James Tod):《拉贾斯坦年鉴与文物》,新印本,伦敦:罗特莱治与保罗·凯甘,第一次印刷1829年,再版二卷,1957年,第一卷,第173－401页。

哈尔成为一位独立的统治者并在 1536 年后宣称拥有孟加拉。胡马雍 129
设法将他从孟加拉首都逐出,但在 1539 年,乔沙(Chausa)被舍尔汗部署的军队打败之前,他被雨季困扰并且由于危险的天气而失去了一部分军队。在乔沙之后,舍尔汗已经加冕为沙(shah) 并向西追捕胡马雍,并于 1540 年 4 月在根瑙杰再次击败了他。第二个莫卧尔帝王此时被迫经过信德逃往波斯,在那里他花钱寻求沙・塔赫马斯普(Shah Tamasp)的支持以便夺回德里。

舍尔汗・苏尔从德里统治北印度五年,重组了税收体制以保证各个耕种者之间更大的平等,以及为他的国库获取更可靠的资金流转。他在每一个权力位置的任命中都考虑个人兴趣,加强中央对边远地区的权威,为帝国统治设计更为有效的蓝图(用于激发以后的许多改革),通过这些措施,他行政管理的每一个方面都更有活力。他是最有天分的阿富汗苏丹,如果不是在 1545 年 5 月的战斗中被杀的话,他会建立一个几乎与莫卧儿一样辽阔的王朝。虽然只有五年时间来加强权力,舍尔汗还是想方设法把他的王国传给自己的儿子、孙子,但他们都没有他的智慧和力量。王朝的最后一位继承人仅仅是个小男孩,并在 1554 年被他的叔叔杀害,在胡马雍回到德里前夕各个对立的竞争者都在觊觎着德里的王位。巴布尔的儿子指挥着一个波斯军队,在 1555 年初夺回了旁遮普、德里和阿格拉。不过,在回来后一年不到,他吸食了一管或两片鸦片后头晕目眩,跌倒在地,在私人天文台石台阶上磕破了头,正如一位编年史家所写:在 1556 年 1 月,"当他通过台阶时生命给跌没了"。巴布尔的遗产现在传给了他 13 岁的孙子阿克巴,后者则很快证明自己足以承当起"伟大"的称号。

第九章　莫卧儿帝国的统一（1556－1605）

130 杰拉尔-乌德-丁·穆罕默德·阿克巴(Jalal-ud-din Muhammad Akbar)于1542年10月15日生于信德沙漠中的阿马尔科特(Amarkot)，当时他的父亲正逃往波斯的流放地。阿克巴的童年是和他的波斯妈妈哈米·达·巴奴·贝古姆(Hami da Banu Begum)、还有他的养母摩诃姆·阿娜伽(Maham Anaga)一起，在其父信任的副官白拉姆汗(Bayram Khan)的守护下(在他登上王位之前一直在他的身边)在阿富汗的坎大哈要塞中度过的。阿克巴是在崎岖的阿富汗流放地而不是舒适的德里宫殿中生活、成长的，他的青年时代是在学习打猎、奔跑和搏斗中度过的，他从来没有时间读或写。他是唯一一位不识字的伟大的莫卧儿，但后来他注意到先知都是不识字的，因此就建议信众至少有一个儿子不要识字。也许不识字预示了他对神秘主义的爱好，就像他热爱动物、自然和他早期所经受的艰苦。

“伟大的”阿克巴王朝

胡马雍死时阿克巴是13岁，而当白拉姆汗知道德里王位会有竞争者时，很快就在旁遮普的卡拉瑙尔(Kalanaur，阿克巴在这里替他父亲进行统治)为这个男孩加冕。事实上，阿富汗苏尔(Sur)王朝的几位继

承者都声称继承了对北印度的控制权,但他们都没有对由其首相和将
军白拉姆汗率领的阿克巴的军队构成难以克服的阻碍。不过,有一位
名字叫希穆(Hemu)的印度教徒,曾担任苏尔王朝的将军(vazir),他在
胡马雍去世时发动了对阿格拉和德里的进攻,试图恢复印度教的力量。
他夺取了两座城市,并宣称自己是“超日王(Raja Vikramaditya)”,他赢 131
得了阿富汗的支持,他的军队集合了100 000匹马。希穆还驯养着一
支精良的大象部队,尽管他的1500头战象每头平均每天要吃掉600磅
的谷物,而当时德里的人民还饿着肚子以度过印度饥荒最严重的岁月。
但是,尽管希穆拥有强大的军事实力,莫卧儿军队还是于1556年11月
5日在帕尼帕特战场上再次赢得了北印度这一战利品。

在他统治的前五年里,阿克巴一直要服从白拉姆汗,直到这位摄政者由于煽动想要自己掌控整个帝国的阿克巴的养母而被罢免。这位忠诚的老摄政者急忙到麦伽朝圣,却在1561年途经古吉拉特时,被一位帕坦人(Pathans)刺死。阿克巴野心勃勃的养母摩诃姆・阿娜伽有几年享有宫廷特权和其他次要的权力,但在1562年,阿克巴在统治的第七年,将自己从后宫控制中解脱出来,牢牢地掌握了宫廷及其政策。阿克巴的独特成就建立在对印度社会多元品格的认识之上及对这一必要性的接受:如果他想长期统治这个巨大的帝国,他就必须赢得印度人的合作。首先,他决定寻求拉其普特人的支持,1562年,他与安贝尔(Amber)的巴尔马勒(Bharmal)王的女儿结婚,这样就把印度教的首领及其儿孙吸引到阿格拉首都来,由此开始四代莫卧儿军队中都有拉其普特营房。同一年,阿克巴取缔了奴役战犯及其家庭的做法,不再强迫他们改信伊斯兰教,以此来表明他有能力实行聪明和慷慨的统治。次年(1563)他不再征收一直以来国王向全国的印度教徒前往圣地朝拜而收的税。当阿克巴碰巧听说朝圣税时,他正在马图拉打虎,强调说这是违背神的意志的,下令立即取缔。1564年,他免除了让人痛恨的非穆斯林人头税,100多年里没有再强加,比所有其他靠征服而获得印度民众顺从的莫卧儿帝王,帝王的这次开恩获得的支持则比他们加起来的还要多。

在统一印度的过程中，阿克巴并不反对既使用武力，又进行安抚。
132 梅瓦尔的拉纳拒绝遵从安贝尔的例子，加入莫卧儿的军队，而阿克巴认识到在外交上的重复努力只会使桑加拉纳的拉其普特继承人膨胀。于是，在 1567 年 10 月，他亲自领导了对奇托尔（Chitor）的围攻，并于 1568 年 2 月将其攻下，还下令屠杀约 3 万名守城者。他没有带走囚犯；只带回了巨大的王冠、定音鼓和枝状大烛台，作为莫卧儿胜利的标志；他突然反向朝剩下的拉其普特的抵抗力量发动进攻。兰桑波尔（Ranthambhor）在 1569 年 3 月投降，卡林贾尔（Kalinjar）则在 8 月。到 1570 年 11 月，基本上所有拉贾斯坦的首领们——除了逃向山区的梅瓦尔的拉纳——都向阿克巴宣誓效忠。

许多历史学家及外国的访问者包括几位耶稣会士保留下来的阿克巴的画像中，最好的一幅是阿卜尔·法兹尔（Abu-l Fazl，1551－1602）保留的。当时，阿克巴精力最充沛，最强健，不过少见的敏感，常常是忧郁的人，他的沮丧是持久而深藏的，就像他的狂躁的情绪经常袭来一样。他好像患有癫痫症，直到 27 岁依然无后（他的妻子在 1564 年为他诞下的双胞胎儿子仅存活了一个月）。他没为他的帝国培养继承人，这一焦虑沉重地潜藏于他的意识之中，以至于阿克巴向苏非圣人契斯提教团的谢赫[1]·萨里姆（Shaikh Salim）寻求帮助，他当时生活在距阿格拉约 23 公里的一个叫西克里（Sikri）的地方。反复访问谢赫的那段时间似乎使帝王不安的心灵有所安慰，一年后，即 1569 年，他的第一个儿子和继承人萨里姆由巴尔马勒王的女儿生下来。次年，第二个儿子降生，二年后第三个降生。阿克巴对他这位苏非导师的感激远远超过只是用谢赫命名他的继承人的程度，在 1571 年，他在西克里村建造了一座雄伟的红砂岩宫殿-要塞，把他的家庭和宫廷都搬到“圣”地，因此被叫做“胜利之堡垒（Fatehpur）”西克里。为了招待突然涌入的大量人群，他下令开挖了一个人工湖，但到 1585 年，水源的供应不够或被污染

① 阿拉伯文，原意为“长者”，一般指伊斯兰教内对有名望、有地位人的尊称。——译者注

了，以至壮观的新都城不得不被放弃。新都城旧址被保留至今天，像个幽灵一样，向人们提示阿克巴的统治，也是他性格中喜欢冲动的表现和权力无常的象征。

1572 年 11 月，阿克巴入侵富庶的古吉拉特，亲自打头阵进入艾哈马达巴德，并于 1573 年 2 月俘虏了苏拉特(Surat)。当伟大的莫卧儿
军队因此牢固地驻扎在阿拉伯海时，阿克巴这时能够把他的注意力转 133
向东方的孟加拉，他于 1574 年向这里进发，最后在 1576 年把这一迄今为止独立的地区并入他帝国的疆域。阿克巴的西北边界在 1581 年 8 月被牢固地确定下来，那时他带领不少于 5 万名骑兵和 500 头战象向喀布尔胜利进军。在他统治剩下的 25 年里，通过安抚阿富汗人，阿克巴想方设法取得比英国军队曾经达到的更大的成就。他在 1592 年吞并了奥里萨，在 1595 年将俾路支斯坦并入他的版图。他有效地控制了北印度和中印度，比孔雀帝国或英国人实际上控制的领土都要辽阔，并且在征服这些地区之后，他便在那里建立起稳定的行政机构，创造了一种被他的莫卧儿子孙和早期英国行政管理者都要采用的模式。

莫卧儿的曼萨卜达尔行政系统

曼萨卜达尔(Mansabdari，mansab 在波斯语里指的是“办公室”，mansabdars 是“公务员”)行政体制是由阿克巴发明的，把莫卧儿的高级官僚分为 33 级。“级”根据官僚拥有骑兵的多少来划分，在战争紧急状态下，办公室的官员可以期望升官并在为帝王服役中起到领导作用。王族血统的王子们是最高级的曼萨卜，拥有 5 000 到 1 万的骑兵，稍低一些的贵族将分配到 500 到 5 000 骑兵。最低的公务员是“十人长”，他的任命由帝王或一些宫廷贵族(amir，埃米尔)的提名来进行。大多数(70%)高级官员都是从出生于印度以外的穆斯林中精选出来的，但其中也包括许多印度主要种族、地区和民族的群体，大约 15%是印度教徒，其中大多数是拉其普特人。因此阿克巴的行政管理与英国统治(Raj)一样，主要依靠外国的行政人员，但其中也包括一些最有天赋和抱负的年轻的印度人，如果他们没有被邀请来共同管理这个国家，其中

许多人可能会组织军队反对莫卧儿。在阿克巴统治期间,有 21 个印度教徒拥有 5 000 和更多的骑兵的曼萨卜,而身为印度教徒的托达尔·马尔罗阇(Raja Todar Mal)在官僚系统中拥有第二重要的权位——迪
134 万(diwan,或大臣的收入)——并且经历很短的时间就被升为首相,即作为帝王官僚体制左右手的瓦吉尔(vakil)。

阿克巴的帝国被划分为 12 个省(subas),再分为区(sarkars),区通常现分为县(parganas)。每省都有一个统治者苏巴达尔(subadar),其奢华的官邸就是小型的大莫卧儿宫廷。自治市由城市统治者科特瓦尔(kotwal)单独管理,他管理着各种官僚委员会。城市拥有自己的警察部门,而农村则由区军事指挥官法吉达尔(faujdars)管理,在每一个收获的季节,他帮助区税收官阿马尔古柴尔(amalguzars)收取帝王的“份子”。尽管在阿克巴的时代,根据土壤的肥沃程度,庄稼的实际生长情况,用于灌溉的水源的获得和其他要素,每个农民(ryot)或有田地的大地主柴明达尔(zamindar)每 10 年收入的“结算”随着地区的不同而不同,但一般总的评估大约是每年总收成的三分之一,或者货币价值的三分之一,低于此前和以后的量。而且,为帮助农民度过干旱季节或庄稼歉收的时节,阿克巴还命令税收官免收受灾地区的税,而正是由于印度教徒行政机构的慈悲管理,在阿克巴统治期间,在全面的税收过程中采用的高压和野蛮行为要比穆斯林统治的任何其他时期都少得多。伊斯兰教法律由博学的学者乌拉马(ulama)以正统高级方式(Shari'at)[①]编纂和解释,由法官(qazis)执行,他的决定常常要诉请帝王裁决。1579 年以后,阿克巴强调就像神的世间代表一样,他的判决总是正确的。在莫卧儿时代,印度的监狱并不多。鞭挞、当众受侮辱和游街示众、被放逐和处死都是刑罚的普通形式。在地方,牵涉两位印度教徒的法律纠纷,印度教的法律(《法论》[Dharmashastra])、婆罗门的意见或村会(panchayat,潘查亚特)的决定一般会作为最后裁决而被接受,除非上诉到帝王那里。

---

① “沙里亚特”,即真主的宗教法或天则。——译者注

阿克巴的印度总人口大约1亿，不到现代南亚人口密度的十分之一，而且其总收入需求是土地产量的三分之一多，这意味着一般居民在经济上要比他的农民后辈要好。就像精英朝臣的子孙一样，实际上，所有公务员的子孙再也没有如此地富足，享有这样的权力，或者生活在如 135
此豪华富丽的环境中。仅仅拥有1 000骑兵的公务员得到的薪资相当于一位英国副总督的，而他的薪资足够他生活在帝王般的奢华中。莫卧儿的贵族知道在他们去世后所有的财产都会归于帝王，因此他们的炫耀性消费甚至远远高于他们的薪资所规定的水平。由于很少有机会进行资本投资，高级生活的奢侈消费就成为莫卧儿社会日常的秩序。他们的马厩里饲养着阿拉伯马，后宫里充满了印度和非洲舞女，仆人房里挤满了奴隶，珠宝箱装得满满的。阿克巴时期最重要的工业是生产用于出口和内销的纺织品。古吉拉特的棉织品打扮了这一时期的大多数非洲人和亚洲人，而印度的农民纺织工在国内市场上还没有遇到兰开夏郡(Lancashire)工厂的竞争。孟加拉贫困的农民穿着黄麻纤维织成的粗麻布，富裕的人家穿着手织丝绸，而北方人在短暂但通常极冷的冬季能穿上毛织品。此外，克什米尔披肩和地毯由于柔软而温暖、其艺术设计的鲜明而在国内外都很昂贵。靛青和鸦片是莫卧儿另两种重要出口商品，在其总价值上远远低于棉布和香料。

阿克巴有效的行政管理体系不仅有助于刺激和扩大印度的经济发展和对内、对外贸易，它也复兴了阿育王的帝国理念：把整个次大陆统一到一个“白色华盖”下面。与古代笈多及孔雀帝王一样，阿克巴也用神圣的符号来装饰其高级职位，不过他更多采用当时波斯的模式而不是早期印度的，但很明显后者在大多数臣民中都很流行。正由于阿克巴并不像一位正统的穆斯林君主那样进行统治，而是一位神圣的印度帝王，是所有臣民的精神上与世俗上的父亲。也许与倾向于建立在“种姓”等级制度上的社会体系一样(仅仅出生就决定了生活地位的高低)，印度的“土壤”或“气候”中的某种东西使它的平民更愿意服从一位拥有“神圣”帝王称号的帝王统治而不是其他统治形式。至少阿克巴似乎感受到了这种偏好。他不仅通过发布他的“绝对正确的法令”，把“一位最 136

虔诚敬神的国王……为了国家利益”的决定提升到那些伊斯兰教派法律之上，而且通过 1581 年在他的宫廷建立一种“神圣信仰(Din-i-Ilahi)”，来设立他的大多数帝国的职位。其信徒致敬的、宫廷宗教的箴言是“阿拉胡 · 阿克巴(Allahu Akbar)”，既可以指“神是伟大的”，也可以指“阿克巴是神”。至于用哪种方式确切地解释就看释者是一位虔诚的穆斯林，还是一位帝国莫卧儿的臣民。阿克巴自己那时为了神秘的苏非信仰，放弃了正统的伊斯兰教，而与他的宫廷宗教相关的大多数仪式都源自苏非教团的实践。不过，他的一些观念来自印度教和耆那教，而另一些则借鉴了印度拜火教徒、锡克教徒和基督教徒，他们经常被邀请到法特普尔 · 西克里(Fatehpur Sikri)与好奇的帝王讨论他们的信仰。在首都，阿克巴最有趣的一个建筑是他的八边形的“枢密殿(Diwan-i-Khas)”，这间小室最主要的支撑是一根牢固的石柱，大约比地面高 8 英尺出现游廊顶。阿克巴会站在游廊顶上，俯视下面前来参观的每一宗教的博学的领袖们，向这个或那个智者抛出挑衅性的问题，让他们热烈参与争论，他在聆听和在他们头顶上踱步时，在他们中间激励出论点来。

正统的穆斯林领袖，像乔恩普尔(Jaunpur)的毛拉来这里是害怕帝王完全放弃伊斯兰教，并且号召他们忠实的信众起来反抗。1581 年，在孟加拉和喀布尔爆发反抗，而阿克巴轻而易举地镇压了反抗其受欢迎的“民族”政策的行动。阿克巴甚至发布敕令禁止杀牛，凡是冒犯印度教和他神圣信仰的都要处死。在他统治的最后 10 年里，正统穆斯林的反抗在北方达到顶峰，而他的大部分时间和财产都耗费到远征镇压德干的什叶派穆斯林苏丹上了。北半部巴赫曼尼苏丹的继承人艾哈迈德讷格尔(Ahmadnagar)、坎德什(Khandesh)和贝拉尔(Berar)苏丹都被阿克巴的军队击败和并入(至少名义上)莫卧尔帝国。不过，由于缺少现代铁路或电报系统，莫卧尔人发现：有效控制温迪亚-萨特普拉分水岭以南地区比在那里取得战争胜利要艰难得多。尽管阿克巴及其继
137 承人一再努力加强他们对南部的脆弱控制，他们的入侵激起当地人更大的反抗，而不是永远统一次大陆。事实证明阿克巴将其控制地区扩

大到阿富汗比扩大到德干要容易得多,他在1595年从波斯夺取了坎大哈并将之列入莫卧尔的版图。

波斯的影响

波斯文化对莫卧尔帝国与宫廷的重要影响几乎没有被夸大过;它不仅表现在阿克巴的苏非信仰上,而且表现在他把波斯语重新引入莫卧儿行政与法律的官方语言(波斯语曾被图格鲁克人而不是洛迪人使用过)方面。莫卧儿的服饰、陈设、风俗和道德的优雅的颓废,都反映了波斯的宫廷生活和习惯。不过,莫卧儿的文化不仅仅是舶来品;在阿克巴的时代,它获得了某种“民族的”色彩,是莫卧儿-拉其普特联盟在文化上的产物。逐渐被称为“莫伽莱(Mughlai)”的新融合正是阿克巴鼓励印地语文学及其发展的例证。而波斯和乌尔都语言与文学得到了帝国最大的支持,也得到贵族和好战分子的注意,帝王还指定了一位印地语的桂冠诗人。比尔巴尔罗阇(Raja Birbal,1528－1583)是第一位拥有这一光荣称号的诗人,正因如此许多其他16世纪的年轻人都被吸引来学习已成为印度国家语言的北方方言,通过他们的诗歌和波斯经典的翻译,它得到了更好地传播。这一时期最流行的、最有名的印地语著作是杜尔西达斯(Tulsi Das,1532－1623)的史诗《罗摩衍那》的印地语译本。

在建筑与绘画方面,阿克巴的时代反映了波斯-伊斯兰教的与拉其普特印度教的风格与主题的融合。法特普尔·西克里的建筑是为伊斯兰教最自由的王朝之一服务的印度工艺与设计的独特的综合。多层屋顶上用砂岩做成的象轿(howdahlike)巢,与伊斯法罕(Isfahan)或设拉子(Shiraz)的宫殿相比,更像拉贾斯坦的,其柱廊让人想到古典的印度教寺庙而不是清真寺的。绘画方面,甚至比建筑更生动,阿克巴缔结了一个莫卧儿-拉其普特联盟的政策的核心主题,在艺术表现方面达到顶峰。阿克巴的宫廷聘用了100多位画家,他们被给予了公务员的地位,
并且不断得到帝王的鼓励,要他们进一步提高绘画水平,每周都要在他 138
面前展览一次。肖像画、书籍插图和自然主义的动物和鸟类画始终是

印度文明最美丽的瑰宝。阿克巴宫廷最卓越的书法家是赫瓦贾·阿卜杜尔·萨马德(Khwaja Abdul Samad),但大多数伟大的艺术家都是印度教徒,像达斯万特(Daswanath)、巴萨万(Basawan)、拉拉·凯苏(Lala Kesu)、诃利班斯(Haribans),还有其他人,他们的名字都被阿卜尔·法兹尔记录了下来,尽管他们的大部分作品都丢失或湮灭了。不过,我们还拥有确定为这一时期的许多肖像画和小画像,它们是印度教与伊斯兰教融合的最完美的产物。当阿克巴受到正统逊尼派的挑战,他们提醒他伊斯兰教禁止描绘人时,他回答:他不相信神"赐予生命者"会被真实艺术作品中所描绘的人之美比下去。

阿克巴生命中的最后四年为他长子的反叛所烦扰,对中亚继承权斗争的模式的诅咒在莫卧儿流传,并且严重地消耗了印度的能量。1601年,王子萨利姆(Salim)宣布自己为安拉阿巴德的大王(padishah),当时他的父亲正专注于德干的战争。阿拉巴指定他最信任的副官阿卜尔·法兹尔"照顾"任性的儿子,但忠实的阿卜尔·法兹尔在他返回阿格拉的路途中被萨利姆雇佣的人暗杀。阿克巴曾短暂重申了他作为父亲的权力,但在次年,即1605年10月17日,伟大的莫卧儿帝王似乎死于他儿子给予的一剂毒药。萨利姆现在得到了波斯称号贾汉吉尔(Jahangir,掌握世界者),他在36岁时开始了为期22年的统治。他继承的帝国肯定是印度有史以来最强盛的,而且还可能是当时世界上最强盛的。

第十章　西欧的先锋 (1498 – 1669)

当瓦斯科·达·伽马(Vasco da Gama)在1498年5月27日航行 139
到马拉巴海岸港口卡利卡特(Calicut)时,他绕过好望角的航行标志着持续半个多世纪的葡萄牙航海到达顶点。亨利王子(Prince Henry)的航海学校既由基督教徒的热忱、也由对香料贸易中利润的期望激发,因为发现一条从南部直接通向东方的航道是基督教对"摩尔式"的阿拉伯人、土耳其人和蒙古人的迎头痛击。达·伽马到达印度具有历史意义,它开启了一个西欧帝国持续四个半世纪的侵略和征服的时代。但在1498年,达·伽马与卡利卡特的狭隘的印度教统治者(他的称号是萨摩林[zamorin])做梦都没有想到:小而坚固的旗舰圣·加布里埃尔(San Gabriel)号在下个世纪大部分时间内注定会成为统治印度洋的800多艘葡萄牙大型帆船的先锋。实际上,在此后三个世纪中,几万艘荷兰、英国和法国的、更巨大的货船和军舰都会沿着葡萄牙的航线接踵而来,形成连接印度与西欧的浮动力量的一个链条,就像一头大象被一条锁链拴住脚踝一样。

达·伽马到达卡利卡特的时候,它是一个阿拉伯、印度和中国的商人与海员都熟悉的繁荣的港口,他们来自亚洲和东非的各个地方,到此用黄金、象牙、丝绸和珠宝购买马拉巴的胡椒和姜。萨摩林是沿马拉巴海岸最富裕的小王子之一,但他有一个在所有葡萄牙人到来之前的印度洋地区的商人都缺乏的东西,即装备了大炮的船。仅仅达·伽马的旗舰就装了 20 门,但他起初并没有用它们,因为最初由四艘船组成的
140 舰队只有两艘到达了印度,他对这样的力量还不太放心。舰队司令达·伽马命令他的人无论 要“土著人”卖的任何东西都要付钱——即使是裹着红泥土的姜和质量最差的肉桂。尽管与有经验的商人访问者比起来,像从卡利卡特装货的阿拉伯人,葡萄牙人因此被“欺骗”,几乎要多支付两倍的价钱,但达·伽马回国卖香料的收入是他两年远征总花费的将近 60 倍。当利润为 3 000%的消息在里斯本传开时,11 艘新的葡萄牙船只马上集结并装备完毕,并于 1500 年 3 月在佩德罗·阿尔瓦里兹·卡布拉尔(Pedro Alvarez Cabral)的指挥下向印度进发。卡布拉尔的船只有六艘到达了卡利卡特,但这足以显示其力量并劝说萨摩林与葡萄牙签订和平与友好的协议,允许卡布拉尔购买一座仓库,他把 54 位葡萄牙商人(被称做代理商[factors])留在那里,在香料价格低落时买入并将它们保存在码头附近,等到下一支舰队来时再运回卡利卡特。

事实证明,从最初的“舰队”到西欧在印度企业的更永久的、可能更有利可图的“工厂”阶段的转变是灾难性的,而且紧接印度-葡萄牙友好合作而来的是更长一阶段的尖锐冲突与痛恨。因为,在离开卡利卡特后不久,卡布拉尔就抢劫了一艘满载着香料的穆斯林船只,以报复“摩尔人”对葡萄牙工厂的袭击,他们杀害了生活在那里的所有西方人。瓦斯科·达·伽马在 1502 年率领着由 15 艘装载重型武器的军舰组成的舰队重返印度,并且把港口炸成瓦砾。此时他夺取了几艘穆斯林的船只,割掉约 800 名“像摩尔人的”海员的手、耳朵和鼻子,并把它们送到萨摩林的宫殿供他做高级“咖喱饭菜”。如此疯狂的海盗和抢劫行为使葡萄牙获得了去东方的直接通道,并且保证了胡椒和丁香的不间断供应。拥有不到 100 万人口的葡萄牙从来没有想在亚洲建立任何大型的陆上基地,但要加强对工厂的保护,以便确立后来在印度洋上的战略地位,防止他们的人员再被屠杀。不过,大部分葡萄牙的军队都在海上,并且直到葡萄牙自身被归入西班牙的腓力二世(Philip II)控制之下的

“私人联盟(personal union)”之前,印度洋基本上一直在葡萄牙的控制之中。根据1494年的托尔德西利亚斯条约(Treaty of Tordesillas)及此后《教皇训令》[①]的确认,西班牙垄断了新世界的黄金,把印度(还有
巴西)留给了葡萄牙。英国与荷兰的新教的海上力量还很虚弱,不足以 141
打破伊比利亚半岛天主教对东方或西方“未发现”世界的垄断;因此,在16世纪大部分时间里,葡萄牙能够无竞争地在亚洲进行掠夺。

阿尔布克尔克的冲击

1509至1515年,葡萄牙在东方的总督托姆·阿方索·德·阿尔布克尔克(Dom Affonso d’Albuquerque)是葡萄牙的印度帝国的总设计师,是具有出色眼光的战略家和宗教狂热者,他对伊斯兰教的痛恨几乎与他关于印度洋的知识一样多。阿尔布克尔克认识到葡萄牙要控制印度洋,就必须在波斯湾、红海和坎贝(Cambay)湾的出口,以及沿马拉巴海岸和穿越马六甲海峡的地方建立要塞。他决定将中心设在果阿,将其作为马拉巴总部基地,并且在1510年控制了后来成为葡萄牙在印度地区首府的这个岛。果阿以前在穆斯林的统治之下,比贾普尔苏丹在1490年不再效忠于德干的巴赫曼尼苏丹,开拓出包括孔坎(Konkani)海岸和果阿在内的王国。大部分果阿人都是说孔坎语的印度人,阿尔布克尔克很有头脑,他在对发现的每位穆斯林士兵、官员或君主减收一半的税之后,也同样减少了一般果阿人的一半税收,由此葡萄牙军队很快就在岛上立稳了足,这个岛也很快以东方的黄金巴比伦而闻名。西欧在印度的第一个立足点在四个半世纪以后却成为勉强撤回的最后一个地方。关于果阿,阿尔布克尔克总督向他的国王多姆·马诺尔(Dom Manoel)这样写道:“我不认为在所有的基督教世界中有像陛下您这样尊贵的国王,因此,我敦促您,先生,用人员与武器大力支持印度事务并

① 为了解决西班牙与葡萄牙两国对殖民地的争夺,罗马天主教皇亚历山大六世于1493年发布划界训令,后两国又起争端,1494年经教皇仲裁,最终确定在佛得角群岛西南370里格(一里格约5.92公里)处划界。西班牙对界线以西“发现”的地方拥有绝对主权,界线以东则归葡萄牙所有。——译者注

加强您对她的控制,如此以稳固地建立您与工厂的往来,并且从摩尔人手中夺取印度的财富和商业。”[①]阿尔布克尔克对伊斯兰教是如此地痛
142 恨,他甚至梦想着使尼罗河改道以使埃及枯竭并从麦加偷走先知的遗体。在阿尔布克尔克的帝国体制中,尽管早已征用了印度教的警察(sipahi,后来是 sepoy),可无论穆斯林如何谦卑,也不被允许拥有一间办公室。早在英国人到来之前,西欧人已经学会了如何最大程度地利用社区冲突和印度分裂的、多元社会中的社会分工。

总督查尔斯·约翰·坎宁勋爵。(由葛蒂图片社[Getty Images]提供,保存在赫尔顿档案馆[Hulton Archive]。)

---

① 《关于印度的第二任总督,伟大的阿方索·德·阿尔布克尔克的评论》,由德·格雷·伯奇(W. de Gray Birch)从 1774 年的葡萄牙文版翻译,伦敦:哈克鲁伊特学会,1875-1884 年,注第 53、55、62。

当威尼斯商人发现他们在亚历山大里亚只购买了100万磅的香料时(他们在1495年全年的购买量是350万磅),葡萄牙的香料进口却从1501年的不到25万磅提高到了1505年的230万磅。在葡萄牙称霸亚洲的100年中,阿拉伯和威尼斯商人一直还在进行香料贸易,但贸易平衡严重地倾斜,并且在欧洲对香料的需求持续增长时, 143
西欧国家一直在利用短途的阿拉伯中间商的运输工具。在1515年去世之前,阿尔布克尔克还夺取了马六甲、霍尔木兹(Ormuz)、第乌(Diu)和索科特拉岛(Socotra),遵守了对国王的诺言,让其很快成为欧洲最富有的君主。

不过,随着葡萄牙在亚洲财富和实力的增长,耶稣会的后方之家害怕“东方的罪恶”的泥沼会削弱以基督徒十字军东征的狂热精神建立的如此辽阔的帝国。1542年,第一个耶稣会传教团到达果阿,热烈地寻求把印度的“异教徒”转变为天主教徒,但在1548年,法兰西斯·沙勿略(Francis Xavier)向伊格那丢·罗耀拉(Ignatius Loyola)悲观地报告“所有这些印度民族都非常野蛮、恶毒,并且没有向善之心,缺乏忠诚的品格,也不坦率”。这是几个世纪前西方人常见的抱怨,无论是对葡萄牙人还是耶稣会的长老们来说,都没有什么新奇之处。沙勿略自己很快放弃印度到了日本,他发现相对于圣经训示和“精神食粮”,印度的改宗者对免费大米更感兴趣。不过,那里有足够的改宗者,还是官方鼓励的异族通婚(Luso-Indian,即葡萄牙人与印度人通婚)的后代,其中大部分人都成了天主教徒,可以保证果阿在1560年引入宗教法庭。此后,紧接1565年毗奢耶那伽罗在塔立科特(Talikot)战场上的可怕的挫败之后,葡萄牙的贸易和力量很快就开始衰落了。南印度强大的印度教王国从阿尔布克尔克总督时代起就与葡萄牙保持着友好的外交和活跃的贸易关系,葡萄牙为克里希纳·德瓦·拉亚(Krishna Deva Raya,约1509－1529)提供了为王国的有力巩固而需要的所有马匹。阿尔布克尔克轻易地接受了穆斯林敌人的军队作为朋友,而且由于毗奢耶那伽罗与它北部德干的穆斯林苏丹处在连续的冲突之中,他热情地寻求与其“神王(Deva Raya)”的友谊。当毗奢耶那伽罗繁荣时,果阿也保持着繁荣与稳定,但在1564年,从巴赫曼尼苏丹独立出去的地方力量的五个德干苏丹中,至少四个(艾哈迈德讷格尔[Ahmednagar]、比贾普尔、比达[Bidar]和高康达[Golconda])团结起来宣布展开对毗奢耶那伽罗的圣战。尽管据说富庶的毗奢耶那伽罗武装了近100万士兵用于防御,但他们没能挡住联合起来的愤怒的穆斯林力量;不仅塔立科特的印度教军队遭到屠杀,而且唐伽跋陀罗以南的伟大的“胜利之城”也被抢
144 劫和毁坏。葡萄牙人现在因缺少贸易而苦恼,想知道多长时间一个新兴的富庶而勇敢的德干穆斯林苏丹会对他们不稳定的港口发动袭击。尽管苏丹们并没有把葡萄牙人从印度驱赶出去,西班牙的腓力二世在1580年后占领了葡萄牙的所有土地,他亲自把伊比利亚半岛统一在自己的旗下,并向荷兰商人关闭了里斯本港口。西班牙敌对政策的直接后果是:在寻求通向印度的另一条直接通道中加剧了新教欧洲人之间的竞争。

15世纪,英国人开始探测通向印度的北部通道,即使根据托尔德西利亚斯条约它也是“合法”的,因为协议把尚未发现的世界在西班牙与葡萄牙之间沿着“好望角之西和南的”370里格“线”进行了划分,但对于英国来说,1494到1600年只是失败的100年。1551年,第一个寻找通向印度的东北通道的英国特许公司成立,其成员有制图师塞巴斯蒂安·卡博特(Sebastian Cabot)、它的总裁和12位出资6000英镑的议员,他们以期发现“中国和其他不同的地区、领地、岛屿和未知的地方”。休·威洛比爵士(Sir Hugh Willoughby)指挥了1553年印度公司(London Company)的第一次远征,但两年后,在俄罗斯的西伯利亚冰原上发现了他们全部70名成员冰冻的尸体。1554年,英国的俄国公司(Muscovy Company)成立,皇家特许它垄断从俄罗斯到波斯的贸易,并且到18世纪末它一直是英国东印度公司的对手。无畏的英国航海船长像德雷克(Drake)和卡文迪许(Cavendish)绕世界航行、抢劫、射杀并盗取了骑士身份和历史上的名声,以此来反抗西班牙和葡萄牙的垄断。但像奥斯本(Osborne)和斯太波(Staper)这样没有海盗行为的商人,于1583年资助了一艘名叫“虎”的小船装备并派遣它向东冲破葡

萄牙的封锁，他们的船在霍尔木兹被捕获，而它的商业“代理人”也成为果阿的囚犯。那些商人中有一位叫拉尔夫·费契(Ralph Fitch)，他经历严酷的考验活了下来并从印度发出了许多封信，以激发英国人对东方海洋的兴趣和事业。

来自印度的第一份英国人的报告

“这里有许多摩尔人和异教徒，”费契在发自印度的“家”的第一封英国人的信中这样报道，“他们中有非常奇怪的秩序——他们崇拜牛并 145
且很看重用来糊屋墙的牛粪；他们不杀生，甚至一只虱子也不杀，因为他们认为杀生是一种罪恶。他们不吃肉，但靠根茎、水稻和牛奶为生。当丈夫去世时妻子要和他一起被烧死，即便她还活着……他们在城镇有医院，用来看护残废的狗、猫，还有鸟……果阿是葡萄牙在印度的最重要的城市……这里有来自各个国家的商人。”[①]费契讲述了果阿的居民有多富，他们的商品是如何的丰富，他们宫殿般的家庭有多么富丽堂皇，而且其他印度城市也是那么忙碌而喧嚣。他在 1585 年访问了阿格拉和法特普尔·西克里，他估计每个阿克巴都城的人口都是伦敦的两倍，而伦敦当时的人口大约有 10 万人。当费契于 1591 年返回伦敦时，他有许多故事要讲述，有许多印度珠宝和其他产品要展示，这进一步刺激了他的商人同事的胃口，让他们愿意为开拓东方之路而冒险。

1588 年后，当西班牙的无敌舰队彻底打开通向英吉利海峡的通道时，这一通道实际上没有什么真正的风险，并且荷兰和英国的航海船长都挂帆加入了绕过好望角的竞争之中。对于荷兰人来说，对天主教西班牙在东方垄断的进攻不亚于一场国家运动，是每一位爱国的公民都要乐意支持的。16 世纪后半叶，一所大的制图学校在安特卫普发展起来，并且阿姆斯特丹、哈勒姆(Haarlem)、鹿特丹和半打荷兰议会

---

① 拉尔夫·费契的信，“伦敦的商人”，1583 年，收入洛克(J. C. Lock)：《在印度的第一位英国人：各种伊里莎白一世时代的人的书信和故事》，伦敦：罗特莱治及其儿子们，1930 年。

(States-General)的其他城市挤满了商人和航海船长,都准备以他们的财产为代价来反对西班牙的“专制”。在拉尔夫·费契成为果阿的囚犯之前两年,在哈勒姆出生的简·胡根·冯·林肖顿(Jan Huygen van Linschoten)作为总教主的秘书到达了葡萄牙东部首都。林肖顿于1583到1589年在果阿,1592年回国,带回了比费契搜集得更详细的印度资料,还有无价的葡萄牙关于印度洋的航海地图,它可以教会西班牙人如何最有效地利用季风。葡萄牙人总是警觉地守护着这类地图,以
146 防止西班牙人挑战他们的垄断贸易,但随着1595年林肖顿东方海域“航海指南(Reysgeschrift)”和旅程(Itinerario)在荷兰的出版,以及此后它们英文版的面世,高度机密的地图成为北欧的公开知识。林肖顿对果阿的“异教徒印度人”的描述(他称他们“机敏而狡猾”)成为此后三个世纪西方特色的印度人的原型。1595年,荷兰组成了它的第一支舰队,由科尼琉斯·德·豪特曼(Cornelius de Houtman)指挥的四艘船,向南驶去以冲破对东印度群岛的封锁。按照林肖顿的指南和地图,德·豪特曼一年就到达爪哇,两年多一点就回国了。他的人只有三分之一返回,但他们的货物带来了16万先令的利润,刺激他们又组成了不少于22艘新船只的船队,资助进行了五个单独的航行,1598年,船队冒着封锁的风险而起航。

荷兰的联合东印度公司

荷兰人决心不让任何海上或陆地的力量再阻挡他们,他们把自己组织成偷越封锁线者和香料商人的民族,在1595年到1601年之间派遣了65艘船只前往爪哇、苏门答腊和摩鹿加(Molucca,香料)群岛。1602年3月20日,荷兰议会特许成立联合东印度公司(Vereenigde Oostindische Compagnie,后来被称为VOC),同意它的76位董事——投资约650万荷兰盾(是两年前英国东印度公司所筹措总资本的10倍)——垄断好望角与麦哲伦(Magellan)海峡之间的所有贸易21年。在它成立的三年里,联合东印度公司派遣了38艘船只前往印度洋,在柔佛州(Johore)他们击败了葡萄牙舰队并夺取了其在安汶岛

(Amboina)的香料岛的堡垒。荷兰人如此神速地进入东方贸易,在东南亚的群岛上建立了他们的第一个基地,但伦敦的商业"冒险家"也并不是没有进取心的。

英国人的第一次印度航行

1600 年 12 月 31 日,伊丽莎白女王一世授予"总督和伦敦商人的
公司"皇家特许,允诺他们垄断与"东印度群岛(亦即,好望角与麦哲伦 147
海峡之间)"间的所有贸易的特权,尽管期限只有 15 年并且每次航行出口货物的币值不超过 3 万英镑。很显然,此时对于英国来说这还不是一个统一的国家行为。公司的第一任理事托马斯·斯迈思(Thomas Smythe)和他的 24 人"委员(董事)会"从大约 217 位最初的入股者那里筹集到 68 373 英镑的资本和四艘装备好的船只,于 1601 年 2 月在詹姆斯·兰卡斯特(James Lancaster)的指挥下起航。1602 年 6 月,第一次远征到达了苏门答腊,在那里建立了一家工厂,还从马六甲海峡的一艘葡萄牙船上抢劫来 900 吨白棉布和香料。新教的军团也加入到反对伊比利亚天主教的"专制"中,英国人最初与荷兰人密切协作,在班塔姆(Bantam)①和安汶岛一起安顿下来并收获了大量的丁香、肉豆蔻和胡椒。仅在 1603 年,就有 100 万磅的生胡椒从东南亚运回英国。伦敦冒险家的投资得到了相当优厚的回报,前 8 次航行中每次都有平均 170％的利润。

1607 年 3 月,伦敦的商人们发起了第三次航行,由船长威廉·霍金斯(William Hawkins)指挥三艘船只,旗舰赫克托(Hector)号于 1608 年 8 月 24 日在塔普提(Tapti)河口的苏拉特(Surat)抛锚。这是英国东印度公司第一次访问印度。苏拉特是莫卧儿帝国的主要港口,1619 年之后它成为英国在印度开设的第一家工厂的所在地,并且一直

---

① 位于爪哇西北角,16 世纪时曾是强大的班塔姆苏丹国的首都,17 世纪被荷兰征服,成为欧亚贸易、输出香料的主要港口,18 世纪末港口被泥沙淤塞,现已成为一内陆废墟。——译者注

是约翰公司(John Company,东印度公司)西海岸的总部,直到在1687年其重要作用被孟买接管过去时为止。“大使”霍金斯到达时,携带着2.5万块金子和詹姆斯一世致莫卧儿帝王贾汉吉尔的一封信,此时苏拉特是一个喧嚣繁忙的城市。这个印度的西大门到处都是穆斯林朝圣者,每年他们都等着坐船去麦加;它的仓库装满了靛青和棉布,是准备出口的商品;它的莫卧儿贵族坐在非洲奴隶抬的轿子上;妓院里满是来自印度各地的性感的美人,身上装饰着珍珠和钻石;市场上挤满了来自亚洲大部分地区的商人,兜售的商品从孔雀羽毛到白象,从谷粒到鸦片,从棕榈叶到黄金,无所不有。无论是霍金斯,还是他的船只,都不是这个17世纪繁忙港口的统治者或商人急切等待的对象,而霍金斯很快
148 就感到绝望:在这一世纪初印度并不需要与英国贸易,她只不过对西方列强的产品有一定兴趣而已。此时印度的商人或官员并不真正想要任何英国生产的商品,即流行的商业经济哲学教会英国人极其渴望的商品——硬币除外。

霍金斯先是被忽略,后是蒙羞,然后被莫卧儿官员抢劫(当他在苏拉特岸上时,他的船只和他的大多数船员被葡萄牙海盗捉住)。后来他的日常生活被“耶稣会的阴谋”所危害,在他停留在印度的两年多时间里,他们不断“密谋”反对他(至少他的家信是这么说的),他徒劳地谋求与贾汉吉尔签订贸易协议,而后者只任命他为宫廷上的一个低级官员(mansabdar,曼萨卜达尔)。英国的第二位特使保罗·坎宁(Paul Canning)于1612年到达阿格拉,他的命运更惨,几个月之内他就打道回府了。阿格拉的葡萄牙耶稣会士竭力把印度人对英国的态度从冷漠和中立转变为明确的憎恶。但在1612年11月29日,印度人(至少是苏拉特那些人)看到贝斯特(Best)船长威武的红龙(Red Dragon)号船驶入并用装备精良的炮火驱散了不少于四艘葡萄牙的大型帆船和“整个护卫舰队”,英国人的形象自此在印度人心目中迅速提高。

贝斯特在海上的胜利扭转了盎格鲁-葡萄牙在印度洋上的实力平衡,并且有效地使葡萄牙耶稣会士在阿格拉宫廷中的影响趋于中立。当詹姆斯国王的特使托马斯·罗爵士(Sir Thomas Roe)在1616年访

问贾汉吉尔并呈上他的礼物和国书时，一种新气氛、一种更热忱的接待在等着他。尽管莫卧儿的军队很强大，但贾汉吉尔没有舰队，莫卧儿逐渐依靠葡萄牙的护卫舰以高昂的代价保护他们每年到麦加朝圣；现在他们期待更擅长航海的、更不固执的英国人为他们提供重要的宗教服务。尽管罗用了两年九个月的时间讨价还价，他还是想方设法在1619年获得许可由英国东印度公司在苏拉特建立一家工厂，但他警告公司不要寻求在印度获得土地，建议国民满足于从“安静的贸易”中获得的利润。

仅仅在英国在苏拉特的工厂建立四年后，公司不得不更严重地依靠这座工厂，这是罗或他的前辈都没能想象到的。1623年2月23日，盎格鲁-荷兰在东印度群岛的愉快合作以荷兰在安汶岛秘密地“屠杀”了那个港口的10位英国商人而最终破裂，因为这些商人与一些日本和 149
葡萄牙商人“合谋(并实施)”“夺取”荷兰要塞。联合东印度公司的理事-将军和荷兰香料群岛开发种植系统的设计师简·皮特斯祖恩·科恩(Jan Pieterszoon Coen)引人注目地开始了他反对英国的新政策，几乎要强迫约翰公司放弃东南亚并且转而依靠印度作为第二营业基地。如果荷兰人不那么自私地抓紧他们对东印度群岛的独占，英国人也许永远不会在印度建立他们的帝国。因此，其他地方失败的结果而不是“心不在焉”导致了世界上最强大的现代帝国的产生。而荷兰正忙于从它对香料群岛的垄断中赚取大把的利润，以至于到1650年，无论在艺术上、科学上，还是在商业上，它都是世界上最强大的，英国商人和商船船长在莫卧儿帝国的力量的边缘悄悄地建立了他们的三足鼎。

英国人从苏拉特的主要基地，迅速控制了阿拉伯海和波斯湾，在1622年通过夺取霍尔木兹毁灭了葡萄牙在波斯湾口的力量。从此以后，波斯丝绸取代了古吉拉特的白棉布成为英国人喜爱的来自东方的纺织品(白棉布在英国和西欧还在用于大部分家用亚麻布、桌布和手巾，只是在1660年之后才流行将其用于制作衣服)。英国每年进口的印度白棉布“匹(长度为12至15码)”从1619年的1.4万匹蹿升到1625年的20万多匹；对波斯丝绸的需求上升得没有那么快。靛青和硝石是从印度进口的其他重要商品,而这两样产品产于东部的恒河平原,尤其是比哈尔,这一事实促使英国人努力在次大陆的东西海岸建立工厂。1630年后三年多时间里,使苏拉特陷入瘫痪的可怕的饥荒,也有助于公司的工作人员信服这样的智慧:使他们在南亚的运营基地多样化。苏拉特依然是公司西海岸的总部,但孟买将很快取代它,它在1661年作为布拉甘扎·凯瑟琳(Catherine of Braganza)的嫁妆的一部分而赠给查尔斯二世(Charles II),在1668年以每年10英镑的租金租给约翰公司。

1611年,第一艘到达印度东部的英国船停靠在普利卡特(Pulicat)的科罗曼德尔海岸港口,只是被自1609年以来在此建立基地的荷兰舰
150 队赶走。荷兰人把南印度作为他们香料群岛种植奴隶和棉布采购的主要来源。事实证明,荷兰人对科罗曼德尔棉布的投资(然后卖掉以购买摩鹿加群岛和班达斯[Bandas]的香料)是减少货币"外流"的最赚钱的方式。这种"三边贸易"的技巧很快被英国人学会并使用,他们同样急于减少货币向东方的流出。伦敦商人很快学会通过把他们的黄金投入到南印度的织布工身上(他们的产品在班特姆很容易卖掉,再购买香料),他们用同样数量的货币能够购买4倍价值的胡椒和丁香。毫不奇怪,他们因此沿着科罗曼德尔海岸建立一家工厂的兴趣急剧增强。这一地区此时名义上被高康达穆斯林苏丹控制着,尽管都沿着海岸,印度教纳贡的王子们却控制着当地一连串的渔村和纺织村。其中一位是毗奢耶那伽罗统治王朝的后代,是曼达拉兹(Mandaraz)村的大君主,在普利卡特以南约30公里,弗兰西斯·代伊(Francis Day)于1639年在这里买了块地并建了一个英国城堡。这个城堡在1642年以圣乔治(St. George)命名,而村庄逐渐被称做马德拉斯,公司位于科罗曼德尔的总部,并很快壮大为英国的印度帝国三大城堡之一。

英国商人从印度东南部的港口出发,很快就找到接近从恒河平原流向孟加拉湾的生产主流的更直接的通道。1633年,重要的商人拉尔夫·卡特赖特(Ralph Cartwright)冒险到北部的奥里萨,把他的船留在默哈讷迪的克塔克(Cuttack),他继续向内陆深入,想看看是否能劝说

莫卧儿的统治者给予他贸易的特许。孟加拉的总督(nawab)的代表,行政长官阿伽·穆罕默德·扎曼(Aga Muhammad Zaman)用波斯的方式管理他的朝廷,在聆听申诉之前先伸出他的光脚指头让卡特赖特亲吻。英国人并没有骄傲到拒绝在印度人面前下跪,拉尔夫·卡特赖特按照莫卧儿的风俗要求他做的去做了,这立即为他的公司赢得了在奥里萨任何地方进行贸易的官方许可,免付关税,还有权购买建工厂的土地,在奥里萨的任何港口提供给养和修理船只的权利。不过,这些特许权几乎并不是对英国代理商和水手的恩惠,他们定居在崎岖的海岸,那里是疟疾横行、暴风肆虐的地区。不到一年时间奥里萨的六位英国商人中有五位死去,而且进入公司位于哈里哈尔普尔(Hariharpur)的 151
工厂或巴拉索尔(Balasor)港的船只上的大多数船员都得了很少能康复的奇怪的"热病"。到 1641 年,公司不得不放弃奥里萨,且直到 1650 年,英国人才有勇气继续向北进入孟加拉。

英国人因此发现有可能与印度展开具有更大自由度的贸易,金银的不断流出也要求支持这种贸易,这也使公司成为返回伦敦的竞争者嫉妒的目标。为了获得它的垄断和金银出口的特权,公司被迫向英国王权的朝臣付出价格高昂的"礼物",比在阿格拉或苏拉特期望的要高。1628 年,董事们向议会递交了他们的第一份权利请愿书[①],要求得到公开支持的声明,但议会觉得它没有必要关注王室公司的事务。1635 年,王冠依然危险地置于查尔斯一世的头上,通过把东印度贸易的特许发放给另一家公司柯坦协会(Courten's Association),王权放弃了它的监护。威廉·柯坦唐爵士和他的商人朋友们,那时是皇家卧室侍从的安迪米尔恩·波特(Endymion Porter)也加入了,他们"借给"查尔斯王 20 万英镑以换取侵占老公司垄断的土地。1636 年,柯坦的第一艘船到达苏拉特,抢劫了一艘莫卧儿船上的所有货物,导致东印度公司的主席和董事会在苏拉特被报复性地扣留两个月并且处以罚金 1.8 万英镑。

① 即 1628 年由议会提出经英国查理一世认可的权利请愿书(即"民权宣言")。——译者注

协会并没有终结，直到1649年王室的支持中止，对于公司来说协会一直是持续尴尬、烦恼和商业竞争的来源。1640年，东印度公司的股票在伦敦被卖到60英镑（其面值为100英镑）。公司在绝望中于下一年再向议会申诉，但国会下院对它衰落之命运并不关心。然后，在1646年，一份新的上诉书要求公司在"议会特许"下予以再合并，国会下院则警告柯坦协会三年内"从印度撤出"。不过上议院拒绝了这一提案，并且公司也发现自身不能出售一只新的合股认购，导致其管理者建议持股者"撤回他们的代理商和资产"。但位于伦敦利德贺（Leadenhall）街的董事会投票决定再坚持一段时间，在1648年被迫放弃了七座较弱的印度工厂。

152

克伦威尔摄政期间东印度公司的复兴

在奥利弗·克伦威尔（Oliver Cromwell）的联邦统治之下，公司最后接受了以前求而未得的国家支持。克伦威尔的1657年特许开始了第一个永久性的合股认购，这成为新复兴公司的资本基础，因而开启了永久合股的现代阶段。但对于克伦威尔摄政而言，由王室产生的公司会可耻地灭亡。1654年，克伦威尔与葡萄牙的协议给予英国船只在亚洲的任何葡萄牙势力范围内完全贸易的权利，最后粉碎了自托尔德西利亚斯条约以来葡萄牙拥有的法律上的垄断。尽管克伦威尔的特许在恢复期被保皇主义者烧毁，但这种承诺被查尔斯二世兑现，他的时代成为复兴的东印度公司的真正的黄金时代。新的王室特许授予公司以前没有享受过的权力，包括允许铸造硬币，对居住在工厂或港口的所有英国臣民行使完全的司法权力，与印度"非基督教力量"开战或和平的权力。伦敦的商业冒险家因此成了他们自己的实质王国，并且什么时候想去好望角以东都可以。1660年以后，超过100名商人居住在印度，并且在这一世纪的后40年里，他们从国内接受了足够的钱币去购买他们要求保证年均持续收入25%利润的任何商品。英国人从他们欧洲前辈的经历中汲取了教训，对科罗曼德尔和古吉拉特农民所织的布匹进行投资，购买他们最便宜的胡椒、靛青和丝绸，而让印度人自己的祭司和智者去照顾他们的灵魂。1658 年,在孟加拉的胡格利(Hughli)成立了一家新的溶剂公司,它继承了孟加拉湾以北 100 多公里直到胡格利河(母亲恒河流入大海的主要支流)的一家葡萄牙工厂。不过,此时孟加拉的所有代理商都处在圣乔治城堡(Fort St. George)的行政长官的正式控制之下。孟买的获得同样加强了英国在西部的地位,因为在 1669 年之后,杰拉德·奥恩吉尔(Gerald Aungier)接管了这一岛屿并成为统治者,开始构筑防御工事,孟买成为公司的主要港口和一个不可渗透的英国堡垒。

第十一章　伟大的莫卧儿帝国 (1605－1707)

153 伟大的莫卧儿人，其统治跨越整个17世纪，有充足的理由成为权力与富足、温柔与残酷、残忍与敏感的普遍的象征；奢侈、放荡、感伤、残暴和充满诗意，就是所谓的莫卧儿式印度生活方式的典型特征。贾汉吉尔(Jahangir)、沙·贾汉(Shah Jahan)和奥朗则布(Aurangzeb)，他们每一个人都以自己的方式成为他们生活于其中和他们实施的复杂文化融合的某些方面的典范。他们维持的宫廷、选择的朝臣都反映了一种新的文明融合：印度、波斯和中亚风俗习惯的融合。

努尔·贾汉(Nur Jahan)王后

让贾汉吉尔皈依了印度教的人并不是他的拉其普特母亲，而是他出色的波斯妻子，贾汉吉尔在1611年与她结婚后为她起名为努尔·贾汉(“世界之光”)，她在阿格拉的宫廷牢固地确立了波斯文化的地位。她与帝王结婚时是一位34岁的寡妇，早在宠爱她的丈夫去世之前，这位机灵的妇女事实上已经是统治印度的王后了。她把自己的父亲米尔扎·贝格(Mirza Beg，出身于呼罗珊[Khurasan]，被阿克巴改名为伊蒂迈德·乌德-道拉[Itimad ud-Dawlah])，提升到首相的位置上，并且安排她哥哥阿萨夫汗(Asaf Khan)的可爱的女儿穆姆塔兹·玛哈尔

(Mumtaz Mahal,“宫殿的富丽堂皇”)与贾汉吉尔的第三个儿子胡拉姆(Khurram,“快乐的”)完婚,而她则努力支持胡拉姆成为他丈夫的帝国的继承人,从而让他哥哥获得为下一任帝王服务的位置。美丽、聪明、 154
具有雄心壮志的努尔·贾汉抓住了贾汉吉尔的心,并且很快就基本上篡夺了他的王位。随着她的掌权,波斯语不再只是阿格拉城堡的语言,它为邦与帝国首都的北印度行政与文化生活确立了基调和方向。阿格拉此时也扩大到伊斯法罕(Isfahan)的两倍大,估计人口超过 50 万。位于亚穆纳河岸的阿克巴的壮观的红堡俯视全城,重兵守卫的城垛使人望而生畏。波斯诗人、艺术家、建筑师和音乐家都云集到这个伟大的都城,阿克巴发现它比德里还要适意,是如此众多的充满敌意的阿富汗人的家,而贾汉吉尔、他的王后和他们的继任者沙·贾汉试图让它成为萨法维王朝(Safavid)高雅、豪华和庄严的典范。努尔·贾汉为其父修建的圆顶的陵墓,就是泰姬陵的前身,从砌在内墙的釉面砖和宫殿的甬道到被封闭的有条理的花园、用石块镶边的墙和镶嵌的瓷砖,阿格拉反

泰姬陵,由莫卧儿国王沙·贾汉为其妻子穆姆塔兹兴建的大理石陵墓,该陵墓于 1613 年她死后不久开始修建,由波斯建筑师乌斯塔德(Ustad)和哈米德·艾哈迈德(Hamid Ahmad)设计,由 2 万名工人花费 20 多年才建造完成。

155 映了当时波斯首都的建筑风格。据说在1631年穆姆塔兹·玛哈尔死后，由两位波斯建筑师设计、2万名工人在超过20年的时间里兴建的泰姬陵，常常被称为萨法维艺术最伟大的作品；不过，它依赖的是印度的材料和工匠，更不用说它在陵墓基座四周建造了四个拉其普特天篷，这一主题的采用愈发使它成为莫卧儿文化融合的典范，而不是一种波斯的舶来品。而且在许多方面，对丝绸和香料的喜爱，用珠宝、透明的纱巾和孔雀羽毛织出男子与妇女的形象的风俗，陶醉于歌舞、饮酒和到妓院寻欢作乐，这些至少都是深深地扎根于印度与波斯的土壤之中的习俗与传统。萨法维的认可使印度教徒与穆斯林的这些行为盛行开来，而真正意义上波斯对伟大莫卧儿的影响的历史意义可以说是：它有助于穆斯林文化的印度化，这部分说明了伟大的莫卧儿统治在两个多世纪里作为一种统一的力量为什么如此地稳固。

装饰着流苏的象轿上坐着穿金戴银的贵族，象牙用银子包裹，象身上披着丝绸，还有比这个莫卧儿的行进队伍更具有传统印度风味的吗？贾汉吉尔对醇酒、妇人和舞女的喜爱是摩诃罗阇(maharaja，大君)传统的最好写照，就像他花费大量的卢比为他的儿子们的婚礼大摆宴席，庆贺长达一月一样。如果是毛拉而不是婆罗门主持仪式，对于大多数人们而言有什么关系呢？阿格拉的穷苦民众一定至少被剥夺了看和听他们富贵的皇家邻居们如何生活的替代性快乐。他们甚至忘记了这些统治者都是“外国的征服者”，因为就像任何一位莫卧儿纤画肖像的漫不经心的观察者可能注意到的那样：在伟大的莫卧儿帝王、王子们与他们居于统治地位的拉其普特贵族或当时的其他印度教首领之间，无论在服饰或外表方面都没有太大的区别。《古兰经》的书法与几何图形的设计依然装饰着莫卧儿纤画的边缘，但神圣的穆斯林君主的画像现在也不被禁止地由印度-波斯少有的天才艺术家创作，就像基本全裸的侍女、公主和古典的拉其普特拥抱的一对男女，早期印度教的传统都不会被禁止一样。贾汉吉尔自己对园艺和自然美的兴趣有助于促进莫卧儿
156 绘画中一种突出的自然主义风格的产生，它依然更具有传统印度风格而不是波斯风格。赫拉特的阿克·里达(Aqa Rida of Herat)、他的儿

子阿卜·尔·哈桑(Abu-l-Hasan)和曼苏尔(Mansur)是他宫廷中的伟大艺术家,他们对动物的生动描绘赢得人们一致的喝彩。戈瓦尔丹(Govardhan)与马诺哈尔(Manohar)是几乎与工作在宫廷中的其他艺术家拥有同样声望的印度教艺术家,我们还知道另一位印度教艺术家比珊达斯(Bishandas),贾汉吉尔对他的肖像画评价如此之高以至于他被派到伊斯法罕为波斯帝王阿拔斯一世(‘Abbas Ⅰ)画像。贾汉吉尔很为自己的波斯诗歌和艺术技巧而自豪,他还撰写了涵盖他统治大部分时期的《回忆录(Tūzuk-i-Jahāngīrī)》,由波斯人穆罕默德·哈迪(Muhammad Hadi)完成。宫廷里还有许多历史学家,在炎热的季节里他们会跟随帝王到喜马拉雅地区,英国人后来很喜欢模仿这种由贾汉吉尔首创的一年一度的皇家外出避暑习惯。

贾汉吉尔在1613年让他的儿子胡拉姆掌管军队,因此这位很快改名为沙·贾汉("世界之王")的王子指挥了在梅瓦尔与坎格拉(Kangra)反对拉其普特军队、在艾哈迈德讷格尔、比贾普尔和高康达反对德干苏丹的多次战争。这一时期,莫卧儿王朝的唯一威胁来自波斯,1622年,沙·阿拔斯(Shah Abbas)将坎大哈从阿格拉的手中夺走。贾汉吉尔太沉醉于他的园艺、醇酒、诗歌和妇人,以至于不能率领军队越过俾路支斯坦的山口,而沙·贾汉拒绝听从努尔·贾汉要他这么做的命令,很准确地感觉到王后不再宠爱他(她前一段婚姻的女儿刚刚嫁给沙·贾汉的弟弟沙里亚[Shahriyar]),并且正准备把他从阿格拉和德里驱赶出去。一年前,沙·贾汉的哥哥、反叛的胡斯劳(Khusrau)去世,可能是被他的一个弟兄毒死的。随着胡斯劳的去世,沙·贾汉成了他父亲华盖的主要竞争者;他的真正对手是努尔·贾汉,无论谁继位,她都想继续统治这个帝国。

沙·贾汉的影响

1623年,沙·贾汉公开反叛,向阿格拉进军,但被强悍的将军摩诃巴特汗(Mahabat Khan)指挥的帝国军队击退,他是努尔·贾汉从喀布尔的流放地给召回的。在最后同意回到他父亲的麾下之前,反叛的

157 沙·贾汉在印度东南部被追逐了三年。不过,此时,摩诃巴特汗是如此地强大和受欢迎,以至于努尔·贾汉把他看做潜在的威胁,因而把他流放到孟加拉,随后又以盗用帝国资金的罪名而控告了他。摩诃巴特汗于1626年以发动政变作出回应,贾汉吉尔和努尔·贾汉都成了阶下囚。他监禁他们几个月,但并没有伤害他们,然后不知怎地,就让他们逃跑了。努尔·贾汉宽恕了头脑简单的将军并派他去搜寻沙·贾汉,他正在与支持他的一支军队向北部进军。狡猾的王后现在任命她的同样狡猾而政治上机敏的兄弟阿萨夫汗(Asaf Khan)为这一地区的首相。1627年10月29日,贾汉吉尔去世,而努尔·贾汉试图振奋一下她患病的女婿沙里亚消沉的精神,他此时在旁遮普的首府拉合尔,努尔·贾汉希望他鼓足勇气为阿格拉的财富而战。当然,她也希望得到他兄弟的支持,但阿萨夫汗却支持他的女婿沙·贾汉,这是沙·贾汉的父亲去世时信使告诉他的。沙·贾汉奔向北,要求得到王位,并在1628年年初到达阿格拉。所有他最近的亲戚,都是他潜在的对手,都以精致的莫卧儿的方式被处死,然后沙·贾汉享受了三周的奢华的加冕礼。努尔·贾汉人老珠黄,不再被起用,孤寂地生活在拉合尔直到1645年去世。

沙·贾汉统治了30年(1628－1658)。作为莫卧儿帝王中最能挥霍的人,他痴迷于镶嵌珠宝、准宝石的纪念性建筑,喜好逛妓院,总数达到5000家。他宠爱的妻子穆姆塔兹·玛哈尔为他生了14个孩子,其中只有一半活到成年,她也于39岁时去世。长子达拉·舒科(Dara Shikoh,1615－1658)对艺术、人文学科、折中派哲学很感兴趣,这使许多朝臣和外国访问者相信印度很快将拥有像阿克巴一样智慧而自由的另一位统治者,但达拉苦行而正统的兄弟奥朗则布另有所想。沙·贾汉在作为帝王的最初岁月里专注于试图镇压德干和本德尔肯德的反抗。艾哈迈德讷格尔和比贾普尔均被击败并且承诺自1635年起每年向莫卧儿宗主国上贡,下一年高康达也同意这样做,但德干拒绝永久从属于北方的政权。沙·贾汉的军队在南方从事代价高昂的战斗之时,印度有史以来最大的饥荒降临到德干的农民身上,而根据统治者的命
158 令每周只有5000卢比的帝国资金被用于减轻普遍的苦难和饥饿,但

他随后就花费几千万的资金于他的孔雀王位及其妻子的陵墓。正是在布尔汉普尔(Burhanpur),在1631年深受饥荒和瘟疫折磨的地区的德干莫卧儿邦城堡,穆姆塔兹·玛哈尔死于难产。“帝国不再美妙,现在生活对我来说没有什么滋味。”当沙·贾汉听到这个消息时想必是十分难过的,不过他又活了35年。马哈拉施特拉邦曾声称其在莫卧儿帝国中首屈一指,当然她也不会成为最后一位。崎岖的德干一直是一个政治陷阱,是充满诱惑又难以捉摸的无底洞,伟大的莫卧儿为之投入了巨大的花费和军事上的损失。

沙·贾汉继续依赖其祖父的曼萨卜达尔制度,但阿克巴拥有1800位曼萨卜达尔,而到沙·贾汉统治时期,高级官僚的数目下降到只有800位,尽管对于达拉·舒科王子来说,其上限现在上升到6万名(沙·贾汉自己在他继承王位之前拥有3万名的曼萨卜)。其他三位王子奥朗则布、舒贾(Shuja)和穆拉德(Murad)被授予的曼萨卜要低得多,不过也都超过了1万名。虽然沙·贾汉对他的孩子们很慷慨,但对别人就不那么豪爽了,因为他的朝臣中只有四位拥有7000名曼萨卜,六位拥有6000名曼萨卜,15位拥有5000名曼萨卜(奥朗则布把更多的人提升到更高的行政级别,主要是因为他需要更多的将军以进行他花费巨大的德干战争)。在他的母亲刚刚去世之后,达拉·舒科与其堂妹娜基拉(Nakira)结婚,他一直对她保持着少见的深情,她为他生了八个孩子。奥朗则布(1618－1707)此时只有14岁,但他似乎已经痛恨他的哥哥并且觊觎他父亲的王位。他父亲显然是希望通过距离来冷却这位王子的雄心,在1636年奥朗则布被任命为德干的副王(nawab),但远离阿格拉只会更加燃起他对权力的贪欲,八年流放之后,奥朗则布辞去这一职位并回到帝国的北部中心。此时,沙·贾汉开始在德里建造伟大的新都城,他的宫廷于1648年搬迁过去。

阿格拉并没有被泰姬陵的建造者彻底放弃,在沙·贾汉统治时期,一座白色大理石珍珠清真寺(Moti Masjid)像一颗巨大的珍宝矗立在阿格拉城堡。也许它是为了纪念折磨帝王的穆姆塔兹·玛哈尔;或者 159
是纪念阿格拉那总是比德里更强烈的热度;或者他只是想建造自己的

城市、自己的宫殿，因为大兴土木现在已成为他的主要激情。这种激情驱使他回到荒原，不少于六个早期的印度都城曾矗立于这个荒原上，他设计并下令建造第七个都城沙贾汉纳巴德(Shah Jahanabad)，在英国于 1911 年开始建造一座新德里后，这儿被称为老德里。许多用于建筑沙·贾汉城的新城墙和宽阔的通道的石块和砖块都取自于图格鲁克的德里——菲罗扎巴德(Firozabad)的碎石，他的旧城堡(Purana Qila)还矗立着，仅余锯齿状石头的碎片和变黑了的砖块，是曾经辉煌的苏丹的可怜的遗迹。沙·贾汉也用附近山上的红砂石，大规模地进行建设，竖立起一座比阿格拉的宫殿还要大的红堡(Lal Qila)，一座城中之城，高耸的城墙围绕着约 500 万平方尺的地方。里边有王室宫殿、后宫、秘书室、工厂、仓库、兵营、金库、造币厂、马厩，住着成千上万的仆人、奴隶、朝臣、太监和公主，是比英国的君主强大、比中国的君主富有、与波斯的君主一样强壮的国王的家。在城堡建成之后，一座美丽的清真寺——贾玛清真寺(Jama Masjid)——面朝它的大门建造起来。它是印度最大的崇拜地点，单是中心庭院就超过 1 万平方尺，可供几万名穆斯林在周五下午聚集在这里统一祈祷。当红堡还是最巨大的建筑的时候，它一直是印度伊斯兰教文化最神圣的建筑。

1639 年，沙·贾汉的次子舒贾王子被派往孟加拉，莫卧儿帝国“和平、富足和盛行瘟疫”的省份，而且他掌管其富裕的命运达 18 年，远离德里与阿格拉。另一方面，他最小的弟弟穆拉德王子是沙·贾汉儿子们中的害群之马。1646 年，他率领他中亚的军队抵达巴尔赫(Balkh)和巴达赫尚(Badakshan)以进行沙·贾汉耗费最大的军事冒险，徒劳地想夺回他王朝的祖籍地撒马尔罕(Samarkand)，最后他遗弃了这支军队。也许像巴布尔一样，沙·贾汉没有抓住中亚的利益，但他的小儿子错过的只是宫廷中奢华的生活，对于维持帝国这种荒淫生活的农民
160 来说，两年中亚远征的总花费约 4 000 万卢比。沙·贾汉被迫对所有作物的税收平均提高了二分之一的程度，而不是阿克巴的三分之一。在他的纪念性建筑与他的军事灾难之间——包括三次对坎大哈波斯人更无效的远征——从 1 亿百姓流汗的脊背上榨取的神话般的盈余也突

然消失了。帝王还稳坐在他那装饰着最大的钻石、红宝石、蓝宝石、绿宝石和珍珠的孔雀王位上(庆幸据说世界已“缺少黄金”),几乎使有幸接近帝国并面对无比璀璨的光辉与财富的朝臣和访问者眼花缭乱。除非有紧急事务要到别处,所有主要的曼萨卜达尔每日两次需集中到勤政殿(Diwan-i-Am, Hall of Public Audience)的帝王面前,而级别低一些的官员站在较远、但需要他们的时候还能召唤到的地方。因此,谦卑、顺从、耐心和忠诚的美德被灌输到所有大权在握的将军和大臣头脑中,失去的则是智力上的首创精神、精神上的独立、自足、诚实和勇气。被他们的帝王像孩子一样威吓和对待,这些“贵族”像暴躁、狭隘的专制君主那样对待他们的仆人、脚夫、士兵、农民就没有什么奇怪的了。整个系统是一个权力的金字塔,旨在让帝国的塔尖永远存在下去,不管是通过残酷的暴力、敲诈、后宫的阴谋、贿赂行为,还是完全的恐怖。正规的庭园、大理石陵墓和波斯小画像就像从次大陆挤出的花蜜被少数人压榨成顺从、财富的乳汁,他们有理由把波斯的抒情诗句镌刻在华丽的德里枢密殿(Diwan-i-Khas, Hall of Private Audience)的墙上:“如果地上有天堂,就是这里,就是这里,就是这里!”

达拉·舒科与奥朗则布

在沙·贾汉王朝的末期,达拉·舒科的求知欲和宗教上的宽容压倒了奥朗则布的伊斯兰教正统与军事野心。在沙·贾汉身体健康的时候,这些对立的王子之间的紧张关系处于平衡状态,尽管宫廷会偏向这个或那个派系或政党,帝王却能让它们进行公开的斗争。沙·贾汉在 161
1652 年派奥朗则布回到德干,但并没有授权他通过入侵征服高康达和比贾普尔,像奥朗则布想做的那样,似乎出于对这位“祈祷者-商人”儿子那不断扩大的权力和无穷野心的担忧。尽管作为旁遮普的副王的达拉在宫廷上与其父紧密地站在一起,但他对世俗的荣耀不甚关心,并且对后宫阴谋或宫廷政治的兴趣远没有对印度教和苏非神秘主义以及他全身心投入的将类似《薄伽梵歌》这样的梵文经典译为波斯文浓厚。因此当奥朗则布离开他的首都奥朗加巴德(Aurangabad),在尘土飞扬的德干战争中挥舞他的战剑(这既打击又刺激他对更大的冲突和更彻底的胜利的胃口)时,达拉却在德里的虚幻物质世界里憔悴和疲惫不堪。舒贾留在孟加拉,穆拉德被派往古吉拉特,在那里他没有多少事情可做,只是在地方的忙碌的觥筹交错之间打发时光,间或由他精明的"守护"大臣阿里·纳奇汗(Ali Naqi Khan)安排皇家打猎和在邻近城市、寺庙的假日访问。在1657年晚些时候,随着使其妻子不朽的壮观的陵墓的完成,上了年纪的沙·贾汉完全沉醉于后宫的淫乐之中,因此差一点儿死于痛性尿淋沥,这将德里朝廷置于有关继位的恐慌状态之中,并很快传播到莫卧儿诸王子分封地的遥远角落。

奥朗则布引诱头脑简单的穆拉德与其结盟共同反对"我们可耻的兄弟",他这么称呼达拉·舒科,首先他否认自己有任何继位的野心,声称他已准备好反对他的兄长以"保卫"帝国,只是为了拯救伊斯兰教,其次他向穆拉德保证旁遮普和信德都会支持他:舒贾第一个宣称自己是帝王,于1657年年底之前在孟加拉铸造了有他自己称号的钱币,刺激穆拉德在古吉拉特也这么做。奥朗则布更加谨慎,直到获得德里与阿拉格的王位之前的1658年7月他才这么做。1658年早期,沙·贾汉恢复了健康,他试图尽力帮助达拉来对付他的兄弟们对权力的觊觎,但这位神秘的继位者把太多的时间花在担忧来世的事务,而不是想办法拯救他的生命或获得世袭于他的帝国。奥朗则布与穆拉德的联合军向北进军,于4月在达尔马特(Dharmat)击败了拉其普特邦焦特布尔(Jodhpur)的贾斯万特·辛格(Jaswant Singh)强大的皇家军队。阿格拉被动员起来为即将到来的攻击做孤注一掷的准备,达拉部署最强大的皇
162 家大象来引导其拥有1万名士兵的伟大军队来到昌巴尔(Chambal)河岸的托尔布尔(Dholpur),在这里他布置力量阻挡叛军的前进。相对于他的兄弟来说,奥朗则布是一位太精明的战略家。他躲避了阻碍,在5月的酷热中从上游涉水过河,迫使达拉在混乱中慌忙后退至阿格拉已放弃的城堡。在阿格拉以东几公里的萨穆伽尔,他们那两支用大象引导的军队相遇了,达拉还要与不忠诚的穆斯林骑兵周旋,它由乌兹别克的卡利卢拉汗(Uzbek Khalilullah Khan)率领。奥朗则布显然是更强

悍的将军。几千拉其普特人为达拉·舒科战死,而他却逃离战场向阿格拉方向逃跑,变成之前那个失落、被追击的人;他的头颅很快被胜利的奥朗则布放在一个盒子里送到他们被囚禁的父亲那里。穆拉德起初还被他伪善的哥哥所奉承,因为他的军队还对奥朗则布有用,他围困阿格拉的城堡直到迫使沙·贾汉在6月初投降;在那之后不久,穆拉德就被他的兄长囚禁,三年后他也被斩首。

奥朗则布的伊斯兰教统治

奥朗则布在1658年7月以第一阿拉姆吉尔(Alamgir,世界征服者)的称号登上阿克巴的王位,并且一直统治到于1707年3月去世时为止。他立刻成为最虔诚、最残忍的莫卧儿人,是具有出色的管理能力的、坚定的领袖和曾经登上印度王位的、有眼光的政治家。他被逊尼派穆斯林称为印度的唯一的哈里发,他无论在和平或战争时期都自负地加害非穆斯林臣民加兹纳维人(Ghaznavids)和古尔人(Ghurs)而被印度人辱骂。他没有朋友,只有崇拜者和被对他的狂暴的恐惧所压倒的敌人。他花在祈祷上的时间比在后宫多,而且对权力的无情攫取有条不紊。先逃到拉合尔,后来又从那里逃到木尔坦的达拉在萨穆加尔之后再不能对其形成真正的军事上的挑战。仍然拥有孟加拉与比哈尔控制权的舒贾希望"解放"阿格拉,并且在奥朗则布忙于在旁遮普附近追逐达拉时,解救被监禁的沙·贾汉,但阿拉姆吉尔王向他的所有对手证实了其军队的迅猛。舒贾于1659年1月在卡杰瓦(Khajuha)被打败,
退回他位于恒河岸边的拉其马哈尔(Rajmahal)的孟加拉首都,但很快 163
被迫放弃这个要塞奔向东孟加拉的三角洲和达卡。次年他被彻底驱赶出了印度,在缅甸寻求避难,据说他暴死在那里。一俟一连串的战争结束,阿拉姆吉尔就把其精力放在管理与财政问题上。为从激烈竞争中获得王位,沙·贾汉王朝积聚的帝国金库的大部分剩余财产都被消耗殆尽,而阿拉姆吉尔对建筑和宫廷奢侈品的品位与其父处于两极。纪念碑式的建筑现在告一段落,就像宫廷对非宗教庆典的大多数花费都被取缔一样,尤其是那些酒、歌曲和舞蹈,因其属于异教徒的习惯、不适

于由宫廷资助，全部被取缔。因其个人衣着与品味的清教徒式的特点，阿拉姆吉尔为其朝臣确立了严肃的格调，这充分证明了其性格的力量并有助于给那些以怀疑的眼光观察其血腥地登上王位的人们留下虔诚的印象。

由阿克巴开创的宗教宽容及印度教徒与穆斯林和平共处的时代现在宣告结束了。阿拉姆吉尔在他统治的每个邦的首府和其他大城市任命一位穆赫塔西卜(muhtasibs，公共道德监察官)，命令他们保证伊斯兰教教法得以执行并且相应的祈祷得以进行。1668 年，印度教宗教展览会被宣布非法，没有颁发一座新的印度教寺庙的建筑许可证，也没有颁发一张修缮破败寺庙的皇家许可证。阿拉姆吉尔甚至试图在其统治的版图内取缔赌博和“非法性行为”，而前者基本上是由这一地区发明的，后者是作为崇拜的一种方式而被实践着。由于难以筹措足够的资金以支持维护其权力所需的军队，阿拉姆吉尔在 1679 年再次向印度人征收让人痛恨的吉兹亚(jizya)人头税，印度商人被迫为由穆斯林买卖的同样产品交付两倍多的税之后还得交人头税。当成群的人聚集在他的红堡附近抗议这种不平等和露骨的歧视时，帝国的象军被调来践踏他们。阿拉姆吉尔收到许多警告：如果他坚持其对少数被统治者的宗教信仰的严重的偏袒政策，反叛会波及整个印度，但他牢固地把持着权力并且只是一味地扩大他的帝国疆域。

阿拉姆吉尔王朝后半期发生的广泛反叛的主要起因是经济性的，而不是宗教性的。税收难以忍受的增长迫使越来越多的柴明达尔(zamindars，持有私有土地权的人)和农民拼死反叛而不是接受不可避
164 免的饥饿。随着莫卧儿帝国的力量越来越严重地依赖它的骑兵，政府的曼萨卜达尔(mansabdars 莫卧儿军事或行政官员)拥有了土地的扎吉尔(jagirs，非世袭封地的收税权)，以养活他们自己和能响应帝王的召唤冲向战场的骑兵。贪婪诱使许多曼萨卜达尔不顾中央政府的规定，提高强加在农民头上的税收，并大量减少骑兵数量(比他们这一阶层应供养的骑兵数量少得多)，以保证生产的粮食用于养活那些使他们自己受益的人和马匹。在阿拉姆吉尔王朝的末期和随后莫卧儿急剧衰

落的时期，这种通货膨胀越来越常见。即使在王朝的早期，扎吉尔达尔(jagirdar，非世袭封地收税权的拥有者)需求的严酷性迫使帝国许多地区的农民从他们的莫卧儿村庄逃跑并且团结在贾特人(Jat)、马拉塔人、锡克人和拉其普特人这些地方柴明达尔的身后。

印度人的反抗

1669年，在一位名叫戈古拉(Gokula)的柴明达尔领导下的印度教贾特农民在马图拉起义，三年后，旁遮普的一个印度教农民教派——萨特拿米教(Satnamis，好名声［Truth Namers］)发动起义，他们向德里进军直到被莫卧儿的炮兵炸成碎片。到现在为止，锡克人两次支持失败的莫卧儿权力的追求者，一次是在贾汉吉尔王朝，当时他们支持他的反叛的儿子胡斯劳，另一次是他们赞成达拉的主张；这种经历在旁遮普留下了苦涩的反对莫卧儿的冲动的印记，阿拉姆吉尔又增添了不可忍受的痛苦。马拉塔人在其王朝的后半期也成为德干一边的棘手刺，拉其普特人一再地起事，而“祈祷者-商人”拥有他的王位，使人确信他是根据安拉的意志这么做的，由一支比以前任何一位君主曾经拥有的军队规模都要大、薪俸都要高的军队玉成此事。尽管自阿拉姆吉尔死后他的“名声不好”，他的王朝也许会被解读为一个典范，即将坚强的军队和不松懈的独裁统治作为控制印度温顺、勤劳、对政治不感兴趣的农村人口的关键。

阿克巴希望通过其开明的“爱”的政策赢得对印度全境的控制——
建立多宗教同盟，减少税收并且鼓励各个教派和各种观念之间的宽容。
阿拉姆吉尔通过他的恐吓政策和赤裸裸的权力取得极大的成功——如
果我们以土地的征服和保持作为判断帝国成功的标准的话。当然，要 165
评判尽管至少同样重要、但更无形的事物更加困难，诸如公众全体的
“全民福利”或“幸福”，尤其是因为留下来的关于印度人民而不是朝臣
的生活与感受的记录是如此之少。不过，我们至少知道一封在帝王重
征吉兹亚税之后送达他那里的抱怨的匿名信，其中写道：“你的臣民都
被践踏在脚下；你的帝国的每个邦都很贫困；人口在普遍减少，困难累

积……如果陛下相信那些被称做神圣的书,你将会得到教导:神是所有人类的神,不只是穆斯林的神。”①这种情绪在 17 世纪后半期流行于印度的大部分地区,而且在几个地区还发展成暴力和持久的叛乱。已经提到的旁遮普是这些主要地区的第一个,也许是因为长期以来它“忠于”副王达拉和他对阿格拉王位的要求。当达拉拥有拉合尔可以分配的金块时,他还掌握着规模颇大的拉其普特和穆斯林骑兵,当阿拉姆吉尔的太阳升得更高,在他离开的时候,五河地区上锡克反对者的核心很快就土崩瓦解了。

锡克祖师

自从 16 世纪早期锡克信仰由其祖师拿那克创立以来,这一流行的新自由教区就在旁遮普兴盛起来,基本上从印度教和穆斯林出生的勤劳农民中吸引新成员。记录祖师拿那克神圣说教的特别设计的手稿被称为《古鲁穆奇(Gurumukhi,“祖师语录”)》,他选定的继承人安格德祖师(Angad,1504 — 1552)使其教区具有更强的凝聚力,对其身份有更清晰的意识。第三代祖师阿马尔·达斯(Amar Das)得到阿克巴的支持,更进一步吸引更多的改宗者,强调教区共同进食与祈祷,并且取消了对
166 女性的排斥(purdah)以及种姓的专有性和不可接触性。第四代祖师罗姆·达斯(Ram Das)曾在阿克巴的宫廷中服务并且被帝王赐予了旁遮普萨特莱杰河与拉维河之间的一些土地,它成为锡克神圣首都的地点。罗姆的儿子和继承者阿琼(Arjun,1563 — 1606)在这个地方建成了伟大的锡克寺庙,因其水池中充满了“神圣的”井水而把城市命名为阿姆利则(Amritsar,“永恒的甘露之塘”)。在阿琼的细心指导之下,锡克教的经典《格兰特·沙哈卜(Granth Sahib)》被编纂出来并且被存放在阿姆利则的寺庙里。祖师阿琼在他的书中写道:“在这里,你将会发现三件东西——真谛、平和与冥想。”不过,贾汉吉尔以叛国罪指控阿琼,因所

---

① 贾杜纳特·萨尔卡尔(Jadunath Sarkar):《奥朗则布的历史》,加尔各答:萨尔卡尔及其儿子,1952 年,第 3 卷,第 34 页。

谓帮助帝王的逆子胡斯劳而被施刑至死,他始终拒绝承认他的“罪行”或放弃他的信仰。阿琼的殉难激励他的儿子哈尔·戈宾德(Hargobind)武装起他的教友,准备着以生命为代价捍卫他们的宗教,从而把拿那克祖师的和平主义信仰转变为一种与莫卧儿独裁斗争的新的军事组织。尽管祖师哈尔·戈宾德和他的队伍被迫退回位于喜马拉雅山丘的基拉特普尔(Kiratpur),但他们一直坚持抵抗莫卧儿的军队,直到祖师在1644年无疾而终。

第七代祖师哈尔·拉伊(Har Rai)被紧追逼回到深山里,直到1658年,他才出现支持达拉·舒科争取王位。不过,在阿拉姆吉尔胜利之后,哈尔·拉伊不得不把他的儿子罗姆·拉伊(Ram Rai)作为人质送到德里的朝廷,在这里,这位年轻人成为失去其父亲支持的帝王的忠实追随者。在1661年去世前不久,罗姆·拉伊指定他的幼子哈里·克里香(Hari Krishen)为他的继承人,但这个儿子也被迫寻求阿拉姆吉尔对德里的支持,而且他本人则由于天花于1664年死在那里。第九代祖师是哈尔·拉伊的叔祖父特格·巴哈杜尔(Tegh Bahadur,1621－1675),他被阿拉姆吉尔的士兵在阿格拉逮捕并被押到德里,在拒绝改信伊斯兰教后被砍了头。祖师戈宾德·拉伊(Govind Rai,1666－1708),特格·巴哈杜尔的儿子,是第十代也是最后一代锡克教祖师。他发誓要为他父亲的被谋杀复仇,并且全身心投入到反抗阿拉姆吉尔独裁的持续斗争之中。戈宾德·拉伊把他的教区训练成一支“卡尔沙(khalsa,纯粹的军队)”,取了一个新姓“辛格”,意思是“狮子”,并且用这个姓命名他最亲近的追随者。至少从这一时期起,锡克教徒以组织严密的、坚韧的战斗者的形象出现,他们相互之间以信仰的缝纫符号识别,因为他们宣誓永远不剃头发或胡须,总是挎着军刀,右手腕戴着钢手镯,穿着长及膝盖的士兵短裤,总是为他们的毛发带着一把小梳子。 167
现在他们的祖师与其教区融为一体,因为所有人都成了打猎者和全职军人,从此以后卡尔沙的大多数人的意志代表着因此不朽的祖师的意志。据说戈宾德一度有超过2万个忠实的支持者作为其随从,但莫卧儿军队的人数比他还要多,一直骚扰他直到他斗争的最后的艰难岁月。

他比他痛恨的对手阿拉姆吉尔多活了一年半，至少他最终对此很满意。

湿瓦吉·邦斯勒

在马哈拉施特拉邦，一个同样激烈的反对莫卧儿统治的印度教运动在湿瓦吉·邦斯勒(Shivaji Bhonsle，1627－1680)的领导下展开，他被他的追随者称为马拉塔“国家”的创立者，但却被莫卧儿人辱骂为德干“山鼠”。湿瓦吉的父亲沙吉(Shahji)曾担任艾哈迈德讷格尔的苏丹，它是在一度强大的巴赫曼尼苏丹国之后出现的五个王国最北端的那个。作为浦那苏丹的扎吉尔(jagir，非世袭封地的收税者)，沙吉是一位重要的地方领袖，而且他很快发现邻近的比贾普尔的苏丹在寻求他的支持，因为他是一位边界地方的扎吉尔。在湿瓦吉出生前不久，他的父亲转而效忠于比贾普尔并且娶了第二个妻子，也是一位新的苏丹。从情感上讲，湿瓦吉虔诚的母亲吉吉·巴依(Jiji Bai)被她的丈夫所抛弃，她把所有的注意力和情感都放在自己的儿子身上。当沙·贾汉在阿格拉掌权并向德干进军之后，沙吉再次转变其效忠的对象，从1630年年末接受了一位莫卧儿的曼萨卜直到沙·贾汗于1632年返回北方时，机灵的马拉塔政客们决定把艾哈迈德讷格尔苏丹归还它最初的君主。第二年，道拉塔巴德被攻陷，苏丹被莫卧儿的军队俘虏。沙吉现在试图重新召集艾哈迈德讷格尔军队的残余力量，在他非常熟悉的充满敌意的德干高原运用游击战术抗击远为强大的莫卧儿军队。依靠大约1.2万名追随者，沙吉在几年内享有穆斯林统治的独立，但当比贾普尔在1636年与沙·贾汉签订协约时，印度教徒抵抗者的命运就已明确了，而且沙吉自己向莫卧儿-比贾普尔联合军队投降。此后他从浦那被流放，但吉吉·巴依在那座城市养活她的儿子，它后来成为马拉塔政权的都城。

168 湿瓦吉是一位比他父亲还要勇猛的好战者，在他长大成人的过程中母亲向他灌输了对印度教的热爱和对比贾普尔穆斯林及莫卧儿统治的厌恶。德干苏丹人是异端的什叶派，而莫卧儿人是正统的逊尼派，这使得湿瓦吉无论从哪个君主，尤其是那些拥有“外来”信仰的君主们那里获得独立都没有多少分别。他希望在伟大的国家——摩诃-拉施特拉(Maha-Rashtra)，这块他出生的国土上获得“自治(sva-raj)”和信仰自己宗教(svadharma)的完全自由。湿瓦吉在20岁时离开浦那，率领一帮年轻的马拉塔追随者，他们在崎岖的山区长大因而能够最有效地采用游击战术抗击莫卧儿和比贾普尔政权。这些“山上的老鼠”等待着商队进入丘陵地带，突袭掠夺他们，由此很快就拥有了自己的武器、钱、马匹以向穆斯林要塞发起严峻的挑战。在夺取了许多关键的山顶高原作为自己的堡垒之后，湿瓦吉很快控制了马哈拉施特拉的大部分地区，尽管比贾普尔试图通过将其父亲押为人质来威胁他，但什么都吓不倒这位坚韧的年轻印度教战士。他从第一个据点辛伽尔(Sinhagarh，“狮堡”)控制了浦那西南部平原，那里的岩壁陡峭挺立，相信没有人能登上其顶峰。马哈拉施特拉的传说称湿瓦吉让一只巨大的德干蜥蜴来帮助他完成这件“超人”的任务，用一根绳拴住其粗糙的尾巴，用力将它朝城墙掷去，以至于它那吸盘似的脚牢固地吸在悬崖峭壁上，而湿瓦吉和他的人在夜深人静之时登了上去，让那里的穆斯林措手不及。

无论他的秘诀是什么，湿瓦吉对故土极其熟悉显然是其军事上的巨大优势，而且他确实值得被称为现代游击战的创立者之一，在某种程度上他是从沙吉那里学会这种战术的。到1659年，湿瓦吉的大胆进攻激起比贾普里(Bijapuri)的极大关注，他组织起强大的阿夫扎尔汗(Afzal Khan)将军和一支几千人的军队，将湿瓦里彻底包围在他的“勇猛者的城堡(Pratapgarh)”里，湿瓦吉陷入了绝境，没有足够的食物和水以坚持长时间的抵抗。此时湿瓦吉提出“投降”，不过他坚持要求单独面见阿夫扎尔汗“讨论最后的条款”。这位穆斯林将军是一位彪形大汉，而湿瓦吉只有5英尺多高。阿夫扎尔汗无所畏惧地前进到城堡高
墙下的一块平地上，湿瓦吉穿着他那看起来无害的、宽松的汗衫，用袖 169
子遮住了手，而每只手都带有致命的武器，离开了他的藏身之处。他一只手拿着一柄“蝎尾”短剑，而另一只手的手指则戴着锋利的钢“虎爪”。湿瓦吉冲过去拥抱阿夫扎尔汗，随着一声致命的叫喊，阿夫扎尔汗倒了下去，湿瓦吉给埋伏在阿夫扎尔汗经过的道路两旁的印度教士兵发信号，这些伏兵冲了出来，杀掉了将军的随从。山脚下没有指挥官的军队

轻易地在混乱和绝望中被冲散,因为士兵们得知“不可战胜的”阿夫扎尔汗已经死了,没有希望得到军饷和战利品了。湿瓦吉杀死阿夫扎尔汗标志着马拉塔势力的真正的再生;从此以后,南印度再没有能挑战这位无畏的印度教首领的力量,只有莫卧儿帝国的要人能贬低他。湿瓦吉强大到在 1664 年袭击苏拉特,掠夺了它的大部分财富,甚至试图掠夺那里的英国工厂,只有小股守备队勇敢地守卫在那里。当这种令人窘迫的新闻传到阿拉姆吉尔耳朵里时,他派遣拉其普特的贾伊・辛格(Rajput Jai Singh)率领一支庞大的军队来对付这支马拉塔“暴发户”。湿瓦吉现在陷入他的另一个位于山顶的堡垒普兰达尔(Purandhar)中;他在 1665 年求和,但这一次他被迫献出他 25 座堡垒中的 23 座以获得为莫卧儿帝国服务的曼萨卜。

在阿拉姆吉尔统治时间,湿瓦吉实际只是一位只有 5 000 匹马的曼萨卜达尔,但当他发现他自己得面对他视为下属的将军们的冷眼时,他是如此地愤怒以至于为小事激动、愤怒,最后昏厥,被带走并被软禁起来。湿瓦吉藏在洗衣或食物的篮子里直到到了外面,以此来逃脱守卫,再次证明他“神奇”逃脱的机灵的才能,然后潜回到德干,在那里他作为归来的君主一般受到热烈欢迎。到 1670 年,他再次夺回大部分山顶的堡垒并且对苏拉特发动第二次、获利更大的袭击。1674 年,他感到有足够的力量通过在拉其伽尔(Rajgarh,统治之城)举行传统的印度教加冕礼使自己成为查特拉帕蒂(Chatrapati,宇宙之主)的君王,有1.1 万婆罗门聚集在一起唱颂神圣的吠陀真言,5.5 万名马哈拉施特拉皇帝的朋友和支持者们宣誓至死效忠这位湿婆神的化身。湿瓦吉・摩诃
170 拉阇(Shivaji Maharaj)因此公开宣称他出生地的自治,此时无数的印度教徒的声音响彻在德干:“伟大的湿瓦吉王无往而不胜!”阿拉姆吉尔此时正全身心处理阿富汗冲突,因此在此后许多年他都不能将注意力集中到德干;实际上,直到湿瓦吉在 1680 年早逝之后。不过,湿瓦吉之死并不意味着马哈拉施特拉争取独立的斗争的结束,因为他将他的印度教民族主义的勇猛精神传承给了他的儿子们和同胞们——至少以这种马哈拉施特拉地区的形式——因此他们继续了他反抗莫卧儿当局的

战斗。

拉其普特起义

湿瓦吉去世的那年,焦特布尔与梅瓦尔的拉其普特人联合起来反抗阿拉姆吉尔的统治。帝王派他的儿子阿克巴作为强大的莫卧儿军队的首领去镇压1680年拉其普特的反抗,但年轻的王子决定加入反对其父独裁的印度教徒的军队并且很快宣布自己为帝王。不过,阿克巴第二并没有完全效仿他的同姓名者;他成为阿拉姆吉尔的极度精明和军事经验的牺牲品,被迫与一些随从逃到德干。阿克巴试图从湿瓦吉的长子萨姆巴吉(Sambhaji,1657－1689)那里寻求帮助,在拉其伽尔他也刚从父亲那里获得王室称号。阿拉姆吉尔现在看到没有别的选择,为了镇压他面对的所有叛乱中潜在的最危险的一支,他只好亲自向南进军。1681年11月,他到达了布尔汉普尔,1682年3月,他在奥朗加巴德扎营——当他还是一位年轻的王子时建立的德干首都。但对阿拉姆吉尔来说,入侵德干比让他发现并前去击败马拉塔军队容易多了。萨姆巴吉与他的父亲一样,运用游击战术和和焦土战略来骚扰和躲避莫卧儿的军队,获得对背叛的丘陵及其堡垒的控制权,成为阿拉姆吉尔更为强大的力量的不间断的烦恼和侮辱之源。阿克巴试图诱惑萨姆巴吉向北与他会合,但没有成功,他希望在一位马拉塔、拉其普特以及在他旗帜下重整旗鼓的那些莫卧儿人的联军首领的率领之下向阿格拉进军。不过,湿瓦吉的儿子从来就不信任穆斯林王子,而印度的地区之间的差异再次损害了统一的梦想,因为即使马拉塔人和拉其普特人都是印度教徒,他们讲不同的语言,几乎不能相互理解。印度地区间不协调 171
的主题在面对不断壮大的英国力量时一再重演,直到19世纪后半叶印度人才学会:如果他们希望获得自治,他们将不得不令地区的抱负、偏见与担忧服从于一个共同的、团结的民族事业。在观察到他的父亲不可战胜的军队破坏了比贾普尔的防御,并将德干苏丹置于不断扩大的帝国的保护之下后,阿克巴在1686年逃到了波斯,在流放中死于阿拉姆吉尔之前。萨姆巴吉继续避免与阿拉姆吉尔的军队直接对抗,在德干高原像一群蝗虫一样来回移动。

马拉塔人不屈不挠的对抗

在 1687 年比贾普尔衰落之后不久,最后一个什叶派高康达苏丹国投降并被吸收进莫卧儿体制之中,只留下马拉塔人作为“世界征服者”的顽固对手。1689 年,萨姆巴吉被捕获、折磨,并被残杀,由于他在最后的痛苦时刻表现出来的勇气比他一生中最后几年都要壮烈,这激起了他的人民的反抗精神。他的弟弟罗阇 · 拉姆(Raja Ram)现在继承了查特拉帕蒂的神圣称号并且使马拉塔独立的旗帜飘扬了整整 10 年,直到他于 1700 年去世。罗阇 · 拉姆的遗孀塔拉 · 巴依(Tara Bai)继续其丈夫残酷的斗争,英勇地拒绝向莫卧儿统治低头。阿拉姆吉尔把萨姆巴吉的儿子沙胡(Shahu)和他的母亲押到他的营地,并且把这个男孩提拔为曼萨卜达尔,决心把马哈拉施特拉整合进帝国之中,这个帝国现在的边界已经超出了伟大的阿育王时代达到的范围。从来没有、以后也不会再有如此广阔的南亚次大陆落入一个统治者的版图。因此,在八旬老人的暴戾、狂热的统治之下,他的意志从克什米尔到海得拉巴,从喀布尔到阿萨姆都得到执行,17 世纪末伟大的莫卧儿达到了荣耀的权力的顶峰。

阿拉姆吉尔将他生命中的最后 26 年都投入到对德干的征服,从许多方面说,这都是一次代价极大的胜利,在最后几十年无结果的战争博弈中,据估计大约一年要损失 1 万条生命,其中,马拉塔城堡在这一周
172 被占领,又在下一周失守了;在一个月后重新被占领,然后再失守。金银与卢比的花销几乎不能想象或准确地计算。仅仅阿拉姆吉尔移动的首都——由周长 30 公里的帐篷组成的城市,大约包括 250 个市场,50 万随军流动的平民,5 万头骆驼和 3 万头大象,它们都得喂养,在它侵入的 25 年里就剥夺了印度半岛一切多余的粮食与财富。在这一悲剧冲突和消耗的时代,发生的饥荒和黑死病夺去了无数的生命。这一惨剧的恐怖程度对于 17 世纪的战争来说似乎太高了,血腥屠杀的程度、对人类与动物生命的无意义的屠杀过于现代。甚至阿拉姆吉尔也在

1705年决定停止开火并命令他的军队回到北方,他也不再能完全理解战争的目的。那时帝王已接近90岁。他的大部分时光都用在阅读和抄写可兰经上,为他自己的清算日做好准备,而在他营地退却的边缘,马拉塔骑兵已经对其后卫无所不为,抢劫、掠夺、一个一个地打死莫卧儿的落伍者,从前来烦扰德干的言过其实的帝国军队中获得了力量。"我孤独而来,作为一位陌生人而去。我不知道我是谁,也不知道我一直在做什么"。1707年2月,这位濒死的老人向他的儿子忏悔。"我犯下大罪,我不知道等待我的是什么惩罚"。[①] 他在星期五去世并被埋葬在奥朗加巴德附近的村子里。

① 为沃尔德马·汉森(Waldemar Hansen)引用,《孔雀王朝》,纽约:霍尔特,莱因哈特和温斯顿,1972年,第485页。

第十二章　莫卧儿帝国的衰落(1707－1764)

173　阿拉姆吉尔在统治的最后几十年里对莫卧儿帝国资源的消耗过于沉重,而且激起了太多对莫卧儿统治的反抗,在阿拉姆吉尔旺盛的精力和意志统治下的帝国的繁荣,在其主人死后没能够持续多长时期。像莫卧儿的官僚制度这样,一个如此庞大而复杂的机制并不完全依赖一个人的力量,就像在统治的最后25年里阿拉姆吉尔一直不在德里所证明的,害怕精力旺盛的暴君的震怒似乎足以激发懒惰和平庸的官员异乎寻常地努力工作。也肯定使奥朗则布三个在世的儿子(他的长子死于狱中)在他们各自的行省岗位上辛勤地工作,尽管他们都没有继承其父对权力的贪婪或对宗教和职责的投入。18世纪前半叶是莫卧儿帝国统治的衰落时期。

阿拉姆吉尔去世时,他在世的最年长的儿子穆阿扎姆(Muazzam)63岁,他离开拉合尔前往德里,要求得到作为巴哈杜尔沙(Bahadur Shah,“伟大的国王”)一世(Shah Alam,阿拉姆沙)的孔雀王位。他的兄弟们,阿扎姆(Azam)和卡姆·巴克什(Kam Bakhsh)也要求得到王位,因此,巴哈杜尔沙五年短暂的统治时期的前半段,消耗在传统的莫卧儿继承权的战争之中。为了使对抗印度教的这潭浑水能够平静下来,巴哈杜尔沙试图与拉其普特讲和,以及让担任萨特拉(Satara)国王的年轻的沙胡,为平定马拉塔叛乱的顽固分子而发动内战,沙胡刚刚

“逃脱”莫卧儿的监管回到马哈拉施特拉。新帝王拥有认识到自身的局限和他的王国界线的智慧。他甚至赢得了前来他的宫廷的导师戈宾德·辛格(Govind Singh)的支持。不过,在戈宾德于 1708 年 10 月去 174
世之后,锡克教徒在班达·巴哈杜尔(Banda Bahadur,1708－1716)的领导之下对莫卧儿在旁遮普的要塞再次发动更激烈的军事行动。班达(他的名字的意思是导师的“奴隶”;他生于拉克斯曼·达斯[Laksman Das])对无地的人们许诺土地,让所有参加他军队的人平分他的财富,从而在前进的过程中聚拢起他的军队,于 1710 年猛攻莫卧儿在西尔辛德(Sirhind)的要塞并成为旁遮普的实质的国王(他甚至引入他的历法、铸造了钱币以纪念他的“王朝”)。只有拉合尔(Lahore)对抗班达的农民起义,而当巴哈杜尔沙的军队前来镇压他时,他被迫逃到山里去。面对曾经在德干烦扰他父亲的游击战争和农民起义,帝王发现他不得不留在拉合尔。现在莫卧儿帝国的权力似乎没有什么值得得意或荣耀之处,北方或南方只是一些武装冲突和反叛力量的挑战。巴哈杜尔沙由于萎靡和沮丧在 1712 年 2 月死去。

现在,一场兄弟间新的战争风暴得以避免,巴哈杜尔沙的四个儿子都忙于绝望地寻求支持,没有谁会为花近一个月时间埋葬他们的父亲而烦心。长子贾汉达尔沙(Jahandar Shah)最终获得了王位,但后来他作为一位行政官非常不称职以至失去了他的大臣(vazir,瓦齐尔)祖尔菲奎尔汗(Zulfiqar Khan)的支持,在不到一年的时间里,就像竭力把持权力一样,他无节制地挥霍财产。帝王 30 岁的侄子法鲁赫西亚尔(Farrukh-siyar)在两位重臣赛义德兄弟的帮助下占领了德里和阿格拉,后者后来成为德里的实际统治者。不过年轻的帝王登上王位不久,他就对他的恩人失去了信任,在统治的六年时间里他花费大部分时间去监视和密谋除掉他们;还集结强大的军队进攻班达,代价高昂的战斗直到 1715 年年末才结束。于其时,他被锁链捆绑在德里街头示众,在次年被处决前忍受漫长的折磨。由帝王的心神不宁和愚蠢的行为造成的宫廷中派别对立,导致了纪律和财政支出上的总体崩溃。腐蚀了的帝国权威最终随着 1719 年法鲁赫西亚尔被拖出后宫、被他的朝臣弄瞎眼睛、惨遭毒害

而告终。赛义德兄弟中更为强大的侯赛因·阿里(Hussain Ali)从他
175 统治德干的副王位置上归来,他统领着一支包括约11000名皇家马拉塔士兵的军队,意欲废黜无能的法鲁赫西亚尔(Farrukh-siyar)。

马拉塔·帕什瓦的实力

马拉塔的内战得以终结,在相当大的程度上是由于一位精明的吉特巴万[①](Chitpavan)婆罗门巴拉吉·毗湿瓦那特(Balaji Vishvanath,约1660－1720),他在1714年成为统治浦那的沙胡(Shahu)的首相(peshva);这是马哈拉施特拉行政权中最重要的位置,也是他传给自己的继承人长达一个多世纪的位置。为了回报帝王对侯赛因·阿里的支持和他代表的莫卧儿帝国集团,马拉塔人被正式"确认"和赠予他们实际控制土地的"税收权(diwani)"。沙胡因而成为莫卧儿官僚制度中的一员,拥有1.5万个曼萨卜达尔,以其控制的所有湿瓦吉的要塞和土地作为投资,包括从相邻的坎德什和贝拉尔中央省、迈索尔的马拉塔土地上的小块地方和坦贾武尔以及加尔纳迪(Carnatic)沿岸地区征服的区域。据推测,被置于马拉塔统治下的六个莫卧儿省年收入的总票面价值(实际价值总要低一些)是1.8亿卢比,估计是这一地区作物总产值的35%。35%这个数据是巴拉吉的艰难谈判与莫卧儿人对早期马拉塔税收习惯一无所知的结果。湿瓦吉设计了两种税:一种是关于马拉塔的"国内(svarajya)"的,被称做什一税(sardeshmukhi),大约是每年产出的10%;另一种是关于国外被征服的土地的,被迫为马拉塔的"保护"上交更高比例的税,达25%(chauth,乔特,四一税)。现在,为了承诺供应和准备好1.5万骑兵以响应莫卧儿帝王的号召,马拉塔人被允

① 吉特巴万是位于印度马哈拉施特拉西部沿海的孔根(Konkan)的一个斯玛特婆罗门(Smarta Brahmin)社区。吉特巴万有记载的历史开始于18世纪,当时湿瓦吉(Shivaji)的孙子沙胡(Shahu)任命一位吉特巴万婆罗门巴拉吉·毗湿瓦纳特·巴特(Balaji Vishwanath Bhat)为第五任帕什瓦(Peshwar),由此在说马拉提语(Marathi-speckaing)的地区,将吉特巴万人的地位突显出来。在前后几位帕什瓦统治期间,吉特巴万人定居在帕什瓦统治下的几个省份。吉特巴万人在说马拉提语的地区牢固地确立了他们的地位,并在印度政治史上发挥了重要作用。——译者注

许在他们的所有领地征收这两种税，再加上上交莫卧儿国库的100万卢比的年现金支出。从马拉塔人的立场来看，这是很值得的交易，以财产支持马拉塔士兵，特许他们几乎能够随心所欲地劫掠和征服中印度更多的东西，这些东西随后都会被“正式地”征税——谁会准确地知道
哪里是莫卧儿一个省的结束和另一个省的开始呢？它是前所未有的马 176
拉塔实力和一个世纪的扩张的开始，是以相邻的莫卧儿的省份为代价的：古吉拉特、梅尔瓦、拉其普特、中印度和奥里萨，最后是阿格拉和德里。浦那因为比以前要求或得到的更多的收入而繁荣起来，并且很快拥有了强大的军事力量，以至于其完全不在乎每年上交德里的那点象征性支出。毕竟，谁会在意向一位谁也不尊敬或害怕的君主进贡？

赛义德兄弟再次选择了新“帝王”，但事实证明这是个不思进取、一味消耗的帝王，几周时间就被他的哥哥所取代，可后者也病入膏肓以至在被冠之以沙·贾汉二世(Shah Jahan the Second)的称号后三个月就去世了。1719年年末，德里的宫廷处于不幸的绝望与混乱之中，辛勤工作的、拥立国王的赛义德兄弟提出另一个帝王的人选，巴哈杜尔沙年轻的孙子，他以穆罕默德沙(Muhammad Shah)的名义被戴上了王冠，使每一个人都惊讶的是他统治了30年。在如此短的时间内不得不寻找如此之多的新君主的问题在于：和赛义德对立的王位要求者及其支持者越是极快地受到磨难，就越是会激起宫廷中对赛义德一族们的强烈的仇恨，尤其是在对立的伊朗(Irani)与土兰(Turani)派系之间，他们现在都加入到反对“作威作福”的兄弟们的力量之中。

海得拉巴的尼扎姆

最强大的土兰贵族是尼扎姆-乌尔-穆尔克(Nizam-ul-Mulk，1669－1748)，他曾被派往德干作副王，在那里，他成功地领导了针对坎德什赛义德侄子的攻击，吸引了位于德里的帝国军队首领侯赛因·阿里。但强大的赛义德将军在行军途中被毒害，他的哥哥被关进了监狱，在囚禁中等着被穆罕默德沙处死，他背叛了他的导师，现在任命尼扎姆-乌尔-穆尔克为他的大臣(vazir)。作为首相，尼扎姆试图在宫廷开

始有效的改革,实际上放弃行政上的常规,但穆罕默德沙并不关心任命高效的曼萨卜达尔和处罚那些没能向帝国金库上缴税收的人,而对后宫和水烟袋更感兴趣。宫中有许多马屁精足以满足年轻帝王的自我陶醉,而且尼扎姆也很快认识到他只有通过在红堡消除与其敌对的大多数贵族才能改革德里,这充其量是一件吃力不讨好的、危险的工作。他
177 选择作为一位“国王”生活在他喜爱的南印度城市海得拉巴。在1723年晚一些时候他放弃了德里,并且率领他的军队退回到南方,在那里他建立了一个寿命比莫卧儿帝国还要长的“王朝”。

帕什瓦·巴吉·拉奥(Peshwa Baji Rao)

尼扎姆与马拉塔人现在都竞相声称自己拥有德干地区。很快,事实证明子承父业的帕什瓦·巴吉·拉奥(1700—1740)是马拉塔财产的有力的防卫者。赛义德兄弟之死使马拉塔在德里失去了支持,并且尼扎姆最初拒绝兑现1719年帝国协议,即答应浦那获得其土地大部分收入的请求。尽管是一位婆罗门,巴吉·拉奥自己率先抵抗尼扎姆的军队,这支军队也受到一位帝王新任命的德干副王穆巴里兹汗(Mubariz Khan)从德里派来的莫卧儿军队的挑战。尼扎姆并没有冒险与两支军队同时作战,他选择了首先与马拉塔媾和。1724年,他亲自与塔尔(Dhar)附近的巴吉·拉奥谈判,达成“双边和平”协议。然后他提出消灭穆巴里兹汗及其军队,以使南印度有效地脱离德里的控制;后来他在奥兰加巴德接待了巴吉·拉奥并以大袍和礼物作为奖赏以避免他的骑兵参加血腥的战斗。在尼扎姆确立他对海得拉巴的牢固控制之后,他向帝王写信“请求他的宽恕”并且以接受德干副王这一正式头衔作为回应,事实证明这对他随后与他的直接对手马拉塔的斗争是十分有利的。在维持表面的为帝国服务的同时,尼扎姆事实上已经建立了一个独立的王朝,因为他不再向德里上交任何税赋并且根据自己的需要宣布或结束战争;不过,他并没有通过宣告一个新王朝或铸造有他名字的钱币这种公开的反叛来提出正式的挑战。瓦解莫卧儿帝国的18世纪模式由此确立并且很快在其他省蔓延开来,包括孟加拉和奥

德,强大的莫卧儿纳瓦卜成为独立的国王,除了没有正式的头衔。

在南印度逐渐独立于莫卧儿帝国的时候,萨法维王朝受到阿富汗
入侵者的攻击,伊斯法罕于 1722 年陷落。一位强大的波斯将军纳迪 178
尔·古利(Nadir Quli)最后设法将阿富汗人赶回他们的家乡,他本人于 1736 年登上波斯王位,被称做纳迪尔沙。随后他约请德里的穆罕默德沙加入他的军队一起努力消灭阿富汗人。此时可怜的穆罕默德沙几乎不能保护德里免受巴吉·拉奥军队的攻击,1737 年,擅长在粗糙路面上奔跑的马拉塔轻型马已经长驱直入莫卧儿首都的郊区。帝王无可奈何,被迫向尼扎姆求救,除了授予他前所未有的荣誉称号阿萨夫·贾(Asaf-Jah)外,还许诺他五个省和 1 000 万卢比的现金以把马拉塔人从中印度清除出去。尼扎姆无法抵抗如此的诱惑,他率领 3 万精锐部队,带着他需要的所有火炮离开德里,被授予消灭马拉塔人的全权。他命令长子纳西尔·章(Nasir Jang)从南方进发,希望他们以钳形攻势缠住巴吉·拉奥。但事实证明帕什瓦是一位更为精明的将军,他不但逃脱了围攻,而且还将尼扎姆引诱到博帕尔,在那里,巴吉的军队包围了他并且实施围攻。尼扎姆被迫求和。巴吉的条件包括正式割让马尔瓦和本德尔肯德的所有地区;此后他将接受讷尔默达与亚穆纳河之间所有土地的收入,还有 50 万卢比的战争赔偿。这是尼扎姆最羞耻的一次失败,不过庆幸的是他保全了性命和他的军队。此时,在印度急剧分裂的政治拼合中,马拉塔的实力比其他任何一支力量都要强大。

纳迪尔沙对德里的劫掠

此时,波斯人决定不再等待穆罕默德沙的帮助。纳迪尔沙孤军深入拿下坎大哈与喀布尔;然后,在 1738 年年末,他从亚历山大几个世纪前穿过的地方跨越印度河谷。拉合尔陷落了,锡克教徒逃到山上去了,而波斯人依然向德里进发,1739 年春,帝王及其宫廷孤注一掷在格尔纳尔(Karnal)进行抵抗。莫卧儿人被纳迪尔沙轻松地击败,此时他的军队劫掠了德里,屠杀了大约 3 万人并且洗劫了价值 1 亿卢比的金银财宝——包括被运回波斯的孔雀王座。到 5 月,当入侵者最后心满意

179 足地满载而归时，沙·贾汉的城市只剩下闷烧的外壳，一度繁荣的莫卧儿帝国成了一堆瓦砾。当印度伟大的莫卧儿王朝被跨越地区的宗教战争、宫廷的无能、贪婪的党派之争和西北部传统的入侵掠夺、毁灭时，欧洲的商业企业悄悄地在次大陆的边缘繁荣起来。

在17世纪即将结束的几十年里，英国在约翰爵士(Sir John)和乔赛亚·奇尔德爵士(Sir Josia Child)“兄弟”“公平而坚定”的领导之下在东西部海岸加强了他们的力量。约翰爵士在1682至1690年间是位于苏拉特公司工厂的厂长和孟买的统治者，而且在他强有力的指导下，公司的西海岸总部完成了从易受攻击的工厂到强大的岛上要塞的转变。乔赛亚爵士在1674至1689年间是英国公司董事委员会24位“委员”组成的伦敦肉市街委员会(Leadenhall Street Council)的首领；他可能是将英国东印度公司的业务设想为如下目标的第一位英国人：“建立这样一种民事与军事的政治体系，而且创造并保证这样一种巨大的收入能够在未来作为英国在印度的巨大、牢固和坚实的统治基础。”[1]

迦利卡特(Kali-ghat)加尔各答

1690年，英国人从阿拉姆吉尔那里获得在孟加拉的新基地进行贸易的特许，从而朝着实现上述梦想跨出实质性的一大步。公司的工厂建在胡格利河边，它是恒河流向孟加拉湾的一条支流，这里有一座村里人敬奉迦利女神的寺庙，石阶(ghats)由此绵延到水里；因此，加尔各答(Calcutta)的名称可能来自Kali-ghat这两个词。孟加拉理事会(Bengal Council)的商人约伯·恰诺克(Job Charnock)建立了这座城市，后来成为英帝国在印度的第一个首都，而且到了1700年，当地英国人的人口增长到1 200名。威廉城堡(Fort William)矗立在这个地方，距孟加拉湾上游约100公里，将成为世界上人口最稠密的城市与港口
180 之一——尽管没有人能想象得到它增长有多快，或者它很快会成为帝

[1] 引自威廉·威尔逊·亨特(William Wilson Hunter)：《英殖民印度史》，新印本，伦敦：朗曼斯，格林，1912年，第2卷，第272－273页。

国如此重要的城市,权力、财富和“可怕的夜晚”都集中于此。不过,孟买或加尔各答都没有成为英国商人首先学会将他们静悄悄的商业活动与热烈地参与政治和大规模获取土地的孵化地。这一历史发展的地点是马德拉斯。英国人也没有独立发现征服印度的钥匙;他们主要是从他们在印度的最近的欧洲对手法国人那里学到的。

法国的东印度公司

法国的东印度公司(Compagnie des Indes Orientales)开始于1664年让・巴普蒂斯特・柯尔贝尔(Jean-Baptiste Colbert)1 500万图尔里弗尔(livres tournios,约60万法郎)资金的刺激。在公司诞生10年后,弗兰西斯・马丁(Francois Martin)在本地治里建立了印度总部,此地距位于科罗曼德尔海岸的马德拉斯南约85公里。模仿英国的三足鼎立模式,法国人在这一世纪末分别在苏拉特和胡格利河边的昌达那伽(Chandarnagar)建立了附属工厂,而且它们很快就成了与英国商人争夺印度商品的强有力的竞争者。1721年后,通过夺取印度洋中的毛里求斯和波旁(Bourbon)群岛,法国人能够使其舰队随时对任何印度港口实施快速和有效的进攻或防御。10年之后法国人在印度的利润达到最高点,平均每年获得的收益是他们投资的25%,而更大、更笨重的英国公司的利润则下降到10%以下,尽管现在英国每年从印度的进口额的估价超过100万英镑。在“怀有敌意的东方”,欧洲各国合作与友谊的早期时代很快被紧张的竞争贸易、国家对立与相互的妒忌所取代。1741年,本地治里在公司理事长的儿子、一位具有非凡远见的政治家——约瑟夫・弗兰西斯・迪普莱克斯(Joseph Francois Dupleix,1697－1764)的掌控之下,它的人口几乎与马德拉斯一样多,接近50万人。五年后,因玛丽亚・特蕾西亚大公(Maria Theresa)[①]要求奥地利的继承权引发争

① 奥地利女大公、匈牙利和波希米亚女王(1740－1780),神圣罗马帝国皇帝弗兰西斯一世的皇后,扩充军备,实行内政、教育等改革,参加七年战争(1756－1763)并瓜分波兰等。——译者注

议，欧洲爆发了战争，诱使英国与法国加入了1746年夏南印度爆发的冲突。英国人缴获了几艘法国船只，这一事件刺激了迪普莱克斯，他要
181 求舰队司令马希·德·布尔多奈(Mahe de la Bourdonnais)率领毛里求斯舰队将科罗曼德尔海岸的局势快速向有利于法国的方向扭转。1746年9月，马德拉斯被法国人轻而易举地拿下，而在圣乔治要塞(Fort St. George)俘虏的那些囚犯中，有一位公司行政部门的“作家”罗伯特·克莱夫(Robert Clive,1725－1774)，他早就对他的办公室工作厌烦至极以至于试图用手枪打爆自己的脑袋，但因为没有着火而失败。克莱夫很快发现射杀别人能够有效地减轻自己的紧张，而且他从迪普莱克斯那里认识到印度的所有作物都是为帝国的征服而成熟的。迪普莱克斯所开始的“游戏”逐渐被称为“荣华富贵”，英语对莫卧儿头衔纳瓦卜的玷污。

迪普莱克斯的“富贵游戏”

直到被尼扎姆任命为阿尔果德(Arcot)国王的卡纳蒂克地区(Carnatic)的纳瓦卜安瓦-乌德-丁(Anwar-ud-din)，坚持要求法国人在1746年10月把马德拉斯交给他时，迪普莱克斯才充分认识到他自己的权力。迪普莱克斯不愿意放弃权力促使纳瓦卜派遣他最优秀的近万余名骑兵部队进攻了圣乔治要塞。这支印度人的部队在圣托姆(St. Thome)被230名法国人所击败，700名训练有素的印度兵支援他们，他们使用大炮和滑膛枪，采用欧洲具有致命功效的、受过训练的战争手段。圣托姆较小的交战标志着南印度的政治权力平衡发生革命性变化的一个时代的到来。随着安瓦-乌德-丁军队的大败，迪普莱克斯除了头衔外实际成为卡纳蒂克的纳瓦卜。如果法国由其他人统治，而不是由没有兴趣或倾向牵涉到东方政治的路易十五和德·庞帕杜夫人(Madame de Pompadour)统治，迪普莱克斯可能成了印度的实际帝王。即使几乎没有得到来自国内的支持，在1748年尼扎姆-乌尔-穆尔克死后，他还是想方设法成了实际的尼扎姆和纳瓦卜。

他是如何做到的呢？首先，他了解印度，他在次大陆生活了将近

20 年。迪普莱克斯比任何与其同时的欧洲人都更了解印度人的态度和政治。而且,18 世纪以内讧和分裂为特色的印度政治的疯狂气氛中孕育的妄想狂和权力欲充分感染了他。1749 年,他支付了 70 万卢比以赎回在马拉塔被监禁的昌达·萨希卜(Chanda Sahib),已去世的纳 182
瓦卜——卡纳蒂克的女婿,他声称自己是王位的合法继承人。利用昌达·萨希卜作为他的傀儡纳瓦卜,迪普莱克斯就能够得到军队的支持,这支军队曾在决定性的一年里把安瓦-乌德-丁从其之前在阿尔果德的生活中驱逐出去。迪普莱克斯欣赏任何印度王位角色的仪式要求,并三次拒绝由自己登上阿尔果德王位的提议,而选择把这一王位以及其他南印度的王位留下来,避免了由他承担它们的正式的责任或危险。在帮助昌达·萨希卜得到阿尔果德王位的同时,迪普莱克斯也在为使尼扎姆-乌尔-穆尔克的甥孙穆扎法·章(Muzaffar Jang)登上海得拉巴的王位而努力。合法继承王位的尼扎姆的儿子纳西尔·章在 1750 年被暗杀,而穆扎法被正式宣布为尼扎姆,他提议迪普莱克斯的法国副官德·伯西侯爵(Marquis de Bussy)到海得拉巴来。伯西率领由 300 名法国人和1 500名印度人组成的军队,他是欧洲“政治代表”的原型,拥立和废黜了许多印度王子。当年轻的穆扎法在前往德干首都的途中被杀时,伯西很快挑选了一位新的傀儡,并扶植他登上王位——萨拉巴特·章(Salabat Jang),他是前尼扎姆的一个儿子。尼扎姆的首都现在被法国人牢牢地控制在手中。

如果 1749 年欧洲的亚琛(Aix-la-Chapelle)和平协定不把马德拉斯还给英国,迪普莱克斯在南方的首要位置就不会受到马拉塔人的挑战。不过,由于离开祖国的英国人得到了新的空间,英国人很快学会了迪普莱克斯教给他们的游戏。安瓦-乌德-丁的小儿子穆罕默德·阿里(Muhammad Ali)从阿尔果德逃到半岛最南端的特利支诺波利(Trichinopoly),在那里,他作为合法纳瓦卜的要求得到了英国军队的支持。昌达·萨希卜率领一支大军与他的对手作战,但并没有毁灭特利支诺波利及其微小的要塞,尽管他可以轻而易举地做到,他包围它并等候了很长时间。

克莱夫学习迪普莱克斯的“游戏”

在特利支诺波利被围攻时，被特别委任的大胆的新工作的“首领”克莱夫自愿率领一支由200名英国人和300名印度士兵组成的军队离开本地治里以南、马德拉斯的小卫星城圣大卫(St. David)要塞，在
183 1751年酷热的夏天里向北方的阿尔果德展开了一次100多公里的强行军。昌达·萨希卜为了围攻特利支诺波利，几乎调动了首都的全部军队，因此克莱夫的士兵没有遭遇任何抵抗，顺利进入阿尔果德，占领了纳瓦卜的宫殿要塞，有100万无助的旁观者看到了这一场景。这是近代印度历史上最勇敢的军事转移的典范。不仅使加尔纳迪人因英国人大胆的话语而激动，而且以“上天派来”的将军的荣誉为克莱夫遮掩并有助于他快速爬上孟加拉“纳瓦卜”的位置。昌达·萨希卜被迫将4 000多人的军队从特利支诺波利撤回阿尔果德，而克莱夫及其日渐减少的英勇部队则坚持了50多个日夜，直到那格普尔的拉古那特·邦斯勒(Raghunath Bhonsle)率领的马拉塔军队急忙向穆罕默德·阿里和特利支诺波利的英国人求助时，战争形势才有所转变，导致昌达·萨希卜在1752年被俘获和处死。现在克莱夫成了加尔纳迪的纳瓦卜的缔造者，将穆罕默德·阿里推上阿尔果德的王位。尽管迪普莱克斯还在继续战斗，国内的法国人却失去了对他们拿破仑式帝国的创立者的信任。1754年，迪普莱克斯因把董事会的投资过多地投入到不赢利的冒险事业上而被董事会撤职。

欧洲对查理六世帝国残余发动的第二次战争即七年战争(1756－1763)再次触发了盎格鲁-法国之间在印度的冲突，并进一步加强了英国的实力，这次冲突主要发生在孟加拉。1740年后，当阿里·瓦尔迪汗(Ali Vardi Khan)成为孟加拉的纳瓦卜时，孟加拉实质上已经从德里那里获得了独立。通过鼓励胡格利沿岸的欧洲商人，阿里·胡格利充实了他位于穆尔希达巴德(Murshidabad)的国库。他关心的主要不是法国或英国强国的任何潜在威胁，而是马拉塔人带来的威胁。巴吉·劳死于1740年，他的儿子巴拉吉·劳(Balaji Rao，1721－1726)接

替他成为浦那的纳瓦卜，并且在 20 年中领导马拉塔五国(Maratha Pentarchy)持续地向东、向北扩张。在巴吉·劳作为纳瓦卜的时代，马拉塔的扩张是如此地迅速，以至于现在浦那几乎更多地充当着一个松散联盟的核心的官僚指挥部，而不是一个王国的首都。有四位特别强大的马拉塔将军，每一位都开拓出他自己王朝的领地：巴罗达(Baroda)的牧牛王(Gaekwar)，印多尔(Indore)的霍尔卡(Holkar)，瓜廖尔的辛迪亚(Scindia)，那格普尔的邦斯勒(Bhonsle)。这四个领地名义上效忠于萨特拉王，他们的纳瓦卜因此成为五位实际统治的首领。

拉古那特·邦斯勒距孟加拉最近，他在 1741 年发动了针对奥里萨 184
(此时还是孟加拉的县)的远征，并且在次年，马拉塔的骑兵沿着胡格利宿营，甚至威胁到加尔各答，附近的英国人开挖了著名的马拉塔壕沟。不过，当帕什瓦要求得到邦斯勒从奥里萨夺取的财富中他的份额时，遭到拒绝，因此他决定响应阿里·瓦尔迪汗的请求，帮助其反对他的马拉塔同伙。帕什瓦的军队是按照莫卧儿帝国的要求行动的，即"帮助"孟加拉的纳瓦卜抵抗马拉塔"入侵者"的掠夺。巴拉吉·劳与阿里·瓦尔迪在孟加拉的普拉西(Plassey)遭遇，纳瓦卜同意向帕什瓦支付 200 万卢比和孟加拉每年出产的四一税(chauth)以"摆脱"他的邦斯勒游牧部落的那个省。巴拉吉接受了莫卧儿的钱并且努力使为邦斯勒服役的更为软弱的马拉塔人归还那格普尔。阿里·瓦尔迪汗通过使一支马拉塔军队反对另一支，从而获得对孟加拉的控制。不过，他于 1756 年 4 月去世时并没有儿子，因而错误地指定他最小的女儿的儿子米尔扎(Mirza)，历史上有名的纳瓦卜西拉吉-乌德-道拉(Siraj-ud-daula)作为他王位的继承人。20 岁的纳瓦卜轻率、冲动，因而没能发现他的宫廷中潜伏的背叛者，或者在他的权力掌控的目标之外潜藏的陷阱，他的冲动驱使他走向毁灭。

盎格鲁-莫卧儿在孟加拉的冲突

当西拉吉得知英国人在没有得到他的允许的情况下向位于加尔各答的威廉要塞增建防御工事时，他决定给他们一个教训，他在 1756 年带领战象沿着胡格利向南挺进。西拉吉只用了 11 天时间就带领他约 5 万人的军队从穆尔希达巴德前进 160 公里到达加尔各答，空袭了威廉要塞守备的 1 000 多名英国人。加尔各答总督罗杰·德雷克(Roger Drake)一听到枪响就冲向他的船。在不幸的 6 月，强壮的男人们放弃威廉要塞而逃窜，撇下许多妇女和孩子在后边，因为船只不够大不足以
185 把所有的人都安全地运过河。《黑洞悲剧(*Black Hole Tragedy*)》的作者、拥有生动想象力的霍尔韦(J. Z. Holwell) 比他的将军们还要伟大，他指挥着留下来的 170 名守备的英国兵。要塞里有两个铁研钵，但大部分火药都是湿的，子弹长期保存在湿润的环境中以至于几乎被虫子吃掉。西拉吉在 1756 年 6 月 20 日星期天发动攻击；到中午霍尔韦就举起了白旗。根据他的记述，146 名英国囚犯，包括一名妇女和 12 名受伤的军官，都被关进威廉要塞的监狱，被称为“黑洞(Black Hole)”，一座长 18 英尺、宽 14 英尺的不通风的地牢，这个夜晚激起了英国一代人对印度“野蛮土著”的极度愤怒。当第二天早上 6 点，地牢的门被打开时，霍尔韦报道，只有 23 位囚犯活了下来，其余的人都死于窒息或休克。对于这一记录更为详细的研究表明只有 64 名囚犯被监禁，其中 21 名活了下来，而西拉吉-乌德-道拉既没有下令如此折磨他们，也没有得到这方面的报告。冲动的纳瓦卜的党羽对盎格鲁-印度关系造成了无可弥补的损伤，英国人的报复是迅速而激烈的，贪婪和个人野心的火种引燃了折磨的火炬。

克莱夫中校在 10 月接受派遣从马德拉斯出发，指挥 900 名欧洲人和 1 500 名印度士兵，由沃森舰长(Admiral Watson)用五艘船运送并以五艘军舰组成舰队护卫。这支舰队被暴风吹到了缅甸，并没有到达福尔塔(Fulta)，德雷克和他们这群逃难者到 12 月还是安全的，威廉要塞直到 1757 年 1 月才被夺回。沃森舰长利用欧洲再次爆发的战争，炮轰昌达那伽的法国人，而克莱夫则攻击对手位于胡格利的要塞并于 3 月占领了它。随着法国人退出孟加拉，克莱夫现在有足够的机会赢得他从加尔各答的印度银行家那里要求得到的支持，尤其是印度的罗特希尔德(Rothschild)的杰加特·塞特(Jagat Seth)的支持，在 18 世纪后

半叶,他用神话般的财富买卖了许多国王统治的国家。印度的银行家现在与英国人一样对暴富的纳瓦卜不满。杰加特·塞特的穆尔希达巴德王位的竞争者是西拉吉的更可塑的叔祖父米尔·贾法(Mir Jafar),他感到他应该继承他的内弟阿里·瓦尔迪汗。

普拉西之役 186

包括克莱夫在内的三方联盟因此在普拉西之役的战场上结出“革命的”果实,1757 年 6 月 23 日,孟加拉的命运在加尔各答与穆尔希达巴德之间的“芒果树林”被决定。克莱夫率领 800 名欧洲士兵和 2 000 多名印度士兵与拥有 5 万名士兵的纳瓦卜作战,由于米尔·贾法的背叛和西拉吉-乌德-道拉分裂力量中共谋反叛者的背叛而获胜。杰加特·塞特“慷慨地”给予军队小部分财产,他们出生入死所得到的报偿还没有不打仗所得到的多。 周后,克莱夫亲自引领米尔·贾法在穆尔希达巴德登上王位,就在西拉吉-乌德-道拉的尸体漂浮在下游几天之后。

克莱夫由于他在政变中的作用而获得 23.4 万英镑的个人直接收入并拥有 6 000 曼萨卜达尔,年薪 3 万英镑,是孟加拉 24 个大区(Parganas,帕尔加纳)的租金,加尔各答以南约 880 平方公里的土地已成为他私人的扎吉尔。在他 32 岁时,一夜之间就成为英国最富有的国民之一,先是被斥责的“地方长官(nabobs)”,很快就携带着成袋的印度金银财宝回到伦敦,他习惯于大量收购公司的股份和议会中许多有名无实的席位。不过,在回国之前,他通过利用印度多元主义和背信弃义的精明已经获得了英国突出的位置。穆尔希达巴德的充满内讧的宫廷并不比德里、浦那和海得拉巴的更坏,但克莱夫从迪普莱克斯那里聪明地吸取了教训,命运将他放置在孟加拉基地,而他则充分利用了印度的种姓、阶级和社区的划分。

孟加拉的公司职员中因战争而膨胀的分子现在处于一种不用承担任何责任的独特的权力地位,他们展现孟加拉内地乡村(mofussil)的首创精神,不用上交 1 卢比的收入或任何税却通过贸易获取大量的个人收益。作为纳瓦卜,米尔·贾法发现自己在统治着一个要崩溃的王国,他的钱币被克莱夫剥夺,欠杰加特·塞特的债偿还无望,不被他最亲近的亲戚所信任,被那些还忠于西拉吉-乌德-道拉的人辱骂。到1760年,他已经不再能忍受了,他辞职让位于他的女婿米尔·卡西姆
187 (Mir Kasim),通过许诺将东孟加拉几个较大省份的收入交给克莱夫和他贪得无厌的同伴们来换取公司的支持。因此另50万镑的银子每年从孟加拉的土地流入了英国军舰里,彻底改变了钱币的流向,这是长期以来折磨西欧商人的问题。1760年,克莱夫回国后以每股500英镑的价格购买了200股公司股份,由此收购了伦敦肉类市场街董事的控制权。他还在国会下院收购了足够多的席位以保证其公司的财产并从伦敦对手那里获得新发现的帝国。

阿富汗入侵德里

德里从来没有从1739年波斯人的入侵中真正恢复过来,尽管穆罕默德沙直到1748年去世前一直是名义上的帝王。此时,纳迪尔沙也死了,而他的喀布尔副官艾哈迈德沙·阿卜达利(Ahmad Shah Abdali,后改名为杜拉尼[Durrani])宣称阿富汗从波斯独立出去。为了有助于维持他新统一的王国,艾哈迈德沙·阿卜达利抢劫了拉合尔并发动了一系列对旁遮普的袭击,最后一次是在1761年,他实现了对德里的占领。莫卧儿的王冠现在被戴在一个个软弱而重要的人的头上,每一个人都服务于宫廷支持者贪婪的需求,直到他们的对手想方设法罢免他们时为止。1753年,奥德的瓦齐尔萨夫达尔·章(Vazir Safdar Jung)和他的对手、尼扎姆的孙子海得拉巴的伊玛德-乌尔-穆尔克(Imad-ul-Mulk)率领军队把德里变成莫卧儿内战的战场。战斗激烈地进行着,直到萨夫达尔·章和他的属下被迫向东撤退到他们在奥德的要塞时为止,它这时也成为纳瓦卜舒贾-乌德-道拉(Shuja-ud-Daula)强有力的统治下的另一个独立王国。瓦齐尔伊玛德-乌尔-穆尔克只能在帕什瓦军队的支持下统治德里,因而激起了宫廷中正统穆斯林的愤怒,像博学的学者沙·瓦里-乌拉(Shah Wali-ullah,1703－1762),他请求阿富汗把

德里从"印度教徒统治(Hindu Raj)"中"拯救"出来。艾哈迈德沙·阿卜达利很快对这种请求作出回应并夺回旁遮普大部分宝贵的地区。在这一时期,阿姆利则一直是锡克权力的首都;而且尽管卡尔沙(khalsa,锡克教教团)被划分为 11 个密斯尔(misls,地区统治下的"平等的单位"),在面对经常存在的莫卧儿、马拉塔或阿富汗攻击的威胁时,它被赋予了最大的机动性和地方的主动性,现在试图通过引入一种标准的收入需求使锡克的统治有秩序,即以每次收成的五分之一换回卡尔沙 188
对旁遮普农民的"保护(rakhi)"的承诺。在 1756 至 1757 年的冬天,阿富汗人发动了他们自 1748 年以来对印度的第四次入侵,而阿卜达利的掠夺者们则把德里变为对住在印度西北国境的阿富汗人进行抢劫和屠杀的噩梦般的城市。当阿富汗人返回路过旁遮普时,锡克教徒骚扰满载而归的阿富汗军队,但是没有印度军队——那时是其他的帕什瓦的军队——现在足够强大到能与沙·阿卜达利的实力抗衡。

马拉塔的力量

帕什瓦派遣他年轻的弟弟拉古那特劳(Raghunathrao)作为马拉塔强大军队(包括马尔哈罗·霍尔卡[Malharrao Holkar])的先锋随着阿富汗人的纵酒狂欢进入德里。拉古那特劳听从了伊玛德-乌尔-穆尔克的建议,把帝国的新傀儡安放在德里的王位上,然后胜利穿越旁遮普,把沙·阿卜达利的儿子和将军从拉合尔赶了出去,在没有遭遇激烈抵抗的情况下向西挺进到印度河流域。当德里和拉合尔都不过是帕什瓦版图的地方前哨时,浦那的"帝国"从来没有大到如此的程度或像 1758 年那样强盛。不过,年轻的拉古那特劳不愿意回到德干的家,而霍尔卡也急于征收拉其普特的收入。马拉塔将军中只有达特吉·辛迪亚(Dattaji Scindia)被派去驻扎在德里,但他并不擅长对付宫廷中复杂的阴谋。到 1759 年年中,沙·阿卜达利和他的军队折回来入侵旁遮普,到这一年年末他到达了德里的郊外,而伊玛德-乌尔-穆尔克因害怕帝王阿拉姆吉尔二世(Alamgir Ⅱ)宠幸沙·阿卜达利而恐吓并谋杀了他。此时,1760 年 1 月,辛迪亚在试图抵抗阿富汗入侵者时被杀,而他的马拉塔军队则绝望地逃走。现在沙·阿卜达利所向无敌,但他对在德里的烈日下生活没有多少兴趣。生活在奥德纳瓦卜舒贾-乌德-道拉保护下的莫卧儿王子米尔扎·阿卜杜拉(Mirza Abdulla)在其父被暗杀后宣布自己为帝王,王朝取名为沙·阿拉姆(Shah Alam)。他悲惨的王朝持续了47年(1759－1806),但它是在流亡中产生的,并且这顶王冠充满了荆棘而不是快乐,尤其在1788年,他被一位阿富汗首领弄瞎了眼睛。

189 当辛迪亚去世的消息传到浦那时,帕什瓦任命他信任的侄子萨达西夫罗(Sadashivrao)指挥从德干派往德里的、可能是最强大的马拉塔军队。3万名一流的马拉塔骑兵,其中还包括帕什瓦的儿子们,在1760年3月离开马哈拉施特拉,当他们向北挺进时还吸收了一些拉其普特的志愿者,在他们为1761年1月的殊死战斗而集中前已经扩大成为总数约20万的军队和非战斗的支持者。

帕尼帕特之役

沙·阿卜达利留在德里等待马拉塔的军队并且以莫卧儿和罗希拉(Rohilla)的阿富汗军队来援助他的军队,他们都急切地加入被正式宣布是反对印度教异教徒的穆斯林圣战之中来。甚至舒贾-乌德-道拉也加入了这个联盟。这两支军队在帕尼帕特血腥的战场上相遇,印度的命运以前也经常这么被决定。双方都在为令人痛苦的长期防御、对抗挖战壕。马拉塔人很快发现他们不能从附近穆斯林人口占统治地位的河间地区买到食物或补充给养。到1月中旬,萨达西夫罗不再犹豫,因为他的人马都快要饿死了。马拉塔人被迫放弃他们的防卫工事,发动攻击。到现在为止,沙·阿卜达利是一位更优秀的将军,他的军队比帕什瓦的军队更为强大、且占据更有利的位置。1761年1月中旬,太阳在帕尼帕特落下之前,将近7.5万名马拉塔士兵被杀戮;另外3万名被俘虏,后来被赎回。沙·阿卜达利现在承认沙·阿拉姆为莫卧儿帝王并且指定他的罗希拉阿富汗人的帮助者纳吉卜-乌德-道拉(Najib-ud-Dawla)为德里的发薪人员和统治者。沙·阿卜达利的军队由于厌烦印度并且因为缺少薪资和掠夺品而不愿向前走,迫使他们的沙带领他们回到喀布尔。随着马拉塔力量的衰弱和阿富汗军队的退却,在印度,没有任何力量能够强大到足以阻止英国人的进一步扩张。名义上的莫卧儿帝王待在勒克瑙,依赖他的瓦齐尔主人、奥德的纳瓦卜提供给养。帕什瓦听到帕尼帕特的屠杀消息而崩溃,并于 6 月去世。纳吉卜-乌德-道拉胆怯地统治着德里,冒险地迈出城堡的围墙只是为了使亚穆纳河西的贾特人(Jats)顺从,那也只是刚刚超出狭窄的郊区范围,逐渐 190
代表现在已死的莫卧儿"帝国"的最后的领土。

被削弱的法国力量

对于法国人和马拉塔人而言,1761 年是直接失败的一年,是一个关键的转折点,从此将没有太大希望出现莫卧儿统治的继承人。在七年战争开始的时候,德·拉莱伯爵(Count de Lally)被凡尔赛宫派遣作为法国军队的首领,率领军队把英国人从马德拉斯赶出去。但他失败了,虽然他设法夺取了圣大卫要塞(Fort St. David),并且召唤位于海得拉巴的伯西前来帮助和提供建议。克莱夫派位于孟加拉的艾尔·库特爵士(Sir Eyre Coote)率领一支英国军队,于 1760 年 1 月 21 日在温蒂沃什(Wandiwash)决定性地击败了拉莱。一年后本地治里陷落,而且尽管于 1763 年通过巴黎和约回到了法国人手里,它的防御工事却被永远地拆除了。除了当拿破仑在 1798 年发动对红海的失败远征的短暂时期之外,法国保留在印度土地上的领地从此衰弱下去,再没有对英国人的统治提出任何严峻的挑战。

到 1762 年,公司对孟加拉的掠夺变得如此地疯狂,以至于米尔·卡西姆尽管愿意作傀儡,也发现作为纳瓦卜他亦不可忍受。由于受到英国人持续贪婪掠夺(尤其是在普特那)的驱使,米尔·卡西姆很快投入到与其土地的商业掠夺者的战斗之中。他被迫在 1763 年逃到穆尔希达巴德并且被摇摇欲坠的米尔·贾法所取代,他作纳瓦卜傀儡不到两年就于 1765 年 2 月死去。在极度挫折之中,米尔·卡西姆命令杀掉普特那的所有英国人,然后逃到勒克瑙,他向那里的舒贾-乌德-道拉和他帝国的客人沙·阿拉姆求助。一度强大的莫卧儿开始理解：除非他们联合各种力量，把他们自私的动机升华到更高的统一事业中，否则不可能捍卫帝国。但是一切都太晚了。1764 年 10 月 22 日，在贝拿勒斯与普特那之间的恒河平原地区，这个莫卧儿联盟组织的军队被赫克托·芒罗少校（Major Hector Munro）和他位于布克萨尔（Buxar or Baksar）的远为弱小的军队彻底击败。对于英国军队和帝国的野心而言，这是一次比普拉西之役意义还要重大的胜利，因为布克萨尔公司的军队面对的主要是莫卧儿力量联合起来的残余势力，而不是一位不受
191 欢迎的年轻纳瓦卜内讧剧烈的队伍。在过去的七年中，公司从孟加拉积聚了大量的财富和力量，足以动摇莫卧儿帝国业已瓦解了的基础，以至于英国人可以伸手去得到德里权威的华盖，他们一直是这样向往的。

当克莱夫于 1765 年归来统治孟加拉时，他敏锐地意识到：尽管他的公司可能拥有胜利进军德里及其以外地区的实力，但在盎格鲁-印度关系的早期阶段，这样的冒险几乎是无利可图的，或必定是旷日持久的征服。“如果征服的观念是对我们行为的控制的话，”克莱夫向他的董事们写道，“我预见我们会不得已被一个又一个获得所驱使，直到整个帝国武装起来反抗我们；那时我们将处于孤军奋战的极其不利的条件下（因为谁会希望我们好呢），本地人不会与欧洲人结盟，会寻求他们自己的资源，这意味着他们会以军人的方式与我们战斗。”①例如，在布克萨尔他注意到米尔·卡西姆的军队比以前印度军队的战斗还要艰苦。这是一个重要的、警告性的见解，证明克莱夫多么善于从迪普莱克斯的游戏中汲取智慧，因为在“本土的”纳瓦卜和其他如此像君主的傀儡的掩护下，公司能够持续地繁荣并扩大它的权力基础。通过向印度领袖们提供军事“保护”，英国人能够在不激起大众太多怨恨或对外来强国的侵犯的广泛抗议的前提下保持他们的独立性。不过，克莱夫获得的

① 引自马尔科姆爵士（Sir J. Malcolm）：《克莱夫生平》，第二卷，第 310 页；被拉姆齐·缪尔（Ramsay Muir）：《1766－1858 年英属印度的形成》，曼彻斯特：曼彻斯特大学出版社，1923 年重印，第 82 页。

是孟加拉、比哈尔和奥里萨的收入,它被沙·阿拉姆在1765年8月12日的敕令中“一代一代永远”赠予“可敬”的公司,宣布公司为那些省份的迪万(diwan,管理税务、财政的官职)。为了回报征收和维持从恒河盆地东部广大地区出产的几百万英镑价值收入,以及在印度最稠密地区上万平方公里免收任何费用的完全自由贸易,英国人同意每年向帝王支付26万英镑,以支持他在安拉阿巴德大幅收缩的帝国作风。英国东印度公司因此成为莫卧儿的一个正式“仆人”,以支撑其快速衰落的一面,作为印度意识之光辉的最便捷的反映。

第十三章　英国东印度公司的统治(1765－1793)

192　1765年以后,东印度公司试图尽可能牢固和永久地确立它对孟加拉、比哈尔和奥里萨的统治。不过,管理者克莱夫发现自己处于一种尴尬的位置,他不得不警告公司资历浅的代理商:他们不再被允许做以前他所做的事情,并希望代理商们诚实、自制,不要索取贿赂并向公司领地内的“当地人”强要昂贵的礼物。自己曾经掠夺过这一地区,克莱夫现在认识到了试图统治一块缺少足够资源的土地时的内在困难。克莱夫自己并不太关心管理,因为这些问题一直存在,至少在穆尔希达巴德的纳瓦卜的统治下有名无实地存在,他负有对孟加拉刑事审判制度和军政(nizamat)的形式上的义务,尽管他没有收入——所有的收入都被公司作为迪万征收——来支付给他的警察、士兵或法定的官员。公司自然应该平等地分配土地收入以保证三个省的有效管理,但忙于私人买卖和公司贸易的职员们没有时间担心纳瓦卜不平衡的预算或偏远乡村法律与秩序的崩溃。这可能是一切双重政府中最糟糕的:负有责任的并不拥有权力,而那些拥有权力的感受不到责任。

克莱夫在1765年报道:自从米尔·贾法恢复纳瓦卜位置后,“除孟加拉外,在任何国家都没有看到或听到这样一种无政府、混乱、受贿、
193　腐败和敲诈的情况;如此丰富的财产并不是用不正当的或巧取豪夺的

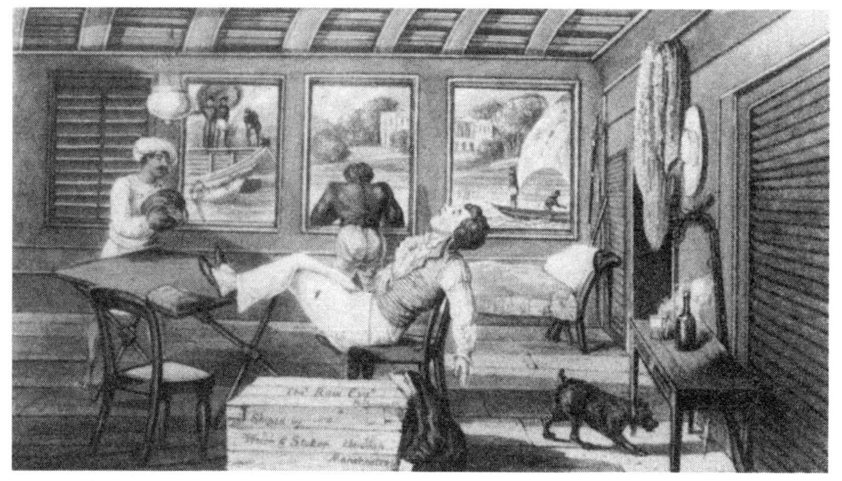

"毛头小伙汤姆",孟加拉的英国东印度公司一个新的年轻英国雇员的漫画。

方式获得的"①。四年之后(前两年是克莱夫的第二个任期),英国商人理查·比彻(Richard Becher)从孟加拉向国内写信道:"自从公司加入迪万体系(Diwani)以来,这个国家人民的处境比以前还要糟糕……接近崩溃。"②到 1769 年年末,雨季过后,孟加拉一无所有,被剥夺了一切剩余的财富和粮食。紧随英国人掠夺而来的就是饥荒的打击,仅 1770 年就夺去了约三分之一孟加拉农民的生命。然而公司贮存了足够的粮食用以供给它的职员和士兵,投机商则利用人民的饥饿和恐慌大发横财,他们用金银财宝购买成把的稻米,最后只能同类相食。伦敦的公司董事抱怨这一事实:印度的英国人"利用悲惨的当地人的普遍痛苦而赢利",然而孟加拉议会基于它名义上没有行政责任,而在帮助饥饿者、提供避难所方面无所作为。

最终引起英国议会关心孟加拉状况的不是印度农民的苦难,而是 194
公司在 1767 年竟然不能向国库支付承诺的每年 40 万英镑的税收。正

① 引自马尔科姆爵士:《克莱夫生平》,第二卷,第 379 页;被拉姆齐·缪尔:《1766－1858 年英属印度的形成》,曼彻斯特:曼彻斯特大学出版社,1923 年重印,第 76 页。

② 理查·比彻发自孟加拉的信写于 1769 年 5 月 24 日并提交给董事会的机密委员会(机密委员会保存,印度办公室记录,A9 列),上引书重印,第 92－95 页。

如每位议员看到的，许多公司的雇员从印度回国时都携带着麻布袋都装不下的个人财产。显然，孟加拉邦出了一些问题——从格林威治启航的快速帆船需要航行六个月才能到达，而在向东的一些航程中，在超过一年时间里都要听“风”由命。距离强化了公司雇员的完全独立的意识和总体上对国内人士愿望的漠视。向东流放过程中固有的艰苦和风险则强化了个人的贪婪倾向和尽可能多地攫取、然后舒服地退休还乡的欲望。这种动机的幻灭可能在克莱夫最后得到他用不义之财所能买到的一切事物之后的一连串自杀行为中得到最好的说明。正如伯克很快在国会下院所宣称的，“食肉鸟开启新的捕食之旅”持续离开英国的海岸驶向印度，“带着这一时代所有的贪婪和年轻人所有的猛烈”。

沃伦·黑斯廷斯的统治

议会的质询迫使东印度公司努力作出改变，并且促使董事们从克莱夫的恃强凌弱的欺压转向沃伦·黑斯廷斯（Warren Hastings, 1732－1818）的冷静的、有条理的领导，他在 1772 年被任命为威廉要塞的统治者。与克莱夫一样，黑斯廷斯也在公司行政部门成长，但他更倾向于学习拉丁语、波斯语、乌尔都语，而不是进行急行军或守卫有缺口的城墙。不过，后来的事实证明，他的学术追求十分实用，使他对印度人有了更深刻的洞察，与他们建立起更亲密的关系，而且他的成功在很大程度上归功于这一事实：一旦他如此辛苦地得到梦寐以求的权力，他更像一位“本土的”而不是外国的暴君。不过，当他被激怒时，或当他感受到在权力政治中教训他人所展现的价值时，他会睚眦必报，残酷，傲慢并具有暴力倾向。

黑斯廷斯首先要做的是重新设计孟加拉的收入征收制度以便有更
195 多的现金流入公司的金库，而不是落在印度代理者和他们的英国管理人的手中，他们也拥有盘剥农民和公司而不受惩罚的权利。在他的管理之下，所有的收入都直接流向加尔各答，而不是先被转移到穆尔希达巴德或巴特那；此外，注意力更明确地被集中到农民的财产权和他们欠政府的债上，因而消除了中间人纳瓦卜及其宫廷中的忠实追随者持续作为加尔各答议会的阻碍,并且对公司每年对每个农民收入的需求增加了更多形式上的和可怕的权限。尽管孟加拉的纳瓦卜一直待在王位上,黑斯廷斯削减了他一半的薪水,并且在 1773 年后免除了曾赋予他的权力。黑斯廷斯还停止支付克莱夫曾承诺的向莫卧儿帝王的上贡,并且从公司总账上削减了许多其他类似的酬金;这些削减在增加征税效率的同时,每年还能节约 50 多万英镑。尽管那时孟加拉饥荒的余波犹存,黑斯廷斯还是能够恢复公司总账的正平衡并且提振股东们的士气。议会仍然通过公司的笨拙的管理报告,保持着充分的关注,在公司恳求贷款 100 万英镑以弥补其在孟加拉的"亏空"之后,采取了旨在保证对资源更合理利用的行动。

诺斯的管理法案

1773 年,诺斯勋爵(Lord North)的内阁同意公司 150 万英镑的贷款,但同时通过了一个"管理法案(Regulation Act)"以限制公司红利不得高于 6%直到还清贷款,还为了把国内的董事会限制在四年任期内,迫使伦敦利德贺街的 24 位老人中每年有四分之一退休。管理法案还催生了在孟加拉正式控制下迄今为止仍独立的马德拉斯和孟买管辖区,而孟加拉的统治者此后被提升到总督的位置上,他的议会议员增加到四名,他们都是在法案中被命名的。他们中的三位——克莱弗林(Clavering)将军、蒙森(Monson)和菲利普·弗兰西斯(Philip Francis)上校——都是在之前没有任何经历的情况下被派往印度,并且被选为部长以阻止黑斯廷斯提出的接下来几年的措施,直到 1776 年蒙森去 196
世。如果在黑斯廷斯自己和他的议员之间产生旗鼓相当的局面,作为总督他拥有决定性的一票,他的议员中只有巴威尔(Barwell)总是与他的立场保持一致。克莱弗林是乔治三世的密友;与蒙森一样,他对孟加拉一无所知并且心甘情愿地成为弗兰西斯的工具。只有 33 岁时他就被派往东方,弗兰西斯出色、有抱负并且傲慢;他确信他能做一位比黑斯廷斯好得多的总督,因而决定充分利用他的权力以证明这一点。到 1780 年年末,弗兰西斯在手枪决斗中被黑斯廷斯击伤,之后他就放弃了孟加拉。他在英国继续反对黑斯廷斯的斗争，赢得了伯克(Burke)的支持并且在启动弹劾程序中起到一定作用。

在与印度的反对者周旋时，黑斯廷斯表现出的坚决与可怕并不比与他的议员斗争时逊色。他是一位狡猾的对手，但他也忠实于他的同盟，1774 年他通过为奥德的纳瓦卜-瓦齐尔舒贾-乌德-道拉提供英国雇佣兵与奥德的西北邻居罗希拉阿富汗人战斗作为支持，就证明了这一点。就像英国在美洲利用黑森人(Hessians)[1]一样，在亚洲利用英国人在伦敦激起了道德怨恨。不过，黑斯廷斯相当优厚地对待他的英国士兵，而且他们在奥德的胜利强化了公司作为印度人最重要的缓冲的地位，并且确保了它对英国的忠实依赖——至少持续到黑斯廷斯的精明政策被放弃和奥德在 1856 年被吞并时为止。

如果说依赖英国军队的奥德的支持是黑斯廷斯对外政策的第一个核心，他的第二个最重要的选择是逐渐削弱马拉塔的实力。帕尼帕特的惊人失败不仅没有粉碎马拉塔帝国连续的希望，而且还在 1761 年把浦那暴露为尼扎姆从南部激烈攻击的目标。此外，在马拉塔的心脏地区，在巴拉吉·劳死后，紧接着的是一场对权力的拼命争夺，在他 16 岁的儿子和继承人马德哈夫·劳(Madhav Rao)与一直贪图马拉塔的首相权位的新帕什瓦的“监护人”叔父拉古那特劳(Raghunathrao)之间展开。拉古那特劳的野心更大，而一场马哈拉施特拉的内战削弱了马拉塔的力量来源，浦那的财富浪费在兄弟相残中；收入丰厚的地区被拱手送给尼扎姆；而且失去了军队和联盟以及不可替代的资源与人们的信
197 任。在这种毁灭性的冲突两年多后，马拉塔人认识到他们的战略是如何地弄巧成拙的并且重新组织起来向奥朗则布进军，迫使尼扎姆于 1763 年 9 月签订奥朗则布协议，割让税收超过 800 万卢比的土地。马德哈夫·劳的青春活力与适应性胜过其叔父的背叛，而帕什瓦享有八年多对浦那的积极统治，其间马拉塔的实力逐渐恢复到以前的水平。摩诃德吉·辛迪亚(Mahadji Scindia，1727 — 1794)现在成为马拉塔五

---

[1] 美国独立战争时英国在德国招募去美作战的黑森雇佣兵。——译者注

国联合中帕什瓦的最强有力的同盟,而那纳·法德尼斯(Nana Phadnis,1742－1800)成为他在浦那的主要顾问。直到这一世纪末,摩诃德吉与那纳一直是马拉塔实力中最强有力和最精明的堡垒。

1770年,马拉塔强大到足以占领阿格拉和马图拉,次年,摩诃德吉·辛迪亚占领了德里并约请沙·阿拉姆回到他的首都。现在莫卧儿帝王处于马拉塔的保护之下,浦那感受到了振兴,尽管现有的较少的宝贵金钱被用于恢复帕什瓦的物质与精神。邦斯勒和霍尔卡一直是五国联合中反对帕什瓦的不满的首领,而拉古那特劳则继续谋害他的侄子。1772年年末之前,马德哈夫·劳由于结核病在浦那去世,这重新燃起其叔父的期望并引发了一场新的宫廷阴谋和内战。新帕什瓦,马德哈夫·劳的弟弟那拉延·劳(Narayan Rao)只统治了九个月,于1773年8月末,在他自己的宫殿中眼睁睁地被其叔父杀害。拉古那特劳现在成为帕什瓦,但他残暴地阴谋杀害他的侄子在宫廷婆罗门中引起剧烈的反应,他很快发现不可能对马拉塔的官僚实施有效的领导。那纳·法德尼斯组织起浦那反对让人憎恨的拉古那特劳的力量,他于1774年被萨特拉的国王废黜并且最终被那纳·法德尼斯领导的“十二兄弟议会(Barbhais)”胁迫逃到浦那。

马拉塔的衰落

此时,急于在西部获得更多基地的英国公司的孟买议会利用了拉古那特劳的困境,并把他作为他们的傀儡帕什瓦以使公司对萨尔塞特
(Salsette)岛和勃生(Bassein)港的占领生效。拉古那特劳与英国在 198
1775年3月缔结的苏拉特协议(Treaty of Surat)向这位被推翻的帕什瓦承诺提供一支不少于2 500个人的武装部队,其中700个是欧洲人,而拉古那特劳则以足够的金银财宝作为报酬来供养这支部队,再加上孟买附近的许多岛屿“永久”让与公司。不过,孟买的力量不足以让拉古那特劳恢复王位,当1778年那纳的优良军队威胁要在浦那的郊外打败它时,它只好投降。如果不是沃伦·黑斯廷斯有先见之明,派遣一支由厄普顿(Upton)上校率领的英国军队从孟加拉越过印度,并且反击

最近到达浦那的法国顾问的影响，马拉塔人显然会一直控制孟加拉议会并且会轻易赢得反对英国的大联盟中其他南印度实力的支持。当伯戈因(Burgoyne)在萨拉托加(Saratoga)投降的消息传到加尔各答时，弗兰西斯和他的朋友们都劝黑斯廷斯召回他的军队并且不再使英国承担任何武力失败的风险。但黑斯廷斯坚持，如果事实上英国军队在西方世界已经遭受了如此严重的挫折，“承担着大不列颠在东方利益的那些人拥有更大的责任为挽回国家的损失而努力”。他的判断为事件的进程所证实，而且由于黑斯廷斯以如此虚张声势的固执来冒险，英国在东方赢得了第二个帝国，就像她在西方失去她的第一个帝国一样。

马拉塔到现在为止还没有被打败，但通过在1782年与摩诃德吉·辛迪亚签订的萨尔贝(Salbai)协议，它可以有效地保持中立20年，这给了公司时间，它急需积蓄力量对挑战英国首要地位的剩下的唯一一支印度军队发动下一次致命打击。黑斯廷斯也在救助马德拉斯议会，在本菲尔德(Benfield)、公司和懒惰的阿尔果德纳瓦卜的债权人施加的腐败与背叛的重压之下，它几乎要衰落下去了，黑斯廷斯试图通过夺取他邻居的领地，尤其是迈索尔的肥沃土地来偿还债务，这块土地在1762年曾被一位名叫海达尔·阿里汗(Haidar Ali Khan)的精力充沛的、幸运的穆斯林士兵所征服。在债权人的刺激之下，由纳瓦卜发动的公开战争驱使海达尔·阿里展开激烈的反击，他的骑兵在1780年遥望着圣
199 乔治要塞的城墙疾驰，而且，如果不是黑斯廷斯有力而及时的援助，他们会毁坏英国在卡纳蒂克的基地。1780年11月，艾尔·库特爵士(Sir Eyre Coote)率领一支军队从加尔各答来解救马德拉斯，而同时，黑斯廷斯向尼扎姆和贝拉尔(Berar,Bhonsle)的马拉塔国王派遣政治特使，试图破坏海达尔·阿里联合印度的三方联盟以对抗外国公司的努力。海达尔·阿里可能是他那个时代里最有远见的印度君主，认识到只有印度教徒-穆斯林的团结才能成功地与不断壮大的英国力量进行战斗，他在1780年再一次受到打击，但在10年后或更晚一些时期他从来没有停止过战斗。

马拉塔和卡纳蒂克战争造成的公司资源的损失导致加尔各答议会枯竭,黑斯廷斯感到有必要从他最富有的印度纳贡者、贝拿勒斯的国王和奥德的王后(begums)那里索要大量的金钱,使自己以后免受议会弹劾。作为公司的一位忠实的终生雇员,黑斯廷斯不认为“压榨”富有的“本地人”以支持印度的安定有什么错;事实上,他吃惊地发现如此众多的回国的英国人,他们关于财产神圣不可侵犯的道德禁忌和情感会使他们做别样的思考。“我在扩大、形成您拥有的领地并使之持续,”黑斯廷斯后来向他的董事们提出抗议,“我保护它;我还派出它的军队穿越未知的和充满敌意的地区,辅之以有效但节俭的手段,以支援你的其他领地……我向您献出了一切,而您回报我的只是没收、耻辱和终生的控告”。[1] 沃伦·黑斯廷斯于1785年离开了孟加拉,这样一位饱经风霜的孤独男子,渴望着永远不会提供给他的贵族名录,被曾经作为统治者的权位的傲慢遮蔽了双眼,他不能理解或赞同在他被迫退休前几十年间针对他的任何批评。当他听到1784年皮特(Pitt)的印度法案被通过时,他辞去了总督职位,法案规定孟加拉的最高行政权力从公司的董事会转移到新成立的皇家管理委员会(Board of Control),它由不少于三位、不多于六位的英国内阁成员组成。

皮特的印度法案 200

这个法案是由年轻的皮特和他精明的苏格兰政治“管理者”、狡猾的亨利·邓达斯(Henry Dunas,1742－1811)为抚慰福克斯(Fox)和伯克而设计的一个折中方案,他们极力促使英国政府直接并立即接管公司在印度的财产和业务,他们愿意接受这种半吊子的议会制。公司乐观地向国王、上院、下院送上大量的礼品以便能够通过这个法案使他们继续(虽在减少的)对孟加拉、孟买和马德拉斯的租期,但黑斯廷斯在皮特法案的附属细则中读出他的日子、至少是身居高位的日子已屈指可

① 载于福里斯特爵士(Sir G. W. Forrest):《黑斯廷斯公文选》,第1卷,第290页,被缪尔前引书所引用,第152页。

数了。在被解职之前他选择了辞职。在强调议会对公司事务和领地的监管方面，新法案比劳德·诺斯的管理法案要走得更远，但它远远没有达到 1858 年法案的水平，那时英国政府将主张对印度的完全而直接的管理。像许多英国的法规一样，皮特的措施仅限于对于一种从未抛弃，只是逐渐完善的制度的最低需要的修补而已。

新成立的管理委员会(Board of Control)通过特别选定的法院的机密委员(Secret Committee of the Court，由不多于三人组成)就“战争税的征收或求和，或与印度的任何一位当地的王子或王国谈判”等事务向印度发送“秘密指令”。新委员会前 18 年的主席是亨利·邓达斯，而事实上委员会的主席，也经常这么做，在不征询英国或印度任何其他人的情况下作出有关主要政策的决定。在皮特的印度法案中，董事们保留了他们对公司所有级别民事的、军事的和法庭的雇员的正式任免权，包括任命总督及孟买与马德拉斯最高统治者的法定权力。不过，国王在委员会主席的建议基础上有权“召回孟加拉威廉要塞的首领或任何未来的总督，或公司雇佣的任何其他人”。这一条款足以使黑斯廷斯辞职。董事们准备接受从来没有被公司雇佣的劳德·康沃利斯(Lord Cornwallis，1738－1805)将军作为替代他的最合适的人选。

201 康沃利斯在印度

康沃利斯不仅作为孟加拉的总督，而且作为它的军队的总司令前往印度。与其说他希望获得军事上的声誉，在美洲殖民地他的名声已被玷污了——由于皮特的法案强调“追求在印度的征服和领地扩张的计划，是与其愿望、这个国家的荣誉和政策相背的措施”——不如说他希望加强英国股东们对印度偿付能力的信心。有一些事物可以使当时的英国人对康沃利斯诚实、正直和对财产权的虔诚信念的声誉完全放心，以至于在皮特、邓达斯、国王和董事们的盘算中，他对印度全然无知似乎不算什么，他们都对尊贵的侯爵接受他们进一步的服务而自愿“牺牲”大喜过望。事实上，不是黑斯廷斯或克莱夫，而正是康沃利斯才是东印度公司统治的真正设计师。

一个英国东印度公司的雇员躺在他的轿子上。(英国图书馆理事会,版权所有。)

康沃利斯确立的新的统治建立在他的这一坚定信仰上:英国人最有资格统治任何人,而且最优秀的英国文职公务员是那些用完善的美德、正直和薪水,抵制任何私营贸易或侵吞公款诱惑的人。他因而不仅解雇了那些贸易委员会的成员和那些被发现以公司的产品和税收中饱私囊的地区税收员,而且还使董事会相信:如果他们希望其雇员诚实,他们不得不支付他们合理的薪水,而不是迄今为止的、每年仅向公司雇佣的书写者和代理商支付可怜的5或10英镑。为支付更高的薪水,在能支付不列颠商业投资和红利的花销的同时,公司要求确保有稳定的和最低的年收入。皮特法案要求对由“国王、柴明达尔(zamindars,持有私有土地权的人)和其他本土的地主”提出的对土地的要求进行彻底的调查,并且起草孟加拉的“永久的规则”,以使将来的税收不再是那么混乱和不可靠。税务委员约翰·绍尔(John Shore)被康沃利斯作为代理派去完成这项工作,在经过仔细的分析之后,绍尔推荐了一种10年 202

的租佃制,孟加拉的柴明达尔、在孟加拉农村作威作福的莫卧儿收税员,大约一年 375 万英镑。最初康沃利斯同意绍尔的观点,即租佃制可以 10 年进行一次,此后可能会有上升的空间,但在 1793 年,辉格党的土地所有者获得了康沃利斯的认同,他向邓达斯推荐道:孟加拉的柴明达尔租佃制已经成为永久的了。此外,还有什么可以让孟加拉的“贵族们”在未来感受到足够的利害关系以保证他们对公司统治的忠诚?难道财产的神圣不可侵犯性不是英国繁荣与权力的源泉吗?为什么阻挡来自孟加拉的这样一种幸事呢?邓达斯与皮特都同意了。

孟加拉的永久柴明达尔租佃制

1793 年,孟加拉永久性的彻底的调查租佃制急剧地改变着孟加拉农村关系的性质,因为传统的柴明达尔只拥有由帝国分配给他们的土地税收“利息”与维持法律和秩序的权力。传统印度社会中的土地私有制基本上没有听说过。在统治并“保护”他的所有领地的国王或帝王
203 (padishah)与土地上的农民这个巨大“群体(ri'yat)”之间,自然存在着各种中介,他们具有各种地产利益。其中有一些中介是地方世袭首领或较小的王,他们的领地被征服,但他们接受了一个更高的君主的权位,因而在为新秩序服务时他们获得了许多传统权利。其他人则是受到重视的将军或帝王的仆人,他们的报偿是被赐予生活用的柴明达尔土地——既为了支持柴明达尔及其家业,也为了向帝国的国库贡献一“份”力量而被管理和收集剩余收成的一个地区。有些士兵甚至更慷慨地被赐予扎吉尔(Jagirs,非世袭封地的收税权),这意味着管理许多村庄的总收入用于生活。不过,无论中介的起源或具体性质是什么,他在任何给定地区土地收成中的“利益”并没有赋予他出让这块土地的权力,也无权迫使那些在他掌管之下耕种土地的农民远离他们传统上很清楚地确定为其基本利益的土地。在康沃利斯租佃制之后,对于英国的普通法而言,所有严格保护私有财产的条款的改变此后都被配置为支持那些拥有土地契约的人;他们可以随意处置土地,只要他们每年向公司统治者交付指定的和具有永久限制的税收。对于在公司统治下的

印度人来说，与私有制相连的权力(尤其是其他人不得进入自己土地的权力)所蕴含的不可侵犯性及其完整的含义是慢慢地变得清晰的，通常是在持续很久而代价高昂的冲突之后。不过，传统农村相互依赖的结构被1793年的租佃制及其衍生物无可挽回地拆散了。

英国人发现康沃利斯租佃制有吸引力的原因有两个：第一，它是对长期以来困扰和占据他们心思的问题的彻底解决；第二，它获得了一个对英国统治忠实支持的印度阶级，在公司统治的以后的岁月里一直很忠实。但康沃利斯关于与之达成解决办法的最初的柴明达尔会成为孟加拉真正的地主的希望是虚幻的。在前一到两年因少雨或被水淹了收成之后，柴明达尔不能支付给英国人他们按合同应提交的东西，他们的契约被加尔各答的银行家和放债人接管过去，他们作为新一代的遥
领柴明达尔而出现。孟加拉的许多旧莫卧儿贵族因而被印度教家族所 204
取代——罗易(Roys)、森(Sens)和泰戈尔家族(Tagores)——他们的后裔在下一代或两代会成为文化融合和加尔各答社会西方化的领袖。直至1857至1858年战争的爆发，这些家族是如此紧密地与英国的统治联系在一起，以至于他们的忠诚在避免“反抗”波及孟加拉中起到了至关重要的作用。租佃制的另一个积极的效果是，由于他们被迫支付不高于1793年确定的税收，柴明达尔被劝诱把他们领地中未清理和未耕作的土地转变为多产的土地——这一事实有助于解释孟加拉人口的快速增长和19世纪时它的土地实际价值的快速提高。

作为孟加拉军队的总司令，康沃利斯将他的军官完全欧洲化了。正如1790年后，公司雇员中每年薪水超过500英镑的公务员中没有一位是印度人一样，印度士兵也没有一位被提升到军官地位。被康沃利斯如此牢固地贴在其公务员身上的英国至上的标签，一直是公司统治的一个突出特征，并且在此后为了使印度的人口疏远其外国主人而实行皇家直接统治的90年里，这一标签一直持续着。

尽管康沃利斯在皮特法案中庄严声明放弃一切领土征服的欲望，他在1789年发现自己还是被吸引到反对迈索尔的帝国战争之中，只是为了及时地救助公司的孟加拉和马德拉斯商人，使他们免于因为缺少

银子而宣布破产，新的卡纳蒂克战争的传言一传到伦敦，大量的银子就快速流向东方。孟买的公司商人与那些竞争因康沃利斯反对提普苏丹(Tipu Sultan)战争而产生的直接利益的其他邦主们联合起来，在1792年被迫割让马拉巴海岸的大部分土地给英国，以便被允许保持最后六年的和平。在这一战争期间，帕什瓦和尼扎姆表面上都支持英国，拒绝提普关于建立统一的南印度联盟的慷慨激昂的呼吁。自1785年以来，摩诃德吉·辛迪亚一直是沙·阿拉姆帝王的摄政者(vakil)，这一位置将首相与帝国财政部长(mir bakshi)的职责结合在一起，甚至比瓦齐尔还要高。不过，尽管拥有名义上的权力，摩诃德吉却缺少足够的财富以支付他军队的军饷，甚至不能从他浦那的朋友们那里获得贷款。他最
205 后被迫在马图拉建立一个新的造币厂以铸造急需的卢比。当罗希拉阿富汗人的领袖古兰·奎迪尔(Ghulam Qadir)在1788年袭击德里、占领红堡、弄瞎帝王的眼睛之前先为自己强夺帝国财政部长的头衔时，摩诃德吉·辛迪亚却把他的精力和资源浪费在与拉其普特的战斗之中。接近1788年年末，罗希拉的恐怖才从德里驱散，而古兰自己也在次年被摩诃德吉的军队所杀，但他自己的和帝王的声望都遭受到了无可挽回的损害。孟加拉的英国人现在足以无视摩诃德吉的要求：由他们转交承诺上交帝王的税收。在建立一个北印度联盟以抗击英国方面，他试图获得锡克人和阿富汗人的帮助未果，地区性的贪婪与相互的不信任依然是支配印度外交的最强大的力量。与之形成对比，英国人在其所有的管辖区内的对立与争议中都是统一行动和国家忠诚的典范。不只是军事策略、商业企业，或技术进步，英国人升华了个人的欲望、贪婪，并且把对其他英国人的讨厌升华到朝向一个国家(或公司)目标而共同工作并遵守命令的义务，正是这种能力解释了公司统治如何逐渐掌握了整个印度。

康沃利斯的管理法案(Regulation Code)

1793年，康沃利斯在离开印度前不久，把孟加拉政府的行政体制浓缩到一个48条管理法则之中。被逐渐称做康沃利斯法案，该法案把

基础建立在英国对印度的统治之上，为公务、法院和税收建立了标准，随着时间的推移这些标准保持不变。法则的第一条是永久的柴明达尔协议，它在孟加拉、比哈尔和奥里萨一直有效，直到 1947 年英国的统治终结。在他的司法规制中，康沃利斯取缔了一直为印度人主持的法吉达尔(faujdari)法庭，建立了由英国法官主持的四个省级巡回法庭作为替代。为加快刑事审判，英国法官被立即授权对他们发现的一些轻罪进行审判。把警察与司法机关合并到一个官员身上，通常是最近从英国来此的年轻人，他们甚至还常常听不懂罪犯控诉与反诉的语言，这种 206
状况到 1817 年以后才有改变，行政官与税收员的职责合并，法官被赋予独立的功能。在康沃利斯的体制之下，收税员总是英国人并且掌管着税收，因此他常常需要带着警卫；在近 20 年的经验之后，由此增加了行政官的权力。不过，收税员雇佣了许多印度助手(amils)、职员和各种雇员。国内税与以前的地方税现在都被法案取消，而东印度公司强调，只要它觉得有必要在它的领域之内，它就拥有强加税种或费用的权力。

盐税的征收

公司对盐的收集、售出和进口的垄断在这一时期得到强调，而且自从盐税的重担沉重地落在绝大多数贫穷的农民身上之后，盐成为英国在印度税收的最重要的来源之一和最不受欢迎的税种。鸦片的生产和出售现在也受到官方的限制，并且它一直为公司所垄断，也是英属印度与中国的贸易中最有利可图的项目之一。英国国内对中国茶与丝绸的需求迅速地增长，以至于如果不持续扩大种植、生产鸦片，不向中国出售鸦片，公司将被迫向它在广州和上海的工厂运送银块。不过，英国发现一种中国拥有完全弹性需要的、不用硬币支付(nonspecie)的产品，即产自孟加拉的鸦片，尽管是官方禁止的。英属印度在整个 19 世纪对中国的主要贸易一直是由政府垄断、在孟加拉生产的鸦片。

第十四章　新莫卧儿人(1793－1848)

207 劳德·康沃利斯留给约翰·绍尔爵士王国的钥匙之后,后者在加尔各答没有在位君主的情况下统治了五年。绍尔的继任者,理查·科利·韦尔兹利(Richard Colley Wellesley,1761－1842)不是作为一位中产阶级商人,而是作为一位新莫卧儿人登上了总督职位。他确立了贵族式的傲慢和高等社会的风格,这种基调成为几代英国殖民地总督和较低的公务员的模范。韦尔兹利于1798年到达印度,正是拿破仑起航前往埃及的那一年;在印度历史上,这是决定性的一年,标志着欧洲对印度权力的最后争夺。韦尔兹利向东方来,决意为英国夺取印度次大陆的统治权。在他精力旺盛却缺乏经验的头脑中,这几乎是一个梦想,但在韦尔兹利开始其印度的旅程之前,亨利·邓达斯成熟的抱负以冗长的个人介绍的形式被传送到作为董事会成员的总督那里。邓达斯为恐法病所困扰,他从董事会中选择韦尔兹利充当"清除"一切受法国影响的剩余的本土力量的英国军事臂膀。首先指提普,然后是马拉塔,尤其是摩诃德吉·辛迪亚。

韦尔兹利的附庸联盟体系

在他弟弟威灵顿铁公爵(Iron Duke of Wellington),当时还是阿瑟·韦尔兹利爵士(Sir Arthur Wellesley)的帮助之下,韦尔兹利勋爵直接向英属印度增加了更多的领地并且在公司附庸联盟的“保护”之下获得了比任何其他的总督更奢侈的不动产。在韦尔兹利兄弟到达印度 208
的一年里,提普就在英国武器的巨大威力面前土崩瓦解,1799 年 5 月 4 日,在他的首都塞林伽巴丹(Seringapatam)被猛攻时被杀。几乎迈索尔一半的现在都被并入公司的领地,将马德拉斯与西海岸连接起来;这一北方邦地区的一部分被移交给公司最新的附庸同盟者尼扎姆,作为他对 1799 年军事行动支持的补偿。迈索尔的另一半,它被隔绝的中心地带,被归还给年幼的王公(maharaja),他的印度教家族被海达尔·阿里所废黜。韦尔兹利在与迈索尔和尼扎姆打交道时完善了的附庸联盟体制,迅速增强了英国的实力,是从迄今为止当地各邦政治的动荡世界中获得普通地位、有效地消除反叛的一种最经济、最便捷的方法。通过把所有印度的王子——一度——削弱到实质的无能状态,英国的实力几乎逐渐给次大陆大部分地区带来革命性的和平与安宁。很快,海得拉巴的尼扎姆被迫把贝拉尔盛产棉花的地区割让给英国人以供养韦尔兹利宫殿门口的禁卫军,在此之后,奥德的纳瓦卜-瓦齐尔同样被置于英国的控制圈内。1801 年,韦尔兹利命令英国军队剥夺奥德富饶的西部河间和罗希尔坎德(Rohilkhand)地区,沃伦·黑斯廷斯曾经为获得坚固的本地同盟而雇佣英国军队。勒克瑙被英国士兵包围,并且生病的纳瓦卜被迫解散他的军队,并作出保证:奥德在将来会接受英国士兵的一切保护,而这些士兵都由被割让的罗摩的曾经强盛国度的一半的税收来阔绰地供养。与南部的坦贾武尔一样,现在,苏拉特这一富裕的港口国家也因新莫卧儿的法令被吞并。

韦尔兹利剩下的唯一竞争者是被分开的马拉塔五国联盟,随着 1800 年那纳·法德尼斯的去世,他们失去了最精明的领袖。年轻的帕什瓦巴吉·劳二世(1775－1851)于 1796 年即位后,只是名义上统治着浦那,而且在那纳去世之后,辛迪亚与霍尔卡之间由来已久的战斗再次激烈地爆发。道拉特·劳·辛迪亚(Daulat Rao Scindia)和他的军队最初统治着浦那和德里,但在 1801 年,耶什万特·劳·霍尔卡(Yeshwant

Rao Holkar)对马哈拉施特拉传统的权力中心发起正面攻击,迫使傀儡帕什瓦从浦那逃走并且在一艘英国军舰上寻求避难,后来他被运送到孟买以北的勃生。1802 年 12 月 31 日,被取代的巴吉·劳二世在勃生
209 与公司首领签订了协议,通过这一协议,他成为韦尔兹利的附庸同盟者,把他放弃的马拉塔领地割让给英国军队。马拉塔权力的交出将在 16 年后血腥地完成。不过,勃生协议(Treaty of Bassein)预示着英国的新莫卧儿人几乎不费吹灰之力就统治印度次大陆一个世纪。

210 不过,当与马拉塔重新开战并拖延很久的消息及其额外支出和重大伤亡人数传到伦敦时,英国政府对韦尔兹利失去了信任,他对待内阁和公司董事们几乎像他对待附庸同盟者一样妄自尊大。1805 年,总督被英国政府召回,帝国对印度的统治刚开始时就中止了,与迪普莱克斯被法国政府阻止基本一样。尽管韦尔兹利从来没有真正被弹劾,但他并没有逃脱董事会的责难,他们的商业头脑先是忧虑,然后被这位最具野心的英国总督常常是专制、极端和不可理解的行为所激怒,控告他“把整个国家带入叛乱的状态”。因此韦尔兹利与沃伦·黑斯廷斯一样,得到的几乎全是否定性的评价,他为他的新莫卧儿形象这一战略上处于统治整个印度的关键岗位留下了足够的片断,以确保英国统治的连续性。韦尔兹利的门徒是约翰·马尔科姆(John Malcolm,1769－1833)、芒斯图尔特·埃尔芬斯通(Mountstuart Elphinstone,1779－1859)、查尔斯·梅特卡夫(Charles Metcalfe,1785－1846)和托马斯·芒罗(Thomas Munro,1761－1827)。韦尔兹利在迈索尔的驻扎官和特命全权代表马尔科姆率领激烈的平达里(pindari)入侵者(未被雇佣的马拉塔士兵转变为流寇)“定居”中印度以充实英国统治体系,取代抢夺税收和印度士兵的强盗邦。他后来接续埃尔芬斯通成为孟买的总督(1827－1830)。

被英国人打败的马拉塔人

埃尔芬斯通是浦那的第一位英国帕什瓦,这位精明而年轻的苏格兰人曾被邓达斯派往印度为“老坏蛋(Old Villainy,他对韦尔兹利亲昵

的称呼)”服务,是一位古典学者、业余历史学家、外交家和后来德干的独裁者。作为浦那的英国驻扎官,埃尔芬斯通试图引诱巴吉·劳二世成为他期望的傀儡,但当巴吉表示反对并试图重提马拉塔对权力的要求时,埃尔芬斯通利用他支配的军队来强调他的全权,1818 年 6 月,马拉塔的权力最终土崩瓦解。巴吉·劳退位并被运送到比瑟尔(Bithur),坎普尔郊外的一个城堡(Kanpur,Cawnpore),它后来成为 1857 年“兵 211
变”的中心之一。前任帕什瓦一些退休的朝臣固守着他们的退休金,但大多数被迫在浦那独立谋生,一下子既失去了收入,也失去了地位,除了自尊心和婆罗门学识外,他们被英国的莫卧儿人剥夺了一切。称雄浦那的官僚阶层、被他们自己众多的民众尊奉为地上神的吉特巴万(Chitpavin)婆罗门家族在这一世纪末之前被提升为印度国民大会(India's National Congress)的首领。

埃尔芬斯通管理的新近被征服的马拉塔领地,很快就被并入孟买总督的管辖范围,他从 1819 至 1827 年充任无私而高效的统治者。在他的行政部门中,只要有可能他都继续任用印度人,甚至维持政府对虔诚婆罗门和他们寺庙的资助(尽管只占帕什瓦费用的十分之一)。最强大、最有敌意的马拉塔贵族(sardars)的土地被没收为英国人所用,但对于大多数扎吉尔达尔(jagirdars,军事封地领主)来说,只要他们向新的统治者宣誓效忠,就会被允许拥有他们的领地,并且他们很快就成为大公司(Company Bahadur)的坚定的同盟者。在战场上从当地强有力的人手中夺取土地之后,英国成功地获得对印度的控制,主要得力于以有条不紊而公平的方式“处理”新征服土地。土地收益的需求并不比以前马拉塔人要求的低,而农民很快知道只要他们向英国收税员上交了他们的份额,他们就可以自由而平静地度过一年的其他时光,不会受到邻近强盗的袭击,夺取他们财富的另外四分之一或三分之一。18 世纪后半叶,成为德干并且事实上是印度大部分地区地方病的轻微的盗窃或王侯之间的冲突,在 19 世纪前半叶基本上被英国统治者以强硬的手段所消灭。马拉塔婆罗门很快就可以以一种敬畏的快乐告诉他们的家族:一个男子“可以在不被强盗骚扰的情况下将金子放在他的手杖上从浦那带到德里”。

梅特卡夫到达加尔各答的时候，几乎还不到16岁，他在1801年被董事父亲派往东方在韦尔兹利手下服务。他加入了位于威廉要塞的韦尔兹利学院的第一个公司文员班并被迅速送到阿格拉，成为那里驻扎官的助手，然后被派往德里，在那里他逐渐熟悉了有一天他会统治的、
212 已衰弱的莫卧儿帝国力量。1813年，他在27岁的敏感年纪，成为德里的驻扎官，而且尽管他在那里的权力还没有扩大到尚在统治着的莫卧儿帝王的红堡城墙之内，梅特卡夫在全城执行审判职能，他那微弱的光芒由于适度的开明措施而略显柔和。当老莫卧儿人留在他的宫中，享用阿克巴曾经的权力的最后一点额外补贴时，梅特卡夫和他新莫卧儿税收官在宫墙外的市场搜寻，收集他们能从北印度最大的城市的商人和手工艺人那里发现的任何财富，他们有足够的聪明不实施暴力侵犯或过度的惩罚以免激起难以控制的仇恨。与马尔科姆和埃尔芬斯通一样，梅特卡夫是一位实用主义者，在充满凶险的权力阶梯上向上爬时，他小心翼翼地试探每个立足点，机智地不触动并不为新统治者极度讨厌的那些“当地”的机构、官员和程序。“老坏蛋”的门徒们想要做的最后一件事是一夜之间把印度“改造”或重塑为当时英国的东方映像。事实上，他们一直惊诧于他们大胆冒险的迅速成功，而且他们每天都期望着(有实际领导的)民众的起义或强烈抗议，能够轻易地被英国部署在印度的较小的军队所打败。但由于1806年在韦洛尔(Vellore，马德拉斯附近)发生的唯一一次兵变的失败，对试图激起对英国统治的激烈反抗的正统的穆斯林阿利姆(alims，穆斯林学者)和毛拉领导的北印度农民起义而言，他们只有被动的顺从而已。

芒罗在马德拉斯的农民租佃制

芒罗是从苏格兰高地荒野来到南印度马德拉斯的一位强硬而坚韧的士兵，在这里，他在康沃利斯的指挥下为抗击提普而战斗，并且在后来管理韦尔兹利从迈索尔夺取的大部分土地。他很快认识到：只要他没有窜改印度教的仪式或习俗并保持他的税收需求比提普或尼扎姆对

同一块土地所要求的稍低一些,他就会赢得他遇到的大多数农民的效忠。那些忘恩负义的人很少,足以被粉碎或让他们保持安静。作为马德拉斯的统治者,芒罗引进了农民(Ryotwari)租佃制,与孟加拉的柴明达尔租佃制形成对比,给新的统治者加上直接在固定的时间内(10 至 213
30 年)向土地上的农民征税的要求,随着土地价值的提高和农民对统治他们的遥远的外国权力更亲密的认同,给予了英国人定期提高税收需求的时机。芒罗对农民财产的苏格兰高地人的意识使他容易偏向这种租佃形式,这比孟加拉的永久租佃制有助于获得更多农民耕种者对新统治者的忠诚。不过,并不是政府与之打交道的所有农民都能一直支付对他们每年的税收;许多人被迫向地方的借债人求助,他们拿走了他们后来不能赎回的附属的房契。一个拥有土地的遥领银行家阶级因此在马德拉斯出现,与曾经在加尔各答的繁荣非常相像。然而,农民租佃制充当了南印度社会变迁的一种重要的推动力,并且它赋予地方官员更大的责任和与他管辖之下的民众直接接触的更多机会:官员们需要在村庄里到处走动以了解民众的疾苦并保证征收的税收是公平的、充足的,而且全部上交国库。

基督教传教士影响的扩大

其他英国人也跟随新莫卧儿人成群地来到印度,他们不是为公司或陛下服务的官员或商人,而是试图拯救异教徒灵魂的传教的改革者。一开始,如果公司允许这些“救世贩子”在它的工厂自由地定居并在附近的市场传播福音的话,公司就会感受到对它利益的威胁。由于莫卧儿人讨厌葡萄牙耶稣会士,把它当做一个警戒性的先例,实际的利德贺街商人们不愿意承当传教士为他们所管理,就像不愿意放弃他们对贸易的垄断一样。第一支英国传教团于 18 世纪末之前到达孟加拉,浸信会教徒(Baptists)乔舒亚·马什曼(Joshua Marshman)、威廉·凯里(William Carey)和威廉·沃德(William Ward)被韦尔兹利及其官员们视为对平静生活的“破坏性”的威胁,他们被禁止进入加尔各答,而被迫定居在附近丹麦的殖民地塞拉姆普尔(Serampore)。在这里,他们受到欢迎并建立了

他们的教团和多产的出版社。由于在翻译、印刷和用几种印度语言传授
214 圣经方面的辛勤劳动,这一多才的塞拉姆普尔三人组在加强盎格鲁-东方学的教育和促进对印度-雅利安语言的研究方面起到重要作用。1801年,甚至韦尔兹利也不得不承认他们在他的威廉城堡学院用孟加拉语和乌尔都语培训公司员工方面的作用,凯里还被任命为那里的教授。传教士的影响及其在伦敦越来越受欢迎在加尔各答也可以感受到。绍尔和格兰特(Grant)对公司董事们和议会施加福音派的影响。他们通过成为威廉·威尔布尔福斯(William Wilburforce)的克拉彭教派(Clapham Sect)的"圣徒",成功地通过1813年的特许法案(Charter Act)取消了公司对传教事业的全面禁止,打开了"特许"的传教士和私营商人通向印度的道路。亚当·斯密的自由主义精神因而经由公司特权的狭窄入口与福音主义的真理共同前进,预示了英国的新印度帝国性质的许多变化。

关注于通过稳定而生存的英国官员,与全神贯注于通过改宗或改革而拯救的英国的传道者或世俗改革者之间的斗争,在19世纪一直是新统治上层建筑内紧张的一个源泉。事实上,直到英国统治终结之时这一问题从来没有得到圆满的解决,因为在如何对付和统治他们的印度帝国方面,英国人没有对英国统治的巩固作出反应的印度人团结。与有助于英国代理商在18世纪度过莫卧儿崩溃的严酷和法国人的憎恶的对权力的渴求结合在一起的、曾经支撑他们度过艰难17世纪的贪婪这一简单的推动力,突然因诸如国际良心和关注使印度的"贫穷、愚昧的当地灵魂""开明"的复杂的问题而陷入了一种复杂的状态。在试图解决建立在边沁对快乐与痛苦的微积分基础上的功利主义等式的时候,这是一个使杰里米·边沁(Jeremy Bentham)困惑、使詹姆斯·米尔(James Mill)及其儿子约翰·斯图亚特(John Stuart)绞尽脑汁的问题,后两人起草了大部分公司的伦敦信件。最接近调和实用主义管理与理想主义原则这两极的一位英国人是托马斯·巴宾顿·麦考利(Thomas Babinton Macaulay,1800—1859),他对盎格鲁-印度法律的编纂一直是他辉煌与勤奋的经典里程碑,在为印度人接受英国教育而辩护方面所取得的胜利,通过对印度精英想要得到的文法教育,加速了

终结英国统治的要求。

英国教育的冲击 215

英国教育的冲击与基督教传教士的讲道非常相像,对英国的统治而言充其量是一件好坏参半之事。当埃尔芬斯通有勇气把西方教育引入孟买的时候,他认识到它是怎样危险的一把双刃剑;事实上,他称之为"我们返回欧洲的康庄大道"。公司为促进和维持最近在它巨大的新帝国保护伞下获得的领地的有效管理,义不容辞地向至少是真正的"当地人"传授英语。另一种选择,则是期望年轻的英国人能学习足够的印度语言以处理日常的行政性征收、支付与处罚等事务,只是代价太昂贵并且在理论上是不可能的。传教士都是专注的语言学家,他们在学习孟加拉语、乌尔都语、马拉提语、泰米尔语、泰卢古语和其他印度语言方面取得了很大进步,但成千的传教士还需要教授每位收税员及其助手们他们要求的每种方言以达到流利的程度。印度人在掌握英语方面比他们的主人在学习任何一种印度方言方面要更为老练,而且当1813年的法案迫使公司拨出1万英镑(10万卢比)用于"教育"时,这似乎是一个千载难逢的机会:向罗易们、巴苏们(Basus)和孟加拉的泰戈尔们教授克莱夫、黑斯廷斯和康沃利斯的语言。1784年,在加尔各答建立孟加拉亚洲学会(Asiatic Society of Bengal)的一些研究印度文化的英国学者和遵循威廉·琼斯爵士(William Jones,1746－1794)传统的东方学家感到:通过研究梵语和波斯语来学习印度文明,比让他们绞尽脑汁通过教授一种外来语来吸收外国的概念对印度人更为有益。在被加尔各答造币厂雇佣时编纂第一部梵英词典的杰出的梵文学家贺拉斯·海曼·威尔逊(Horace Hyman Wilson)认为"使印度语言英语化的想法是一件充满幻想的荒谬的事情",[①]就像其他向亚洲学会的《杂志》投

① 威尔逊致莱姆·卡穆尔·森(Ram Camul Sen),1834年8月20日,被大卫·科普夫(David Kopf)所引用,《英国东方主义和孟加拉的文艺复兴:印度现代化(1773－1834年)的动力》,伯克利与洛杉矶:加利福尼亚大学出版社,1969年,第242页。

稿的博学的学者所做的那样。他们感到公司愿意拨出的教育款项最好
用于加强对印度当地语言的研究,它们的许多博学之士和守护者都很
216 贫困或被弃之不顾。但东印度公司并不是福特基金会,而且东方学家
的观点轻而易举地被商人的实用主义和英国国教徒的骄傲的联合火力
击败了,麦考利曾在1835年关注过这一问题。

19世纪早期加尔各答老法院街的街景。(英国图书馆理事会。版权所有。)

1813年的特许法案

在1813年特许法案之后的10年里,英国传教士、自由贸易和东方主义教育形成的共同影响有助于激起孟加拉年轻知识分子极其强烈的反应。加尔各答现代化早期阶段的文化表现逐渐以印度的文艺复兴而著称,但更准确地,它被视为现代印度之产生的播种时期,加尔各答喧嚣的城市社会是其微观反映。正像德里和阿格拉是旧莫卧儿兴衰的宫殿与陵墓所在地一样,加尔各答成为新莫卧儿崛起为大陆强国的摇篮。

“可怕的夜晚多面的、烟雾弥漫的和壮丽的城市”,如吉卜林所称
的,加尔各答在1820年拥有接近25万人口。它是帝国的首都、高级宫
217 殿和妓女之家,胡格利沿岸的现代巴比伦,已经远离约伯·恰诺克选择

作为威廉城堡的景色的那些沉睡的村庄一个多世纪。它很快在亚洲无可匹敌,而且在世界范围内能够达到它这样的贫富悬殊程度的城市没有几个。毫不奇怪,正是在加尔各答,盎格鲁-印度文化的一种新融合开始产生,这种融合甚至在不失去它对英国观念和生活习惯之依附的前提下,随后点燃了民族主义的火焰,这些英国观念和生活习惯在印度正在产生的精英意识中留下了不可消除的烙印。

印度的文艺复兴

长期被尊奉为印度文艺复兴之父的罗姆·摩罕·罗易(Ram Mohun Roy,1772－1833)是在沃伦·黑斯廷斯与从1813至1823年间统治加尔各答的莫伊拉勋爵(Lord Moira)、黑斯廷斯侯爵(Marquess of Hastings)的时代之间发生的这种文化融合的最好缩影。罗易出生于一个孟加拉婆罗门家庭,先是被梵语、波斯语和阿拉伯语经典、后是被英语、拉丁语和希腊语经典哺育,罗易的大部分成年生活是在加尔各答的中心度过的,但他死于英国,是第一个也是唯一一个被德里的莫卧儿帝王派往圣詹姆斯宫廷(Court of St. James)的“国王”特使。罗易在布里斯托尔(Bristol)的去世具有象征性的悲伤,因为到他博学生涯的终结,罗姆·摩罕在许多方面更像一位英国人,而不是印度人,远离了他出生的文化环境,因此注定不能在吸引他的异质气候中存活。罗易作为一个年轻人被东印度公司的税收部门雇佣,并且升到收税官的本地助理的职位,1814年他在加尔各答退休、享受最富有成就的生活岁月,印度人渴求的最高职位。工作的时候,罗易对英语的掌握达到非常精致的程度,以至于他能够与不懈地劝说他改信基督教的英国传教士朋友们展开文学的交锋。为武装自己以对付他们“拯救他的灵魂”的纠缠不休的企图,罗易研究古代印度教经典,尤其是奥义书,这使他能够重新欣赏印度传统的诗歌、政权和哲学智慧。1815年,他开始经常与来自受过教育的上层阶级(Bhadralok)的孟加拉朋友们见面,他们组织
了“友善协会(Amitya Sabha)”以讨论神学和哲学问题。这一团体的一 218
个经常见面的会员是德瓦卡那特·泰戈尔(Dwarkanath Tagore,

1794－1846)，诗人泰戈尔的祖父；他是孟加拉主要的柴明达尔之一，也是印度银行业与商业发展的先驱者中唯一具有进取心的企业家。泰戈尔家族一直是罗易根据基督教的批评来改革印度哲理性宗教教义的各种努力的资助者。罗易于1828年创立于加尔各答的梵社(Brahmo Samaj)对年轻一代的孟加拉人产生了深远的影响，而且尽管只有几百人参加了这一团体的活动，他们与佛罗伦萨文艺复兴的领导人一样，是变化的灯塔，预示着在年轻知识分子中对印度教自豪与信仰的复兴。通过返回奥义书的吠檀多寻求一元论的灵感，加尔各答的梵社用比徒劳地使这些才华横溢的“异教徒”改宗的基督教传教士更成熟的一元论思想的教义来武装他们自己。

罗易可以锤炼他自己在保持一位孟加拉婆罗门的同时成为一个英国人，这一事实是印度独立的第一个预兆，尽管在罗姆·摩罕去世后一个多世纪，这一预示才能完全成为现实。一位苏格兰钟表匠和教育家大卫·黑尔(David Hare)在威尔逊(H. H. Wilson)和其他加尔各答东方学家的支持之下，帮助印度学院(1816年建立)为这一新印度精英的儿子们提供他们求之不得的西方学问。盎格鲁-印度诗人亨利·路易斯·德罗齐奥(Henry Louis Derozio，1809－1831)是学院最出色的教师，启发孟加拉的年轻人去寻求普遍的学问和创造性的表达。尽管他是一位基督徒，德罗齐奥尊崇印度为“我的故乡”并且以此为题写了一首诗。1818年，印度的第一家公共图书馆在加尔各答开馆，那里有世界上有关东方史料最好的收藏，总共有11 000多部印刷的书籍和手稿。此时有许多报纸和杂志开始在加尔各答出版，罗易主办了好几种，因而更广泛地传播了新观念和在这一城市土壤中开花结果的文化融合的观念。

功利主义者的冲击

威廉·彭廷克勋爵(Lord William Bentinck)于1828至1835年间充任加尔各答总督，在此期间，由他在加尔各答首创的功利的自由主义
219 时代既是对英国文化傲慢的肯定，也是对年轻印度人文化吸收能力的

挑战。彭廷克冒激怒印度正统主流教派和在他们中间不受欢迎的风险，在人道主义原则基础上对萨蒂(sati，印度教的寡妇在其死去的丈夫的火葬柴堆上自焚)和图吉(thugi，在供奉母神迦利时被勒死和拦路抢劫的仪式性谋杀)这些残酷的印度教习俗发起法律上的攻击。毕竟，少数传教士提倡激烈的社会变革是一回事，总督在议会制定法律是另一回事。即使在“原则”上同意彭廷克关于萨蒂是不文明的习俗的观点的罗姆・摩罕・罗易也从没有公开提倡英国法律取缔它。取缔法案于1829年在加尔各答通过，“为了人类的福祉”，正如彭廷克勋爵在会议记录上评论的。不过，仅仅从法律上禁止并不能在一夜之间取缔如此根深蒂固的宗教习俗，而且直到21世纪在印度的一些地区像拉贾斯坦还有因萨蒂而死亡的人数上报。然而，彭廷克的勇敢行为确立了政府干预印度仪式行为中最神圣的地方的先河。英国的统治者不再仅仅是掠夺商人的一家公司或马基雅维利式的行政官，其对印度臣民的兴趣只扩展到利润或权力的范围。

1833年的自由特许法案

事实证明，加尔各答的行政管理实际上只是这一时代英国改革光辉形象的黯淡反映，结合了功利主义者此时此刻的兴趣和福音主义者的关心拯救。自由特许(Liberal Charter)，正如与1833年的特许法案(Charter Act)逐渐被称做的那样，在英属非洲和西印度群岛的奴隶制被取消(尽管印度直到1843年才被取消)的同一年通过；同年，第一个英国工厂法案(British Factory Act)禁止在矿区和工厂雇佣9岁以下的儿童。无地的印度农民实际上依然是他们每日耕作的犁和波斯车轮的“奴隶”，而在南亚的村镇，童年并不是有效地保护儿童免受剥削的盾牌。然而，新法案依然成为印度自由变迁的里程碑，并且一直是英国关于人类机会均等的最神圣的陈述之一。正如第87款声称的那样：“居
住在上述领地里的当地人和任何陛下的天生的臣民，都不会只由于他 220
的宗教、出生地、家世、肤色，或其中任何一条而不能拥有上述公司的职位、办公室或被雇佣。”在划时代的一年中，研究“东印度公司事务”议会

委员会的报告进一步详细地指出:“从印度立法的状态这一广阔的视野和易受外界影响的进步的视野来看,它被视为一个无可置疑的原则:无论何时,当地臣民的利益与欧洲人的利益发生冲突时,当地人的利益首先被考虑到;因而法律应该适应当地人而不是欧洲人的感受和习惯。”尽管这些神圣的情感更常被印度民族主义者作为英国统治的伪善而不是其宽宏的证明,它们确立了不但是英国的政府、而且是独立的印度政府最终追求的一个标准。

1833 年的特许法案也打开了英国无限制地向印度移民、办企业、开展商业和传教的大门,而且在现在如此自由地吹拂着不列颠群岛的自由放任的气氛中,它取缔了公司对所有贸易的垄断(鸦片和盐除外)。当英国中部地区迅速成为世界的工业车间时,不但伦敦和兰开夏郡对印度棉布的需求急剧减少,来自英国的便宜的机织棉布在加尔各答、巴特那、孟买和马德拉斯也越来越流行。东印度公司在达卡的棉织厂于 1820 年被全部拆除,并且在 1833 年前,在两种棉布争夺消费者的任何地方,无论是村庄的集市,还是城镇,英国棉布从孟加拉的广大市场中征服了达卡的穆斯林。1813 到 1833 年间,标志着孟加拉巨大的家织棉布工业衰落的 20 年间,上百万的印度妇女和男子由于机器占据了半个世界而失业。当孟加拉的失业率达到前所未有的程度时,工业革命正冲击着印度的农业经济,把迄今为止一个相互依赖但自给自足的经济相对繁荣的状态转变为不稳定地依赖农民市场(其数量在 19 世纪剩余几十年一直在持续增长),印度可耕土地的经济压力越来越大。这一从经济自给自足到对外国的依赖的静悄悄的革命和英语相比,是首先把印度
221 与英国绑在一起、后来迫使它寻求独立的远为强大的要素。然而对加尔各答的梵社精英而言,英国的统治是经济财产和文化融合的跳板。例如,德瓦卡纳特·泰戈尔在帮助孟加拉的 24 大区(Twenty-Four Parganas)的英国收税官的过程中学到了很多,也赚取了很多,他在 1828 年成为第一个印度银行的董事,并且在一年后成为加尔各答联合银行(Calcutta's Union Bank)的创建者。印度年轻的实业家之一泰戈尔栽培黄麻并创办靛蓝工厂、丝绸工厂和蔗糖加工工厂。1834 年,德

瓦卡纳特(Dwarkanath)加入了卡尔与普林塞普先生(Messrs. Carr and Prinsep)，成立了第一家盎格鲁-印度经营代理行(Managing Agency)——卡尔、泰戈尔和公司(Carr, Tagore and Company)，并且于几年后在鲁尼昆吉(Runigunj)建立了第一家印度煤矿。不过，与他的亲密朋友罗姆·摩罕一样，泰戈尔于他命运巅峰时在伦敦去世，成为印度被同化风险的第二个象征。

麦考利对印度法律和教育的影响

在麦考利于 1835 年作为议会的第一位法律议员加入加尔各答的彭廷克议会后，变化的步伐加快了。新内阁的位置本身就是英国以法律制裁和武力统治印度这一长期愿望和承诺的见证，而且作为他的时代的伯克，麦考利投身于寻求依法获得“幸福”这一功利主义梦想，以及一个国家为了另一个国家的“最大福祉”而统治它的这一更让人惊骇的观念。当他被他英国议会的同辈委托为印度建立“议会”的任务时，只有 36 岁。在他关于教育的著名笔记中，麦考利承认自己“缺少梵语或阿拉伯语的知识”，不过他争辩道“用梵语写的一切书籍中收集的一切历史信息，都不比英国预备学校使用的最微不足道的删节本中发现的信息更有价值。在物理或道德哲学等学科中，这两个国家的相对地位几乎是一样的”。他的措辞说服了彭廷克和加尔各答议会的大多数人，因为他们在 1835 年决定公司每年拨付的教育款项最好用于用英语向年轻的印度人传授西方的学问，而不是用任何一种当地的方言传授东方的学问。康沃利斯设计的制度就这样被改变，正如麦考利在其笔记中争辩的，“为了形成一个在我们与我们统治的几百万人之间的解释者 222 的阶级；这个阶级的人其肤色和血统是印度人，但其品味、意见、道德和智力是英国人”。

在加尔各答挑选出的印度人学习英语并且学会记忆比大多数英国人记忆得更多的弥尔顿、乔叟和莎士比亚时，一支更小的英国人团体在官方通向印度的第一站——位于黑利伯里(Haileybury)的东印度公司学院着手研究“东方人”。由董事们和管理委员会从亲戚朋友和没有在皇家骑兵卫队(Horse Guards)中找到位置、在伦敦没有教堂“生活”、没有合适工作的较次要的贵族的年轻儿子们这一广大的范围中挑选，每年有几百位被指定立下契约(Covenented or Covenanted)到印度服务的年轻人于 1809 至 1858 年在黑利伯里用两年时间接受培训，学习波斯语和印度的语言的第一期，以黑洞和普拉西开始他们的印度史课程。在 15 至 22 岁之间经过黑利伯里的培训，这些来自伊顿(Eton)、牛津和威斯特敏斯特(Westminster)的乌合之众畅饮印度学问的琼浆玉液，再加上盎格鲁-基督徒偏见、马尔萨斯式的伪科学和功利主义的乐观主义的浓重的调味汁。印度军官的候选人在埃迪斯康伯(Addiscombe)接受类似的训练。在 19 世纪早期几十年航行到印度的年轻的平民和军校学生被教导：他们生来就是为了引导“异教徒当地人”学习他们自己作为典范的智慧的。英国许多最聪明、最愚笨的，或者最容易联系的年轻人加入了不断壮大的领袖者的队伍，他们在酷热但依然是半“开化”的次大陆勇敢地挑起了这吃力不讨好的工作重担。

兰吉特·辛格的旁遮普

1818 年之后，英国在印度只有一个军事统治上的对手：旁遮普的年轻的锡克王国。兰吉特·辛格(Ranjit Singh，1781 — 1839)自 1799 年直到他 40 年后去世，他拥有少见的外交技巧和无人匹敌的作战战术，一直作为大王统治着五河流域的这片土地。1809 年，萨特累季河被正式作为兰吉特的西部疆域与英国东部疆域的分界线。他的英国邻
223 居在外交上进行安抚，兰吉特把他的注意力投向西部与北部边境的安居问题。1813 年，他在阿塔克打了一场漂亮的胜仗，之后 1819 年，他又把克什米尔从阿富汗的控制中给解放了出来，他一直使印度河流域之外的分裂的阿富汗陷入困境。到 1820 年，兰吉特的王国因此拥有 25 万平方公里南亚最富庶、战略上最重要的疆域。他的永久的“卡尔沙(khalsa，纯种军队)”总计将近万名锡克教徒，在莫卧儿压迫之火中锻造的一支强大的力量，在与印度西北部边境阿富汗人的不断冲突中成长，并且由他们对 10 位导师留给他们的圣典的信奉而结合成一支正

义行动的武器。

英国人精明地评估了锡克力量，认为其过于强大因而不宜对之发动袭击，他们把火力集中在次大陆东翼的遥远的缅甸王国，并且在1814至1826年的第一次盎格鲁-缅甸战争中，剥夺了锡袍(Thibaw)王的沿海省份若开(Arakan)和丹那沙林(Tenasserim)，把阿萨姆这一内陆省份并入孟加拉并把曼尼普尔(Manipur)王国从缅甸皇家保护伞下给解放了出来。那场战争的潜在原因是曼彻斯特试图寻找新的市场和加尔各答对其不断扩大的郊外农村圈安全的担心。1824年，公司的三支管辖区部队包含不少于170个由印度士兵组成的兵团，以及16个由欧洲士兵组成的兵团。这支将近两万名士兵的军事力量是亚洲最大的军队，而且在通过最小的挑衅(无论是现实的，还是想象的)以证实其战斗力方面，它似乎并不弱于历史上的其他强大的军队。

对缅甸的第一次蚕食

总督阿默赫斯特(Amherst)，自1823至1828年居于印度帝国头盔之上的英国"最无效的选择"，并不是一位合格的政治家，不足以抵抗来自他已回国的或在加尔各答的朋友们的商业或军事上的压力。年轻的大卫·斯科特(David Scott)，阿默赫斯特在东北边境的代表，提交给他一份促使其采取反对缅甸行动的感情用事的报告，很快，在1824年2月24日，总督发起了对孟加拉湾的远征。到1826年2月，缅甸国王让与他的沿海省份并且答应阿默赫斯特对阿萨姆和曼尼普尔的一切要求。迁移到阿瓦(Ava)的英国驻扎官忙于打开缅甸对英国棉毛制品的 224
市场，相关的商业协议也在谈判中。不过，这种富有进取心的努力和军事牺牲的结果是令人失望的，而且25年以后，当英国决定吞并缅甸的另一块土地时，是只用三艘分开的炮舰沿着伊洛瓦底江(Irrawaddy)检阅的方式就一次吞并了的。

紧接着第一次缅甸战争而来的是彭廷克统治加尔各答政府的七年和平时期的中间期，而新的帝国统治者试图补充在充满疟疾的丛林中浪费的财产，并且通过内部改革而不是海外的征服来巩固统治。也许彭廷克的和平倾向被缅甸战争期间发生于加尔各答郊外的印度士兵那充满预兆的兵变所强化,它是自1806年导致彭廷克被召回作马德拉斯统治者的韦洛尔兵变后的第一次。47支孟加拉本土步兵部队拒绝登船越过“深色水域”到缅甸,这会玷污组成大部分队伍的高种姓印度人的旅程。由英国人操纵的炮兵向队伍开火,以这种方式将其从印度部队中“抹去”,它可怕的命运给所有其他当地人一个教训:他们愚蠢到认为他们的信仰比一位英国指挥官的命令还重要。在彭廷克回国后不久,当他有关巴拉克普尔(Barrakpur)的记忆已经淡忘时,最近的焦虑触动了旧有的诱惑,促使英属印度挑起边境的争端,这次是在西北。

与阿富汗的“大博弈”

19世纪英国人对俄国入侵印度的恐惧似乎非常奇异,以至于我们依然把他们作为恐惧症来谈论,然而对从来不十分相信拿破仑之死终结了欧洲入侵次大陆的梦想的盎格鲁-印度人来说,他们则太真实了。自然,俄国人能够入侵印度的最直接的路线是越过阿富汗并跨越开伯尔山口,尽管如果波斯人能够提供帮助的话,他们可以开出一条更容易的路线:经由低洼的俾路支国家进入信德。19世纪20年代末期和19世纪30年代,随着伦敦和加尔各答对俄国恐惧的加重,英国对信德的
225 兴趣在增长。1828年后,随着俄国在波斯的影响扩大到对英国在那里的影响有所损害的程度,辉格党把长期以来的对“爬行熊”的恐惧症传染给了印度,其西北边境一直被视为入侵军队的大路。信德的穆斯林埃米尔在1820年与公司签订协议,承诺从他们统治的沙漠领地中清除一切“欧洲或美国的殖民”,但1825年,在卡赤(Cutch)爆发的一次边界战斗,导致亚历山大·伯恩斯(Alexander Burnes)两年后沿着印度河转移到海得拉巴。1831年,伯恩斯发表的旅行报告为商业和外交动机又增添了些许战略主张,像上校德·莱西·埃文斯爵士(Colonel Sir De Lacy Evans)提议在俄国哥萨克人疾驰到那里之前由英国军队征服信德。信德主要航路的商业利益如此巨大,以至于1832年英国与其签订了新的协议,打开了印度河航行的道路。约束两个国家“永远不以贪

婪的眼光窥视对方的土地”,这一庄严的协议开始了信德的埃米尔享有的最后10年的独立。其中英国人还承诺不会派遣携带或装载任何类型的“军需物资”的任何“武装船只”和“人员”沿着印度河进入或穿越信德。然而,预言“既然英国人已经航行到我们的河上,我们的土地就要失去了”的信德的农民则更为智慧和诚实。

1829年,管理委员会的第三任主席埃伦伯勒勋爵(Lord Ellenborough)相信公司的统治者“将不得不与位于印度河流域的俄国人作战”。他喜欢避开威胁,正像他的继任者约翰·霍布豪斯爵士(Sir John Hobhouse,布劳顿勋爵[Lord Broughton])那样,对他来说恐俄症是一个更大的困扰。乔治·伊登(George Eden)也有霍布豪斯的恐惧,他在1836年被奥克兰勋爵(Lord Auckland)派去统治印度。奥克兰自己很快被他年轻的秘书威廉·麦克诺滕爵士(Sir William Macnaghten)施加了有害的影响,他决意在亚洲的西洋象棋盘上展开一场现实政治的伟大博弈,它的公国和王国都被他视为英国与俄国巨大斗争的抵押物。此时的阿富汗被巴拉克扎伊(Barakzai)部落的多斯特·穆罕默德汗(Dost Muhammad Khan)牢牢地统治着,他不但控制着喀布尔,还控制着坎大哈。他那被赶下台的前任杜拉尼(Durrani)部落的沙·舒贾(Shah Shuja)在1813年被迫逃到他的故乡,首先处于旁遮普的兰吉特·辛格的“保护”之下,一年后穿越萨特累季河到达卢迪亚纳(Ludhiana),在那里,他受到英国统治者的款待。麦克诺滕——似乎受到伟大的莫卧儿把阿富汗作为德里的最西边一个省份这一概念的影响——急 226
切地想要恢复作为英国傀儡的沙·舒贾的喀布尔王位,并且在1836年年底之前不久,奥克兰派遣舰长伯恩斯率领一个“商业代表团”前往喀布尔朝廷。不过,多斯特·穆罕默德过于倔强和独立以至于不听从英国的命令或从他们那里领取武器,而沙·舒贾承诺愿意做他们让他做的任何事情,强调他的“几万人”在等待着他出现在通向喀布尔的大路上,支持他登上王位的要求。对于兰吉特·辛格而言,旁遮普的“独眼狮”显然是一位最精明的政治家。他比公司的大多数职员更能认识到英国的外交野心和商业贪欲,并且在作出承诺没有任何保留的动机方面他甚至比沙·舒贾还要好。在1838年6月,麦克诺滕亲自与兰吉特·辛格和沙·舒贾签订臭名昭著的三方协议(Tripartite Treaty),这是第一次阿富汗战争揭开序幕前的最后的外交姿态。

奥克兰希望兰吉特·辛格的军队通过直接入侵喀布尔并护送沙·舒贾登上王位来完成其大部分卑鄙的勾当。但兰吉特不但拒绝向锡克人提供军队,甚至拒绝英国想要通过其领地(由此通向开伯尔是最直接的行军路线)的要求。麦克诺滕当然知道他的“协议”是与一位被动的伙伴和假想的对手签订的,但他被英国人无敌的神话冲昏了头脑,以至于相信在反对像阿富汗这样弱小和落后的土地上,他的统治者确实不需要帮助。他劝他的总督向印度河流域派出强大的军队。这是违背英国与信德以前签订的所有协议的,但信德的埃米尔比兰吉特·辛格要弱小得多。麦克诺滕作为“行政官”,与约翰·基恩爵士(Sir John Keane)指挥的大约 1.6 万名士兵组成的英属印度最精良的军队一起出发。他们于 1838 年年末动身并沿印度河的上游航行至什卡普尔(Shikarpur),然后翻越波伦山口(Bolan Pass)到达奎达和坎大哈,这已经是他们出发五个月之后的事了。沙·舒贾向麦克诺滕许诺的阿富汗皇家欢迎的军队从来没有出现。印度西北边境的阿富汗人至多是冷漠或愠怒;最糟糕的是他们会激烈地反抗对他们家乡的入侵。不过,英国军队强大到足以向北面的加兹尼(Ghazni)和喀布尔的敌人进军,并在1839 年 8 月上旬通过猛攻夺取了后者。多斯特·穆罕默德逃到俄国
227 边境,他的儿子和兄弟向现在已复位的杜拉尼的王位继承人投降。奥克兰成为伯爵,麦克诺滕成为准男爵,而阿富汗消耗战由此开始。

英国在阿富汗的第一次失败

只要是英属印度军队在阿富汗土地上出现的地方,无论是在喀布尔和坎大哈的市场、通往开伯尔的道路边,还是在宫殿内,游击战、暗杀行动、地方起义和掠夺就成为日常发生的事。有关俄国入侵使多斯特·穆罕默德复位的谣言在喀布尔盛行,以至于在 1839 年,麦克诺滕促使奥克兰允许他向北部的兴都库什山发动一次新的远征。不过,到1840 年年底前,多斯特·穆罕默德亲自向在喀布尔的麦克诺滕投降并

被带回印度。然而，沙·舒贾并没有得到大力支持，并且每月维持英属印度军队占领阿富汗的全部花费消耗了印度与阿富汗国库的剩余财富。1841年，麦克诺滕被任命为孟买的统治者，而伯恩斯被提名接替他在喀布尔的职务，但他们都没有活到接受高职位的新重担。到12月，当麦克诺滕决定协商改变统治者时，已经太晚了。冬天的严寒和阿富汗大火切断了放弃喀布尔、惊慌地冲向开伯尔山口的1.6万人的通道。其中一人，布赖登博士(Dr. Brydon)，到达了贾拉拉巴德(Jallalabad)，当时它被另一支英国军队守卫，他报告说他来自“印度河流域的部队”。沙·舒贾留了下来，与他的国民一起恳求让他们有机会继续接受统治。他一直活到1842年4月，最终被暗杀而亡。

奥克兰“愚蠢”的话以及随后的有关他破产的消息一传到伦敦，准备掌舵加尔各答的埃伦伯勒，就立即组织印度的武装力量“对阿富汗进行沉重的和决定性打击”，以向所有的当地人证明英国“施加惩罚”的能力始终未被削弱。弱小的阿富汗向所有印度人显示：被英国人训练和掌控的一支军队不仅能被打败，而且会被消灭。自从克莱夫占领阿尔果德以来，在次大陆从来没有发生过如此具有革命性的事件。多斯特·穆罕默德在1843年被释放并且被送往家乡以收拾他破碎的土地， 228
他独立把王权坚定地掌握着直到20年后去世。完全无益的战争消耗了英属印度的2000条生命和1500万磅纯银。

对信德和旁遮普的征服

紧接着阿富汗灾难之后，英国首先转向信德，然后转向旁遮普以寻求补偿性的征服。信德在阿富汗战争期间充当公司的供给基地，其间英国控制了卡拉奇和苏库尔(Sukkur)并把它们作为主要的补给站，以海得拉巴的中央信德城的随从部队保卫驻守。阿富汗的独立作为榜样激励着信德的俾路支人的埃米尔，在战争结束时从埃伦伯勒那里收回他们被迫交给奥克兰的自由和自制。他们不知道公司的董事们和国王的加尔各答的统治者很久以前已经决定：英国对信德的统治是印度河流域“永久”航运的一个“必须的”先决条件，这是英国的商业和战略利益“所要求的”；低洼河边的信德，加上佃农占主流的被动的人群，不可能像阿富汗的携带枪支的帕坦人一样进行军事抵抗。

1842 年 9 月，将军查尔斯·纳比尔爵士（General Sir Charles Napier）在卡拉奇登陆以正式指挥在信德和俾路支斯坦的所有英属印度军队。纳比尔决意把信德作为实现他光荣梦想的起点，按照克莱夫的模子塑造，而且在接防以消灭他们之前，他威胁、怂恿信德的埃米尔赐予他权利。纳比尔的施虐欲与他对宗教神秘的狂热相当，因为他相信自己是神的化身。这就是受埃伦伯勒委托决定大不列颠最好能通过废黜信德的埃米尔而“帮助人类”的人。纳比尔率领他的军队急行军穿越沙漠，在 1843 年 1 月开始进攻不抵抗的伊玛姆·加尔（Imam Garh）的城堡。此后的一月，他悄悄地跟踪被袭击者到米亚尼（Miani），在 1843 年 2 月 17 日早晨发动攻击。5 000 名信德人被滥杀，而他则损失了 256 名士兵，但纳比尔为英国和他自己赢得了信德，当这一地区在 6 月被正式吞并时，他成为它的第一位英国统治者。

229 兰吉特·辛格于 1839 年去世之前，在观看一幅英国占领区被涂红的印度地图时，他曾经评论道：“总有一天全部都会是红色。”随着信德被牢牢地控制在手中，英国又把贪婪之眼投向尚未变红的南亚地图的最后一个重要地区：旁遮普。到 1844 年 2 月，埃伦伯勒公开把盎格鲁-锡克关系称为“武装停战”状态。当锡克人的首领们对兰吉特王位的争夺持续到第五年时，他们彼此之间争相暗杀，而英国人悄悄地把军队和大炮运送到沿萨特累季河和西北边境新发现的有利位置。1838 年，有 2 500 名英国士兵沿着锡克王国的萨特累季河边境分布；到 1843 年，这个数目增长到 1.4 万名；而一年以后则迅速增加到 3.2 万名士兵和 68 个大炮阵地，还要加上仅在萨特累季河以东 250 公里、德里北部密拉特（Meerut）英国基地随时准备行动的 10 万名后备力量。菲罗兹布尔（Ferozepur）和安巴拉（Ambala）这两个有军队驻防的城镇一夜之间成为行军、疾驰进入有利位置的孟加拉印度兵团的了，由此可以很快展开一些印度历史上最血腥的战斗。

由于锡克与英属印度军队同样强大，它们都在调遣人员进入几个争议边界的有利位置,从中选取一个事件作为第一次锡克战争的诱因并不困难。而且,英国针对几位对兰吉特权力的锡克争夺者的外交阴谋在于在旁遮普内部激起政治对立和派系冲突,以至于在 1845 年 12 月神经上的冷战沿着萨特累季河爆发。在不到三个月的时间内,英国征服了拉合尔,并且在紧接着的穆德基(Mudki)、菲罗兹沙(Firozshah)和索布朗(Sobraon)的战斗中又有将近 2 万名锡克人和印度士兵死亡。1846 年 3 月 9 日,双方签订一个新的协议,锡克人向英国人割让比亚斯与萨特累季河之间的所有肥沃土地,再加上具有战略意义的山地,包括克什米尔。而且,锡克人被迫交付战争的费用和解散他们的军队,将来只限于保留一小部分战斗部队。克什米尔被给予一位多格拉(Dogra)印度教拉其普特首领古拉卜·辛格(Gulab Singh),他在索布朗背叛并遗弃了他的锡克人同盟,就像几乎 100 年前米尔·贾法尔曾经在普拉西放弃他的外孙一样,为了英国人许诺的财富与权力而丢弃了传统的忠诚。其人口大大超过穆斯林的印度王国的王冠因此落入印度教大王家族的专横控制之中,他在此后英国统治的百年中在名义上 230
获得了统治克什米尔的权力。

两年之后,第二次锡克战争爆发,这也只是第一次的一种继续。锡克人的民族独立的精神非常强盛,不可能被一轮失败所压倒,并且英国还在扩大商业市场、攫取更多税收、把他们的领地扩大到沿印度河的"天定命运"的西部边界,凡此种种足以在 1848 年 4 月敲响第二次盎格鲁-锡克战争的警钟。新总督詹姆斯·安德鲁·布龙·拉姆齐(James Andrew Broun Ramsay)、达尔豪西侯爵(Marquess of Dalhousie,1812－1860),他在作为贸易委员会(Board of Trade)主席帮助发展英国的铁路网络之后,就被皮尔(Peel)的内阁派往加尔各答。英属印度最有天分、最有精力的总督达尔豪西感到,把整个旁遮普涂红这一工作没有必要再拖延,因此他命令他的总司令高夫勋爵(Lord Gough)这么做。同锡克人的战斗比预想的还要艰苦,1849 年 1 月,在吉利扬瓦拉(Chilianwala)他们造成了英属印度人大量的伤亡(2 357 人),以至于女王政府感到有必要按照程序让纳比尔返回以接替高夫。不过,在纳比尔到达之前,高夫在一个月后的古吉拉特战役中取得了决定性胜利，这在相当大的程度上重新为他赢得了国人的信任。

对旁遮普的吞并和殖民

1849 年 3 月 30 日，整个旁遮普——这一印度最肥沃的一万平方公里的土地，日后注定成为英帝国的谷物主产地和以后巴基斯坦的心脏地区——被公司的统治者直接拿走。达尔豪西指定了一个总督委员会，约翰、亨利 · 劳伦斯(Henry Lawrence)兄弟和查尔斯 · 曼塞尔(Charles Mansel)来完成安抚和管理新吞并领地的工作。这一有才能的三人领导班子由于它对“殖民(从税收、法律和秩序意义)”的管理工作而得到历史学家由衷的赞美，但也许因而有必要强调以下事实：他们对公众舆论置若罔闻，无论这舆论是来自旁遮普的，还是来自议会的。他们充当专制者，充满了柏拉图主义的仁慈理想并受到加尔文教徒的信守和恐惧的约束，不过这些专制者依然武装有公司雇员中 56 位
231 最聪明的公务员和军事人员，还有大约 1.6 万名精锐部队，他们随时准备着向胆敢或愚蠢到反对他们决定的人射击。英国管理中擅长行动而马虎的“旁遮普学派”因而为印度的新边界贴上他们的标签，那里男人是男人并且做事很迅速；官员最先赶到，然后再寻找证据；高级官员总是紧随在低级官员后边，因为这是“本地的”马屁精、要阴谋者和反叛者的生存之道。围绕这些“巨人”而产生和繁荣的神话一直激励着后来几代的旁遮普公务员和统治者，直到第一次世界大战之后，与劳伦斯兄弟、曼塞尔(Mansel)、尼可尔森(Nicholson)、爱德华兹(Edwardes)、雷克(Lake)和拉姆斯登(Lumsden)一样，他们总是要面对同样艰巨而不可能的任务：在地区工作中筋疲力尽、每日奔忙，夜以继日地撰写报告、绘制税收图表、规划运河和挖井、维护监狱、修路、在毫无怨言或悔恨的情况下承担白种人的责任。

1850 年，随着旁遮普被平定，以及从孟加拉到印度河流域、从克什米尔到科摩林(Comorin)的区域被控制，英国人只用巩固他们对整个次大陆的掌控。不过，还要做的是把国王统治的许多地区与永久被转

让的土地(由废黜君主馈赠给日渐衰落、不用交税的贵族的)整合进英国统治和税收的"管制"系统。沿着北部边境的一些地区也仍诱惑着帝国的巨人继续进行军事冒险。在缅甸,英国人的这些突袭以1852年和1885年的新的胜利而告终;在阿富汗,1878至1880年,他们则遭遇新的挫折和悲惨的伤亡。随着英国征服的框架在达尔豪西的统治之下早早地形成,他能够把极其旺盛的精力投入到统一他的帝国和促进它的现代化——或者他和他的团队所称的"教化当地人"——之中。毕竟,除此之外,如此众多的英国最优秀、最聪明的年轻人不畏风险、远离家乡,生活在深受病症困扰、酷热和"深肤色"的土地上还能为何呢?

第十五章　统一、现代化与起义 (1848 – 1858)

232 达尔豪西1848至1856年的管理之下，印度政府继续执行的政策主要是内部统一与现代化。尽管没有人会乐观地想象：印度能在几年或数十年内被转变为一个英国的亚洲翻版。不过以旁遮普的政府为代表，有一种活力和自信似乎从新总督办公室辐射到最遥远的落后地区。从对旁遮普的征服与平定中获得的税收盈余非常可观，甚至从第一年起，除去支付需要控制动荡地区的两支军队所有的花费，再加上文官政府的所有花销外，每年还总是节余500万卢比。此外，英国的浇灌技术被运用到旁遮普的肥沃土地上，使这一地区的产量快速增长，以至于利德贺街的董事们给予达尔豪西他们最热烈的支持。

然而，达尔豪西对政府财政更重要的贡献不是因为代价高昂的军事征服，而是通过直接兼并公司的王公"同盟者"拥有的土地实现的，根据"权利失效(lapse)"和"最高权位(paramountcy)"的虚假的法律原则，王公们被一块一块地蚕食掉特许的领地。当然这对英国来说也并不容易，他们最近才把对私人财产和合法契约的信奉牢固地移植到印
233 度的土地上，却只为了更多的税收而对此视而不见；不过他们总能找到印度王公们的"堕落"或"不检点"的地方以为他们撕毁契约和偷窃而辩护。权利失效的原则首次被运用于反对萨特拉国王、湿瓦吉的直接继

承人。与英国对待第一自然继承人的态度一致,在印度的习俗中,也同样尊敬(或因此缺少)被皇家领养的继承人。但在 1848 年,达尔豪西决定: 协议中萨特拉的"继承人或继任者"——以及一切与王国签订的类似协议——只适用于"自然继承人"。当"无用"的国王去世的那一年,只有一位被领养的儿子作为他的"继任者"时,公司就直接获得萨特拉及其税收的控制权。管理委员会(Board of Control)主席约翰·霍布豪斯爵士不但同意了达尔豪西对法律的这种新奇而独创的解释,而且显然很欣赏它,建议:"我坚决认为: 无后代国王去世时,收养的儿子不应该继承王位的,而且这一小公国应被兼并到英帝国。"①

由权利失效原则夺取的土地

1849 年后,当在习惯法中发现了权利失效原则的前例时,新的实施高压的国王就越来越有自信采用这一原则。中印度的斋浦尔(Jaitpur)小王国和孟加拉的桑巴尔普尔(Sambalpur)在 1849 年采用了权利失效原则;1850 年旁遮普山国的巴格哈特(Baghat)崩溃;1852 年乌代普尔(Udaipur)的拉其普特王国"权利失效",紧接着,1853 年是中印度的占西(Jhansi)王国(拉尼[rani]——事实上是达尔豪西确认她丈夫是作为被收养的继承者才统治占西的——四年后证明自己比大多数马背上战斗的那些人都要勇敢、大胆和优秀,而且她逐渐以"印度的贞德"而闻名)。1854 年,400 多万马拉塔人的家乡、庞大并且一度强大的那格浦尔也被权利失效原则夺去,它的 8 万平方公里土地一夜之间被涂成红色,公司在南部围绕海得拉巴结实地关上了栅栏。律师鹅毛笔一挥,不用通过战争这种更昂贵而麻烦的方法,公司每年的账上就增加 234
了额外的将近 400 万磅纯银。英国人的自信促使他们通过引入一种权利失效的不同形式进一步实施金融掠夺,其中之一适用于领养老金的

① 霍布豪斯致达尔豪西,收入爱德华·汤普逊(Edward Thompson)和加勒特(G. T. Garratt):《英国在印度统治始末》,伦敦: 麦克米伦,1934 年;被安拉阿巴德的中央图书馆于 1962 年照相胶印,第 401 页。

人和他们的养老金,给予他们作为长久被掠夺土地的补偿。当地这些被击败的有权势人物被罢免的领袖中,最有名的是浦那的前帕什瓦,他在1853年去世时没有任何亲生的继承人,他的8万英镑养老金被宣布“失效”。他的养子那纳·萨希卜很快就成为坎普尔(Cawnpore)反抗的焦点,在其郊外,前帕什瓦的宫殿因年久失修而破败,马拉塔人经常在此共谋大事。卡纳蒂克的纳瓦卜的头衔和养老金也在这一年失效,而坦贾武尔国王的在两年后失效。达尔豪西也试图免除莫卧儿帝王的头衔和年俸,但在这一点上,他遇到伦敦保守主义者的抵制,尽管伟大的皇族的实际权力变得微弱,即将面临更悲惨的命运,但年老的巴哈杜尔·沙二世的王位被保留下来的时候,它却得到强有力的支持。达尔豪西如此极力追求的领土统一的过程,只是他效法现代英国发展一个印度帝国这一总体规划的第一步。达尔豪西在出发前夕呈送给董事们的简略的备忘录中明确地告知,他致力于为印度的牛车文明配置“近代的睿智和科学带给西方国家的社会进步的三大引擎——我的意思是铁路、统一邮政和电报”。①

开始建设铁路

尽管在南印度建设一条铁路的可行性早在1832年就已经讨论过了,但直到1850年才真正开始建设,达尔豪西最后坚决要求开始建设两条实验性路线;一条从胡格利右岸,加尔各答对面的豪拉(Howrah)到拉尼根杰(Raniganj)煤田150公里的内陆;另一条从孟买城向东到
235 塔纳(Thana),只有21公里的内陆。1853年4月16日,伟大的印度半岛铁路的孟买路线发展为公共交通,印度第一条为乘客服务的铁路。曾有种猜测:印度人会反对乘坐这个充满烟雾的巨物旅行,但事实证明,火车一开始就很受欢迎并且开始了一个经济快速发展与社会变迁的新纪元。达尔豪西现在提出一个在全印度建设铁路的庞大计划,规

① 达尔豪西1856年1月28日的备忘录,引自缪尔(Muir):《英属印度(1756－1858)的形成》,曼彻斯特:曼彻斯特大学出版社重印,1923年,第352－378页。

划把孟买、马德拉斯和加尔各答这三个总督的城市用一条主干线连接起来，越过恒河从加尔各答到德里和拉合尔。他支持继续由英国人私人开发这一宏大的网络，由委员会谈判达成4%的保息协议，而且他有先见之明地预期他的铁路计划如果被宫廷采纳的话，将“给予印度她从英帝国得到的最大的恩惠”。[①]

从商业上讲，铁路将英国制造的商品加快分发和销售到印度尚未“开放的”内陆，回程时从内陆运回诸如煤和棉花等原材料。曼彻斯特工厂主开始对依赖美国的原棉感到不舒服，并且希望印度能为他们的繁荣提供一种不可缺少的更便宜、更可靠商品。美国南北战争(American Civil War)证明他们最忧虑的事情是完全有根据的，而且那格浦尔和贝拉尔这两个中印度地区的原棉在达尔豪西的直接控制之下被源源不断地运来，为后10年的英国提供他们必需的另一条供应渠道。不过，1854年，随着克里米亚战争(Crimean War)的爆发，迄今为止一直来自俄国南部的敦提(Dundee)生黄麻供应完全中断，而新开通的孟加拉铁路有助于把生黄麻和煤运送到加尔各答。从战略上讲，铁路是公认的能轻易地从任何中央基地迅速运送军队到内陆或边境的潜在动荡地区的通道；而且，一旦网络完成，可以让英国人大幅度减少他们的印度守备部队(就像在第一次世界大战时他们做的那样)而不担心叛乱。从政治和社会文化上讲，铁路开始了一场革命，因为从运营的第一年起，数 236
量庞大的印度人就喜欢上了它们，带着如此浓厚的兴趣以及持久的快乐，以至于可以安排一半乘客的所有第三等车厢上从来没有足够的座位。仅在运营的第一年间，就有大约50万人乘坐短途的孟买路线旅行，而在孟加拉，每周都有1.2万位三等乘客塞满屈指可数的车厢。“喜好乘坐火车旅行在低等阶层中几乎成为一种国民风尚。”《印度新闻(*Indian News*)》在1855年中叶评论道。[②]

---

① 达尔豪西1853年的日记，第一部分，1853年5月8日，由达斯(M. N. Das)：《现代印度的经济与社会发展》，加尔各答：穆科帕德亚(Mukhopadhyay)，1959年，第80－81页。

② 1855年7月17日，为达斯所引用，同上，第96页。

发电报

印度的第一条电报线是由具有独创性的奥肖内西博士(Dr. O'Shaughnessey)于 1851 年在孟加拉铺设的，而且在测试其有效性之后将近一年，达尔豪西强烈支持奥肖内西的建议，即将加尔各答、阿格拉、拉合尔、孟买和马德拉斯用电报连接起来。电报电缆已经将英国和法国连接了起来，而且在东印度公司的董事们真正批准拨款铺设将近 3 000 公里跨越印度的电线之前，从伦敦已经可以通过英国到孟买的海底电缆与印度进行通话了。达尔豪西亲自规划了第一条印度主要的电报线路，从加尔各答到贝拿勒斯、安拉阿巴德、阿格拉、安巴拉、拉合尔和白沙瓦。他正确地预见了这条线路最关键的用途是政治上的，而且它确实在 1857 年拯救了帝国，当时，这条脆弱的帝国生命线在被变乱的印度士兵切断之前，“兵变”一词通过它从阿格拉传到加尔各答，经过 824 公里的路程。不过，从商业上讲，相对于铁路而言，电报在其价值与重要性上都是处于第二位的，它提供快速而持续的信息并且与跨越次大陆的企业家保持联系，刺激工业与贸易。印度的第一条长途电报信息由奥肖内西于 1854 年 3 月 24 日在阿格拉发给加尔各答的达尔豪西，而且两周之后，当 525 公里长的伟大的恒河运河在加尔各答西北
237 1 000 公里的鲁尔基(Roorkee)开通时，总督在同一天收到电报确认。一年当中铺设的电报线总里程是 2 500 公里，连接印度的主要城市，包括相隔 1 600 公里的加尔各答和孟买。由于通讯技术上的这次革命，达尔豪西能够比一年前早一个月向土耳其派遣增援军队，因而有助于英国赢得克里米亚战争的胜利。

引进便士邮政

电报对印度邮政的潜在价值早已被认识到，尽管并没有马上得到运用。印度的第一个邮政法案(Post Office Act)于 1837 年通过，这一年，罗兰·黑尔爵士(Sir Rowland Hill)在大不列颠公布了他关于革命性的便士邮政的观念。不过，在用一便士把信件投递到一个国家之内

任何距离的完全统一的、商业上具有刺激性的概念，直到1854年才引入到英属印度。而且，正是达尔豪西拥有的个人兴趣和必需的首创精神，才把印度没有效率的、私营的和地区性的邮政系统改造为英国邮政部的现代的、国家的缩影。一封半安纳(anna)邮资的信使印度的个人通信能力发生革命性变化，而一安纳的报纸则改变了从地方到省、甚至是全国范围内人们制造舆论的潜力。在三个月内，在加尔各答投递的信件的数量增长了50%，而在1855年6月，邮政与电报系统正式连接起来，为印度提供了第一个快捷、高效和便宜得惊人的全国通讯方式。从此以后，用同样四分之三便士的邮资，在印度比在英国任何地方都能把信件投送得更远。尽管大多数印度民众长期以来一直都不识字，最贫穷农村的农民现在也能向远处的亲戚送信，只要他能找到替他写信并读回信的人。因此便士邮政不仅能使次大陆前所未有地统一起来，而且它成为学习、识字、文学和任何一种能想象得到的社会文化变迁的最重要的新动力。事实上，它比铁路或电报都更为“神奇”，
因为它越过城镇、兵营到达边远的印度乡村，搅动了为传统隔绝而停 238
滞的死水，并且以思想、报告和迅速觉醒提出的可能性的新风托举起几团尘埃。

在1855年达尔豪西离开印度以后，他的现代化、兼并旁遮普和缅甸南部(Lower Burma)、王国的统一政策的组合冲击，为他赢得了印度民族主义之父的称号。因为，尽管他之所为显然是受到公司对更多税收的需求，以及自私的英国人把印度与帝国的利益更有效地联结在一起的愿望的驱使，但其结果是内部的统一和为一个现代南亚国家奠定了技术基础。达尔豪西从来没有预期、也没有渴望或抵消他带来的变化的长远政治意义——他只预期了他统治的暴力后果，主要是对1856年事件、首先是兼并奥德的反映。即使所有英国人关于奥德的“衰弱”、“腐败”、“堕落”、“反复无常”的国王和他同样“怠惰、懒散和愚蠢”的朝臣的抱怨都是真实的，1856年2月，对奥德的兼并确实是公司和达尔豪西最大的错误。公司以前从来没有公开无视它在半个多世纪中一直遵守的一个协议。

对奥德的兼并

从坎普尔向北进军以控制勒克瑙的军队数量，与出生在这块他们正在入侵的土地上的人数相当。没有交火。瓦吉德·阿里(Wajid Ali)国王穿着丧袍把他的缠头巾放在行政专员詹姆斯·乌特勒姆爵士(Chief Commissioner Sir James Outram)手中，为他的家乡和他的合法权利辩护，但当这无效时，他提出在其宫殿墙内外均不进行武装抵抗。2月7日，他与随行人员一起和平地离开此地，前往加尔各答直接向达尔豪西上诉。但总督正处于出发归国的前夕，这样一位有病且孤独的人，并没有比乌特勒姆有更多的兴趣或精力安慰其王位被篡夺的国王。奥德是印度最富庶的地区之一，恒河平原的心脏地区，而它的税收盈余几乎是相邻的西北省份的十分之一，而且公司不允许把潜在的税收浪
239 费在朝臣和高级妓女身上。瓦吉德·阿里认为在伦敦他也许会找到更富同情心的听众和法官，因此他把他的案子和大臣带到那里，但结果仍只是面对在勒克瑙和加尔各答他曾看到的面无表情的英国众人墙。因此，毫不意外，他返回印度与奥德的4万名婆罗门和刹帝利(他们构成孟加拉印度兵团[Sepoy Army]的骨干)一起共谋大事。

奥德的被兼并削弱了孟加拉军队对它服务的统治者的信奉，并在1856年给为“忠于职守”而自豪的印度士兵带来同样令人不安的震撼。查尔斯·约翰·坎宁勋爵(Lord Charles John Canning，1812－1862)，公司的最后一位总督和女王的第一位总督，在加尔各答第一年间制定了几条不受欢迎的措施，对印度士兵来说，最痛苦的就是通用征兵法案(General Service Enlistment Act)，它要求印度士兵接受“任何地方的”兵役，无论是在家乡的省份还是越过“深色水域”的。制定这个法案是为了保证缅甸不断增加的守卫部队有稳定的兵源，1852年，第38团拒绝执行前进的命令。有些士兵说英国传教士与官员们共谋把所有的婆罗门和其他高种姓的印度人送到海外，以使他们永久地受到毒害，因而更容易成为改宗基督教的对象。征兵法案只是为不满增添一把稻草而已，而当坎宁的政府在1856年通过另一个法案时，似乎又加重了分量，

法案允许印度教徒的寡妇——贱民中地位最低的那些人——再嫁——就像萨蒂的取缔不足以影响家庭习俗和印度主要社区的传统一样。自1829 年以来就没有将如此激烈的社会改革制成法律，尽管加尔各答的地方出版社很快提醒它的读者：1850 年，达尔豪西让他的委员会通过了一个种姓不利法案(Caste Disabilities Act)，允许改信基督教的当地人继承财产。这开始看起来就像是一个商议好的政策，一个旨在削弱印度教正统基础的基督教的阴谋，就像达尔豪西的兼并根除了独立的印度统治如此之多的堂皇栋梁一样。

新的恩菲尔德式步枪的引进

1857 年年初，增添了最后一根稻草，一种新的后膛装填的恩菲尔德式步枪(Enfield rifle)的改装形式。英国人在制造方面显示了极大的创造性，但在有关用动物脂肪和猪油涂抹弹药筒方面又显示出惊人的愚蠢。为了使印度士兵充分运用恩菲尔德式步枪的迅捷火力，在英 240
国军官的教导之下，他们要在装填枪管之前先咬掉弹药筒的顶端。和前膛枪相比，恩菲尔德式步枪只需不到一半的准备时间就可以射击了，但对禁吃猪肉的穆斯林来说，就像只闻一闻圣牛油的香味的印度教徒一样，这一方法抵消了所提供的新武器的任何军械上的长处。穆斯林和印度教徒同样相信：弹药筒是一个污辱他们并迫使他们改信基督教的阴险的传教士阴谋的见证，而且这种恐怖症很快传到孟加拉。4 万多名英国士兵指挥 23.2 万名印度士兵，保卫和控制拥有两亿印度人的土地，这一维持军事纪律的信念无可挽回地瓦解了。

从巴拉克普尔(Barrackpur)到密拉特，一团又一团的印度士兵不情愿的被排列起来，由英国人操控的大炮在侧面的高地上瞄准他们，并且每次“给步枪上子弹”的命令都被拒绝执行，这样，一支部队就会从孟加拉军队的名单中被划掉，它的士兵被可耻地摘除徽章并步行回到他们的乡村——大多数在奥德——没有薪饷，没有希望获得抚恤金，没有一丝他们当初穿上军装时感受到的自豪。印度士兵留下的只是对引诱、欺骗并最终放弃他们的统治者的刻骨仇恨。这种仇恨从加尔各答散播到密拉特，并且还夹杂着已经在德里、勒克瑙和坎普尔集聚起来的原有的怨恨，它在被罢免的穆斯林和马拉塔贵族的那些中心人物那里就更加强烈。供应用死猪污染的水和将牛骨磨成粉加入糖中的谣言增添到弹药筒的传言之中。奇怪的事件很快被忠诚的印度士兵注意到，他们向英国军官报告："圣人"手持薄煎饼(chapattis)或莲花来到他们兵站门口，而且在小麦饼或鲜花传回到很快就要离开的沉默的毛拉或托钵僧(fakir)之前，庄严地从一个士兵传到另一个士兵，直到在场的每一位士兵都碰触到避邪物，此物似乎能神秘地让他们团结起来。它是一种信号吗？一个承诺？一种前兆？尽管在 1857 年头五个月，瓦吉德·阿里和那纳·萨希卜的人都要到远处、大范围地冒险，并且与巴哈杜尔沙朝廷在伦敦、加尔各答或德里的成员接触，就像他们与多斯特·穆罕默德来自喀布尔的代表接触一样，但并没有出现广泛传播的阴谋的明显证据。

241 印度士兵“兵变”

很快演变为盎格鲁-印度全面战争的“兵变”于 1857 年 5 月 9 日星期六在密拉特引发。那天早晨，当阳光照耀在兵站的练兵场上时，密拉特旅立正看着他们的 85 位印度同伴，他们因拒绝给步枪装填子弹在被带入囚牢之前，被铁匠戴上脚镣和手铐。对英国纪律的一连串重击是“密拉特事件”的战斗口号。第二天，当他们的英国军官都去教堂时，兵站的所有三个印度团奋起反抗。他们释放了囚犯，杀死了几位试图阻止他们的军官，并且冲向位于其南面 30 公里的大莫卧儿首都，高呼“让我们向德里前进(Chalo Delhi)！”密拉特的英国军队没有接到追捕反抗军队的命令，而在德里，只有少数英国人负责看守弹药库。尽管英国军官炸掉了他们的弹药库，德里城内的印度士兵打开城门欢迎反抗者，宣布宫殿和平民在 5 月 11 日从英国统治下“解放出来”，不情愿的巴哈杜尔沙二世被“恢复”了帝国的荣耀。“兵变”成了一次起义、伟大莫卧儿的战斗口号和象征。无论帝王是否更年轻或更有抱负，他本应率领他的新军队越过恒河平原到达坎普尔和勒克瑙，或至少到达阿格拉，或许到达拉合尔,重新召集其他印度士兵并激励民众支持他的事业。但这位老人对纤画的关心甚于对权力的追求,而他的孩子们和朝臣不可能放弃他们的野心服从对他们自己或他们支配的军队的调动。因此,当印度士兵在德里寻欢作乐时,最初的胜利、给予英帝国致命一击的勇敢行为被五月的热量消散了。不过,当反抗的消息传播到东西部时,其他印度士兵采取了同样的行动,而在加尔各答与阿格拉之间只有一个团的英国军队,因此基本上不可能阻止或惩罚反抗者。在奥德,到 5 月末“兵变”事实上已演变为民族起义。从勒克瑙的朝臣到恒河平原的有地的贵族(taluqdars),再到村庄里的农民,他们中的许多人都与孟加拉的印度士兵有联系,奥德充满了起义的口号。公司最聪明的一位职员,亨利·劳伦斯爵士(Sir Henry Lawrence,1806－1857)被任命为勒克瑙行政 242
官时已太晚了,他聚集成群的欧洲人和印度人定居在他的管辖区,修筑防御工事并提供足够的弹药和食物以坚持到 11 月增援部队的到来。在坎普尔,6 月初,将军休·惠勒爵士(General Sir Hugh Wheeler)试图保护以壕沟防御的营地里的约 400 位成人、小孩,但这只是徒劳,他没有精心加强防御或提供食物。在那纳·萨希卜投降之前,他们只坚持了 18 天,他向他们保证沿河到达安拉阿巴德的“安全通行权”。不幸的是当他们爬进等待着的船只时,河两岸背信弃义的那纳士兵就把烈火喷射到他们身上。只有四个男子逃脱,并在后来讲述了这个故事。

1857 年夏,英国失去了对北印度恒河流域心脏地区、旁遮普和德干部分地区的控制,但在后一地区只是局部反抗的简短的事件。在西姆拉(Simla)和加尔各答,恐慌先在欧洲人社区扩散,但中央政府的统治地位从没有受到严重威胁或冲击,孟买或马德拉斯总督的军队的主力都没有反抗。德里、勒克瑙和坎普尔成为反抗的几大中心,每一个都有具有复位心理的反抗者的宫廷参与,两个是穆斯林,一个是印度教的马拉塔,他们都不能或不愿把他们的力量加入到统一的国家斗争之中。奥德最接近于代表一个反对英帝国统治的统一战线,但奥德不是印度,而且这一地区的前国王一直被囚禁在加尔各答。德里试图主张莫卧儿的领导地位,但在巴哈杜尔·沙周围产生了如此众多相互冲突的派系,以至于没有一个是有效的。包括1857年8月25日、以帝王名义在贝拿勒斯附近的阿齐姆加尔(Azimgarh)发布的"文告",它一开始写道:"众所周知,在这一时代,印度斯坦人民,包括印度教教徒和伊斯兰教教徒,都身受不信宗教和背信弃义的英国人的暴政和压迫之苦。因此印度所有富裕的人民应尽的职责……为了公众的福祉而献上他们的生命和财产。为了实现这种大众的利益,属于德里皇族的几位国王已分散到印度各个地区。"①

243 军事兵变的冲击被一系列同时的农村反抗所加重,不仅反映了"农民对其土地控制权丧失于'新人'或城市的放债种姓的怨恨",而且反映了当地对"过度和区别征税"的不满。② 拥有强烈部落结构的拉其普特和贾特(Jat)的农民会以相对轻松的方式否认他们传统的农村领袖。在北印度其他地方,像马图拉的戴维・辛格(Devi Singh)和密拉特附近的卡达姆・辛格(Kadam Singh)这些地方"王"一夜之间就会产生,召集通常沉默的农民起来反抗政府。不过,有一些地区一直诚实地征税,即使在反抗时期也由当地强大到足以对他们的农奴予以控制的地主,将其一部分税转交英国统治者。由于没有(现代意义的)民族主义领袖出现,反抗拥有许多亚国家的印度潜流,其中最强大的是对传统王朝的再肯定。奥德最大的土地巨头,像曼・辛格(Man Singh)和拉那・本尼・摩陀(Rana Beni Madho),在兼并前基本上都是封建君主;现在他们看到自己被剥夺了传统的军事权力,也被剥夺了大量的村庄税收。在这些地区,"兵变"被更准确地视为"后安抚"的变乱。一旦与变乱一起点燃,中印度的崎岖的荒地最难于平定,而且本德拉(Bundela)的塔库尔(thakurs,乡村头人)和其他拉其普特与马拉塔的当地领袖发起了有效的游击突围直到进入1858年。但印度国王们和纳瓦卜传统上不能把个人野心和妒忌服从于国家目标,这一目标从大

---

① 《阿齐姆加尔文告》,在《印度的1857年》中重印,由安斯利・恩布里(Ainslie T. Embree)编辑,波士顿:希思(D. C. Heath)与其合伙人,1963年,第1-3页。

② 艾斯克・斯托克斯(Eric Stokes):《传统抵制运动和亚非的民族主义:印度1857年叛乱的背景》,载于《过去与现在》,第48期(1970年8月),第110页。

变乱开始就困扰着反抗的队伍。

英国人和锡克人的胜利

另一方面,英国人从来没有真正怀疑过他们夺回失去土地的军事能力;除了密拉特的一些老朽的将军们以及西姆拉和加尔各答的比较多的商人和传教士外,他们并没有对自己的统治丧失勇气或失去信心。他们中的所有人几乎都失去了一些事物,坎宁和约翰・劳伦斯(1811－ 244
1879)是显著的例外,即他们的性情和对"当地黑鬼"的宽容。当英国的男人和女人被谋杀的消息首先传到拉合尔、白沙瓦、西姆拉和加尔各答时,一种自黑洞悲剧以后再没有听说过的可怕的种族残忍行为发生了、并激起了英国人的复仇情绪。无节制地袭击被动的村民和手无寸铁的印度人、甚至忠实的家仆,在"兵变"之后成为常见的行为。基本上,英国与印度文化之间艰难竖立的所有桥梁都被恐惧和仇恨毁坏。因对待锡克囚犯的慈悲行为而赢得他们的不朽忠诚和尊敬的约翰・尼可尔森(John Nicholson)这样的男子,在听到印度士兵屠杀英国妇女的新闻时都要发疯了,并郑重建议"活剥"犯这种罪的印度人,觉得"简单的"处罚诸如"绞刑"都是不足以平愤的。事实上,被俘获的"反抗者"一般在他们被牢固捆绑的地方由大炮射杀。村子由于靠近"犯罪的"坎普尔而整个被付之一炬。德里又被英国人和来自旁遮普的锡克部队占领(可能还为孟加拉的印度士兵如何打败他们的军队的记忆而感到刺痛的锡克教徒,在1857至1858年的战争中成为英国最坚定的同盟者,此后他们一直是新兵的重要来源之一)。率军突击深入被炸开的克什米尔大门的尼可尔森受了致命伤,但到1857年9月20日,德里被英国人牢牢地控制着。巴哈杜尔沙被流放到缅甸,他于1858年在那里死去,而他的儿子们则被霍德森上尉(Captain Hodson)残忍地杀害,因而带来"世界上曾经有过的最辉煌的一个王朝的彻底覆灭"。①

① 约翰・威廉・凯(John William Kaye):《印度士兵1857－1858年战争史》,第4版,伦敦:阿伦和合伙人(W. H. Allen and Co.),1880年,第3卷,第646页。

战争继续在北印度和中印度激烈进行,直到1858年年末,占西女王和那纳·萨希卜的炮兵顾问坦提亚·托比(Tantia Topi)让英国的科林·坎贝尔爵士(Sir Colin Campbell)和休·柔兹爵士(Sir Hugh Rose)将军最艰辛地奔波和战斗。1858年7月8日,当坎宁勋爵正式宣布停战时,那纳·萨希卜依然未被抓到。不过占西女王死于她的马背上,坦提亚被抓住并且被吊死,就像大多数其他"反抗者"一样。这是在印度土地上进行的最惨烈、最血腥的战争,是社会和政治制度一次又一次较量的最后一次,印度人由他们对外国人的恐惧和憎恨而团结起
245 来,但西方统治者已经变得如此强大以至于不能被消灭。这不仅仅是一次"兵变",英国人的自尊心总倾向于用这一名称,也远远达不到第一次独立战争的水平,正像一些印度民族主义者喜欢称呼的那样。事实证明,它不仅是莫卧儿帝国、独立的奥德和帕什瓦(Peshwai)抽搐死亡前的最后喘息,也是在普拉西之后,延续整整一个世纪的可敬的公司(Honourable Company)的统治抽搐死亡前的最后喘息。

第十六章　女王统治——一个新秩序(1858－1877)

1857 至 1858 年战争的遗产对英属印度产生了主要和深远的影 246
响。1858 年 8 月 2 日,英国议会通过了印度政府法案,把迄今为止公司在印度土地上享有的“一切权力”直接交给女王。议会的大多数议员逐步相信:正是国内的“双重管理(管理委员会[Board of Control]和所有人法院[Court of Proprietors])”以及印度三支荒废且过时的总督军队才使战争成为悲剧性的。东印度公司“无罪”的雄辩的辩护者,包括杰出的通讯秘书约翰·斯图亚特·米尔(John Stuart Mill)试图让国人相信与其说是公司陈旧的管理,不如说是达尔豪西急于让印度赶上英国现代化的步伐的过度热情导致了冲突,但这显然无效。由于如此众多的英国人在战争中被杀戮,而且英国为了取胜,花费了在印度整整一年获得的税收(3 600 万英镑),无论这场战争的真正起因是什么,必须找到替罪羊。而且自从公司的任免权被 1853 年的特许法案剥夺,引入了竞争性的考评机制来任命印度公务员以来,公司几乎只一味地行使消极性的权力。

印度法案的支配

在印度法案的支配之下,女王的一位国务秘书被内阁授予管理印

247 度和印度税收的全权，继承了法庭和委员会的职责。公司被委托给已解散的法庭的七位成员，他们加入新的印度委员会(Council of India)，由 15 名成员组成。在白厅(Whitehall)建立的委员会邀请了所有有关印度问题的国务秘书，尤其是那些有关财政问题的。坎宁勋爵继续任总督，但当维多利亚女王 1858 年 11 月 1 日的文告向印度的“王子、首领和人民”宣布统治和政策的重大变化时，他也只拥有总督的头衔而已。首要的，战争之后引入的新政策是对达尔豪西的失效的教条和寻求支持的印度王子们拒绝，许诺这些王子们“与他们签订的所有协议和约定”将会被“严谨地维护”。此后，在女王统治的 90 年中，这种保留的 560 多块散布在全印度的、由专横的王子控制的飞地的倒退政策，反映了英国对进一步兼并只能引发另一次“兵变”的担忧。从此以后，王子们都忠实地保证他们会接受任何一位继承人，只要他宣誓忠于女王，女王于 1877 年成为“印度的女皇”。正如康沃利斯与孟加拉的柴明达尔慷慨的结算，被视为那些以加尔各答为基地的巨头们保持忠诚，并且有助于在大火灾期间保持孟加拉的消极状态的主要原因一样，这种新政策也被视为在即将到来的印度民族主义鼓动时期帮助和支持英国统治的根源。王国很快被视为在政治困扰的激浪中令人安慰的效忠者的“防波堤”，否则在 1947 年很久以前汹涌的波浪就把英国统治从次大陆冲走了。

宗教自由主义

对“当地人”对任何社会与宗教变化的敏感同样的担忧，开启了一个社会宗教自由主义的时代，结束了长达 30 多年的进一步改革印度法律的时代。夸张地说，即：使这种对妇女、不可接触者和被剥削儿童的困境无动于衷的政策听起来像维多利亚一样高贵，其文告称：“它将成
248 为我们高贵的意愿和快乐，人们无论如何不会因为他们的宗教信仰或仪式而被反对、被干扰或担心，但所有的人都同样享有法律的平等和公正的保护；而且我们严厉地控诉和禁止所有那些有权支配我们的人，避免一切使我们最不愉快的、干涉宗教信仰和我们臣民的任何崇拜的事

情。”传教士被劝导减少让人改宗的努力,并且从那时起,印度的大多数传教士都专注于教育性工作,尤其是对各种印度语言的分析、翻译和教学。曾经激励查尔斯·伍德爵士(Sir Charles Wood)的1854年7月的教育急件(Education Despatch)——不仅导致1857年印度三所总督大学的产生(英国自信心的唯一礼物),而且导致由政府资助、由传教士运营的许多方言学校的产生——中的基督徒的冲动和改变信仰的腔调被压制和遮蔽。伍德开展的项目最初受他的传教士朋友们,尤其是约翰·马什曼(John Marshman)的启发,并且至少与教授年轻的印度人阅读或数学一样,是为拯救灵魂和改善风俗与道德而设计的。战争及其后果为这些有目的种下的种子投下令人寒心的阴暗,而且随着印度政府被施压用它的税收偿还英国军事行动的全部花费,教育经费首先被削减。

军队改革

1858年后首先进行引人注目的积极改革的机构是军队。公司的总督军队作为防止任何反抗再发生的皇家军事协调机制而被重组。印度与英国士兵的比例减少到两到三人对一人,1863年的总兵力是14万名印度士兵对6.5万名英国士兵。而且,英国人被授予对大炮和其他服役的“科学部门”的绝对控制权,一旦发生任何“兵变”的威胁,他们可以迅速地运用这些武器去镇压它。印度兵团只从在战争的火焰中其忠诚经受了考验的那些“当地人”中征募,从资格名单中剔除了孟加拉人、比哈尔人和马拉塔人,而把锡克教徒、廓尔喀族(Gurkhas)、帕坦人,还有一些拉其普特人置于前列。在相当大的程度上,英国人建立在“兵变” 249
期间的他们划分“忠诚”与“不忠”的士兵的经验基础上,很快形成了关于“好战种族”与“不好战种族”的假理论。不仅有“好战种族”,而且有——在这里印度教支持英国偏见——“好战种姓”,至少是孟加拉或马哈拉施特拉的婆罗门,他们的反抗领袖能如此残酷地进行战斗。在一个团内,士兵们被“混杂”在一起,并且相邻的团从相隔遥远的印度地区征兵,从理论上讲从说不同语言或来自不同种姓或社区的民众中征兵。

支持大地主

现在的北方邦(Uttar Pradesh,联合省)在那时被称做西北省与奥德,导致了战后多数的官方争论。坎宁最初没收了所有塔鲁克达尔(taluqdar)的财产,但他很快就接受了他的顾问和女王政府的那些人的观点,即把塔鲁克达尔树立为女王统治的贵族核心,永久归还他们的所有土地,这样也许更明智一些。康沃利斯模式因而被运用到相邻的省份,并且在1859年10月,坎宁在勒克瑙一间庭院将特殊的财产契约授予聚集的塔鲁克达尔。除王子们和柴明达尔之外,英国统治者的坚定同盟者现在又加上了塔鲁克达尔,并且为了保持他们的贵族地位不被分割,在坎宁于1862年离开印度之前,长子继承权条款被附加到他们的特殊财产契约上。当许多塔鲁克达尔后来陷入深重的债务,以至于要受到可能失去他们的不动产的威胁时,政府用贷款和旨在保护他们的破产资产不崩溃的详细立法方案将他们挽救出来。1861年,奥德的塔鲁克达尔组织成英属印度协会(British Indian Association),一个对统治者效忠的保守主义团体,其主要任务是防守和保护其富裕成员的特权,并且在政治问题引发冷淡的公共舆论时支持它服务的女王统治。塔鲁克达尔对英国官员来说,在充当地区的地方行政官方面特别有用,
250 因而他们被恢复了以前在纳瓦卜统治下拥有的维护法律与秩序的权力。孟加拉的柴明达尔也同样被恢复了他们作为莫卧儿的行政官的角色,就像许多西北省份的强大的地主阶级和旁遮普的锡克教贵族(sirdars)一样。达尔豪西基本上以同样态度对待所有“当地人”的平等主义政策现在被逆转并产生如此明显的效果,以至于在其后民族主义最汹涌澎湃的时代,英国人总是召集他们次大陆每个地区的贵族游说者以活力和信念来保卫帝国的事业。即使在新建立的中央省份(现在的北方邦),以前大部分属于那格普尔,莫卧儿收税官这一被称为马尔古扎(malguzars)的次要的贵族阶级也被提升到“永久的(1862年协议最初制定的是30年)”地主和坎宁最终法案的行政官的地位。

技术现代化加速

如果按照王子们和较次要士绅的理解，女王统治(crown rule)的“兵变”后政策被视为在公司统治的末期制定的平等主义协议的撤销，达尔豪西的技术现代化措施却以加倍的热情在继续着。显然，电报在战争期间证明了它的价值：发出嗡嗡声的银线有助于“吊死”许多“反抗者”。铁路和改善了的碎石路(如在战争前连接加尔各答与德里的主干路[Grand Trunk Road]，后来继续通到白沙瓦)尽可能迅速地增加，因为只有通过确信他们能够维护快速交通线这一额外的保障，英国人才有信心减少他们在印度的军队总规模。而且，事实证明，战后时代是一个前所未有的欧洲资本投资和英属印度商业性农业发展的时期。胜利使全英国和西欧的私营企业相信：印度的英帝国注定能持久、能有效地接受任何内部的挑战。

铁路建设进展如此神速以至于1859年铺设的432公里轨道10年后增加到5 000多公里，并且到这一世纪末，连接印度的钢轨长达2.5
万公里。所有的钢轨、机车、车厢和铁路设备都直接从英国运来，都由 251
那里的私营米兰(Midlands)钢铁公司生产，由于印度，它们成为市场不断扩大、利润得以保证的公司之一。到1869年，印度铁路的加油中心拉尼加尼(Ranigani)运营的煤矿不少于50家。不过，苏伊士运河的开通和1869年在通向印度的海上航线上由航运到蒸汽运输的同时转换暂时压低了拉尼加尼的销量，因为通过将布里斯托尔到孟买的平均航程由三个月减少到不到三周，从纽卡斯尔(Newcastle)运煤到西印度群岛(West India)比从孟加拉绕过科摩林角(Cape Comorin)要便宜得多。1870年，一条经由安拉阿巴德的加尔各答与孟买之间的铁路线正式开通。不过，由孟加拉到那格普尔的宽轨铁路直到1888年才开通，它极大地减少了穿越中印度的里程，而且印度最后获得了电力的自给自足，尽管还不是替代任何进口机器的工业生产能力上的自给自足。到1880年，不但有9 000公里的铁路，而且还有2 000公里的电报线在印度纵横交错。在印度“兵变”后繁荣的22年中，英国工业向公共工

一台英国蒸汽机车正在被吊装在开往印度的船上。(由葛蒂图片社提供,保存在赫尔顿档案馆。)

252 程生产投资 1.5 亿英镑,其中大部分都慷慨地投入到建设灌溉渠当中,联合省、旁遮普和信德 800 万亩的土地提高了农业产量。

战争留下的种族不信任

然而,战争最广泛的影响也许是在英国的白人与印度的“当地黑人”之间竖起的种族不信任的心理之墙。在战争结束后几十年中,对 1857 年发生的无数暴行的痛苦印象一直在英国人和印度人的记忆中强化。关于兵变谋杀者的故事、塞满坎普尔水井的肢解的尸体的传说、割伤他们熟睡的军官或主人的喉咙的“忠实”的印度士兵或仆人的故事,当年轻一代英国人成长并准备承担白种人的责任时,这些故事充满了他们的想象:“让病症止息;当你的目标快达到时,他人的目标还在追寻,看怠惰和异教徒的愚行,你的所有希望都化为乌有。”吉卜林是表达英国人与印度的爱恨关系及其在英国人头脑与心灵中激起的所有矛盾心理的诗人。感谢共享同一个孤岛洞穴的历史风雨，英国的普罗斯彼罗(Prospero)带着厌恶与轻蔑宽容了他当地的野蛮而残忍的奴隶(Caliban)，那种信赖激发心灵敏锐地意识到他们自己的美德与价值。

另一方面，印度人同样为关于谋杀、强暴、纵火、残暴处死他们同胞的记忆所缠绕。除了一些王子们和地主们外，把白人大人(sahib)社会从当地人中隔离出来的那堵墙，对其他人突然显得不可穿透，甚至他们也抱怨感受到自己是不被信任、永远被怀疑的局外人。被称为公民野营地或露营地的新城镇和郊区现在为英国官员及其妻子们建设起来，在宽阔的、两边栽有树的街道和宽敞的大路两边建有豪华的“平房”，如果需要，一个团的士兵能够很快出发清除任何“麻烦”。后兵变时期“种族”的分离为英国新娘的海外市场带来兴旺，由于害怕印度“女主妇”的背信弃义，大多数年轻的女王政府的雇员选择舒服而安全的英国配偶， 253
而不是唾手可得的当地主妇。英国人与家庭的联系也变得紧密，随着苏伊士运河的开通，英国人被进一步鼓励把全家带到印度，并且在那里养育他们的孩子，因为现在对于女王政府的雇员来说，通过半岛和东方(Peninsular and Orient) 的轮船使他们有可能在伦敦度假，而不是在内地打猎或待在一个印度城市里。在将伦敦从狭隘的形式主义和这种起抑制作用的道德僵化中解放出来的爱德华时代的态度和崭新的观念出现很久以后，英国俱乐部很快作为欧洲社会的孤岛中心出现，在印度土地上保持维多利亚中期的怪癖和古怪的道德。就像彭廷克和麦考利在战争的大锅中融入自由的希望和理想主义者的梦想，其结果是带来缺乏文明的进步，不信任、沮丧和恐惧占据了女王统治时代的每一个人的心，证实了所有印度传统的不统一和次大陆已转变为世界上最具力量但却残忍的军队扣押人质的土地。

行政上的变化

尽管随着权力由公司到女王交接印度政府的人员起初保持不变，加尔各答的行政部门在 1861 年稍微进行了现代化，印度议会法案(Councils Act)把总督的执行委员会(Executive Council)转变为一个小内阁，其五位成员每位领导一个部门——内政、税收、财政、军事和法律。总司令可以作为一位特殊的成员继续参加议会的会议。总督自己总是控制着外交部门，其大部分业务是处理与王国以及与相邻的阿富汗、缅甸、波斯和尼泊尔的关系。自 1854 年以来，总督为满足他的委员会对“立法目的”的要求而任命了几位“额外成员”，而根据 1861 年的法案，他们的数目增加到不少于 6 位，不多于 12 位，其中至少一半是“非正式的成员”。这就是印度人参与这块土地上最高委员会的楔子的薄的一端，但直到 1892 年下一个议会法案时，被任命的人才被完全限制在效忠的保守主义士绅，由总督挑选政治上顺从和完全可靠的人。不
254 过，他们是统治者中第一批象征性的印度人，而且他们总是被指认为英国诚挚地寻求听到立法事务上的“当地人的意见”的证据。加尔各答每年的议会上院(Legislative Council)会议都向有限的“公共”听众“开放”，并且成为英国有持久兴趣培养“从属地”的更高形式政治才能的微弱象征。不过，关于省与地区政府，兵变后时代的行政与以前相比，越来越为英国人所独占，越来越专横、具有家长制作风(取决于个别官员的性情)。无论印度人英语说得或写得多么好，他们都不再被英国的公务员所信任，他们花更多的时间巡回他们的地区，做关于当地状况的报告，检查当地人是否比兵变前对正常的管理行为更为顺从。旁遮普的体制一般被评定为最好，因为旁遮普不仅有重兵固守，而且提供军队帮助镇压叛乱。事实上，这个省第一位严厉的行政官约翰·劳伦斯在坎宁离开后不久即作为总督(1864－1869)回到印度，以便更牢固地掌握由他指导、在旁遮普建立的、遍及整个帝国的这一体系。

商品农业的增长

女王统治早期似父亲般严厉的新秩序，加上对私人建设公共工程和现代交通的大量投资，把印度与英国的工业需求和市场更紧密地联系在一起，并且加快了战前萌芽的商品农业革命的进程。除了靛青、鸦片和棉花，印度在 19 世纪中叶以前并没有出口商品的普遍增长。不过，在 1833 年公司垄断特权被取缔之后，私人的欧洲商人和种植者的

涌入导致茶与咖啡的新型种植业的发展,它们在战后首先兴盛起来。早期到来的欧洲人控制了孟加拉和比哈尔的大部分靛青产业,而且他们对“苦力”的剥削和残酷虐待激起了1869至1860年的“蓝色兵变(Blue Mutiny)”——印度人反对英国管理的第一次劳工罢工。它在流血事件迫使政府指定一个靛青委员会(Indigo Commission)后才得以 255
解决,该委员会的调查和报告支持印度农民的主张和需求。茶种植在1854年阿萨姆通关法案(Assam Clearance Act)通过之后才真正得到发展,3 000亩最好的种茶树的土地被拨给任何承诺培植茶树供出品的欧洲种植者。英国人对茶的爱好在持续增强,而中国茶的供应开始受到内乱的威胁。1850年,英属印度只有一个大型的茶种植园,每年产茶20万磅,但到了1871年,种植园增加到295个,总产量大约是625万磅。茶种植从阿萨姆扩大到坎格拉(Kangra)附近的旁遮普山区;靠近迈索尔的南部尼尔吉里(Nilgiri)丘陵地带的茶种植也在快速增长,并且在1873年后扩大到大吉岭(Darjeeling)的埃佛勒斯峰(Everest)[①]在望的地区,这里成为富裕的英国侨民喜爱的夏季“避暑胜地”。咖啡种植在17世纪被引进印度,但第一个欧洲种植园是在19世纪30年代在迈索尔开始的,战后20年里其产量翻了10倍,直到1885年后疾病摧毁了这个产业。不过这时南印度有超过25万亩的土地在种植咖啡,每年出产咖啡豆超过3 000万磅。

激增的棉花和黄麻产业

尽管棉纺织一直是印度主要的家庭工业,并且至少从纪元以来,印度的棉布就被穿在非洲和亚洲其他地区不知多少人的身上,但印度的欧洲式棉纺工厂的发展只是1850年以后的事情。1861年,在孟买有八家工厂,它们几乎拥有2万个纱锭和2.5万台织布机。那时美国南

① 由英国地理学家埃佛勒斯爵士(Sir G. Everest, 1790－1866)而得名,他曾任印度次大陆测量总监。中国称之为珠穆朗玛峰,在尼泊尔与中国边界上,是世界第一高峰。——译者注

北战争的爆发切断了英国主要原棉的供应,把印度原棉的价格迅速抬高到抑制印度棉纺厂进一步增长直至破产的程度,紧接着是五年后的兴旺。印度的首要产业慢慢地恢复了元气,但到 1900 年,有大约 200 家工厂(大多数在孟买,尽管艾哈迈达巴德也开始成为一个大棉纺中
256 心),拥有超过 500 万个纱锭,棉纱产量接近 5 亿磅,其中大约有一半销往海外。机织布的生产只能继续满足不到印度家庭需求的 10%,其中大部分已为英国进口货所满足,这些进口货几乎消灭了印度手工艺和家庭手工业的丰富品种。在女王统治时期,兰开夏郡得到对其机制成品的更大支持,在 19 世纪后 25 年中占到印度每年进口量的一半和三分之二之间。印度对英国依赖关系的一个结果是棉布生产的不公平竞争,英国在印度的政府利用它的权力,减免所有的进口税并增加过高的消费税,而不是帮助幼小的本国工业在官方支持性的税收结构的庇护之下成长,以此来帮助兰开夏郡击败孟买。这种帝国偏袒的最明目张

男人们在孟买收集海水。(由葛蒂图片社摄影,保存在赫尔顿档案馆。)

胆的例子发生于1879年，当时利顿总督(Viceroy Lytton)驳回了他的
整个委员会通过减免所有英国产棉布的进口税来照顾兰开夏郡的提 257
议，而印度普遍的饥荒和马哈拉施特拉邦生命的悲惨性损失使它急需更多的税收。正如棉布一直是孟买、并且在很大程度上也是西印度主要的纺织工业，黄麻及其加工也成为加尔各答和东孟加拉大部分地区的主要产业。克里米亚战争为出口到苏格兰的黄麻种植的扩大提供了动力，在他们对俄国的大麻供应切断之后，敦提加工厂将面临巨大的灾难。1854年，第一个由蒸汽提供动力的印度黄麻加工厂由一位塞拉普尔(Serampore)的苏格兰人建成并开始生产，而在10年的小幅增长之后，孟加拉的黄麻产业出现迅速的飞跃，以至于到1882年，有20家大型的加工厂排列在胡格利河岸，雇佣了大约两万名工人。

到1877年，英国的新秩序如此牢固地控制着20年前几乎曾经失去的次大陆，迪斯累里(Disraeli)首相让维多利亚女王相信他有把“印度女皇”增添到她的王冠上的智慧。利顿勋爵急切地提出以王子谒见(durbar)来庆祝的宏大场面，自从维多利亚的文告“如果有王子们与我们在一起，人民将与我们在一起”[①]公布以来，女王政策的核心一直在重申。这一定是一个令人愉快的假设，但把印度的现代化与工业化的英国联系在一起带来的变化的步伐是如此迅捷，以至于如此简单化的想法不可能适用更长的时间。事实上，就在利顿于1876至1880年任总督期间，持久抗议的几支新力量开始萌生。

① 利顿致女王，1876年5月4日，为戈帕尔(S. Gopal)所引用，参见其《1858至1905年英国在印度的政策》，剑桥：剑桥大学出版社，1965年，第114页。

第十七章　印度民族主义——第一次运动(1885－1905)

258 印度的民族主义一直是一个得到宗教、阶级、种姓和地区等各种要素支持的主题。19 世纪印度人中民族意识的出现主要是对英帝国统治巩固的消极与积极反应的产物。所有的印度人,无论他们的宗教、种姓是什么,或来自哪一地区,如果他们与这些新统治者有任何直接接触的话,都会马上意识到统治他们土地的白皮肤基督教大人(sahibs)的“外来”性质。尽管过去有许多外国入侵者征服过印度的部分领土,雅利安人和莫卧儿人基本上把他们的征服扩大到了整个次大陆,英国人还是从几千公里外的帝国基地来控制他们主权的唯一力量。传教士的涌入、英国教育的投资、印度向私营贸易的开放以及英国统一和现代化的持续进程,只是强化了印度人对他们“本土的”文化、社会经济和政治方面与执行公司统治的官员们的差异的认识。一些印度人,像拉姆·摩汉·罗易(Ram Mohum Ray),创办报纸和文化学会这些“现代主义”的机构来强调他们“传统”的优秀。其他人被英国人的“背信弃义”所激怒的程度更强一些,像奥德的穆斯林塔鲁克达尔,拿起枪杆子反抗,就像许多印度士兵做的那样,但战争的痛苦只会拉大本已存在的白皮肤的大人与“本土”社会之间的鸿沟。尽管如此,正是在英国政治统一、技
259 术综合、管理一致的事例中,及把个人兴趣与特征升华到不受个人感情

影响的法律和民族目的的“更高的”需求中,印度人学到了现代民族意识中积极的一课。因此英国统治者对印度尚不成熟的民族主义既提供鞭子,也提供胡萝卜,它的根与印度文明一样甚至还要深,但在现代它是作为1857至1858年战争的直接后果的一部分出现的。

在印度第一个民族主义运动的成长过程中,英国统治充当的矛盾角色最清晰的指标是:这一运动的所有主要领袖都接受了英国教育。年轻人中,大多数这种精英干部都学习法律并且是教师、新闻工作者或纯文学的作者。首先,他们实际上都是来自孟加拉、孟买和马德拉斯的高种姓的、中产阶级知识分子,主要生活在加尔各答、孟买市、马德拉斯和浦那。至少从19世纪30年代起,加尔各答确定了印度改变的步伐,而且它的“有知识、有教养的人们(bhadralok)”在家庭、俱乐部、小旅店、法庭中争论和思考的问题迅速成为印度其他地方的精神食粮、关心的问题和行动指南。不过,1876年前,孟加拉的公众活动还仅限于社会宗教改革和亲英的地主协会的游说议员活动,诸如在1854年柴明达尔为了保留他们的特权地位而建立的英属印度协会(British Indian Association)。有天分、有知识、有教养的年轻人利用英国人为他们提供的教育机会,将他们与统治联系在一起并寻求临时津贴和地位。1854年后,印度文职公务员(Indian Civil Service, ICS)考试体系的引进为英属印度出生的孩子提供了可以被提升到首席行政官位置的某种希望,而且尽管在“打开”通向官场“大门”的前15年里,只有一个印度人通过了其允诺的让人垂涎的考试,但在理论上它可以保证这一土地上所有本国的儿子们都有平等的机会升到高位。杰出而年轻的孟加拉婆罗门苏兰德拉纳特·班纳吉(Surendranath Banerjea,1848－1926)于1869年在加尔各答完成他的英语文学学士学位之后远行到伦敦,并且和许多英国竞争者相比,他获得了印度公务员考试更高的分数,平等机会的梦想似乎成为现实。因为班纳吉不仅富裕到足以支付前往伦敦的费用(直到1921年印度才举行这样的考试),而且他证明了自己的智力足以回答所提出的关于拉丁语、英语文学和道德哲学的问题,结实到足以安坐在马上疾驰越过必需的栏杆,风度翩翩到既在英国社会,又在

260 孟加拉社会光芒四射。不过，英国的官僚制度想方设法使他因“谎报”年龄而丧失资格(印度人传统上把在子宫中的九个月也算做生命的一部分)，尽管英国高等法院(Queen's Bench)支持了他的上诉。班纳吉被允许在他以如此高的代价所赢得的岗位上服务三年时间，但随后却由于轻微地违反原则的举动而轻易地被拒绝考虑任用。班纳吉再次前往伦敦为他的案子辩护，但这次他输掉了，并且作为一位打上被正式解雇的“耻辱”标记的人，不再被允许进入酒吧。“因为我是印度人而受难，”在对他的困境进行痛苦反思时班纳吉这样写道，“我所遭受的个人冤屈说明了我们人民的无可奈何、无能为力。”[1]后来在领导反对孟加拉第一次被划分的斗争中赢得“从不屈服”绰号的班纳吉回到加尔各答，作为一位教师和新闻工作者而工作，在利顿勋爵荣任总督的第一年，即 1876 年，他建立了孟加拉的第一个民族主义的政治组织“印度协会(Indian Association)”。

摩诃德夫·戈文达·拉纳德

在 1870 年前几年，另一个邦政治组织在孟买建立，即浦那“全民大会(Sarvajanik Sabha，后来被称为 PSS)”，它由一位天才的吉特巴万(Chitpavin)婆罗门摩诃德夫·戈文达·拉纳德(Mahadev Govind Ranade，1842－1901)创立，他于 1862 年以最优异的成绩从第一流的孟买大学毕业，然后继续在 1866 年获得法律学位，在 1871 年被任命为浦那的下级法官。尽管他早熟和博学，但由于他的印度出身和热心公益活动，拉纳德在被任命为下级法官后仍等待了将近 25 年才于最后被提升到孟买高等法院。即使在那时，他依然不被英国眼光狭隘的统治者信任并且被作为一位局外人对待，他永远不会忘记自己是前帕什瓦婆罗门社会的一员和 1885 年印度国民大会(Indian National Congress)成立背后的指路明灯之一。拉纳德试图通过充分而有效地

① 被布鲁姆菲尔德(J. H. Broomfield)在其《多元社会中精英之间的冲突：20 世纪的孟加拉》中引用，贝克莱与洛杉矶：加利福尼亚大学出版社，1968 年，第 66 页。

利用一切政治机构,以及英语文学与法律中蕴含的自治理想来帮助他 261
的同胞赢得自由。他总是以事实来武装自己,并且以他那杰出的法律
头脑所具有的才华与说服力来起草有关社会、经济和政治改革的呼吁,
激发几代同样稳健的弟子们以同样本来就不服输的方式向英国当局呈
上案子,以为印度争取更大的民族独立和更多的机会均等。

戈帕尔·克里希纳·郭克雷

拉纳德最重要的弟子,戈帕尔·克里希纳·郭克雷(Gopal Krishna Gokhale,1866－1915)试图以与他导师同样的节制和让人愉悦的合理性,去赢得英国统治者、总督、国务秘书和其他内阁成员的心灵和头脑,代表印度众多人民恳求政治正义和经济平等。民族主义的拉纳德-郭克雷学派还坚持印度人改革他们自己的社会与宗教观念的需要,并将解决国内冲突作为政治独立的一个必需的条件。他们担心这样的"现代化"若不在印度社会发生,政治自由只不过意味着向印度18世纪的地区和宗教战争、妇女继续服从男人、不可接触者继续服从高种姓的回归。拉纳德自己也是主要的印度教改革者,并且于1869年他在孟买帮助建立了自由的"祈祷学会(Prarthana Samaj)",是在西印度效仿加尔各答梵社的结果。拉纳德终其一生致力于通过教育和法律改革来改善印度教寡妇的处境。尽管他法官的地位使他不能正式加入由他创立的印度国民大会,但他一直是1887年开创的全印社会会议(National Social Conference)的主要人物。

浦那也逐渐成为印度第一个革命性的文化民族主义领导者的家,
从拉纳德和郭克雷所属的吉特巴万婆罗门的受过英国教育的精英中吸
引人才。湿瓦吉在其成熟的生命中为之奋斗的恢复马拉塔的实力、重
建"自治(svaraj)"的梦想从来没有远离过许多浦那贫穷婆罗门的心灵,
其中之一就是瓦苏迪奥·巴尔万特·帕特克(Vasudeo Balwant Phadke,
1845－1843),他学的英语恰好可以使他在政府的军事账目部(Military 262
Accounts Department)作为一个小职员讨生活15年,然后在1879年,
他在湿瓦吉二世的政府接受部长的头衔,并且为了恢复他的民族的自

治进入马哈拉施特拉的山中，组织一支军队反对女王的统治。他坚持了将近四年，牵着英国搜寻者的鼻子在荒野上周旋，无望地追寻着自由。另一位改革者马哈拉施特拉的学校教师-诗人，毗湿奴·哈利·契普伦卡(Vishnu Hari Chiplunkar，1850 — 1882)部分是由帕特克铤而走险的行动所启发，他也决定“打开枷锁”，在帕特克辞去政府工作的那年他也这样做了，但他于 1880 年在浦那开设了一家私人学校，而不是进入山中。

洛克曼亚·提拉克

契普伦卡的勇气以及激动人心的马拉提语(Marathi)诗歌和政论文章吸引了许多年轻的同胞，其中最著名的是巴尔万特拉奥·甘加达尔·提拉克(Balwantrao Gangadhar Tilak，1856 — 1920)，他逐渐在全印被称为“洛克曼亚(Lokamanya，为人民所尊敬的)”，并且是主要的甘地之前印度文化革命的民族主义领袖。在孟买市，最伟大的早期民族主义领袖们来自一个小而富裕、并且是优秀印度拜火教徒(Parsis)的商人社区。这些琐罗亚斯德教的信徒在 17 世纪逃离波斯而不是改信了伊斯兰教。在几个世纪的默默无闻和贫穷之后，他们在孟买建立了自己的社区，在与葡萄牙和英国商人的商业合作中繁荣起来，并在 18 世纪末成为印度最富的少数民族之一。

达达巴伊·瑙罗吉

印度民族主义的“元老(Grand Old Man)”是帕西人达达巴伊·瑙罗吉(Dadabhai Naoroji，1825 — 1917)，他于 1855 年在伦敦和利物浦建立了第一家印度商号。达达巴伊是关于英国不断地从印度“抽干”资源和财富的印度民族主义的主要经济斗争口号的提出者，还是第一个被选进英国议会的印度人，并且三次被选为印度国民大会主席。“孟买的无冕之王”，也是帕西人的佩罗泽沙·梅塔(Pherozeshah Mehta，1845 —1915)通过熟练的律师业务奠定了他的声望和在国家权力中的
263 称号，被利顿勋爵 1878 年的本国语出版法案(Vernacular Press Act)吸引

到公众抗议的主流中去，这一法案在几小时内被通过是对政府不受欢迎的阿富汗战争的无言反对，但它只是增强了不断壮大的印度人抗议的精神和民族意识。孟买帕西人的领袖们，由于彼此间商业财富和政治实力的共同支持，成为"城市巨头(rais)"，反映了从 1880 到 1920 年间安拉阿巴德城市控制的模式。不过，安拉阿巴德巨头的领袖们像大银行家贾加特·那拉衍(Jagat Narayan)和拉姆·恰兰·达斯(Ram Charan Das)一样，大多数都是旁遮普人，他们的祖先在 1760 至 1830 年间沿河向东做生意，从而离开了格尔纳尔-帕尼帕特(Karnal-Panipat)地区。

第二次阿富汗战争的影响

第二次阿富汗战争与第一次一样，由恐俄症和帝国自大狂共同引发。坎宁的"刽子手与门闩"的西北边境政策足以使帕坦人保持安静，并且在多斯特·穆罕默德于 1863 年去世之后，劳伦斯聪明地没有提名他的继任者，老埃米尔的 16 个儿子为争夺继承权而混战，直到 1868 年舍尔·阿里(Sher Ali)成为胜利者。此时，加尔各答承认了这位喀布尔的新主人并且资助他保住他获得的权力。不过，舍尔·阿里试图寻求更慷慨的援助，包括武器和金银，这些都是印度政府最不愿意出口的东西。俄国于 1874 年进入土耳其和撒马尔罕足以引起迪斯累里和索尔兹伯里(Salisbury)的关注，以至于当保守党人掌权时，他们迫使印度政府对喀布尔采取更富有侵略性的行动。利顿被派往加尔各答，其使命是让舍尔·阿里屈从他的意志并使阿富汗对英国商人更安全。不过，埃米尔是十足的阿富汗人，他拒绝利顿的特使进入他的王国，这激怒了总督，使其把阿富汗定义为"夹在两个金属罐中间的泥罐"。到 1878 年，当他感到已为压碎泥罐做好准备时，利顿发起了翻越开布尔和波伦山口的入侵。舍尔·阿里逃离了首都，在次年死于流放中。英国军队占领了喀布尔和坎大哈，但一旦掌权，它就要面对曾经烦扰印度河流域第一支军队的同样不屈不挠的反抗和仇恨。利顿的麦克诺滕(Macnaghten)是陆军少校路易斯·卡瓦格纳利(Major Louis Cavagnari)，一位任性、充满野心、冲动的"前进派(forward school)"边疆居民，他成为驻喀布尔

264 的政治代表并且统治他的傀儡埃米尔，雅库布汗(Yakub Khan)，就像他对总督所做的那样。卡瓦格纳利给利顿送去关于他的政策“成功”的热烈的报告，他见到的“恢复了平静”，他从市场上的普通百姓那里日常感受到的越来越多的支持，等等。在1879年9月2日，他给首领发的电报只有两个字“均好”，但在9月3日，卡瓦格纳利、他的所有人员和全部随从都在他们喀布尔的居住地被杀死。英国军队还以颜色，向阿富汗人证明英国人也能像帕坦人一样残忍和野蛮。喀布尔犯下的暴行的故事使伦敦厌倦，这一毫无意义的战争无穷无尽地消耗财政的言论动摇了利顿的自信，他认识到“那个罐子”并不比他的罐子更脆弱为时已晚。第二次阿富汗战争导致1880年春迪斯累利政府的垮台，而利顿也被改宗天主教的一位自由派人士里彭勋爵(Lord Ripon，1827－1909)所取代，后者于1880至1884年间，短暂地享有在这一高位上成为印度最受欢迎的总督。

自由派人士里彭勋爵

与格莱斯顿(Gladstone)对印度的政治反思一样，里彭马上废止了利顿镇压型的新闻出版法案(Press Act)，并且终止了西姆拉的冒险主义者向西北边境扩张的政策。第二步，他试图引入一些地方自治的措施，并且在1882年5月18日通过对这一问题的决议，开创了盎格鲁-印度在所有层次的管理上进行合作的新纪元，他的自由派目标也没有被未能有效贯彻这些措施的、具有顽固思想的官僚们所破坏。里彭的想法是建立市和地区管理委员会，其中有至少三分之二的成员是由当地的非官员选出来的，他们最能理解因而能更好地利用他们自己“地区”的需求和问题，正如里彭所写：“迅速增长的……公众活泼分子的知识阶级，其未能利用，不仅是糟糕的政策，而且是对权力的全然浪费。”[①]总督希望以这种方式恢复印度人的信心，不仅是对英国统治及其美德，而且对领导和管

① 参见休·廷克尔(Hugh Tinker)所引用的里彭的决议，《印度、巴基斯坦和缅甸地方自治的基础》，伦敦：阿思隆(Athlone)出版社，1954年，第44页。

理他们自己。需要的时候,官僚等级制度中的地方官和成员只充当信息的宣传者和传播者。不过,实际上,官员们基本上掌管所有的地方委员会,并且想法引导、恐吓和控制“当地的”成员同意地方印度文职公务员想要的任何事物。然而,这些地方委员会,无论是农村的还是城市的,在一百几十年前却是印度民族主义领袖们的培养地。

很快,越来越多的中产阶级痛苦地认识到:无论像里彭这样单个的英国人如何的有企图、如何的强大,他们服务的体制对许多基础印度民众的需求、志向和愿望基本上没有反应且充满敌意;它冷酷、傲慢、专制并且是外来的。在他的新法律委员考特尼·伊尔伯特爵士(Sir Courtney Ilbert)于1883年2月引入针对刑事管辖议案(Bill on Criminal Jurisdiction)的修订建议后,里彭会更加痛苦地学习到这些教训的最后一个。这一议案是在1872年为消除种族限制而设计并制定的,它规定英国司法部门(Judicial Service)中的印度人不能审判牵涉到欧洲人的案子,哪怕是小罪过。里彭与他的法律委员一致认为:任何英国法律体系中都不应有这样的偏见,而且没有一位加尔各答执行委员会(Executive Council)的委员期望有任何抗议这一修订措施的行为,因其目的“只在于执法的实效性和公正性”,正如考特尼爵士把他的修订议案提交给立法委员会(Legislative Council)时说的那样。然而,加尔各答非官方的欧洲社区却不这样想。

对伊尔伯特议案的抗议

伊尔伯特议案引起了疯狂的抗议浪潮,以至于它只能以一种完全柔弱的形式被通过:允许欧洲人在由一位本国法官主持的法庭中被审判,并且陪审团中至少有一半的欧洲人。英国人的“盎格鲁-印度”协会(“Anglo-Indian ” associations,1881年,在印度的英国人有10万人)一夜之间在加尔各答被组织起来以抗议伊尔伯特的“可怕的举措”,攻击总督,运用报纸广告并且以一种最简单、最无礼的英语争辩:“黑鬼当地人”不是与英国人“同等或平等的人”。在印度的英国公众舆论从来没有如此统一、如此直率地提高其声调,并且以一种恶劣的方式折磨里彭

266 本人，使他承受巨大的压力以至于被迫有条件地屈服。印度政府因此在其原则问题和实际管理的重要性上让步了。公众压力的策略和影响这独特的一课使孟加拉知识分子大开眼界。呼吁、激昂演说、签署请愿书并且印刷新闻通告实现了大多数孟加拉军队、伟大的莫卧儿、缅甸和帕什瓦都没有完成的目标——击败印度政府。如果少数坚定的欧洲人能够这么做，由同样坚定的印度人组成的民族有什么不能完成的呢？——只要他们能够忘掉种姓、阶级和地区差距并且团结成一个统一的运动。

艾伦·屋大卫·休谟

但愿如印度国民大会之"父"艾伦·屋大卫·休谟(Allan Octavian Hume，1829－1912)在1883年给加尔各答大学毕业生所写的那样，只要有50个人能够被发现"具有自我牺牲的充足的力量，对他们的国家有充沛的热爱和自豪，有充分真实而无私的、由衷的爱国心以采取主动"，印度就能再生。1885年，不只有50个，而是有73人为充当在印度国民大会的第一次年会上英属印度每个省的代表做好了准备，这次年会由一位加尔各答的律师沃麦什·彭纳吉(Womesh C. Bonnerjee)任主席，于12月28日在孟买市召开。拉纳德在邀请具有历史意义的团体前往西印度中起到了作用，而且只因为浦那11小时的霍乱爆发，会场改到了孟买。苏兰德拉纳特·班纳吉并没有参加会议，他在圣诞节期间较早安排了自己的加尔各答印度人协会(Indian Association)的全国会议，他认为这次会议足以对民族产生感人的号召。不过，孟买会议的声望更高，具有更广泛的基础，而且国民大会事实上成为印度第一个伟大的民族主义运动的组织手段，承载着"新印度"的梦想和热望。不过，它的成员从一开始就以印度教徒占统治地位，尽管参加第一次会议的帕西人和耆那教徒也占相当大的比例，而且与会代表中只有两位
267 穆斯林。然而参加在马德拉斯举行的第三次国民大会年会的600位代表中只有83位是穆斯林，印度最大的少数民族社区在国民大会中也因从来没有真正感受到"在家的状态"，而转向具有社区分离色彩的其他

政治组织,在国民大会发起的几十年后才产生了第二次和第三次早期的民族主义运动。

大多数第一次国民大会的代表都是高种姓的印度教徒和帕西人,他们都讲英语、上了大学,大多学的是法律,尽管还有一些是新闻工作者、教师和商人。还有一些富裕的地主和商人,但没有王子、柴明达尔,或其他比较低的贵族。几个英国人参加了会议并且发挥了关键的组织和咨询的作用,尤其是休谟,他在1882年作为印度文职公务员退休,成为一位政治激进派和神秘的神智主义者里彭的知己。自由派的威廉·韦德伯恩(William Wedderburn,1838－1918)也出席了,后来他被两次选为国民大会主席。代表们聚集三天。所有人都宣称效忠女王,但发言的每个人都表达了对印度政府的一些政治不满。正如主席班纳吉说的那样,他们想要的是"政府的基础应该被扩大,并且人民应该在其中拥有适当和合法的地位"。新印度具有抱负的中产阶级的领袖们想为印度人有效地打开印度文职公务员的大门,并且使印度人有机会进入各种政府委员会。他们想让印度的财富更少地浪费在战争中,更多地花在内部发展上(里彭平庸的继任者达弗林[Dufferin]由于发动了英属印度对缅甸的第三次、也是最后一次战争,在他到任的第一年就失去了国民大会的信任,那次战争完全吞没了无助的王国,但也付出了高昂的财务费用,以至于里彭发起的地方改革的所有措施都被放弃了)。国民大会也号召废除白厅的国务会议秘书,他被视为印度进行立法的主要障碍和印度税收的浪费渠道。

印度国民大会的要求

从第一次会议起,国大党一再通过呼吁减少军费的决议,到1885年,它已经占到印度每年总收入的40%,并且有时会上涨到50%以上。尽管常常会被总督及其政府忽略,但这种决议是印度民族主义的平台。 268
国大党最初是以其稳健的早期领导人的忠实协作和模仿的精神而形成的,但在1905年后他们变得越来越具有革命性和独立性,并且在1920年后完全不合作。达弗林谴责国大党是"极少数人",声称他更能领会、更无私地关心印度两亿不识字农民、这些沉默的大多数人的真正需求，而不是这些自我任命、自私自利的提倡者可能成为的样子。总督在“理解”什么是他的农民“孩子们”的“最佳利益”方面的家长式的自尊心，反映了英国官僚包括最好的地方官员的许多方面的情感。另一方面，国大党的领袖们，正如达达巴伊·瑙罗吉在他第二次面向国大党的主席演说中说的那样，相信他们自己是“我们众多同胞与我们的统治者之间真正的解释者和调解者”。

在浦那，浦那全民大会(Poona Sarvajanik Sabha，PSS)和德干教育协会(Deccan Education Society，DES)是关注政治或公众问题的主要地区性组织。由于提拉克的英语不如郭克雷好，他更多地使用自己的语言——马拉提语，作为激发群众对他事业支持的媒介。他编辑了马拉提语报纸《猛狮周报(*Kesari*)》，利用专栏传达信息给德干城镇的中产阶级的下层，其中几万人从来没有学习过英语，但对自己关于马拉提语的知识感到极大的自豪。卓越的新闻工作者提拉克想办法曲折地传达他对英国统治的所有消极感受，而不用撰写不忠诚的任何东西，尽管他几次被判犯有“煽动阴谋”罪。提拉克极其聪明地利用印度教独特而受欢迎的吸引力，将他的众多追随者吸收到文化民族主义团体中。1891年，当安德鲁·斯科布尔爵士(Sir Andrew Scoble)推动他的“承诺年龄”议案(“Age of Consent” Bill)时——旨在将奸幼罪(未得到儿童新娘的同意而性交)的年龄提高到10至12岁(自兵变以来第一个重要的英国社会改革法案)——提拉克反对这一措施，提高了宣传印度教处于危险中的调门。他赢得了平民的奉承和来自富有的印度教支持者的大力支持，信奉正统的人士发现：提拉克提倡的宗教自由主义比英国人对像郭克雷这些自由派的“妇女权益”的世俗关注更让人安慰。1893年，提拉克帮助恢复了一个古老的马哈拉施特拉节日，以纪念湿
269 婆的象头的儿子伽内什(Ganesh)，为庆祝印度教最流行的神之一的诞生，每年都有10天锣鼓喧天的庆祝，村民们都涌入邻近的德干城镇，迎接他们的是各种歌曲，跳舞、甜点、演讲和唱颂印度教史诗及往世书的知识。因此，印度文化民族主义的根源第一次被发掘，且比国大党自身

要更深厚，这里“民族”指的是严格意义上的印度教徒。

提拉克的象头神节和湿瓦吉节

每年的象头神节(Ganesh 或 Ganapati)通常紧接着印度教徒与穆斯林的激烈冲突，尤其是当浦那或纳西克的年轻的“象头神护卫”这些准军事群体喧闹地游行通过城内的清真寺时，穆斯林正在默默地祷告。1895年，提拉克为纪念湿瓦吉的诞生创立了第二个每年一度的马哈拉施特拉节日。“英雄崇拜，”提拉克强调，是“民族、社会秩序和宗教”的根源。再者，通过颂扬一位英雄的勇气，其革命性的领袖被引向反对阿拉姆吉尔和比贾普尔的穆斯林苏丹上去，提拉克流行的节日有助于印度大众与穆斯林社区的疏远。不过，通过把自己与湿瓦吉等同起来，提拉克成为恢复民族独立的马拉塔印度教徒梦想的化身。他很快把湿瓦吉神的要求独立(svaraj)作为他自己的咒语，而且他充满激情地大声疾呼“独立是我与生俱来的权利，我将拥有它！”让人们永远难以忘怀。1897年的湿瓦吉神节是在浦那阴云密布的情况下举行的，因为从孟买带到内陆地区的黑死病吞噬了整个城市。提拉克在讲到湿瓦吉谋杀阿夫扎尔汗这一主题时，问“大王的行为”“是好是坏”。对这一问题的回答，提拉克争辩道，在《薄伽梵歌》中可以找到，克里希纳宣讲道：“我们甚至有权力杀掉我们自己的导师和我们的男亲戚。如果他不是由收获他行为果报的动机所促使而行动的，他就不会受到谴责……不要像井底之蛙一样限制自己的眼界；从刑法典中解脱出来，进入威严壮丽(Shrimat)的《薄伽梵歌》崇高的氛围中去，并且思考伟人的行动。”几天之后，提拉克一位年轻的婆罗门弟子杀害了一位英国官员，他当时正要离开纪念维多利亚女王的统治者 270
的欢庆舞会(Jubilee Ball)。这是印度民族主义运动中第一次成功的恐怖主义行动。文化复兴产生了暴力的革命性后果。

孟加拉的民族主义领袖们

在孟加拉，苏兰德拉纳特·班纳吉的民族主义者的声望与邦领袖地位是独一无二的，而且他的报纸《孟加拉人(*Bengalee*)》只有由摩提拉尔(Motilal)和什什尔·高士(Shishir Ghosh)兄弟所编的周报(Amrita Bazar Patrika,《甘露市场报》)能够匹敌。提拉克在孟加拉的最亲密朋友,摩提拉尔·高士(Motilal Ghosh, 1856－1922)比班纳吉更为正统,文化民族主义色彩更浓厚。不过,在1905年第一次分割之前,激进的民族主义恐怖行动并没有在孟加拉成长起来,尽管其中一位主要的行动主义者阿罗频陀·高士(Arabinda Ghosh,1872－1950;后来成为室利·奥罗宾多[Shri Aurobindo])早在1893年就批评孟加拉议会“因内耗而死”。他抗议道:“在一个民主和类似的大词从我们的舌边流利地说出的时代,一个像议会这样并不代表人口中大多数人,而只代表一个非常有限的阶级的团体,确实不能被称为全国性的。”[①]阿罗频陀成为年轻的孟加拉新文学的民族精神的“高级祭司”,他在激发对孟加拉最出色的小说家般吉姆·昌德拉·查特吉(Bankim Chandra Chatterji,1838－1894)的兴趣方面发挥了一定的作用,他为其文学杂志从查特吉的小说《喜乐修道院(*Anandamath*)》中借用了其中一首孟加拉语的诗《向您敬礼,母亲!(*Bande Mataram*)》。被罗宾德拉纳特·泰戈尔(Rabindranath Tagore,1861－1941)谱曲的同一首诗歌成为印度民族主义的第一首圣歌。对阿罗频陀,一位虔诚的母神崇拜者来说,民族主义是一种宗教和印度神圣土地的土壤,如果需要的话,要用她孩子们的鲜血来热爱和保卫。他的热烈而虔诚的印度教使他比为政治独立而写作和工作的提拉克还要富有激情。1905年分割的结果使他成为一位恐怖分子,并且为了活命他在1910年从孟加拉移居法租界本地治里,在那里,他于1914年在法国“母亲”的帮助之下建立了世界闻名的在宗教修行处(ashram)。

271 马德拉斯的早期民族主义者

在孕育活跃的民族主义领袖方面,孟买和孟加拉饱受称赞,而马德

---

① 马宗达(R. C. Majumdar)编辑的《英国至上与印度的复兴》,《印度人民的历史与文化》第10卷,孟买:巴拉提亚·维迪亚·巴万(Bharatiya Vidya Bhaven),第二部分,第573页。

拉斯与之相比则很不成功,但在早期群众性的和政治性的组织方面,马德拉斯遵循的是同一模式。高度保守的马德拉斯民族协会(Madras Native Association)最初在1853年是英属印度协会(British Indian Association)的一个孟加拉分会,旨在代表富裕的地主和进入印度公务员系统的印度野心家向议会游说。不过,1878年,协会在苏布罗曼尼亚·阿亚尔(G. Subramaniya Aiyar)和维拉拉伽瓦·查里亚尔(M. Viraraghava Chariar)的领导下产生,他们是国民大会马德拉斯的第一批代表和他们管辖区的主要报纸《印度人(*Hindu*)》的共同创办人。阿亚尔后来紧跟提拉克在新闻业的脚步,从英语的《印度人》转向他用自己的方言泰米尔语编的通俗报纸《民族之友(*Swadeshamitram*)》。马德拉斯邦公众生活中的这些同样早熟的领袖们还组织了文学社(Triplicane Literary Society),这一地区的年轻知识分子都聚集在这里讨论泰米尔的诗歌与政治。在伊尔伯特议案的灾难之后,马德拉斯民族协会被派别冲突破坏,当阿亚尔和查里亚尔退出并在1884年创办更为自由而直率的马德拉斯"士绅会(Mahajana Sabha)"时,它基本上已消失了。士绅会从马德拉斯婆罗门社区的领袖们那里得到了金钱与人力的支持,大多数受过英语教育的精英都被它吸引,但它的根并没有向下突破阶梯的上层,触及印度南半岛高度两极化的达罗毗荼社会的非婆罗门的农民或工人大众。协会最初包括约77位成员,其中有几个是神智学者,他们在马德拉斯的郊区阿德亚(Adyar)建有学会的总部。在学会的赞助之下,第一次地区性政治会议于1884年年底在马德拉斯召开,第二次就在印度国大党在孟买集会的前几天召开。马德拉斯会议的调子和通过的决议在他们的温和与忠诚方面、在他们反映的阶级利益方面,与早期国大党的那些会议类似。1893年后,在神智学会(Theosophical Society)创始人布拉瓦茨基夫人(Madame Blavatsky)去世、安妮·贝桑特(Annie Besant,1847－1933)迁往阿德亚以领导神智学会时,马德拉斯的政治声名狼藉。在第一次世界大战期间,贝桑特夫人是被选为议会主席的第一位女性。

由达亚南陀·萨拉湿瓦蒂(Dayananda Saraswati)于1875年在孟 272

买创办的圣社(Arya Samaj)是1905年后旁遮普民族主义者政治激进主义发展的一个重要推动力,但它最初是作为一个印度教复兴和吠陀改宗的学会而被建立的。不过,几十年之后,建立在西方模式之上的这个行动主义的组织才把目光集中到像政治等现代主义的问题上。尽管由于缺乏经济来源或者当地的领袖,迫使它的年度会议只存活了几天,甚至议会也衰弱无力,但在19世纪最后10年和20世纪最初五年,在以不断集权化和专制化为特色的女王统治时期,它充当了民族抱负和承诺的历史生命线。“这是统一印度的议会,”苏兰德拉纳特·班纳吉在他1895年浦那的主席演说中宣布,“是印度教徒和伊斯兰教徒、基督教徒、琐罗亚斯德教徒和锡克教徒的,是将要改革和不改革他们的社会习俗的那些人的。”

反对议会的穆斯林领袖们

印度民族主义运动最严峻、最具潜在毁坏性的挑战来自穆斯林的领袖们,像赛义德·艾哈迈德汗爵士(Sir Sayyid Ahmad Khan,1817—1898)。赛义德爵士生于德里的莫卧儿贵族之家,并且在为英国人服务中成长,他注定要扭转在1857至1858年战争中在英国人中激起的反对穆斯林情绪,而且他也成为印度在伊斯兰教传统与西方思想间架设桥梁的第一人。尽管是政治上的保守主义者,赛义德爵士在宗教上却很激进,他提出印度穆斯林思想与生活的改革,旨在引导他的教区从为莫卧儿的光荣逝去而哀悼的波斯-阿拉伯人悲痛中解脱出来,投身于与印度教徒、琐罗亚斯德教徒、基督教徒激烈竞争印度文职公务员职位和盎格鲁-印度人的特权。赛义德爵士于1870年访问英国并且于五年后返回印度,在阿利加尔(Aligarh,位于德里与阿格拉之间)参照剑桥大学建立了盎格鲁-东方伊斯兰教学院(Muhammadan Anglo-Oriental College)。他邀请杰出的年轻保守党党员西奥多·柏克(Theodore Beck)作为他的第一任校长,而阿利加尔很快成为并且一直是印度现代穆斯林领导人的高等教育的第一中心。赛义德爵士从不承认议会是
273 一个真正的国家组织,强调“印度居住着不同的民族”,并且认为“印度

国大党想要进行的实验充满了对印度的所有民族尤其是穆斯林的危害和苦难”。他的学院成为穆斯林联盟(Muslim League)和巴基斯坦的知识分子的培养基地。尽管赛义德爵士是最杰出和最实际的穆斯林现代主义者,但 19 世纪后半叶,他并不是英国人不懈培养和经常咨询其信仰的唯一一员。印度的穆斯林,与它的地主和王子们一样,都被视为新的女王统治的潜在支持,尤其是在民族主义的浪涛开始汹涌和涨潮后。毕竟,穆斯林社区充当的是民族反抗浪潮中有效的防浪堤;并不是结合常常是相互冲突的社会阶级的利益和地方主义的伊斯兰教宗派主义使之成为可能,即对作为一个独立体的占印度人口四分之一的穆斯林产生吸引力。然而,在一些重要的邦,如北方邦,政府官员在世纪之交前夕为了“控制”他们的地主和穆斯林——“英国统治的两根支柱”而努力工作。

第十八章　统治机器的加固 (1885－1905)

274 尽管议会每年通过的决议越来越多并且调门越来越高，女王统治下的印度的官僚机器从 1885 至 1905 年对世界上这块最大的殖民地的掌控也越来越牢固。这与总督是否与达弗林勋爵一样不真诚，或与兰斯当(Lansdowne，1888－1894)勋爵一样是一位正直并且公义的辉格党人，或与埃尔金(Elgin，1894－1898)勋爵一样不可靠，或与柯曾(Curzon，1899－1905)勋爵一样傲慢，关系不大。现在这一体系积聚了足够的动力，可以自己运转，在某种程度上每个区都由它的收税官和行政官-法官管理，这一印度文职公务员系统坚定而审慎的控制远近闻名，无论是野蛮地打野猪，测量运河还是在偏远的农村绘制一条道路图。不怕"当地人"难以驾驭，因为一位陆军准将及其军队从来不会离最近的电报局和邮局太远。在邦首府，年纪大一些的副总督或行政官据推测比较有智慧，就像内陆地区(mofussil)的地方官。他们还有近便的将军们以及办事员队伍，其中大多数都是男孩子(babus)，他们都非常擅长做文书工作，但确实如人们感受的，不能被信任。在加尔各答和西姆拉，这一机器在其复杂性和使自身永久存在方面达到了顶峰，因为委员会的每一位成员都有自己的秘书和部门支持，其职员们还有职员支持。正如乔治·柯曾恰当地评论的，"就像地球白天的旋转一圈一圈”,在官僚的日常舞蹈中处理一个又一个卷宗,“堂皇、庄严、确定并且缓慢”。

1892 年的印度议会法案 275

兰斯当勋爵准备通过向他的立法会议(Legislative Councils)增加成员来引入直接选举原则,尽管女王政府并没有准备好接受对印度进行如此激进的改革。印度的选民都是市政当局的成员,他们自己都由地方有产的纳税人选举出来,兰斯当意识到这样的选举是如何的保守。他愿意承受在会议室里被无节制地批评的风险,他在那里正确地注意到:在当地市场改善了的平台上不会有富有煽动性的攻击。而且,政府保留了大多数的官员并且拥有战胜对手的绰绰有余的造票。1892年的印度议会法案实际上允许印度的统治者在 1893 年实施间接选举原则,把中央立法会议的额外成员总数提高到不少于 10 位、也不多于16 位,而孟买和马德拉斯总督咨询委员会不少于 8 位、不多于 20 位。尽管所有这些成员还得由总督“提名”,兰斯当鼓励起草给予印度人有限选区的规则,诸如市当局、商会、地主协会和大学,允许提交被选为代表的名单,从中可能选出真正的议会议员。提拉克因而在短期内(1895－1897)获得了一个列席孟买议会的机会,而郭克雷不但成功地列席议会,还在 1901 年被推选为代表孟买的成员,在佩罗泽沙・梅塔放弃席位之后参加在加尔各答举行的总督会议。同样,在马德拉斯和孟买,议会的领袖们在 1893 年后搬迁至听得到他们的统治者和总督声音的地方。

不过,统治机器在这一时期几乎对“被推选的”非正式代表的批评和需求无动于衷。官僚们不仅无视议会一再提出的、同时在印度和英国举行印度文职公务员考试的要求,而且不顾下院在 1893 年生效但被印度政府拒绝的决议,对民众愿望的官僚式的冷漠也许由此可以最清楚地得到证实。最高的和邦的议会上院的官僚集团都是“在密集的人 276
群中”推选出来的——正如对二者都有个人体验的班纳吉报告的。1892 年,印度政府每年总支出的约 25% 都用于支持印度部(Indian

Office),以支付英国人的养老金、每年稳步上涨的债务的“费用”,以及耗尽印度财富的累积的国内费用。即使在最有利的财政状况下,这些费用也是贫困的印度要支付的一个沉重的负担。不过,19 世纪 90 年代,美国新矿的发现和印度、德国货币废止通用,以及拉丁联合会(Latin Union)对金银复本位制的放弃,导致全世界银价暴跌,从而使得和英镑有关、建立在金本位制上的印度卢比降到最低值。

萧条、饥荒和瘟疫

19 世纪早期,一卢比的价值相当于两先令三便士,在 19 世纪 70 年代大约相当于两先令,而到 1892 年则贬值到一先令一便士。因此在 1894 年清偿 20 年前欠伦敦的债务时,印度被迫要多支付 50%。紧跟而来的萧条比次大陆近代史上发生的任何一次都要严重,再加上使大多数欧洲投资者气馁的汇价波动、向印度流动的资本枯竭,几乎使商业和工业的发展停止了。1895 年,卢比还没有开始恢复,常年的季风也没能如约而至,基本上给整个德干带来了饥荒;此外,1896 年,一些来自中国的船只把带有淋巴结鼠疫的老鼠带进来后,实际上迫使孟买港口关闭了。这种历史上的祸不单行造成印度的实际人口在 1895 至 1905 年之间的绝对下降,这是萧条、饥荒和瘟疫联手造成人口急剧下降的唯一的 10 年,尽管自 1872 年第一次普查以来印度一年的人口增长超过 200 万。尽管印度政府向议会保证会利用铁路从北印度向受灾的南部运送粮食,“一切都有可能”去做,但这种运输实际上不过是象征性的救助措施,总是组织得太晚以至于不能救助饥饿的人们,而且无论
277 如何,这些救助太微不足道以至于仅能充当英国人良心上的自我安慰。不景气的经济现实是:就在 1896 至 1897 年和 1899 至 1900 年季风没刮起来前不久,极度膨胀的国内费用消耗了印度所有的剩余粮食。经济作物的革命早就使印度农民长期以来每村都贮存多余粮食以防备干旱荒年的习惯被放弃了,而且他们被迫听任贪婪的世界市场和货币体系的摆布,在世纪吼叫到末尾时享受其旋风般的收获。

当印度农民在艰难存活的边缘徘徊时,为了延续东西部边境对抗

耗费的烽火，政府的税收需求持续增长。其向前推进一派在1886年对缅甸的最后征服中获得了新的蒸汽动力的军事机器，加紧巩固阿萨姆和曼尼普尔(Manipur)东部边境邦的力量，这里的英国的茶种植者总是要求有更多的“保护”。1890年，曼尼普尔这个迄今为止一直独立的王国因此被置于英国最高权威的统治之下，它的首府被侵占，它的宫殿被置于其政治代理人的监护之下，它掠夺来的财富用于支付停留在英帕尔(Imphal)的“守卫”部队。在其西北边境，在1892年反对卡拉特(Kalat)可汗时，采取过类似的抢先保护行动。由于俄国总是在议会被例举为克什米尔眼前的威胁，更多的军队被派去作为守卫。而在吉尔吉特(Gilgit)地区，英国军队看到奇特拉尔(Chitral)邦是那么的美丽，在1893年一位英国特使被派往这一边远地区，印度河流域西北部100公里的地方，这惹起部落敌对状态，导致了进一步的冲突和这一世纪其余岁月里沿边境线的长期对抗。在这些持续的战争之后，西姆拉的军事指挥部变得强大，以至于1895年在西北边境和旁遮普建立了一个特殊的新军团。1894至1898年，任总督的埃尔金第九伯爵(Ninth Earl of Elgin)尽管尝试了，但却未能有效地撤销他的最高军事指挥部，在他任总督期间他们在沿边境地区恣意妄为。只有当他的将军们在1897年建议向喀布尔进军时，他才最终阻止了他们，遵守了在1896年确定的沿杜兰德(Durand)战线划分英属印度与阿富汗边界的协议。

凯德里斯顿男爵(Baron of Kedleston)乔治·纳撒尼尔·柯曾(George Nathaniel Curzon，1859－1925)立刻成了最杰出和最不受欢迎的总督，他训练有素且全身心奉献于工作，但巨大的失败证明了维持 278
英国对印度统治更长时期的内在的不可能性。柯曾是一位“最与众不同的人”，如他在伊顿和贝列尔(Balliol)学院的室友知道的，而且在挑起这个重担之前通过在世界各地旅行、学习和在白厅的服务(在印度部和外交部作副部长)，他还有意识地培养自己以适应10多年的总督的岗位。柯曾是自沃伦·黑斯廷斯以来在印度任职的最见多识广、最勤奋的英国统治者。他访问过喀布尔并与阿卜杜尔·拉赫曼(Abdur Rahman)埃米尔成为朋友，也曾以陆军少校弗兰西斯·扬哈斯本

乔治·纳撒尼尔·柯曾勋爵,印度总督,1901 年。
(由葛蒂图片社摄影,保存在赫尔顿档案馆。)

(Major Francis Younghusban, 1863 — 1942)为向导在帕米尔高原(Pamirs)漫游并穿越奇特拉尔。他是以钢支架支撑着他虚弱的背来做
279 完这一切的,他自 19 岁时就学会与这个支架一起生活,这有助于解释他的强迫性驱动力、活力和似乎无穷尽的处理文书工作的精力。柯曾的管理激情和绰号是"效率",而且他试图通过树立一个高效、奉献给职责的个人典型形象,来推动他名义上掌控六年的机器。他指定了一个特别的委员会研究管理程序,提出有助于"润滑齿轮"的改革,但他基本上没有重新设计官僚机器,因为它会立刻变得太过庞大并且代表了太多的既得利益。不过在 1901 年,他新设了一个邦,西北边境(Northwest Frontier),把它从旁遮普的控制中给脱离出来,并且直接置于总督的

眼皮底下。他还为中央政府增加了一个商业与工业部,它有自己的议会成员。他提出了一些重要的政策改革,但直到 1905 年他离开的前夕它们才得以实施。他把印度铁路(Indian Railway)从 1874 年建立的公共工程部(Department of Public Works)中撤销,并且放在它自身更健全的委员会下边,柯曾时代铁路网又增添了约 6 000 公里。他指定了一位考古学的总干事,帮助发掘印度悠久的历史。当然,他希望做得更多;他想让孟买和马德拉斯的统治者向他而不是向伦敦的国务秘书呈上每周报告,将这些常常是拖拉和倔强的统治者控制得更紧一些。他试图在自己的办公桌上直接管理西姆拉的每个部门和每个地方政府,他平均每天都坐在那里工作 10 到 14 小时。

柯曾的帝国政策

在外交政策上,柯曾把印度视为英国对全亚洲统治的先锋。不过,他没有犯下同前辈们一样的错误,即试图草率地镇压凶猛的部落,把英国的武器和财富浪费在从一开始就注定失败的任务上。反之,他雇人为帕坦·阿弗里迪人(Pathan Afridis)和其他部落"维护"他们自己领地的治安,与在奇特拉尔与白沙瓦之间保持 1 万名英国军队的费用相比,以更低的代价买来地方"纳税者"对一年税收的支持,这是他在1899 年 1 月到达时感受到的处境。他也一定注意到了铁路在尽可能 280
地延伸,铁轨贮备在铁路线的西北尽头,以便英国军队有必要时,以最少的延误被转移到边境战斗地点。随着这个西北缓冲区的建立,柯曾把他的注意力转向波斯,他感到通过把它划分为受英国与俄国影响的地区能更好地操控它。1902 年,内阁把柯曾的想法变成了正式的政策,而且那时担任外交秘书的兰斯当向当时在伦敦的沙(shah,旧时伊朗国王的称号)详细说明了英国在锡斯坦(Seistan)和海湾的"利益"。当然,直到 1907 年的英俄协定(Anglo-Russian Convention)的缔结才使这一政策产生了外交果实。就像对待阿富汗一样,柯曾的政策一直把阿卜杜尔·拉赫曼作为英国的受援助者来对待,因为他保持的反俄的姿态而慷慨地资助他。当埃米尔于 1901 年去世时,他的儿子哈比布拉(Habibullah)被允许和平地继承他，但哈比布拉在喀布尔受欢迎的代价是他主张从西姆拉获得伟大的独立。他一直与俄国直接通信，而且在 1902 年，他为一位俄国派往阿富汗的代表团做准备的报告传到了印度。柯曾的反应是：他斩钉截铁地指出在面对俄国人“干涉”印度的“事务”时，自己不会无动于衷，这足以阻止彼得堡计议的任何代表团并加重了印度与阿富汗的紧张关系。在担任总督第一期的末尾，柯曾于 1904 年 11 月贸然回到伦敦，他的“临时”继任者安普西尔勋爵(Lord Ampthill)随即派路易斯·丹尼爵士(Sir Louis Dane)去喀布尔寻求与埃米尔签订新协议。白厅为柯曾在与哈比布拉交流时的粗暴语气所震惊，并且对阿富汗采取了比柯曾还在西姆拉掌权时更为和缓的方式。尽管柯曾的建议是阿富汗一宣布独立，丹尼就被“撤回”，代表团被命令在喀布尔停留三个多月，而且一个新的协议成功地签订，以补贴保证哈比布拉的和平，直到他于 1919 年被暗杀。

281 基钦纳与柯曾的冲突

1902 年，印度的军事机器在喀土穆(Khartoum)和布鲁姆(Broome，1850－1916)的基钦纳勋爵(Lord Kitchener)的支配之下，而很快事实证明，西姆拉作为一个山中避暑地都嫌小，不能容纳他自身的军事机器，更不能容纳乔治·柯曾的。1905 年 8 月，以迫使柯曾离开印度(但几个月后他就由家乡而返回并开始他作为总督的第二个任期)而结束的巨人之战，又因以文明还是军事控制印度政府这一由来已久的问题之争而开始。基钦纳发现：他的一位初级军官在总督的执行委员会(Executive Council)任军事委员，而他只是这一尊贵团体的特别委员，这不仅让人生气，而且是不可容忍的丢脸。为了遵守通常的做法，即在送交总督之前，把这类计划交给另一位将军仔细研究和推荐，他看不出有任何的理由要把他的军事重组计划推迟哪怕一小时。当然这一体制既是作为对一个鲁莽指挥官命令的检查，也是维持对军队的民用控制的正式方式而设立的，因为军事委员在民事服务期间有责任不再拥有战地指挥权。还可以假设总司令想花费更多的时间检查他的

营地或前线,而不是坐在西姆拉,并且为了管理的连续性,最好在中央 282
政府层面设立一个独立的军事官员。柯曾尝试圆滑地向喀土穆的英雄解释这一切,但他没能让基钦纳信服它所蕴含着的智慧、必要性或有效性。具有讽刺意味的是:柯曾在1900年亲自推荐基钦纳担任他的西姆拉的指挥官。在此之前或在此之后,在自负方面柯曾从未遇到过对手。基钦纳充分利用自己在国内的广受欢迎以及来自宫廷与内阁的强有力的支持,他不断的抱怨和密谋赢得了首相巴尔弗(Balfour)以及印度国务秘书圣约翰·布罗德里克(St. John Brodrick)的支持,他提出一个解决冲突的折中“方案”,给予总司令一个正常的委员会席位和更大的管理权限,同时在委员会保留第二位将军,被称为军事供给委员。不过,后者并没有权力否决由总司令提出的任何提议。爱德华国王个人同意这种妥协,柯曾也勉强同意,而一旦他提出一位新位置的候选人,基钦纳就通过打电报给国内的陆军部(Army Department)说柯曾的候选人“不适合”并予以否决。当布罗德里克问柯曾何人更能为基钦纳接受时,总督辞职了。他被要求再考虑一下,但他拒绝了。以基钦纳与柯曾之间的权力斗争开始,以总督与国务秘书之间的斗争结束,而布罗德里克强调他对印度政府及其所有主要任命的全权。以前从没有像柯曾这样强势的一位总督在如此微不足道的小事上被否决,而且白厅再也不会任命一位如此杰出或傲慢的总督了。

孟加拉的第一次分治

柯曾在印度的最后一年也以被1905年由孟加拉的分治引发的民族主义抗议浪潮的第一次爆发为标志。统治机器再一次漫不经心地发挥作用,好像没有什么比官僚效率更重要,好像没有人为的考虑——肯定没有“当地人的”考虑——被算在内。孟加拉,事实上对任何一位英国的副总督来说都是人口过于稠密以至于无法进行有效的统治,但事
实证明,由英属印度的内政部(Home Department)提出的“对策”比长 283
期以来不仅困扰孟加拉的政府,而且困扰任何一个其他邦政府的拖延、混乱和腐败还要糟糕。因此,问题在于为什么会选择孟加拉来进行管

理完善实验，并且为什么柯曾决定把这个邦严格按照在加尔各答东部和胡格利河之间的中央部分所划的线分为两个新的邦。对于加尔各答的上层阶级(bhadralok)中讲孟加拉语的大多数印度教徒来说，问题似乎过于简单了。没有征询或考虑印度人的意见而实施的官方计划是在东孟加拉和阿萨姆建立一个新的邦，那里将会有大约 600 万的穆斯林，占人口的多数。剩余的西孟加拉印度教徒占多数，但也包括如此众多的作为孟加拉人邻居的讲比哈尔(Bihari)语的人和讲奥里雅(Oriya)语的人，结果是以讲非孟加拉语的人为多数。因此，官僚机器的如椽大笔一挥，以加尔各答为基地的直言不讳的孟加拉绅士(Bengali-babu)就在他被致命分裂的祖国失去了力量。听起来分而治之(divide et impera)就像向孟加拉人的耳朵复仇，而这正是议会作为一个整体如何看待分治的。

“一个残酷的错误正在折磨着我们的孟加拉同胞，”郭克雷在 1905 年第 21 届议会做主席演讲时这样说，“而且整个国家都被推进悲哀和怨恨的深渊，这是以前从来没有过的。在暗地里策划并且在面对上半个世纪任何一个政府的措施都遭遇到最激烈的反抗的情况下实施的分治方案，将一直是现在官僚统治体制最恶劣特性的充分说明——它对公共舆论全然轻视，它对卓越智慧的傲慢自大，它对人民最珍惜情感的鲁莽漠视，对正义感呼吁的嘲弄，把公务部门利益置于被统治的那些人之前的冷酷。”事实上，后来声称被其他问题严重地困扰以至于很少关注孟加拉的柯曾，是否为了削弱他们的有生力量，故意尝试把他的孟加拉对立者分裂出去，抑或是否他的党羽对政治欺诈有愧于心，好像有理由相信其中几位，包括里斯利(H. H. Risley)、西奥多·莫里森(Theodore Morison)和安德鲁·弗雷泽爵士(Sir Andrew Fraser)，历史事实是：几百万的印度人**相信**他们是被邪恶驱动的。因此分治的影响是直接和持久的。

284

反对分治的民族主义抗议

加尔各答的每一块土地都挤满了抗议的民众。请愿书无法长到可以容纳所有的签名。在孟加拉,从来没有像在10月分治前后几个月中印刷或卖出如此多的报纸。苏兰德拉纳特·班纳吉逐渐以"永不屈服"而闻名,而伟大的柴明达尔家族的后裔,罗宾德拉纳特·泰戈尔为之谱曲的查特吉的诗"向您敬礼,母亲!"在整个邦传唱:"向您敬礼,母亲!丰富的急流,果园的微光,凉爽惬意的风,起伏的深色田野,有力的母亲,自由的母亲。月夜梦想的壮丽,月光洒在树枝和高贵的溪流上——覆盖在开花的树上,母亲,安逸的赐予者,低声而甜蜜地笑着!母亲,我亲吻你的脚,甜蜜而低声地说着!母亲,我向您鞠躬!"抗议的篝火照亮了加尔各答的天空,就像古代雅利安向阿耆尼献祭的仪式采用了现代政治的形式,吞噬了英国织的纱丽和从兰开夏郡进口的其他布料。"我们自己国家的(svadeshi,指印度制造的物品)"呼喊被提升到抵制英国进口货运动的积极一面,在分治之后成为激励整个民族的新议会平台上的一个关键条目。文雅的请愿和恳求转变为愤怒的抗议和要求。工厂主和柴明达尔加入到民族主义运动中的印度教律师、学校教师、榨油工人和店主行列中,柯曾时代的最后一年积聚的力量比以前议会存在的20年中积聚的还要多。具有讽刺意味的是,仅仅在五年之前,柯曾还把议会视为"摇摇欲坠"并且坦承他的"伟大的抱负之一"就是"帮助它无疾而终"。

第十九章　叛乱、镇压和改革 (1905 – 1912)

285 第一次孟加拉的分治开启了民族主义运动五年的激烈革命，最初被官方严厉地镇压，紧接着的是一个改革法案(Act of Reform)。1905年年底之前柯曾的辞职预示了国内巴尔弗政府的垮台，紧接着是自由派在民意测验中大获全胜，将印度的统治权交给在爱尔兰国内统治斗争中怀特霍尔·格莱斯顿(Whitehall Gladstone)出色的副官约翰·莫利(John Morley，1838 – 1923)。不过，印度那时已经有了它最平庸的总督之一明托第四伯爵(Fourth Earl of Minto，1845 – 1914)，吉尔伯特·艾略特(Gilbert Elliot)，坎贝尔-班纳曼(Campbell-Bannerman)的内阁认为，在孟加拉的抗议浪潮正汹涌澎湃的时候，这么快地冒险替换刚刚到达加尔各答的明托是不明智的。这一不幸的决定使印度落入基钦纳及其统治机器之中，他们都相信对于任何政治鼓动只有一个补救措施。无情的镇压就像饥荒一样遍布孟加拉，但它没能扼杀对政府的激烈反对。

抵制英货运动

抵制英货，尤其是棉纺织品——其在1904年进口货价值2 200万英镑——是如此成功以至于到1908年进口下降超过25%。加尔各答马尔瓦的商人们抱怨他们不能“放弃”英国棉布，而一些孟加拉人抗议孟买的工厂主利用了抵制运动来过度提高本国产棉布的价格。许多商 286
人把英国棉布的商标改换为“德国制造”以恢复进口销售。孟买、艾哈迈达巴德和那格浦尔的工厂获得五年的产业发展时期，约 600 万个纱锭和超过 5 万台印度动力织布机不停运转才能满足对本国棉布不断增长的需求。尽管比曼彻斯特的进口货更粗糙、更贵，本国棉布成为爱国的象征，印度统一和政治潜力的一个符号，而且它被妇女和男子自豪地穿在身上。然而，抵制英货运动不仅刺激了印度工业的发展，而且有助于复兴行将逝去的手工纺织的家庭手工业。而且，它还推动了以前一直从英国进口的大多数其他物品在本国的生产，包括糖、火柴、玻璃制品、鞋和金属制品。塔塔钢铁公司(Tata Iron and Steel Company)在没有任何政府帮助的情况下于 1907 年在西孟加拉建立。它在第一次世界大战期间发展成为一个主要的生产中心，到第二次世界大战期间成为英帝国最大的钢铁联合体。孟买伟大的帕西工业家詹谢德·塔塔(Jamshed N. Tata，1839－1904)，印度的亨利·福特，不仅在孟买的棉纺厂发财，而且在那格浦尔发财，他的巨大的母工厂(Empress Mill)建立于 1877 年。塔塔的儿子们，尤其是拉坦(Ratan)继承了其父的开拓性传统，从这一时期开始成为议会有力的金融支持者。

随着反分治的情绪变得越来越激烈，并且在抵制英货后本国货的销售直线上升，政府尝试以下列手段瓦解这一运动，即对它最直率的倡议者实施全面的刑事检控，并且要求教育机构禁止学生充当任何积极的“政治角色”，而他们正在接受财政补贴，违反者将失去官方的资助。大学生被“骚扰、迫害和镇压”，而那些低年级的被“鞭挞、罚款和驱逐”。民族主义游行者被警察挥舞着长杆子(被称做 lathis，其表面裹着一层金属)击打，在以后几十年的抗议与镇压期间，许多热烈的民族主义青年和领袖承受了相当大的损失。拜平·昌德拉·帕尔(Bipin Chandra Pal，1858－1932)成为孟加拉最受欢迎的激进青年领袖，在 1906 年 8
月创办了一份新的杂志——《敬礼祖国(*Bande Mataram*)》。他得到孟 287
加拉民族学院(Bengal's National College)第一任校长阿罗频陀·高士

的帮助。帕尔和高士逐渐相信有必要把针对英货的抵制扩大到英国机构,包括学校、学院、法庭和政府部门,因而使英国不可能在印度继续施行管理。1905 年,日本战胜俄国激励他们在斗争中取得胜利,而抵制是他们的主要武器。最初是为了减少英货在加尔各答的销售。很快波及孟加拉以外——就像抵制英货运动那样——赢得提拉克在浦那的支持并激发了他的年轻婆罗门们的想象力,还使印度教复兴主义的"圣社(Arya Samaj,旁遮普民族主义觉醒的先锋)"领袖拉拉·拉其普特·拉伊(Lala Lajpat Rai,1865－1928)热血沸腾。

国大党的"新党"

新党——国大党革命的一翼——是从分治后郁积的挫折感中诞生的,它的主要核心在加尔各答、浦那和拉合尔,其领袖人物是拉尔、巴尔(提拉克的名)和帕尔,他们的名字被遍布次大陆的学生们以简单的旋律唱诵。这个政党的发展非常迅速和受欢迎,以至于信奉英国自由主义模式的国大党的年老的领袖们,与英国官僚一样,几乎为他们看到和听到的惊呆了。毕竟约翰·莫利和他的自由派政府才刚刚掌权。的确如此,莫利在议会发表的第一个关于分治的官方声明中,把它称为挑起一个"已解决的事实",他的印度朋友们相信这仅仅是一个"政治"声明。总是依赖莫利、就像"趋附主人一样"的国大党主席郭克雷在 1906 年被邀请到印度事务部与新国务秘书长时间讨论改革的需要。他对莫利自由改革措施的设计作出重要的贡献,而且他不愿意因把国大党的领袖位置拱手送给新党的"极端主义者"而使他艰苦的工作陷于危险之中。当提拉克的名字在 1906 年被提议为加尔各答国大党的主席时,郭克雷拒绝同意,而且佩罗泽沙·梅塔在行使否决权时更为坚决。

288 穆斯林联盟的建立

孟加拉的分治立刻将国大党置于国内关注和内部纠纷的新平台上,事实也证明,它是分离主义穆斯林政治意识和需求的刺激因素。东孟加拉和阿萨姆这个新的穆斯林占多数的邦的产生,将达卡从一个穷乡僻壤的城镇转变为一个邦的首府,把现在所谓的孟加拉国的三角洲平原的穆斯林人口从加尔各答的印度教地主、借债人和律师的政治与经济统治中给解放出来。因此,从许多印度穆斯林的有利地位来看,分治与其说是抱怨的原因,毋宁说是一种政治蛊惑,并且无论英国人是否是这样计划的,事实是阿利加尔的穆斯林振作起来,并且与达卡的穆斯林领袖们以及于 1906 年秋把他们自己组织成明托总督的代表团的那些德干领袖们会师。这个代表团就是穆斯林联盟的前身。阿姆利则的赫瓦贾・优素福沙(Khwaja Yusuf Shah)联合当时是阿利加尔学院秘书的穆辛-乌尔-穆尔克(Mohsin-ul-Mulk,1837－1907),将它从政治“沉睡”中“唤醒”并组织了一个前往西姆拉的穆斯林代表团。此时阿利加尔的校长是一位英国人,名叫阿奇博尔德(W. A. J. Archbold),他与明托的私人秘书邓洛普・史密斯(J. R. Dunlop Smith)的友谊如此有效地润滑了统治机器,以至于与总督的正式会见被安排在不到两个月之后。由年轻的阿加汗(Aga Khan)领导的 35 位杰出的穆斯林领袖们在 1906 年 10 月 1 日到达位于山上的政府的夏季首府,直接被引见给总督。莫利在议会提到了仅仅几个月前的启动印度的宪政改革的“期望”,而穆斯林代表团是为他们“社区”在正式会议任何可能扩大代表中所占“名额”而接近明托的第一个印度“游说团”。代表团争辩道:穆斯林代表“不仅应与他们的人数,而且应与他们的政治重要性和他们为保卫帝国所做的贡献的价值相称才行”。作为总督,明托郑重地向代表团保证说“我完全赞同你们的看法”。他继续承诺“伊斯兰教社区”“他们作为一个社区的政治权利和利益将会受到与我有关的任何行政重组的保护”。明托“富有政治远见的工作”,如一位钦佩他的官员在那 289 晚滔滔不绝地说的,“将 6 200 万人民从加入煽动性抗议的行列中给拉了回来”。他支持穆斯林共有利益的政策在西姆拉会议后两个月有了结果,当时在 35 个代表基础上增加的、来自印度和缅甸每个邦的代表于 12 月 30 日在达卡相聚以建立全印穆斯林联盟,其第一批共同的秘书为穆辛-乌尔-穆尔克、纳瓦卜维克尔-乌尔-穆尔克(Viqur-ul-Mulk)和穆什塔克・侯赛因(Mushtaq Hussain,1841－1917),赛义德・阿赫迈德汗爵士(Sir Sayyid Ahmad Khan)的另一个信徒。

“时间与形势使伊斯兰教徒团结在一个联盟之中,以便使他们的声音能压倒印度其他政党的喧嚣并跨越广阔海洋到达英国”,维克尔-乌尔-穆尔克宣称。所谓的达卡的纳瓦卜萨利穆拉汗(Salimullah,1915年逝世),是东孟加拉最大的地主之一,他曾负债累累,而由于柯曾的干预,被印度政府特别安排的最后一刻的贷款保全了财产,由他主办了这具有历史意义的第一次会议,而正因其资助,巴基斯坦在40多年之后产生。阿加汗继续慷慨地支持联盟,而在1908年由于他的慷慨而得到执行委员会的报答,授予他终身主席的荣誉称号。与早期国大党一样,联盟发誓“忠于英国政府”,但解释它的主要目标是“保护和提高印度伊斯兰教徒的政治权利和利益”。它的发起成员比过去的国大党还要保守得多,由有头衔的贵族、富有的地主,还有较少的律师、教育工作者和新闻工作者构成。其成员被严格限制在穆斯林之内,有一段时间,不多于400个人被允许加入这个印度最大的少数民族社区的上层阶级俱乐部。模仿国大党的程序,联盟每年在圣诞节期间开一次会。在孟买富商阿达姆吉·皮尔博依爵士(Sir Adamjee Peerbhoy)的主持之下,在即将成为巴基斯坦首都的信德的港口卡拉奇召开了第二次会议。直到1913年,联盟一直是一个谨慎的、为穆斯林精英的利益而游说的效忠者,为英国官方的关注所溺爱、为国大党所谴责并且为广大的印度穆斯林和印度教徒所忽视的团体。

290 对于国大党来说,1907年是创伤性分裂的一年。新党越来越受欢迎,尤其是在朝气蓬勃的年轻人中间,他们手里拿着提拉克和帕尔的报纸的最新一期和拉其普特·拉伊的小册子走过城镇和农村,把通过抵制英货而获得自由的福音传遍了次大陆。老党继续把它的希望、信任和改革的承诺都寄托在约翰·莫利身上,他在理论上与他们在一起,而实际上则被迫与明托和官僚机器一起工作,而他们都通过拖延这种古老的官场技巧破坏由白厅送达他们的自由派提议。1907年5月,印度政府对由孟加拉蔓延到旁遮普的“骚动”采取更严厉的措施进行镇压,发布“紧急状态法令”,授权地方官员在没有警告的前提下可以“停止公共集会”或预定的任何游行，并且可以召来“刑事警察”“安排”在由官员指定的“骚动”地区。所有英国人给予“当地人”与国内的英国人享有的几乎一样的公民自由的主张都被放弃了。警察和军队以最快的速度清除街上的人群，以永远不明的“国家的原因”监禁聒噪的鼓动者。莫利从几千公里外的岛上勉强进行了抗议，但明托向他保证“实力在印度赢得比英国法官承认的还要多的尊敬”。拉合尔最流行的报纸《旁遮普人(*Punjabee*)》的编者和老板都被控告“煽动骚乱”，被判有罪，判处两年六个月的“严厉监禁”。

旁遮普政府在这一时期处在柯曾的密友登齐尔·伊贝特森爵士(Sir Denzil Ibbtson，1847－1908)的专横统治之下。伊贝特森对公众抗议的唯一解决方式就是下“猛药”，而且他在拉合尔掌权后不久，就打电报给明托，请求在没有审判的情况下通过“紧急的”允许逮捕和放逐阿吉特·辛格(Ajit Singh)和拉拉·拉其普特·拉伊这两位旁遮普最受欢迎的“圣社”和国大党的领袖。明托立即回电同意，而在那一年成为国大党主席候选人并在国大党年轻党员中受到欢迎的学校教师拉其普特·拉伊，于1907年5月6日被匆匆押到缅甸的曼德勒(Mandalay)监狱。因害怕在密拉特兵变50周年前夕类似官方镇压会引发一连串大众的反应，明托通过实施1861年的警察法案(Police Act)把旁遮普完全置于镇压之下。当莫利听到这个消息时，他向自己的私人秘书吼道，“不，我不能忍受这样；我将不会忍受这样”。但他并没有命令明托 291
改变，或辞职，莫利收回他的原则并通过他的无能证明：即使印度曾经拥有的最具同情心的、处于帝国权力的最高位置上的英国朋友，在减缓官僚机器的可怕影响方面恐怕也痛苦地无能为力。

到1907年国大党准备开会的时候，拉其普特·拉伊从监狱中被释放出来并且成为整个国家最受欢迎的人。他因而成为新党的第一个主席候选人，与梅塔和郭克雷竞争，而就在一年前他还与提拉克一样不被接受。杰出的孟加拉教育家拉什·贝哈里·高斯博士(Dr. Rash Behari Ghose)被提名为苏拉特国大党主席，此地为梅塔的自由派支持者的堡垒，因而被认为是一个“安全”的开会地点。“每个人都必须承认

从孟买港遥望印度的入口，泰姬·玛哈尔宾馆在左后部，它的右侧是新建的泰姬塔。

我们已经度过了一个悲哀而多事的时期——一个压力和风暴的时期——而且如果说有一个我们应该放弃等级观念并且呈现出一个坚定、团结而统一的战线的时间的话，现在就是”。如果在1907年12月26日得到允许的话，高斯博士在他准备的演讲中会这么说。不过，在
292 他走上讲台之前，国大党的帐篷内已开始了一场派别之战，直到警察将之驱散之后才结束。苏拉特会议结束了，而印度最重要的民族主义组织在此后的九年里一直分成两派。

苏拉特会议期间国大党的分裂

慷慨激昂的青年们现在狂热崇拜爆炸，试图通过恐怖赢得曾经拒绝他们的事物。在孟加拉，阿罗频陀·高士的弟弟巴因陀罗·库马尔(Barindra Kumar)领导着一个年轻的恐怖主义团体，包括阿比纳什·跋陀恰尔亚(Abinash Bhattacharya)和布彭德拉·纳特·达特(Bhupendra Nath Datta)在内，与其说是从当时俄国无政府主义者的活动中汲取灵感，不如说是从般吉姆·昌德拉·查特吉的小说中，把他

们的生命献给对迦利和杜尔伽的崇拜，崇尚爆炸和手枪，他们希望通过这种手段将祖国从外国暴政的束缚中解脱出来。恐怖主义者创办了自己的报纸，其中最受欢迎的是《新时代(*Yugantar*)》，到 1908 年，它的发行量已超过 1 万份，它公开宣扬反对“白皮肤外来者(Feringis)”的革命性行动。在马哈拉施特拉，提拉克旅行到德干讲演并为普及国民教育而筹款，其国民教育是旨在把印度年轻人从西方学问和英国校长的“桎梏”中解放出来而设计的一个民族主义平台。他还在浦那为把对英货的抵制扩大到政府特许的酒店而斗争，并且这是在印度许多地区流行开来的民族主义禁酒运动的开始。

1908 年 4 月 30 日，年轻的库迪拉姆・博斯(Khudiram Bose)在孟加拉扔出了夺取英国人生命的第一枚炸弹，炸死了两位英国妇女，她们封闭的四轮马车因相似而被误以为是地方法官道格拉斯・金斯福德(Magistrate-Judge Douglas Kingsford)的了。法官在孟加拉臭名昭著，因为他以判处政治犯受鞭笞来取乐，这是莫利一获得对印度事务部的控制权后就转移到反抗者身上的一种惩罚，但印度政府在这件事情上拖了两年多。英国对爆炸的反应不出所料地尖锐，报纸《先锋》要求逮捕所有的“恐怖分子”，警告在将来，“枪毙他们的 10 个人为牺牲的一个人偿命”。提拉克在其《猛狮周报》上争辩道：爆炸至多是“由权力独裁产生的副产品”，就像新党的“轻率的谈话”一样。他提出的补救措施是马上给予人民自治权。之后不久，他的文章中把爆炸称为“魔法”，一 293
个“神圣的咒语”和一个“护身符”。两周后他被捕，以“煽动罪”被控告并在孟买审判。他被包括七位欧洲人的陪审团宣判有罪，尽管其中两位帕西人成员认为其“无罪”，最后被判处在同一个曼德勒监狱监禁六年，拉其普特・拉伊此前在这里被闷了一年。

英国镇压加剧

当提拉克在缅甸的监狱被烘烤时，拜平・帕尔被转移到伦敦，他在没有暖气的寓室里又冷又饿，而拉其普特・拉伊则旅行到美国，靠他写作获得的那一点儿版税在纽约生活。新党于是处于群龙无首的衰弱状态,它孤立的年轻恐怖主义者将暴力的目标指向“温和的”印度人和英国人,由于谋杀、纵火或自杀而不断地获得恶名。英国的镇压,无论是正式的还是非正式的,越来越具有报复性质。“处于射中他遇到的第一个印度人的激动之中”的一位年轻的英国“下士”,莫利解释道,向明托表达了他对这些事情的关心并质问,“对于下士来说发生了什么?……他应该被审判吗?应该被绞死吗?……如果我们没有强大到足以防止谋杀的话,那么我们对英国统治严格正义的伪善赞美都是一种毫无根据的废话”[①]。在马德拉斯,吉登伯勒姆·皮拉伊(Chidambaram Pillay)因为“煽动性言论”被判处“终身流放”,而他的法官这样表述其观点:“就他能看到的周围而言,并没有这个国家的任何人发表其政治言论的合法的场合。”“这就解释了爆炸”,印度国务秘书评论道。不过,明托的政府只急于通过更多的立法措施以增加其镇压的武器:爆炸物法案(Explosive Substances Act)与(煽动犯罪的)报纸法案(Newspaper [Incitements to Offences] Act),后者授予地方法官完全自主的权力:何时一份报纸可以被“利用”,何时可以被永久关闭。每一个镇压措施出台后都会有更多的暴力事件上报。明托和莫利本人也
294 都成为恐怖分子的目标,但扔到总督府的炸弹没能爆炸,而马登·拉尔·丁格拉(Madan Lal Dhingra),于 1909 年 7 月 1 日夜在伦敦暗杀莫利的政治副官——中校威廉·柯曾-怀利爵士(Sir William Curzon-Wyllie),是距刺杀国务秘书最近的人。那时监狱中有成百的孟加拉恐怖分子,甚至最有名的马哈拉施特拉年轻的革命家、诗人、作家维纳亚克·达摩达尔(维亚)·萨瓦卡(Vinayak Damodar [Veer] Savarkar)也因为“进行反对国王的战争”而被“终身”流放到安达曼群岛(Andaman Islands)。

莫利的议会改革

尽管面对着令人气馁的一轮革命与镇压,莫利却忙于完成议会法

---

① 斯坦利·沃尔波特:《莫利与印度:1906－1910》,贝克莱与洛杉矶:加利福尼亚大学出版社,1967 年,第 120 页。

规的改革和完善。1907 年,他为白厅的议会任命了第一批印度议员,来自加尔各答税收委员会(Board of Revenue)的印度教官员古普塔(K. G. Gupta)和穆斯林比尔格拉米(S. H. Bilgrami,1842－1926),他在尼扎姆的雇佣中成长,与穆斯林联盟有着密切的联系。国大党对这两个选择都不满意,而且尽管莫利感到"他们的肤色比他们的头脑更重要",他们在担任议员期间都没有出色的表现。不过一旦确立了,印度议员的先例就一直持续了下来,并且延伸到下一年,进入在加尔各答和西姆拉开会的总督执行委员会的"核心"。对于后一个岗位,出色的印度律师、孟加拉的首席辩护人(advocate-general)萨特延德拉·辛哈爵士(Sir Satyendra P. Sihha,1864－1928)被选中,他于 1909 年 4 月 18 日获得西姆拉执行委员会法律委员的位置,这"在很大程度上违背"了爱德华七世国王陛下(His Majesty King Edward Ⅶ)的"意志",但得到莫利和英国自由派内阁的支持。此后,像基钦纳这样的顽固派被迫缓和他们在议会中发表的种族攻击性的长篇演说,但辛哈感到那个位置对他来说过于沉重,于是在 1910 年他的"本国人席位"被转给了穆斯林继任者赛义德·阿里·伊玛姆(Sayyid Ali Imam),一位此前在立法委员会工作的律师。辛哈在 1915 年被选为国大党主席,并且在 1919 年成为第一位担任议会副国务卿的印度人;作为辛哈勋爵,他在 1920 年成为比哈尔和奥里萨的第一位印度总督。

莫利的主要改革方案是 1909 年的印度议会法案(Indian Councils Act),其中把中央立法委员会的"额外委员"人数增加到了不少于 60 人;在孟买、孟加拉和马德拉斯邦,委员增加到了 50 位,其中大多数都 295
是非官员。另外增加 50 位被任命为中央邦、东孟加拉和阿萨姆邦的立法委员会的委员,其他邦增加到 30 位。通过取消邦这一层次的多数官员,莫利听从了郭克雷和来自孟加拉的他的卓越的国大党同志罗梅什·昌德拉·杜特(Romesh Chandra Dutt,1848－1909)的建议,后者当时是伦敦的大学学院的印度历史讲师,国大党过去的主席(1899 年)和未来巴罗达邦的首席部长(1909 年)。明托及其官僚机器,包括白厅中莫利自己的委员会的委员,反对在任何一级政府取消多数官员,因为他们不仅不相信“当地人”，而且他们对议会政体及其基本理想也没有多少信任。莫利的法案也——第一次——直接成为印度立法委员会委员的选举原则。选民最初是极少数上层阶级的印度人，他们由于交纳了市财产税或者完成了高等教育而被给予了选举权。

第一批被直选到议会席位的印度人

有一些席位是为独立的穆斯林委员们保留的，只能由穆斯林选民选出，这与明托早期对公众的承诺是一致的，但在 1910 年第一次选举举行后，由他们自己选区选出来的 135 名印度代表，作为立法者拥有了英属印度立法委员会的席位。对于英国和印度而言，这是一个历史性的里程碑，在使印度于 1947 年获得完全独立地位的宪政改革道路上迈出重要一步。被选出的新立法会的新委员也被授权可以传唤政府官员并就提出的立法、年度预算进行辩论，这些迄今为止仅限于每年立法会议期间最后一个忙乱日的活动，被宽限了许多天以便非官方的批评能够产生即时的效应。印度人也被允许引入他们自己的立法。郭克雷马上利用后一条款形成了他的基础教育议案（Elementary Education
296 Bill），授予市政当局和地区委员会为 6 至 10 岁的孩子们选择“强制性”的基础教育。作为其必然的推论，禁止使用 10 岁以下童工的法案也被通过。不过，即使这么胆怯的第一步对于英属印度政府来说也还是太激进了，直到 1911 年才接受，而且事实证明它也超越了其时代几十年。

莫利在印度事务部最后一年的议会副国务卿是一个年轻的自由派——埃德温·塞缪尔·蒙塔古（Edwin Samuel Montagu，1879－1924），他在第一次世界大战期间及之后是国务秘书，沿着其导师创立的道路开始了下一个伟大的改革法案。1910 年 11 月 7 日，约翰·莫
297 利离开了印度事务部，为了阻止基钦纳实现接替明托任总督的野心而选择了自由派的彭斯赫斯特的哈丁勋爵（Lord Hardinge of Penshurst），这是他的最后一个有助于印度的法案。作为他的第一个主要的正式法案，哈丁提议孟加拉重新统一，白厅同意了。这个决定，在英属印度历史上是一个保密最好的国家秘密之一，由国王乔治五世

296

国王乔治五世和玛丽王后在印度。(由葛蒂图片社拍摄,保存在赫尔顿档案馆。)

(King George V)于 1911 年 12 月 12 日在德里的加冕谒见室(durbar) 297
中公之于世。孟加拉重新统一,但比哈尔和奥里萨这一新邦从它的一翼被切出,中央政府的首都从加尔各答迁到德里,在那里,一个新城市(新德里)将会产生。爱德华・卢伊藤斯爵士(Sir Edward Luytens)和赫伯特・贝克爵士(Sir Herbert Baker)的设计是英国女王的统治在建筑上的反映,新德里一直是独立的印度的首都,同时也是英帝国统治稍纵即逝、又具有连续性的象征。

第二十章 第一次世界大战的影响(1914 – 1919)

298 议会改革及孟加拉的重新统一使老国大党稳健的领袖们和大多数孟加拉印度教徒振作起来,震动了持温和效忠者立场的穆斯林联盟。“政府的政策就像越过穆斯林死尸的一门大炮一样”,维克尔-乌尔-穆尔克听到宣告孟加拉分治无效时叫喊道。达卡的纳瓦卜愤怒地抗议:分治被取消的“真实原因”是印度教徒参加了“革命运动”,而穆斯林被哄骗得只满足于英国人的“承诺”。他推荐的补救措施,年轻的穆斯林一定很清楚,因为在东孟加拉的达卡和其他地方,他们的口号变为:“没有爆炸,没有恩惠!”当总督哈丁在1912年举行仪式进入女王的新首都德里时,他也差一点被一位未知的、也未被抓着的恐怖分子扔进他的象轿(howdab)的炸弹炸死。次年,穆斯林联盟放弃了对英国的政纲温顺地拥护,并且通过将在帝国内“自治”作为民族主义目标,来把国大党作为政治上学习的榜样。由于这一更勇敢的立场,联盟现在将年轻的知识分子吸引到队伍中来,包括有独特天赋的孟买律师穆罕默德·阿里·真纳(Mohammad Ali Jinnah,1876 – 1948),他当时已经是中央立法委员会和国大党的“穆斯林委员”。

真纳(M. A. Jinnah)

真纳出生于卡拉奇一个早期从古吉拉特的卡提阿瓦(Kathiawad)

半岛迁移到信德的中产阶级商业穆斯林家庭,他在18岁时被送到伦敦 299
学习法律。他在林肯律师学院(Lincoln's Inn)获得律师资格,并发现在政治上自己因达达巴伊·瑙罗吉(Dadabhai Naoroji)为争取中央芬斯伯里(Central Finsbury)在国会下院的席位而进行的自由派斗争"而激动万分"。真纳于1906年成为元老的政治秘书,从而作为一位国大党党员而不是联盟的成员被吸引到印度政治中去。他在那个时期受到郭克雷和达达巴伊强烈的个人影响,并曾说他一生的抱负就是成为"穆斯林郭克雷"。在气质上,他是一位自由的亲英派,真纳在孟买法庭上取得成功,并且事实上,当他在1910年被选进最高立法委员会时似乎注定要跟随郭克雷的足迹。在1913年加入联盟之前,他伴随郭克雷到欧洲,并且在一年后回到伦敦,赶着被派去游说国务秘书克鲁勋爵(Lord Crewe),要求在他的委员会中吸收更多的印度委员。他是最有希望的年轻律师、最精明的国会议员,而且如克鲁向总督哈丁报告的,是国大党代表团中"最健谈的人",此外他还是继承孟买瑙罗吉-梅塔-郭克雷印度民族主义运动的稳健派领袖衣钵的人。如果不是第一次世界大战的爆发和灾难性事件对印度历史以及世界其他地方的影响,真纳确实会成为郭克雷的继承人和印度的印度教徒与穆斯林统一的先知,而不是巴基斯坦之父。

甘地

在世界大战爆发前夕,另一位郭克雷的弟子莫罕达斯·卡拉姆昌德·甘地(Mohandas Karamchand Gandhi,1869－1948)也到达伦敦,他在于南非流放26年之后、回家之前与他的"政治导师"见了面。甘地生于卡提瓦邦的波尔邦达(Porbandar),他的父亲曾经服务过的统治者是首席部长(diwan),尽管他们的种姓是第三等级的莫德·班尼亚(modh bania),而gandhi在古吉拉特语中的意思是"零售商"。甘地在他19岁时第一次离开家前往伦敦学习法律并于1891年在内院(Inner Temple)获得律师资格。甘地的律师业务不如真纳熟练,当试图在古吉拉特和孟买执业但并不成功之后,他在1893年接受为在南非德班

300

年轻的莫罕达斯·卡拉姆昌德·甘地和他的哥哥。(版权所有:维塔尔巴伊·查维利和甘地纪念馆。)

(Durban)的梅蒙(Memon)穆斯林公司工作的提议。那时在纳塔尔(Natal)有超过 4 万的印度人,其中大多数人最初都是在 1860 年后"新奴隶制度"下被送往非洲做契约劳工的。纳塔尔的糖类植物种植者急需印度廉价的"苦力"劳工,因为 19 世纪 30 年代英帝国奴隶制的取缔解放了奴隶。纳塔尔的英国直辖殖民地(Crown Colony)依赖合同制作为解决他们经济问题的最便宜的方法:引诱几千没有土地的南印度泰米尔劳工几乎一无所获地为他们至少工作五年。不过,五年的合同结束后,劳工们可以自由地选择离开或签订另一个五年期的合同,最后等他们要回印度时一起付给他们路费,或者他们可以用这些路费(约 10 英镑)的币值在纳塔尔买土地。实际上,几乎所有以前的契约印度劳工都选择留在南非,购置土地,与他们过去无地的贫穷相比,他们很快就享有了一定的财产。印度的人口增长率如此迅速地上升以至于欧
301 洲殖民者很快感到震惊,到 1891 年他们吃惊地发现:他们的人数已经

被“苦力”和中产阶级的印度穆斯林商人超过,这些商人都是为了满足这里印度社区的需求与意愿来到非洲的。1893年,当纳塔尔被准许建立“负责的”政府时,其白人统治者决定凭借手中的权力尽其所能地阻止印度人进一步涌入和定居,而且为了说服已经在纳塔尔扎根的印度人离开,而使他们的生活变得悲惨和昂贵。这正是甘地作为德班领先的印度企业——达达·阿卜杜拉(Dada Abdulla)的法律顾问到达时的情景。

纳塔尔白人社区的顽固和种族上的优越感刺激了甘地那十分敏感的神经,而且他作为印度人的民族认同感也在种族偏见的环境中得到强化。在领导纳塔尔的印度社区与纳塔尔立法机关(Natal Legislature)有选择地进行压迫的措施(即试图剥夺所有“亚洲人的”公民权并对16岁以上的印度居民征以惩罚性的人头税)进行斗争时,甘地产生了他的“坚持真理(satyagraha)”的行动策略。这种不合作和温和抵抗的非暴力方法触及了印度文化遗产最深的根。摩诃特马(Mahatma,“伟大的心灵”)·甘地依靠的不仅是雅利安的萨蒂亚(satya,真谛)的宇宙力量,而且吸收了雅利安以前的瑜伽的力量,包括冥想、禁欲、静默以及“不伤害任何生灵的”不害(ahimsa)。在他的南非创伤和斗争过程中,甘地由一位中产阶级的英国家庭律师转变为典型的印度圣人(sadhu),贫穷但自足、静默,禁欲但在精神上对他的宇宙力量充满信心。

印度为支持战争而集会

当英国在1914年8月4日对德国宣战时,印度立即由哈丁勋爵通告:印度也处于战争状态。带着对过去10年“动荡”和“骚乱”的生动记忆,印度政府的各级官员们当然相当理解并对引人注目的宣言的影响十分关注。不过,在如此危难的时刻,印度各个党派的民族主义政治家和各位王子的反应都是如此地忠诚和支持英国政府,这令印度政府和白厅大喜过望。所有派系的国大党领袖们都天真地期望英国的胜利 302
会给印度带来自由。实际上所有本土王国的统治者都发电报表示对保卫帝国“全面支持”。27个最大的王国都马上把他们为帝国服役的军队置于总督的“指挥之下”。医疗船“忠贞(Loyalty)”号完全由各邦主提供给养,并且随时准备运送第一支印度远征军(Indian Expeditionary Force),它由拉合尔和密拉特师以及塞康德拉巴德骑兵旅(Secunderabad Cavalry Brigade)的 1.6 万名英国士兵和 2.8 万名印度士兵组成,于 8 月 24 日从卡拉奇出发,于 1914 年 9 月 26 日到达马赛港。“好棒的一支军队!”纽约的《世界》这样报道。“它的‘本土’部队属于一个当德国还是一片森林的时候就已经存在了的古老的文明,而这时,早期的英国人还把自己的裸体涂成蓝色”。他们非常及时地到达西部前线,面临着完全狂暴的德国人对伊普尔(Ypres)的第一次攻击。由于印度人的增援,守卫着加莱和海峡的盟军部队面对着法尔肯海因(Falkenhayn)军队的强大火力,始终固守着那“单薄而离散的”战线。10 月底之前,几百名俾路支人和阿弗里迪·帕坦人(Afridi Pathans)与英国男孩的血在欧洲土地上被混合在一起,康诺顿公爵 (Duke of Connaught)“自己的俾路支人”,印度士兵库达巴德(Khudabad)是第一位死后获得维多利亚十字架(Victoria Cross)的印度人。两个月后,约有 7000 名士兵死亡,他们或在行动中失踪,或沿西部战线严重受伤。

真纳和他的国大党代表团前往伦敦提出的议会改革,被一位毫无同情心的上院议员所隐藏并很快被遗忘了。催促伦敦的印度人“进行严肃地思考”的甘地组织了一个战地救护车训练团(Field Ambulance Training Corps),作为他对战争作出的个人贡献,但在它开始起作用的一个月内,甘地就发动了反对其上校贝克(R. J. Baker)的非暴力斗争,后者像对待一个通常的军事单位那样对待志愿者的团队。尽管斗争失败了,但甘地得以从他热情加入的服务中退出,并且可以在战斗最糟糕期间前往法国,并且赶在年末之前回到孟买。提拉克也在 1914 年从强制流放地回到家,并且发电报给国王-帝王表达他忠心的支持。安妮·贝桑特急于在提拉克与甘地之间进行调停,让他们恢复关系,尽管在浦那进行了讨论,但直到郭克雷和佩罗泽沙·梅塔在 1915 年去世之后国大党才重新团结起来。威廉·韦德伯恩(William Wedderburn)

现在约请英国“由最高当局发表一个完全信任印度人民的宣言”。印度 303
如“中流砥柱”般矗立着支持帝国,确实到了以真正的政治权力下放作为对其忠诚的回报的时候了。除了掌管战争事务部(War office)的基钦纳之外,没有人期望战争持续几个月。一次英国的胜利由哈丁勋爵向他的西姆拉的印度立法委员描述为“正义对强权、文明对德国的军事暴行、有秩序的自由对军事奴役的胜利,是人们珍视一切事物的胜利”。因此,印度人感到:作为他们合作的补偿,他们完全有理由期待更大幅度的自由。

战争的令人沮丧的影响

幻灭很早就到来了。当第一批伤亡人数从西部战线报回来时,对于印度来说这一点就很明显:在实现任何自由的梦想之前,遥远土地上的战争会带来她的儿子们更大的伤亡。战争的现实对印度的第一次直接冲击发生于 1914 年 9 月 10 日后,德国巡洋舰爱滕号(Emden)在毫无觉察的情况下驶入印度洋,击沉了 12 艘英国货船中的第一艘,将它沉入孟加拉湾底,并于 11 月将整个船队毁灭。一艘巡洋舰就使英国的航运瘫痪了两个月,在此期间对德国贸易的损失和没收的船只以及对海外远征军的供应为印度对外贸易带来不稳定的新低,造成进口货价格飞涨和必需品——包括铁路和电报零配件——的缺乏。爱滕号在 1914 年 9 月 23 日炮轰马德拉斯,造成几个储油罐着火,几万印度人都不再相信英国人的胜利,并且开始怀疑德国也许不会入侵印度。与德国贸易的突然中断不仅剥夺了印度市场上许多最好又最便宜的工业产品,而且使印度彻底失去了到 1914 年已经成为印度第二大的海外出口市场。1913 至 1914 年间,仅德国就从印度购买了价值 1 750 万英镑的物品,几乎占由次大陆船运到英国所有商品总价值的一半,而且超出总量的至少 300 万英镑是由美国购买的。当运到奥匈帝国(Austria-
Hungary)的印度产品的价值被加到运送到德国的物品上面时,其总值 304
增加到超过 2 400 万英镑。印度与轴心国(Central Powers)的贸易在 1914 至 1915 财年的前几个月快速增长,而且从 1914 年 4 月 1 日到 8

月战争的爆发，约有 30 万吨中欧的产品被德国船运到印度，超过整年从美国和俄国船运到印度进口货总吨位的总和。出口市场的萎缩压低了印度主要商业作物的价格，尤其是那些短绒棉、黄麻纤维和油籽的价格。另一方面，所有工业产品的价格急剧上升，而粮食是以“饥荒的价格”出售。粮食囤积和奇缺很快成为普遍现象，并且一直是印度战争时期的正常状态。而且英国对旁遮普小麦的需求在战争年代一直在增长，几百万吨的陈粮每年被出口以养活英国和盟军。

英国的“美索不达米亚”灾难

不过，战争幻灭和印度与英国之间不断恶化的紧张关系更多源自奥斯曼帝国(Ottoman Empire)决定加入轴心国的军队。对于印度的6 000万名穆斯林少数民族来说，至少印度-英国对美索不达米亚的入侵和粗暴地发动“错误战争”的整个悲剧都造成了忠诚的不断减弱，因为全世界的穆斯林都把哈里发看做他们社区的普遍的“领袖”。英国对德国在波斯湾石油利益的恐惧压倒了对印度穆斯林忠诚的任何担心，10 月中旬浦那师(Poona Division)的第 16 步兵旅(Sixteenth Infantry Brigade)，“嘎吱嘎吱地踢着乡下长大的小马”被装上甲板，离开孟买由 65 艘船护送至巴林。到 1914 年 11 月 1 日，土耳其加入轴心国时，1.6 万名印度士兵已经位于沙特阿拉伯，准备占领阿巴丹并“夺取”它的输油管和炼油厂。柯曾强调控制波斯湾的政策因为萨拉热窝的枪声而有了结果。巴士拉(Basra)在 12 月被轻而易举地占领，到 1915 年 10 月，英属印度军队转移至北部的库特-埃尔-阿马拉(Kut-el-Amara)，距巴
305 格达约 100 公里的地方。巴格达因此似乎处在英国军队可以影响的范围之内，之后，不到两周，汤曾德(Townshend)将军率领约由 1.2 万名印度士兵组成的军队，于 1915 年 11 月开始向那个海市蜃楼进军，他们在泰西封(Ctesiphon)受到土耳其军队的阻击，被迫退至库特(Kut)并包围了那里，在 1916 年 4 月投降之前他们几乎要被毁灭了。当议会听到几千名印度士兵因缺乏医药和蚊帐，就像他们缺乏食物、鞋子和子弹一样而死去时，“美索不达米亚”灾难转变成动摇英国内阁比例的一个

丑闻。皇家专门调查委员会(Royal Commission)关于这一问题的调查报告在 1917 年 6 月出版，把主要原因归结为缺少协作，以及印度政府协调陆军部(Army Department)与军需部(Military Supplies Department)的无能，而这些事实一被揭露，国务秘书奥斯汀·张伯伦(Austen Chamberlain)就辞职了。1914 年年底之前，另一支由 2.9 万名印度士兵组成的军队被船运到埃及以守卫苏伊士运河，并且夺取埃及以防备土耳其可能的攻击。英法的贪婪和外交产生了 1916 年初的赛可斯-皮寇协议(Sykes-Picot Agreement)，奥斯曼帝国被两个同盟国瓜分，在他们的统治之下相邻的阿拉伯与犹太民族为他们后来的建国事业而奋斗。

“驹形丸”悲剧

自从他们的祖国再统一以后，孟加拉人基本停止了他们的恐怖主义活动，但在旁遮普，一波锡克教徒暴力革命活动随着战争早期的“驹形丸”悲剧而展开，并且坚持到它结束以后。日本的轮船驹形丸(Komagata Maru)在战争开始前被特许将约 400 名锡克教徒从上海运送至温哥华，但温哥华当局拒绝允许印度人上岸。其他几个加拿大口岸也都拒绝其上岸，这艘船最后被迫掉头并把它不幸的乘客送回太平洋，经过几个月筋疲力尽的旅行后于 1914 年 9 月 27 日让他们在加尔各答附近的巴治巴治(Budge Budge)上岸。他们被他们认为的英帝国的种族排除政策(尽管它实际上是加拿大人的)所激怒，这些锡克教徒开始向加尔各答进发以使他们的委屈为政府知晓。他们被排成一列的士兵和警察阻挡，16 名锡克教徒被开枪杀死，其他 144 名幸存但“未获 306
得任何解释”，还有 100 多名被逮捕，他们被戴上镣铐送到加尔各答。此时如果有一个总督的调查委员会(Committee of Inquiry)下令释放囚犯，并且让他们坐快车回到旁遮普，那他们就不会成为坚定的革命民族主义者。其领袖主要是锡克教徒的“反抗(Ghadr)党”，于 1913 年在美国西部建立，并在哈尔·达亚尔(Har Dayal，生于 1884 年)的领导之下日益壮大，成为在印度之外寻求推翻英帝国统治的一支资金充足的力量。党的总部设在旧金山，而哈尔·达亚尔自己于 1915 年去了柏林，希望说服德国经由阿富汗入侵印度。几次类似的革命"阴谋"从来没有结果，而且尽管战争期间德国最有名的间谍取了梵文假名玛塔·哈里(Mata Hari，母亲毗湿奴)，她却是荷兰人。

分裂的国大党继续寻求一些和解的方式，因为每一个派系的领袖们都认识到：试图在一些他们自己还不能统一起来的领袖们的领导下把一个民族统一起来是徒劳的。真纳也渴望把穆斯林联盟和国大党团结起来，并且由于他主动地迈出了第一步和提拉克的政治实用主义，二者于 1916 年在勒克瑙达成了共识。提拉克现在准备接受温和的国大党领袖保证的关于他们目标的构想，即"通过严格合乎宪法的方式"寻求"类似英帝国自治的成员们享有的印度的自治"。洛克曼亚(Lokamanya)毕竟在监禁流放中度过了六年时光；他比他的主要对手郭克雷和梅塔活得都长，而且他被成千上万的马哈拉施特拉人敬奉为神，认为他如果不是毗湿奴的化身，就是湿婆神的化身。他有能力实现未来的目标和承诺。他甚至愿意对穆斯林联盟的要求作出妥协，即所有邦和中央立法委员会的穆斯林代表的数目，在规定的"加权"比例上要高过他们总的人口比重，这是穆斯林联盟为将自己与国大党的民族主义自治目标联系起来而提出的要求之一。提拉克想要英国人离开，越早越好。就提拉克所关心的而言，无论什么方式都值得尝试。他没有郭克雷的道德或政治顾忌，也没有甘地对真理或非暴力的宗教和伦理关怀。

307 国大党-穆斯林联盟的勒克瑙协定

勒克瑙协定(Lucknow Pact)或国大党-穆斯林联盟改革方案(Congress-League Scheme of Reforms)号召在扩大的邦立法会和帝国立法委员会(Imperial Legislative Council)选举多数党。它要求"选举权要尽可能地宽泛"，而且为穆斯林成员所保留的指定邦的席位比例从旁遮普的 50%到马德拉斯的 15%。执行委员会(Executive Council)一半的委员都是由帝国立法委员会当选委员选出的印度人。国务秘书的委员会“应被取消”,而且印度事务部的开支应该由英国纳税人而不是印度纳税人支付。关于南非和加拿大的种族限制政策,协定宣布“印度人应被放在与国王陛下整个帝国其他臣民一样的地位和公民权利的基础上”。作为战争的结果而获得了重要性的最后一个要求是:军事与海军服役,“现役的和非现役军阶,都应向印度人开放,并且要为他们在印度的选拔、培训和教学保留足够的位置”。

在接替张伯伦担任印度的国务秘书后不久,蒙塔古就于1917年8月20日在议会宣布:“印度政府与其完全保持一致的国王政府的政策是,不断增强印度人与每一个管理部门的联系与自治机构的逐步发展,目的在于作为英帝国一个有机组成部分的负责任的印度政府的逐渐完善。”此时蒙塔古开始着手铺设自己通向印度的道路,他在第一次任国务秘书时就是这么做的。事实上,这是他在任副国务秘书时展开的第二次访问,第一次是在1913年。蒙塔古与印度的深厚个人关系和依恋(他自己怀疑)是他犹太血统的产物,这使他称自己为“一个东方人”。无论如何,他决心进行新的改革,这将成为“印度未来历史的关键”。不过,切姆斯福德勋爵(Lord Chelmsford)——自1916年继承哈丁勋爵成为总督——远没有他的前任自由,而且蒙塔古很快开始担心印度政府和议会允许的一切会是“一个琐碎、吝啬和勉强的保护措施,玩弄事物的现有秩序”[①]。蒙塔古在印度各处旅行,会见各个主要政治 308
领袖和官员们,并且发现真纳最“冠冕堂皇,用辩证法武装自己,并且坚持他的整个方案”。当切姆斯福德试图质疑真纳的立场时,后者自己就“紧张起来”。蒙塔古得出结论:正是“愤怒使这样一个人[真纳]没有机会管理他自己国家的事务”。他对甘地印象不深,觉得甘地“穿着像一个苦力,发誓放弃所有个人的晋升,实际上几乎不怎么吃东西,并且是一个纯粹的空想家。他并不了解方案的细节”。不

① 所有蒙塔古的言论都引自埃德温·蒙塔古(Edwin S. Montagu)的《一个印度人的日记》,由维尼夏·蒙塔古(Venetia Montagu)编辑,伦敦:威廉·海涅曼(William Heinemann)有限公司,1930年。

过，事实证明，正是蒙塔古不能理解的摩诃特玛政治上的“圣徒风格”在印度特别有效。

摩诃特玛·甘地的坚持真理修道院

蒙塔古与真纳和辛哈这些稳健的自由派人士一起像莫利一样不懈地工作，试图经过仔细斟酌制订出宪法方案，但在他们形成最后计划或真正实施时却被一套敌对的或至少是无情的官僚制所破坏，甘地则按他南非经验的步伐前进，在更为肥沃的家乡土地上继续实验和完善他的非暴力方法。他把基地建在古吉拉特的工业首府艾哈迈达巴德的郊区萨巴尔马蒂(Sabarmati)，称建立在那里的自足的农村社区为坚持真理修道院(Satyagraha Ashram)。很快，甘地响应来自一个被压迫的靛青农民的邀请，在勒克瑙国大党会议后访问比哈尔的昌巴朗(Champaran)，甘地由此发现了他的非暴力抵抗主义的新应用。他总是坐三等车厢旅行，穿着像最穷困的农民——或最神圣的圣人——摩诃特玛，在每一个停靠的站台都吸引人群和注意力，在他以前还从没有印度政治家这样接近印度大众，亲自拥抱贫穷和苦难，每日体验“最底层的”困苦，成为他们的导师，而不仅仅是另一位政治领袖。他具有潜在的个人魅力，因为在印度没有比一位宗教人物拥有更大的吸引力的了。

309 甘地在1917年赢得对昌巴朗靛青种植者的胜利为他带来印度农民保护者这样普遍的称誉。他的下一个坚持真理的斗争吸引他回到艾哈迈达巴德以帮助由他的朋友和恩人安巴拉尔·萨拉巴伊(Ambalal Sarabhai)所开办的织布厂中的被剥削者。饥荒最终在艾哈迈达巴德发生，萨拉巴伊慷慨地把他的家作为受害者的医院，但他拒绝满足为他的工人们提供更高的工资，以便帮助他们度过战争时期的通货膨胀的不合理的要求。甘地在印度实施他第一次的公开绝食之后，从中调停平息了罢工。作为罢工的结果，产生了艾哈迈达巴德纺织工协会(Ahmedabad Textile Labor Association)，到1925年它成为印度最重要的工会之一，有大约1.4万名会员。

卡斯图利巴伊·甘地和阿巴斯·蒂雅布吉。(由葛蒂图片社拍摄,保存于赫尔顿档案馆。)

甘地和凯达的帕特尔

艾哈迈达巴德的非暴力不合作运动一胜利,甘地就前往同在古吉拉特的凯达(Kheda),指挥农民反抗土地税的提高,因为这一地区普遍 310
的庄稼歉收增加了下一年饥荒的可能性。在强有力的凯达地主和贵族(sardar)瓦拉巴巴伊·帕特尔(Vallabhbhai Patel,1875－1950)领导下,大众被组织起来要求推迟收税,帕特尔后来成为国大党的“老板”和印度第一任副首相。这是第一次也是唯一一次甘地领导的不交税非暴力抵抗运动,不过,事实证明这次斗争在获得农民的支持方面是如此的有效,以至于英国人在对该年度这一地区的评估中在税额方面做了大幅度的削减。甘地的许多更为激烈的追随者后来劝他号召所有印度的农民停交土地税一年,作为使英国统治失灵的最快捷的方法,但他认识到:将如此革命的抗议方式普及化会对任何民族主义继承者的政府构成潜在的危险，因此他总是把它作为最后才借助的一个策略。

战争对印度的影响是普遍的，改变了它的经济平衡，产生了大量的新工业（包括塔塔位于比哈尔和奥里萨的贾姆谢德普尔[Jamshedpur]的大钢铁厂），也搅起了以前从未翻腾起来的政治变化的混水。新的抱负、新的自豪感被唤醒；新的支持者出现，与之相伴随的是对英帝国残存物的印度价值的新意识和急于摆脱帝国约束的情绪。因为在历史上第一次，大量的印度人前往西欧，在那里他们看到法国和英国的“农民”与印度人相比是如何生活的，并发现他们自己被社会平等对待，而不只是本国人或苦力。在战争期间有 100 多万印度人、非战斗人员和士兵被运送到海外。其中大多数都带着欧洲和非洲世界的陌生、可怕和精彩的故事而归国，他们的思想解放了，他们对他们孩子的设想和抱负——如果不是对他们自己的——不可逆转地改变了。安妮·贝桑特和提拉克在战争期间都创建了独立的地方自治联盟，普及自治的要求。甘地与他的非暴力不合作主义者一起进行“自治”的实验，他们勇敢到在坚持他们的个人尊严时足以面对可能的逮捕或死亡。摩诃特玛的领导能力动员了大众，以前除了提拉克没有领袖会接触他们，对印度教符号的采用也使人们对印度教文化的根源产生了兴趣，因此使印度多元的社会产生两极分化。希望将这种狭隘的宗教吸引力扩大，甘地在战
311 后把注意力集中到对流行的泛伊斯兰教哈里发(khilafat)运动的支持上，它是由肖卡特(Shaukat)与穆罕默德·阿里(Muhammad Ali)兄弟领导的。

蒙塔古的改革

1918 年回国之后，蒙塔古立即写出了他的“关于印度宪法改革的报告”，它体现了在地方政府层面上“尽可能”“对大众完全控制”的原则，而在邦层面上立即采取“一些责任措施”，旨在“条件允许的情况下的完全责任”。为实施后者的改革，一种新的被称做两头政治的方法被发明了，政府的几个邦机构“被转移到”由当选的立法委员会代表选出的部长那里，而其他的部门还“保留”官僚制。被保留的部门是资金最

摩诃特玛·甘地用纺车纺线。(由葛蒂图片社拍摄,保存在赫尔顿档案馆。)

雄厚、最强大的政府、财政、法律与秩序部门;不过,两头政治是朝向独 312
立迈出的一大步。这种行政权的转移并没有引入到中心,但帝国立法委员会会被“扩大并使其更具代表性”。

不过蒙塔古的改革原则很快被法官罗拉特(Justice Rowlatt)的委员会作出的严厉的、镇压性质的建议所替代,他被印度政府指定调查“煽动的阴谋”,以及根据1915年作为战争期间“紧急措施”而通过的保卫印度法案(Defence of India Act)这一军事“法律”的精神而进行和平时期立法的可能需要。罗拉特委员会建议延长保卫印度法案,并且引入一种更严厉的新闻出版法案(Press Act)作为印度后休战纪念日以后(post-Armistice Day)的“奖赏”。镇压性的罗拉特法案被印度的帝国立法委员会快速通过,但遭到当选印度委员的普遍反对,他们发现这些法案的通过比孟加拉的第一次分治还要伤自尊和让人愤怒。当“深肤色法案(Black Acts)”在1919年3月被通过时,真纳和其他几位同事辞去了他们的委员会席位。“在这个国家没有面临任何真正危险的时刻的情况下，正义的基本原则被取缔，而人民的宪法权利，”真纳在他致总督的信中写道，“被一帮既不对人民负责，也不接触真实的公众舆论的过于焦躁和不称职的官僚所侵犯”①。

战后的镇压

因此休战并没有给印度带来和平，而是持续镇压的刀剑，紧接着是近代史上最具灾难性的传染病。1918 至 1919 年流行病的爆发造成印度 1 200 万条生命的损失。甘地把这场决定性战争之后的悲剧视为不过是西方文明失败和英国统治无能的恰当的证据。他诅咒罗拉特法案为“统治肌体中痼疾”的“症候”。他号召所有的印度人民保
313 证“谦恭地拒绝遵守”这样“不公平的和破坏性的”法律，并把 1919 年 4 月的第一周公布为全国性的工作“暂停”日，作为发动全国非暴力抵制斗争的序幕。在旁遮普的阿姆利则城锡克教寺庙，摩诃特玛的号召被由基切鲁(Kitchlu)和萨蒂亚帕尔(Satyapal)博士组织的反对罗拉特法案的集会响应，在没有被代理地方长官(Deputy Commissioner)迈尔斯·欧文(Miles Irving)正式指控或起诉的情况下，他们两个在 1919 年 4 月 10 日被捕和“被驱逐”。他们的“罪名”是竟敢参加政治活动。对阿姆利则最受欢迎领袖的逮捕激怒了他们的追随者，人们从旧城向行政官营地的平房游行。军队开火阻止，杀死了几个请愿者并把人群转变为热衷于恐怖的暴民，他们继续点燃英国的银行并攻击英国的男子和妇女。戴尔准将(Brigadier R. E. H. Dyer)被召来恢复“秩序”。

伽利安瓦拉庄园的屠杀

戴尔将军禁止任何形式的集会，直到 4 月 13 日并没有进一步的

---

① 真纳于 1919 年 3 月 28 日致切姆斯福德，被斯坦利·沃尔波特的《巴基斯坦的真纳》所引用，纽约：牛津大学出版社，1989 年，第 62 页。

“骚乱”发生；当听说那天下午在伽利安瓦拉庄园(Jallianwala Bagh)要举行一个集会时，戴尔带领他的廓尔喀和俾路支步枪手穿过狭窄的通道到达被墙围起来的场地，在没有警告的情况下命令开火。那天正是星期天，大约有1万名男人、女人和孩子，他们大多数是来自邻近村庄的农民，来到庄园(bagh)庆祝印度历2月洒红节(Baisakhi)春节。戴尔的士兵射击了10分钟，以直线瞄准距离对手无寸铁而陷入困境的群众实弹倾泻1 650发。约有400名印度人死去，1 200名受伤，当准将和他的军队在太阳落山从庄园撤出时，它已经变成一个民族的墓地。

当旁遮普的总督迈克尔·奥德怀尔爵士(Sir Michael O'Dwyer)听说“这一事件”时，他表达了完全赞同的意见，两天后他对整个旁遮普实施了戒严令。切姆斯福德起初也赞同，但当他听说悲剧的细节时(由亨特勋爵[Lord Hunter]的议会调查委员会[Parliamentary Commission of Inquiry]将真相公之于众)，他把戴尔的行动定性为“判断错误”。疯狂的准将辩护说他之所以这么做是因为“从军事的观点来看，我的职责就是以最少量的开火产生必要的道德和普遍的效果，不仅是对在场的 314
人们，特别是对整个旁遮普的人们”。道德效果事实上是很广泛的。在这一年内，所有逐渐听说伽利安瓦拉庄园屠杀和战后英国官员制造的恐怖的印度人，大都反对“文明同盟”的“普鲁士屠夫”。在蒙塔古的坚持之下，戴尔被解除了指挥权，但对英国保守党来说他是归国的英雄，他们为他募集了几千镑的英国货币并给他一柄嵌以宝石的剑，题赠给“旁遮普的拯救者”。在旁遮普实施戒严令的几个月里，政府官员以“保卫这一地区”为借口实施各种官方的暴行，包括鞭打印度人并强迫他们爬行。

“旁遮普政府为平息一些地方骚乱而采取的暴力措施让人震惊，向我们揭示了我们这些印度的英国臣民的无助，”罗宾德拉纳特·泰戈尔在1919年5月30日向总督如此写道，“在人民心中激起了普遍愤慨的痛苦被我们的统治者忽视了——他们可能正在为传授想象为有益的教训而祝贺他们自己呢……在耻辱的情况下还在不协调地闪光的荣誉证章使他们蒙羞的时刻会到来的”[①]。泰戈尔因此放弃了在他于1913年获得诺贝尔文学奖之后要授予他的爵士身份。

几百万不那么有名的印度人此时都从英国统治的忠诚支持者转变为民族主义者，他们不再满足于听从它的指令或相信它的官员们的“公平游戏”。印度第一任首相之父、英迪拉·甘地(Indira Gandhi)的祖父摩提拉尔·尼赫鲁(Motilal Nehru)在1919年12月主持阿姆利则议会时，告诉它的8000名代表和约3万名访问者“如果我们的生命和荣誉一直任由不负责任的执行者和军队摆布的话，如果拒绝给予我们人的普通权利的话，那么一切关于改革的言论都是嘲弄”。就在几天前，国王通过皇家文告批准了蒙塔古-切姆斯福德改革，国王陛下宣称它开创了“一个新时代”。但如果战争提出太多太高的希望的话，其后果是它们被残忍地压碎。到1919年，印度的后维多利亚自由合作和爱德华式的礼貌时代永远结束了。

① 泰戈尔的信，收入滕杜尔卡(D. G. Tendulkar)的《摩诃特玛》一书，新德里：印度政府出版部，1960年，第1卷，第263页。

第二十一章　走向独立(1920－1939)

第一次世界大战的余波给印度带来了普遍的幻灭,以至于国大党 315
放弃了它与英国统治者合作的政策,转而响应甘地的非暴力不合作的革命呼唤。1920 年 8 月 1 日提拉克去世的这一天,甘地发起了他的第一次全国性的非暴力不合作斗争。基于在农民和城市工人中赢得的广泛的基础,富裕的古吉拉特零售商(Banias)、耆那教徒、孟买的帕西人以及加尔各答的马尔瓦人(Marwaris)的有利支持,甘地现在是国大党毫无争议的领袖,其地位高于孟加拉的吉德伦金·达斯(Chittaranjan Das,1870－1925)和北方邦的摩提拉尔·尼赫鲁(1861－1931)。而且,通过拥护奥斯曼哈里发(khalifah)的事业(他的帝国被胜利的同盟国瓜分),甘地赢得了大量的穆斯林追随者。他因此成为第一位印度民族主义者,不仅吸引了城市外壳下受过英语教育的印度精英,而且成为缩短社区距离的桥梁。尽管哈里发运动随着阿塔提尔克(Ataturk)废除自己的哈里发职位而在 1924 年夭折,仍然在印度内部消除了泛伊斯兰教的大患,否则此后将是糟糕的 10 年社区骚乱,甘地利用运动的革命性影响把他的第一次非暴力不合作运动推向了高潮。在 1920 至 1939 年这 20 年,在甘地的领导之下,国大党将自身从一个精英的、温和的俱乐部转变为一个群众性的民族政党,代表了所有印度主要地区和利益集团,在其革命性的不合作斗争中调动了几百万人。这些年也

是加速城市化和经济衰退时期，农产品价格暴跌迫使几百万被边缘化
316 的农民涌入城市失业者的行列。英国统治者试图用大量的宪法建议和改革来加强已破碎的权力基础，并且在第二次世界大战爆发之前，诱使国大党支持它在 1937 至 1939 年实施的短暂的“负责任的邦统治”。不过，这一中间事件只是加剧了印度教徒与穆斯林之间的冲突，而且它将证明穆斯林联盟的分离主义比国大党的民族主义更有用。

甘地发动非暴力不合作运动

作为一位真正的圣雄(Mahatma)，甘地试图用他自我控制、禁戒、受苦和冥想的瑜伽力量与世界上最大帝国的可怕力量作斗争。尽管测试了奥义书中梵我合一(tat tvam asi)的公式，他还是以时间中宇宙平衡的大我(atman)与统治者的梵(Brahman)抗衡，提醒他的追随者“遭受的苦难越纯粹，进步就越大。因此耶稣的牺牲足以拯救一个悲伤的世界……如果印度希望看到上帝的国而不是围绕欧洲的撒旦的国在她的土地上建立，那么我将劝说她的儿女们……要理解我们必须经受苦难”。甘地是一位“实际的理想主义者”，足以知道非暴力不合作运动将是印度与大不列颠经过战争强化的机器展开民族主义斗争的唯一有效的工具。而且在伽利安瓦拉庄园屠杀之后，强调非暴力(ahimsa)作为他斗争方式的核心是他精明的生存策略，就像它是他政治宗教的圣洁的核心一样。但对于极少数的恐怖主义者来说，毕竟印度是完全没有防备的。当然对于甘地来说，非暴力不只是一种消极的力量。它的积极方面是爱，而且用爱的力量，他劝他的非暴力不合作主义者去“转化”他们的敌人，去赢得那些选择“强力”而不是“灵魂的力量”来解决冲突的人的心。

不过，直到非暴力能够发挥其神奇力量之时，可以采用多种抵制措施以把英国政府的车轮给停顿下来。不仅进口的英国棉布和其他工业品，而且英国的学校和学院、法庭、委员会、头衔和荣誉，甚至可能还有税收要求都被归入 1919 年在加尔各答国大党特别会议上通过的一揽子抵制决议中。为了填补在如此全面的抵制运动中留下的经济与机构

真空,印度人自然不得不更多地依赖他们自己,他们自己的手工艺品和 317
抵制英货运动的棉布,他们自己的民族学校和公共组织,他们自己的主管部门。甘地的革命性决议压倒了像真纳和达斯这样更保守的领袖,他们未能获得甘地现在控制的半数选票。有大约 5 000 名代表和 1.5 万名观察者,加尔各答国大党成为近代印度历史上最大的大众论坛,并且随着甘地上升到领导位置,它标志着政治支持者发生了重大转变,因为支付了进入国大党帐篷象征性入场券的人们被允许投票,而特别的哈里发火车把成千的穆斯林工人运来支持甘地的任何提议。由真纳和达斯代表的中上层精英阶级由此被众多的农民和工人(其中大多数不能用英语、甚至任何印度语言读或写)的票数胜过,他们的叫喊声也没有后者响亮。农民和工人集合在甘地的后面,不仅仅是因为他们听说的他那“神奇的”力量,更是由于他含蓄的外表和农民式的纯朴态度以及他革命运动的力量。对于印度教徒来说,甘地作为梵语文化的美德和理想的化身足以使他成为圣雄;对于穆斯林来说,他激烈捍卫他们的哈里发足以使他成为他们的朋友。而且对于在安拉阿巴德的奢侈生活中长大,在英国(哈罗[Harrow]公学和剑桥大学三一学院)接受教育的人,像贾瓦哈拉尔·尼赫鲁(Jawaharlal Nehru,1889－1964)来说,甘地是印度母亲(Bharat Mata,女神)的化身,是集传统的导师与革命英雄于一身的独特的人。

1920 年 12 月,国大党正常的年会在那格普尔举行。甘地和他的不合作运动得到前往那格普尔参加会议的 1.4 万名代表热烈的支持,以至于真纳想要警告非暴力不合作运动都未成功,他被叫喊声淹没了,于是厌恶地退出了国大党。这时甘地起草了新的国大党章程(Constitution),它的第一条在后来即为它的信条:“印度人民通过一切合法与和平的手段获得自治。”政党机器沿着甘地在南非斗争中发现的能够获得民众支持的集中民主路线彻底重组,乡村国大党委员会选举小区委员会的代表,小区委员会再派出区委员会的代表,再到邦,最后到国大党的全印
中央委员会(All-India Central Committee of Congress),从它的 350 名 318
委员选出 15 名工作委员会(Working Committee)委员,作为党的行政

机关。这次重组使甘地追随者的新选区得以合法化，并且保证国大党继续得到一般民众的全国性支持。国大党对它的英国委员会(British Committee)的支持现在被中止了，因而最终切断了依赖伦敦的生命线。甘地的党章的革命性影响与他的运动一样重要。摩诃特玛向他的追随者承诺一年内、即到 1921 年 12 月 31 日，印度将获得自治。甘地把自治定义为“在没有英国人在场的情况下我们能够保持我们独立的存在”，或者换言之，“摆脱我们的无助状态”。印度是寓言中养在羊群中的老虎，而这是它认出自己的“吼叫”，提醒这只非暴力的老虎它的天然身份。

苏巴斯・钱德拉・鲍斯

孟加拉的年轻人像苏巴斯・钱德拉・鲍斯(Subhas Chandra Bose,1879 — 1945)，因甘地的革命号召而如此激动，以至于他们放弃了让人垂涎的印度文职公务员系统中可能的前程而全身心投入民族斗争。不过鲍斯自己很快就对一年内获得自治的甘地计划的含糊性感到失望，并且他也不能认同圣雄对暴力宗教般的憎恶。他的第一个理想是军事方面的而不是作为文职人员，但身为一位高种姓的孟加拉人(Kayastha，卡亚斯塔，录事与文书种姓)，鲍斯没有资格为英国的“军事种姓”服役(不过，在第二次世界大战期间，他率领一支自己的军队与英帝国作战)。1921 年，他返回加尔各答，成为达斯(C. R. Das)的学生，很快就与贾瓦哈拉尔・尼赫鲁共同成为印度青年和农民协会(kisan sabhas)以及几个劳动组织的民族主义领袖。这些新的政治性组织最初从大学、学院和高中学生以及农民和工人中开始，扩大印度民众意识的基础，反映了第一次世界大战后不断加快的城市化和现代化步伐。仅 1920 年的前半年，在印度就爆发了约 200 次罢工，影响了 100 多万的工人。1920 年 10 月，在拉拉・拉其普特・拉伊的领导下，全印工会联盟(All-India Trade Union Congress)成立并在孟买举行了第一次全
319 国大会。到 1929 年，在全印有 100 多个工会联盟，几乎有 25 万人是交会费的会员。学生们开始认识到农民的不识字和贫穷，而为了抵制英

国的学校和班级,许多家境好的、在城市长大的年轻印度人第一次冒险到农村去,不仅为了更多地了解乡村生活及其价值,也是试图帮助村民提高他们的生活水平或组织农民协会。

共产主义对印度的影响

国大党在这次扩大政治意识的运动中并不是孤立的。此时印度共产党在共产国际(Comintern)和它在孟加拉的印度代理人马纳本德拉·纳特·罗易(Manabendra Nath Roy,1886－1954)的领导下产生。布尔什维克的革命和列宁的革命活动对印度产生了影响,许多印度人发现阶级斗争的方式和暴力革命的前景比甘地的非暴力变革的方式更有吸引力。1920年,马哈拉施特拉的婆罗门、共产党领袖室利帕特·阿姆里特·丹吉(Shripat Amrit Dange,生于1899年)出版了他的小册子《甘地与列宁》,其中他争辩道后者是被压迫人类的更伟大的领袖和真正的革命者。不过,可能由于甘地领导的革命的独特形式,或是印度人民根深蒂固的宗教情怀,共产主义并没有对印度的国大党提出多大挑战。另一方面,哈里发运动继续吸引大多数年轻的穆斯林,包括毛拉纳·阿卜尔·卡拉姆·阿扎德(Maulana Abul Kalam Azad,1887－1985),一位德里的艾利姆(Alim,穆斯林学者),他在第二次世界大战期间成为国大党主席和独立后印度的教育部部长。由哈里发运动领袖组织的"飞行(hijrat)"吸引成千的印度穆斯林飞越开伯尔和波伦山口移民到阿富汗,作为他们长途跋涉到君士坦丁堡(Sublime Porte)和到麦加的第一步,但阿富汗人几乎不愿意接受对其领土的"入侵",他们不是张开双臂欢迎他们的穆斯林兄弟,而是在没有足够食物或资金的情况下把这些人送回印度。这些沮丧和筋疲力尽的穆斯林回到自己的村庄,发现他们的土地和房屋已经被印度教徒邻居给占了,不成功的离去以死亡或激烈的社区冲突而终结。

不合作运动在1921年又聚集起力量,而英国试图通过安排威尔士 320
王子(Prince of Wales)在11月的访问而抢先一步,但事与愿违,欢迎的海盗旗和对皇帝的抵制不祥地证明了印度人对统治者的疏远和敌意之深。在王子访问前夕政府迅速而激烈地对抗议进行了镇压,该年底约有 2 万人入狱;不过,抵制没有被粉碎,这种策略只能招致更大的不满。甘地没有入狱,但他迅速失去了对运动的控制,几百万的追随者几乎与他们的圣雄一样,都遵守纪律或信奉非暴力。在马拉巴尔,穆斯林毛拉(Moplahs) 宣布于 1921 年 8 月开始圣战,显然是为了确立他们自己的哈里发,杀死他们发现的欧洲人和富裕的印度教徒,并且强迫印度教农民和劳工改信伊斯兰教。这些流血的暴乱在此后几年里一直断断续续地困扰着马拉巴尔海岸。印度教大斋会(Mahasabha)是由潘迪特・马丹・摩罕・马拉维亚(Pandit Madan Mohan Malaviya)于 1914 年在赫尔德瓦尔建立的一个公社党,作为穆斯林分离主义者要求的见证,它在这一时期更加活跃并加入了圣社反对穆斯林"再改宗"和"净化(shuddhi)"的斗争,这一斗争最初在旁遮普,后来扩大到恒河平原、德干和印度其他地区。通过强迫穆斯林完全浸入河中或水箱中以"洗去他们的污染",印度教徒们挑起了社区骚乱,而且对甘地的斗争和国大党的事业来说,如此必需却又总是不稳定的印度教徒与穆斯林的统一,又进一步受到侵蚀。

当镇压达到顶峰时,甘地把自治定义为"丢掉对死亡的恐惧"来安慰他的追随者。不过,尼赫鲁回忆甘地"忘掉恐惧"的咒语是圣雄最重要的信息,不足以抑制许多印度人的激情和暴力倾向,而且当 1921 年进入历史时自治尚未到来,那些相信甘地承诺的最后期限的人普遍感到幻灭。"民众的文明不服从就像是一次地震,"甘地在接近 1921 年年末时告诉国大党,"民众的文明不服从一开始,现存政府就失灵……警察局、法庭、办公室等,都不再是政府的财产并且都将为人民所接管"。
321 在孟买出现暴力骚乱不久,印度教徒和穆斯林首先团结起来攻击城里的帕西人、基督教徒和犹太人。1922 年 1 月,甘地准备在全体民众的文明不服从斗争(包括"不交税")中领导总人口只有 8.7 万人的古吉拉特巴尔多利(Bardoli)小区。巴尔多利因而被选为将被带到自治乐土的印度的第一个地区。在发动斗争之前,圣雄向新任总督鲁弗斯・艾萨克斯(Rurus Isaacs)、瑞丁勋爵(Lord Reading,1860 — 1935;1921 至

1926 年为总督)提出最后的请求,“释放所有不合作运动的囚犯”并“以简洁的语言”宣布“一项绝对不干扰国内的所有非暴力活动的政策”。政府拒绝了他的要求,而甘地坦然自若地在巴尔多利领导他的最激进的斗争。关于暴民牺牲和 22 位印度警官在位于北方邦乔里·乔拉(Chauri Chaura)的警察总部被谋杀的传言被新闻机构传遍了整个印度。

暴力迫使甘地停止了非暴力不合作运动

甘地立即撤回斋戒并考虑这个可怕的消息,他在几天后宣称“上帝第三次警告我:在印度还没有出现证明民众不服从运动合理的非暴力和诚实的气氛,它可以被完全描述为文明的,意味着文雅、诚实、谦逊、会意,率性但有爱心,从来不违法和憎恨”。在战斗前夕,这位“将军”撤走了他的军队。在监牢里,几千个年轻的印度爱国者对甘地惊人的决定表示惊愕。圣雄现在从政治鼓动转向他所说的一个“建设性项目”,强调手工纺纱和织棉布(khadi)以及村庄的社会福利工作(卫生和教育)。他希望通过这些方法为印度大众真正的非暴力不合作运动要求的自治做好准备。甘地对发现印度一夜之间获得“解放”的前景感到恐怖,既没有英国军队,也没有警察帮助国大党维持秩序和防止大规模谋杀。不到一个月,甘地在他的修道院被捕,以在印度“鼓动对依据法律建立的政府的不满”的罪名被起诉。甘地服罪并被判处六年监禁。不过,两年后,他因为阑尾炎手术被释放,但直到 1929 年他才继续其积极 322
的政治鼓动。

印度法案改革的新政府

当甘地困在监狱中时,国大党的领导权落入达斯与摩提拉尔·尼赫鲁手中,他们都赞成利用新政府的印度法案(India Act,1921 年)。这一法案把中央立法委员会转变为两院制的议会,由 140 名帝国下院(Imperial Legislative Assembly)议员构成,其中 100 名是选出的;而国务会议(Council of State)有 60 名成员,其中 40 名是选出的。大约 500

万拥有土地的、纳税的和接受过教育的印度人在这个法案中被给予选举代表的权力以扩大邦议会,而有 100 万人能够选举下院的候选人,1.7万人可以选举更加排外的国务会议的成员。总督的执行委员会现在拥有至少三名印度委员,而各邦都设有几位负责任的部长来主持“转移的”部门,如教育、公共健康、公共工程和农业。而且,在所有扩大了的邦立法委员会中,至少 70%的成员都不是官方推选的。通过代表选举国务会议和来自内阁的斗争使政府机器陷入瘫痪,达斯和尼赫鲁认为国大党应该朝着它的自治目标更加勇猛地前进。1923 年,这些印度独立运动者(swarajists)赢得了大多数印度政治行动主义者对他们“在议会内部的不合作运动”政策的支持。不过,由马德拉斯的查克拉瓦蒂·拉贾戈帕拉查里(Chakravarti Rajagopalachari,1879 — 1972,被称为 C. R.)和比哈尔的拉金德拉·普拉萨德(Rajendra Prasad,1884 — 1963)领导的圣雄的坚定的同事们坚持甘地政策的连续性,“不要有变化”,他们巡回整个次大陆以鼓励手工纺织和甘地建设性项目的其他方面。

在印度唯一的犹太总督瑞丁勋爵的英明领导下,政府试图通过同意国大党自它成立就一直要求的许多自由改革来赢得中产阶级印度人的支持。1923 年,印度文职公务员系统的考试第一次在新德里和伦敦同时举行,而且印度人被允许参加军官训练。印度的财政自主也在这
323 一年确立,在新德里建立了一个关税委员会(Tariff Board),在两年内他们要彻底放弃棉花税。不过,为了弥补棉花税上的损失,瑞丁的政府把盐税翻番,它沉重地压在那些至少能够承受任何附加财政负担的人,以及每天在烈日下工作而流汗因此需要盐补充的最贫穷的农民和无地的劳工身上。1930 年,这种增加的盐税成为重振甘地非暴力不合作运动的有力呐喊。1913 至 1924 年选举期间印度独立运动者争夺议会席位,他们在中央议会获得多数,并且在孟加拉和孟买获得避免政府建立这两个关键的邦的部门的足够权力,他们还抗议税收的“痛苦的负担”。他们还控制了印度主要的市政府:达斯成为加尔各答的市长,而贾瓦哈拉尔·尼赫鲁则成为安拉阿巴德的市长。不过在 1925 年达斯去世

之后，党失去了它最有力的领导，而以苏巴斯·鲍斯为导师的摩提拉尔·尼赫鲁自己又不能有效地引导和协调政府的内部阻力，事实上许多印度独立运动者都成了官场的合作者，而另一些人则掉头寻求圣雄的指导。

印度教徒与穆斯林骚乱的加剧

1924 年哈里发运动瓦解之后，成百万的生活在印度的穆斯林没有了理想，为他们现在“群龙无首”的状态而沮丧，转过来攻击他们的印度教徒邻居。在印度的几个邦，当地的“哈里发”领导激烈的群体开展圣战以“拯救”伊斯兰教。正统的印度教大斋会和圣社反应都比较友善，而当社区骚乱波及整个次大陆时，英国人保持一种拒绝介入的姿态。在这一时期，印度教徒与穆斯林冲突不断加剧既有经济上的原因，也有宗教的原因。在旁遮普和孟加拉，大多数穆斯林都是比较贫穷的农民或无地的劳工；印度教徒一般都是大地主和放债者。古吉拉特与马哈拉施特拉也是如此。穆斯林联盟对穆斯林少数民族疲惫不堪的状态很绝望，而 1924 年联盟主席真纳领导的印度民族主义政治活动，总的来说是要求恢复勒克瑙协定的精神。到现在完全从他的手术中恢复过来的甘地，把印度教徒与穆斯林的团结说成是“我们生命的呼吸”，悲叹所有的社区冲突与暴力。但勒克瑙协定与第一次世界大战一样，只是产 324
生它的过去时代的一部分。甘地的主要精力、时间和关注都继续投入到与村民一起的工作中了，而且他的方案倾向于与实践性、可操作性保持紧密联系，而不是集中在他不想加入的议会的权力分配的规则上。自 1920 年在那格普尔甘地与真纳发现他们两个不能相容、不能和解以来一直是这种状态。

根据甘地的提议，国大党在 1925 年将其每年的党费从四安纳提高到每月 2 000 码手工织纱。这是尼赫鲁们都不能支付的党费，但任何一位党员都能“由他人为他纺”来填补他的党费漏洞。圣雄相信每日的手工纺织能使印度领导人与农民生活更亲密地接触，从而在从来没有做过一天工的印度知识分子的脑海中提高劳动的尊严。当成为国大党象征的纺轮(charka)的“音乐”响彻整个大陆时,甘地常常评论,它会成为印度的“自由之歌”。甘地在整个国家旅行,每天接触那些不可接触者(他称之为“神的孩子”[harijans])和其他农民,并且从这一时期开始致力于解决他们的困境,唤醒高种姓的印度教徒对印度最古老、最明目张胆的歧视形式的关心和认识。

“不可接触者”博士

杰出的马哈拉施特拉的马哈尔人(Mahars)不可接触者的领袖比姆拉奥·拉姆吉·安贝卡博士(Dr. Bhimrao Ramji Ambedkar,1891—1956)刚从海外(他在伦敦学习法律并在哥伦比亚大学被授予博士学位)回来以帮助建立德干的被压迫阶级学院(Depressed Classes Institute)。由于安贝德卡的个人榜样、组织才能和不知疲倦的工作,不可接触者开始发展出一种带有政治意识的现代主义精神。在特拉凡哥尔(Travancore)的南印度邦,婆罗门的正统派对不可接触者的排斥是最为严厉的,迫使“贱民”社区的成员带着铃,就像牛一样,在他们走近时以提醒高种姓的印度教徒(如果一位婆罗门允许一位贱民的甚至
325 只是影子落在他身上,据说他也会被“污染”的)。甘地于1925年3月到达那里一年多之后,允许不可接触者走在维科姆(Vykom)寺庙前面的大路上的一次非暴力不合作斗争是一种进步。特拉凡哥尔的君王站在他的婆罗门臣民一边,并且让警方设置路障以监视寺庙附近的公共道路。甘地认为,维科姆斗争简直让“印度教摆脱了它最大的污点”,因为在把约5 000万印度人归类为“不可接触者”时,上层阶级的印度教徒判定他们低于人类的生活状态。甘地用了几个月的时间与特拉凡哥尔政府密集协商,只是为了说服他们向每个人打开一座寺庙三边的道路,他显现的道德力量和这个问题现在引起的全国公众的注意产生了广泛的影响。在10年之内,印度教寺庙打开了大门和围墙外面面向“神的孩子们”的道路,甘地把其中几位带入自己的修道院,因为只要“不可接触者的诅咒”继续“损毁印度教”,圣雄宣称,那里就不会有真正的自治。

1925 年,英国保守党的胜利把斯坦利·鲍尔温(Stanley Baldwin)带进了唐宁街,并且把查理·伍德爵士(Sir Charles Wood)的孙子爱德华·伍德(Edward Wood)带到了印度,后者在 1926 至 1931 年成为总督欧文勋爵(Lord Irwin)。欧文是一位虔诚的基督徒,尽管来自帝国战场相对立的阵营,他与圣雄共同拥有救世主使命的意识。新总督一到达印度,社区骚乱就震动了加尔各答,基本上从 4 月到 5 月六周的时间就使这个城市陷入瘫痪。在暴乱被平息前,超过 100 人死亡,1 000 多人受伤。加尔各答主要的穆斯林政治家包括:前总督的执行委员会的司法与监狱部长阿卜杜尔·拉希姆爵士(Sir Abdur Rahim),及他的女婿加尔各答的副市长侯赛因·沙希德·苏拉瓦底(Huseyn Shaheed Suhrawardy,1893－1963)。苏拉瓦底后来成为巴基斯坦的首相,并且他在仅仅 20 年之后加尔各答的"大屠杀"期间成为孟加拉穆斯林联盟的首相。孟加拉最受欢迎、最持久的政治领袖之一是律帅、教师阿卜尔·卡塞姆·法兹勒·哈克(Abul Kasem Fazlul Huq,1873－1962),他既担任过联盟的主席,也在 1918 年担任过邦国大党的秘书长。哈克在 1929 年组织了工农党(Krishak Praja),并且在 1937 至 1943 年间成为孟加拉第一位本土的总理。因此,几乎在同一时期政治的两极分化和印度教徒与穆斯林的冲突都达到新的顶点。

1927 年,英国政府任命了由约翰·西蒙爵士(Sir John Simon)领 326
导的七人组成的印度法律委员会(Indian Statutory Commission),以系统地阐述印度宪法改革的"下一阶段"。事实是:印度教徒、穆斯林、锡克教徒或帕西人都没有被请求作为加大全印政治压力的议会委员会(Parliamentary Commission)的成员,因此当西蒙和包括他的年轻的工党人士克莱蒙特·艾德礼(Labor M. P. Clement Attlee)团队于 1928 年初到达印度的时候,迎接他们的是海盗旗和"西蒙,滚回去!"的喊声。国大党决心把抵制委员会作为"印度唯一自重的路线"并领导了大众反对西蒙和要求立即自治的游行。无论西蒙去哪里——孟买、德里、加尔各答、勒克瑙、拉合尔、巴特那或马德拉斯——都是同样的民众游行的混乱情景,以及警察排成一队与叫喊的民众对峙的场景。国大党现在采取了主动,并且在摩提拉尔·尼赫鲁的主持下召集了一次所有政党会议(All-Parties Conference)以起草能为印度人接受的宪法。

摩提拉尔·尼赫鲁的"宪法"

尼赫鲁委员会提出了"印度联邦"的概念,所有权力都"来自人民",并且在保留在帝国内的其他领土上也享有一切自由。这是一种英国议会和美国国会的混合形式,并没有为任何少数民族提供特别的条款。穆斯林要求为他们在中央立法机构保留不少于三分之一席位,但遭到拒绝。与早期国大党的提议一致,有人提议探讨"在语言的基础上",重新划分邦的界线的可能。在寻求解决他们不同的政治要求时,国大党和联盟只会渐行渐远,到 1928 年 12 月,真纳警告所有政党会议:对于印度穆斯林来说,通向更伟大的宪政"安全"的另一种选择是"革命和内战"。印度教大斋会向真纳"为穆斯林讲话"的凭证提出挑战,向即将成为巴基斯坦奠基者的他作出反应:"你想还是不想让穆斯林的印度与你同行?……如果你今天没有解决这一问题,我们将明天解决。"尼赫鲁
327 和大多数人坚持事实上不存在"穆斯林问题"。当真纳走出加尔各答的所有政党会议时,他直接去德里加入了由阿加汗召集的全印穆斯林会议(All-India Muslim Conference)。这一穆斯林会议重申对独立穆斯林选区的完全一致的承诺,决心"决不"同意加入未来任何宪法方案的选区。从勒克瑙协定产生的印度教徒与穆斯林的团结再也没有恢复。

1928 年 12 月,在加尔各答还举行了第一次全印工农党会议(All-India Workers and Peasants Party Conference),此时印度共产党(Communist Party of India, CPI)也开始复兴。共产党的力量在全印工会联合会(All-India Trade Union Council)上也得到充分的展现,而该党的新的中央主管希望统一它所有战线的收获,利用印度越来越激烈的动荡和失业作为跳板以获取更大的政治权力。不过,在党把它的计划付诸实施之前,政府逮捕了 31 名"反叛者",他们在 1929 年 3 月 20 日被押解到密拉特并以"阴谋推翻国王主权"的罪名被起诉。密拉

英迪拉·尼赫鲁(甘地)和她的父亲贾瓦哈拉尔·尼赫鲁,印度国大党主席。孟买,1937 年。(由葛蒂图片社拍摄,保存在赫尔顿档案馆。)

特密谋的无陪审团审判被推迟了四年多,在此期间被告都被囚禁起来, 328
到 1933 年底由于缺少证据而被释放。被广为宣传的密拉特案使其“反叛者”成为牺牲品,贾瓦哈拉尔·尼赫鲁为他们的案件进行了辩护,而紧跟着他们的释放是共产党党员及其在次大陆影响的迅速增加。尼赫鲁与大多数年轻的印度知识分子,把审判看做由政府发起的“反对工人运动”的“攻势的一个阶段”。他和鲍斯在 1928 年组织了一个印度社会主义独立联盟(Socialist Independence for India League),要求从英帝国“彻底独立”,与甘地和摩提拉尔及国大党老一代主要领袖们进行竞争,他们都满足于在帝国内自治这一国家目标。不过,到 1929 年年中,甘地的政治敏感足以让他认识到:尽管如果他希望的话,这一年他会拥有被选为国大党主席的选票,但贾瓦哈拉尔在青年、工人和其他左翼团体中非常受欢迎,以至于他被选为民族主义运动的领袖将有助于掌握那些当时社会重要和有力的趋势。苏巴斯·鲍斯在 1929 年主持从孟加拉到旁遮普的学生和青年会议时同样很积极，但鲍斯和甘地的看法从来都不完全一致，而且贾瓦哈拉尔、摩提拉尔的儿子，解释他在 40 岁作为国大党最年轻的领袖上升为国家的领导并不是一个无关紧要的考虑。

贾瓦哈拉尔·尼赫鲁的备受欢迎

不过，比贾瓦哈拉尔的家世更重要的是他的个人魅力，这是他出众的智力、吸引人的外表、充沛的精力、人的感性和魅力混和的一种复杂的产物。他具有贵族天生的对权力及其些微的额外补贴的冷漠，这使他立刻成为印度青年的英雄和老一代可以信任的代言人，与其说他们对他的激进主义反感，不如说他们被他的温文尔雅而吸引并感到安心。他几乎是完美的以至于不太真实，印度传说中英雄的混合物，阿育王和阿克巴的化身，他的英俊不亚于其勇猛，他的富有不亚于他对财富的自
329 我奉献，确实注定他要带领自己民族为自由而斗争。瓦拉巴巴伊·帕特尔比尼赫鲁拥有更强大的各邦国大党的支持，但尼赫鲁是甘地的选择。印度独立运动党领导的事件已经结束，因为在像圣雄预料的加快终结英国统治方面，议会的道路被证明是无效的。

英国统治者的镇压力量像以前一样强大。印度的贫穷一直在扩大，而印度的资源一直被吸走以支付英国士兵和他们国内的开支。不过，正当保守党的力量在伦敦牢固地确立时，英国选举使工党的首相拉姆齐·麦克唐纳(Ramsay MacDonald)的联合内阁掌权，而欧文被他的新国务秘书威廉·韦奇伍德·本(William Wedgewood Benn)和内阁召回面授机宜。总督在 1929 年 10 月回到印度报告：英国政府认识到需要在提交给议会之前对宪法改革的“最后提案”“寻求最大可能的同意”，这表明印度人的舆论在由西蒙的委员会开始的过程中起到了相当重要的作用。1917 年 8 月的蒙塔古宣言现在得到重申，而它的“性质”第一次正式得到明确，是“领土地位的所得”。国大党的工作委员会欢迎这一宣言和承诺，但要求政府通过怀柔和仁慈，包括大赦一切政治犯来证明其真诚。欧文几乎没有为如此激烈的行为做好准备，而印度人的挫折导致了进一步的恐怖爆炸。距新德里 1 公里的总督火车被一颗

炸弹袭击,差点击中他的车厢。

“彻底独立”的要求

1929 年 12 月,在贾瓦哈拉尔·尼赫鲁的主持下国大党在拉合尔举行会议,把彻底独立(purna svaraj)的战斗口号提升为印度新的政治要求。“独立对我们而言,意味着从英国统治和英国帝国主义中彻底获得自由”,贾瓦哈拉尔这样声明。在 20 世纪 20 年代接近尾声之时,印度的三色旗在震耳欲聋的“革命万岁(Inquilab zindabad!)”的叫喊声中 330
展开。1930 年 1 月 26 日被宣布为独立日,并且在印度,人们如此庆祝:几百万的民族主义者朗诵这样的誓言,“我们相信:拥有自由,享受辛苦劳动的果实,并且拥有生活必需品以便拥有成长的充足的机会,这是印度人民,如任何其他人民一样,不可剥夺的权利。我们还相信如果任何政府剥夺了人民的这些权利并且压迫他们,人民拥有改变它或取缔它的进一步的权利。在印度的英国政府不仅剥夺了印度人民的自由,而且把它建立在对民众的剥削之上,从经济上、政治上、文化上和精神上使印度崩溃”。莫逖拉尔·尼赫鲁(Motilal Nehru)辞去了他在议会中的职位,并号召所有的印度议员都这么做。一个民族泰然自若地屹立在第二次伟大的非暴力不合作运动的边缘。

盐税是甘地认为能够调动民众支持的问题。盐不仅是每个印度人都需要的一种商品,而且它的生产一直由官方重税垄断,任何其他人生产或销售盐都是非法的。如果一位生活在海边的农民胆敢捡起并使用自然盐,他会被捕的。

甘地的反盐税非暴力不合作运动

圣雄宣布直到盐税被取消他才会回到他的修道院,他在 1930 年 3 月 12 日率领着一群来自萨巴尔马蒂的 78 名非暴力不合作运动者。萨巴尔马蒂是走向海边的丹迪(Dandi)240 公里艰苦跋涉的起点。61 岁的圣雄手中拿着棍子,对许多旁观者来说就像率领他的人民离开埃及的现代摩西。当他们向前走时,这些朝圣者不断从人群中得到支持,每天传播到整个次大陆乃至全世界的报纸和电报服务都在报道他们的行进情况,激励着几百万充满同情的观察者焦急地等待着看政府是否会逮捕他们,或者试图阻止他们,甘地修道院的同事(ashramites)称他为父亲(Bapu)。4 月 6 日,甘地到达海边。当他走进海浪中捡起一块天然盐时,印度的诗人、非暴力不合作运动者、后来成为国家第一位女性总督的萨罗吉尼·奈杜(Sarojini Naidu)叫道"万岁,违法者!"当时那
331 里没有警察,没有政府官员目睹或者听到这具有历史意义的一幕。甘地发表了一个公开声明,承认他"违犯了盐法",并且劝各个地方的印度人都"生产盐"或"随意享用"在小溪或坑或海边发现的天然盐。

1930 年摩诃特玛(圣雄)甘地和国大党主席和诗人萨罗吉尼·奈杜在甘地发起的反盐税运动期间。(由葛蒂图片社拍摄,保存在赫尔顿档案馆。)

这是正式向税收宣战，向征收它的政府宣战。整个次大陆无数的农民都听从了甘地的建议，并且违犯法律以获得他们需要的日用食盐。很快逮捕就来了，而且被逮捕的人数目众多。贾瓦哈拉尔·尼赫鲁在4月14日被判了六个月监禁，而他的父亲代替他成为国大党的代理主席。甘地的妻子卡斯图尔巴伊(Kasturbai)率领妇女非暴力不合作运动者在酒店设置警戒哨，而且在这场斗争中，妇女开始在民族主义战线 332
中频繁地崭露头角。甘地在5月4日被捕，并且在监狱中一直待到第二年1月。圣雄被捕的新闻在整个次大陆激起了抗议和罢工，包括在加尔各答、德里和白沙瓦的暴力突发事件。印度的监狱塞满了几万名爱国者。1930年6月，整个国大党工作委员会被捕。

在战争结束前从国大党分离出去的印度民族自由联合会(India's National Liberal Federation)的领袖泰杰·巴哈杜尔·萨普鲁爵士(Sir Tej Bahadur Sapru，1875－1949)和穆昆德·拉姆拉奥·贾亚卡博士(Dr. Mukund Ramrao Jayakar，1873－1959)作为欧文勋爵的特使去见甘地，试图将国大党拉回到关于改革的圆桌会议上。与尼赫鲁父子一样，萨普鲁也是一位克什米尔婆罗门，他在从政之前是一位出色的安拉阿巴德的律师，并且在瑞丁勋爵执行委员会任法律委员。贾亚卡是一位孟买中产阶级的帕塔莱·普拉布(Pathare Prabhu)种姓，他也是浦那的一位律师和主要的教育家，还在生命接近终点时做了大学的副校长。尼赫鲁父子在8月从北方邦的监狱转移到甘地的牢房。摩提拉尔和贾瓦哈拉尔很快就被释放了，尽管甘地在监狱中待得稍长一些。

伦敦的第一次圆桌会议

政府于1930年11月在伦敦召开第一次关于改革的圆桌会议，群英聚会，有印度的王公、柴明达尔、塔鲁克达尔(taluqdars，管理印度行政区划中的一级——类似于中国的“乡”——的行政长官)、工业家、自由主义者和穆斯林以及其他少数民族的领袖们，但没有国大党的代表，就像试图上演《哈姆雷特》却没有丹麦王子一样。同时，由温斯顿·丘吉尔领导的英国保守党在野党几乎要独自发起一场反对圆桌会议的不合作运动，强调西蒙的委员会及其报告足以走出印度宪法改革的“下一步”。第一次伦敦会议草草收场。在第二次会议召开前，甘地从监狱中被释放出来。

对于穆斯林联盟和国大党来说，1930 年是恢复元气的一年。旁遮普的伟大诗人、哲学家穆罕默德・伊克巴尔(Muhammad Iqbal，1877－1938)主持了在安拉阿巴德举行的联盟年度会议，提出“形成一个统一
333 的西北印度伊斯兰国家”作为“穆斯林，至少是西北印度穆斯林的最后命运”。伊克巴尔详细说明了这一穆斯林国家应包括旁遮普、信德、俾路支斯坦和西北边境这四个邦，因此基本上划出了 1971 年后巴基斯坦的边界。更重要的是，穆斯林第一次在印度之内要求建立一个独立的不包括孟加拉的伊斯兰教国家。伊克巴尔几乎与 10 年后真纳在拉合尔使用的同样理由来为他的要求辩护：“我们有 700 万人，而且比印度的其他人群都更相似。确实印度的穆斯林是唯一能够用民族这一词的现代意义进行恰当地描述的印度人群。”此时，在剑桥，由乔杜里・拉赫马特・阿里(Choudhry Rahmat Ali)领导的印度穆斯林学生出版了一本叫《马上行动起来(Now or Never)》的小册子，其中他们用“巴基斯坦(Pakistan)”指称在印度的伊斯兰教的“祖国”。这是一个来自波斯语的乌尔都词，意思是“纯洁的土地(Pak 意为“从仪式说是纯洁的”)”。巴基斯坦也被解释为一首离合诗，P 代表旁遮普(Punjab)，A 代表阿富汗(Afghania，西北边境省)，K 代表克什米尔(Kashmir)，S 代表信德(Sind)，而 Tan 代表俾路支斯坦(Baluchistan)的最后一部分。无论是有意还是疏忽，在这个新提出的国家中也不包括孟加拉，连象征性的辩护也没有。

欧文希望通过在 1931 年 1 月 25 日释放甘地，就能与甘地达成协议，就能治疗使英属印度极度痛苦的创伤。在那个冬天，欧文与甘地的会谈在德里的总督府举行。丘吉尔觉得看到“半裸的苦行僧”快步与国王的总督进行“平等会谈”的画面“太恶心”了。不过，甘地具有很好的幽默感，当被报道者问到他是否计划穿着平常的服装访问白金汉宫时，他以俏皮话来回应，“有人加上四条灯笼裤去访问，我是减去四条灯笼

裤去访问”。在 1931 年 3 月 5 日，总督宣布了一个甘地-欧文协定(Gandhi-Irwin pact)。文明不服从被“中断”，停止所有“有组织地藐视法律条款的行为”以及“蛊惑民事或军事公务人员或乡村官员反对政府或劝说他们辞去工作岗位”的一切企图。反过来，政府承认和支持抵制外国货运动，当然不是抵制英货运动，它将与自治运动的其他方面一起停止。甘地还同意参加在伦敦举行的下一轮圆桌会议。苏巴斯·鲍斯和激进青年的其他领导人把这一协定解读为只是向政府投降，几乎是只换回英国人模糊承诺的对民族主义要求的背叛。他们都为甘地自愿 334
放弃官方对多起警察暴行的调查特别不满。在过去的一年里，有 6 万到 9 万名男子、妇女和孩子由于政治活动被警察监禁或登记。仅在 1930 年 4 至 7 月间，在民事冲突中政府承认杀掉了 100 多个平民，伤了约 400 多个。许多印度人把甘地-欧文协定解读为国大党从彻底独立(purna svaraj)的立场后退，但甘地坚持说这并不是预期的结果。他承认印度选择“在绝对平等的条件下”保留在联邦内的可能性；这只能是发生在 1947 年之后的事。

欧文在 1931 年 4 月离开印度，被一位更老、更强硬的保守派威灵顿勋爵(Lord Willingdon，1866－1941)接替，他早些时候是孟买和马德拉斯的总督，并且担任总督一直到 1936 年。英国的第一个工党联合政府现在被保守党领导的联合内阁及其萎靡不振的政治活动所取代，事实证明，伦敦的第二次圆桌会议只不过是一个让甘地筋疲力尽的经验，他试图作为国大党的唯一代表因而犯了错误。他希望由此可以象征着印度民族主义运动的团结，强调他是“在神作为我的向导”而前去的，但事实证明了人类肉体的脆弱和他试图只身完成如此艰巨任务的判断的失误。

甘地向美国传达的第一条信息

在 1931 年 9 月，美国第一次听到甘地自伦敦传来的声音，自海岸到海岸的传播要半个小时。“从我心深处可以感觉到，”圣雄告诉美国，“世界已经病到要流血死亡。要寻求一条出路，并且我以拥有这样的信念而得意：也许印度这块古老的土地将荣幸地指明饥饿世界的出路。”甘地唤起的热心公众对印度贫苦大众的同情与支持将会受到更热烈的欢迎，如果不是由于不断壮大的英国失业队伍，尤其是兰开夏郡萧条的工业城使这一时期英国的国家前景黯淡的话。对于许多工党议员（Labour M. P）来说，在他自己选区的需求与印度民族主义的抱负之
335 间进行选择似乎和东印度公司董事们的选择一样清晰。

伊克巴尔、阿加汗和真纳在伦敦会议上代表穆斯林联盟；塔拉·辛格祖师（Master Tara Singh）代表锡克教徒；安贝卡博士代表不可接触者（“被压迫阶级”）。他们都为自己的社区要求独立的选区。不过，甘地坚持不可接触者是印度教徒，并且声称“我”可以代表他们。他把英国对安贝卡分离主义政治要求的关注，视为比允许穆斯林拥有独立的选区更为阴险的“分而治之”的例子，而且他很快就保证一直到死都反对任何这种授予。1932 年 1 月 4 日，甘地返回印度一周之后被逮捕，重回监狱。威灵顿的政府决定尝试一种更强硬的路线，宣布国大党为非法，聚集工作委员会和各邦委员会的所有成员，并且把条令统治（Ordinance Raj）强加到印度的大多数邦。在四个月之内，有 8 万名印度人再次被囚禁。抵制遍布整个次大陆。许多农民拒绝交税。印度农民（kisan）和青年组织都被官方禁止，在民间却非常受欢迎。恐怖主义活动在增加，妇女们也加入了他们兄弟和丈夫的恐怖主义斗争之中。北方邦和西北边境成为武装营地，而密拉特与白沙瓦的英国军队都处于战斗警戒状态。

1932 年 8 月中旬，拉姆齐·麦克唐纳宣布了他的公社奖（Communal Award），被合并到印度新宪法之中的一个投票项目。独立的穆斯林选区的方案被扩大到包括锡克教徒、印度的基督教徒、盎格鲁印度人、欧洲人和被压迫的阶级。一个月后甘地开始他一直到死的绝食，争辩道作为“宗教中人”，对他来说“并没有其他开放的选择”。甘地以前采用过禁食这种“猛烈的武器”，但他的朋友们和对手都想知道为什么他会为这一特别的问题选择如此可怕的策略，因为它似乎更多地指向反对不可接触者而不是英国政府。不过，甘地认为这个问题是印度教保存下去的核心问题，并且为此他愿意在他的党中为安贝卡让出比英国人

给予的更多的保留席位。他的全部要求就是：被压迫阶级不应考虑他们是任何宗教社区而不是印度教的成员。安贝卡批评甘地，并因把不可接触者看做“被排斥的人，不适合平常的交往”而抨击印度教。不过，通过让印度世袭阶级关注不可接触者难以忍受的苦境，甘地并没有说 336
服他的追随者向不可接触者打开几千所寺庙的大门。他还敏锐地感受到对不可接触者非人道的世界公共舆论。与他的抗盐税游行一样，甘地的宗教-政治本能证明了其具有的普遍革命性。“我相信如果不可接触的根源确实被消除的话，”他说，“它将不仅清除印度教的可怕污点，而且其反响将是遍及全世界的。我反对不可接触的斗争就是反对人类肮脏的斗争。”在经过几乎一周的激烈协商之后，甘地与安贝卡在耶拉弗达(Yeravda)监狱达成协议。由于这个历史性的协议，被压迫阶级被保证将在邦议会中获得 147 个席位，而不是首相的方案给予他们的 71 个席位；他们还拥有中央议会的 18%的席位，只要他们作为一个大选区而不是任何一个独立的选区参加选举。新协议迫使印度教领袖会议表决“今后在印度教徒中，任何人都不会因为他的出身而被视为不可接触者，而那些迄今为止被视为不可接触的人在使用公共水井、公立学校、公路和其他公共设施方面，将拥有与其他印度教徒一样的权利”。不过，要在法律上取消不可接触者还需要 20 年的时间，并且要从印度社会的核心消除内在的社会排斥和经济贫弱还需要更多的年头。耶拉弗达协议作为对首相的公社奖的一个补充条款，英国内阁予以接受，允许甘地在此协议生效后一周结束他的绝食。此后的一周在整个印度被作为不可接触者被取消周(Untouchability Abolition Week)而庆祝。

经济萧条

当圣雄的绝食针对的是不可接触者的悲惨境况时，此时印度一般农民的生活也并没有更美好。1921 年与 10 年后的人口普查显示，印度的人口在此期间从 3.05 亿增长到 3.38 亿，但作为食物的谷物的生产基本保持稳定，而且世界食品价格急剧下跌。加尔各答的谷物价格指数从 1920 年的 153 下降到 1932 年的 68，而糖类的指数从 1920 年的

407 下跌到 1932 年的 146。实际上,一般农民的生活水平下降到接近
337 维持生计的底线,几百万的农民被迫要么放弃他们负债累累的土地并成为仅持有维持最低生活水平工资的无地的劳工,要么迁移到最近的城市,在那里,他们既没有工作也没有食物。不断扩大的浇灌费用和其他类似公共工程的费用大部分都被用于增加出口的经济作物的生产,尤其是黄麻纤维、棉花和橡胶,它们的生产在第一次世界大战结束后增长了近 50%。尽管食品价格暴跌,但工业品的指数并没有急剧地下跌,至少在 1929 年华尔街崩溃的冲击之前没有。第一次非暴力不合作运动那一年棉布生产的价格指数提高到 325(以 1914 年 7 月的 100 作为基数),兴旺的印度棉布产业在 1932 年被紧缩到 119,而兰开夏郡再也没有从由抵制英货的棉布所引发的印度市场的冲击中完全恢复过来。民族主义的鼓动再加上遍布全印的工业动荡与罢工,在 1928 至 1929 年到达高潮,减少了资金向印度的流动并带来经济发展的停顿。随着人口压力和低就业,几百万印度人被驱使着从约 70 万座村庄来到附近的城镇,据称 1931 年城镇人口占印度人口的 11%多,城市化的步伐由此加快。大城市吸引的移居者最多;1931 年,印度 15 个大城市容纳的移居者超过 700 万人,而 10 年后几乎是 1 000 万人。尽管还没有关于城市失业者的可靠数据,但加尔各答、孟买、德里、马德拉斯、勒克瑙和贝拿勒斯到处可见成群的乞丐和露宿街头者,像许多其他城市的流行病一样在 20 世纪持续蔓延。对印度城市贫民窟的一次访问就足以解释甘地彻底拒绝“现代文明”和工业化,而赞成乡村公社社会的原因何在了,人、动物和植物生命的平衡至少在那里得到和谐的维持,没有要么是富可敌国、要么是彻底放弃人类尊严。

威灵顿勋爵的政府把严厉的镇压与对甘地反对不可接触的鼓动的支持结合起来,批准引入兰伽·伊耶尔(Ranga Iyer)的取消不可接触法案(Untouchability Abolition Bill),以及 1933 年年初在德里的议会引入的苏巴罗扬博士(Dr. Subbaroyan)的寺庙准入法案(Temple Entry Bill),因而削弱了民族主义的公民抵制。1933 年 5 月,甘地继续三周的“自我净化”绝食以减弱婆罗门对这些法案的反对。在他开始绝

食之前,政府从监狱中释放了圣雄,而他反过来,把他的第二次非暴力 338
不合作运动推迟了六周,旨在让他的同胞全身心地投入到"为不可接触者服务"之中。国大党的苏巴斯·鲍斯和其他左翼领导人都很愤怒。他们呼吁让甘地停职,认为"圣雄作为一位政治领袖是失败的",国大党要求新的领导人和"彻底重组"。

1935 年的印度政府法案

在非暴力不合作运动逐渐减少的时候,统治机器继续"改革",在1932 年 11 月举行了第三次圆桌会议。不过,政府 1933 年白皮书的出版在印度几乎激起了普遍的批评,因为其方案的绝大部分与任何一次圆桌会议达成的结论几乎一样。而且通过议会的联合委员会(Joint Committee)的传阅和两院的三次阅读仪式,接着是国王的同意,白皮书转变为 1935 年的印度政府法案(Government of India Act),最后一个由英国人制订的印度的宪法。在承认由他的改革引起了"反对之声"后,国务秘书塞缪尔·霍尔爵士(Sir Samuel Hoare)通过这样的争辩进行反击:"并没有一位印度人制订了可以操作的另一种方案。"在国会下院,法案因为授予所有印度人过多的权利和责任而遭到温斯顿·丘吉尔的激烈攻击,因给予各邦主过多而给予国大党过少的权利而遭到克莱蒙特·艾德礼(Clement Attlee)的抨击。法案旨在产生一个"印度联邦",由 11 个完全负责的统治者的邦(英属印度的邦)组成,由王公统治的小国;由少数印度文职公务员系统运作,中央管理区称做主要行政长官邦。这一复杂的联邦从来没有真正存在过,因为各邦主并没有在草案或其他重要事务上达成一致,而国大党也几乎不愿意与充满着专横的傀儡的内阁分享国家权力,他们是由英国国王的恩赐而继承的王位。

不过,邦自治——法案中包含的第二个重要原则——1937 年 4 月1 日开始生效,紧接着是全国大选。缅甸此时成为完全独立的殖民地。
在英属印度之内,奥里萨在行政上被确立为由比哈尔分离出去的总督 339
的邦,就像从孟买分离出去的信德一样。西北边境省也被提高到拥有完全责任的地位。在六个总督的邦(孟加拉、孟买、马德拉斯、北方邦、比哈尔和阿萨姆)中,将会有两个立法厅,一个委员会和一个议会;在其他五个邦,只有一个议院。所有的立法者都是被选出来的,选举权扩大到包括大约 3 500 万名有产的印度人,其中 600 万名是妇女,10%是不可接触者。为了与拉姆齐·麦克唐纳的公社奖保持一致,正像耶拉弗达协议补充的那样,独立选区被予以保留。不过,总督保留了如此之多特别"保证"和其他"保护"的权力,以至于国大党首先争辩道:法案根本不是向前迈进了一步,而只是欺诈,在获得实质权力的同时带来了阴影。在 1936 年成为总督的林利思戈侯爵(Marquess of Linlithgow)是这些改革的议院选举委员会(Parliamentary Select Committee)的委员,他急于看到它们实施,而向国大党的工作委员会保证:保留的权力并不意味着推翻邦完全责任的行动原则。

1937 年选举

尼赫鲁在 1936 年向国大党所作的主席演讲中谴责这一法案为一个"奴役的新宪章",但同意在次年,即 1937 年初国大党"在民意测验中获得显著胜利"之后,由国大党的各部接管七个总督的邦(比哈尔、孟买、中央邦、马德拉斯、西北边境、奥里萨和北方邦)。1938 年,国大党第八个部在阿萨姆掌权。尽管在全印竞争的 1 585 个邦立法席位中只有不到一半的席位是向大选开放的,国大党竞选者赢得了全部席位,再加上 59 个来自独立选区竞争的,共获得了总数 716 个立法委员的席位。印度第二大党穆斯林联盟只赢得了 109 个席位,不到全印为独立的穆斯林保留的 482 个席位的多数。国大党的胜利是最引人瞩目的,它的竞选者席卷了投票总人数的 70%。尼赫鲁在 1937 年年初似乎有充分的理由评论道:在印度"只有两个政党",政府与国大党。不过,真
340 纳强调还有第三个政党——穆斯林的印度——并且把他生命的下一个10 年用于证明他的陈述的政治现实性。

自 1935 年真纳应在他牛津学习时结交的朋友利亚卡特·阿里汗(Liaquat Ali Khan,1896－1951)的紧急要求从在伦敦的自我放逐归来之后,他一直为"振兴休眠的穆斯林联盟"而工作。由于基本上没有

经济上的和少数民众的支持,联盟衰弱无力,尽管伊克巴尔于 1930 年在安拉阿巴德的令人激动的演说中表达了它的远大抱负。不过,当真纳在印度旅行为中央议会委员会(旨在为许多竞相声称代表印度 8 000 万名穆斯林的政党提供一些政治凝聚力)物色穆斯林委员时,他那充满活力的领导风格有助于激发新的信心。在他掌控的有限时间内,在他偏爱接待室政治而不是群众集会的前提下,真纳几乎只为联盟建构了一个框架。在 1937 年的选举中,他甚至没有找到足够的候选人去竞争所有的穆斯林席位。而且,联盟的宣言与纲领在很大程度上是国大党政策的不冷不热的重述,而国大党的政策是基于尼赫鲁那杰出的、带有社会主义倾向的领导才能,以一种充满激情、激动人心的措辞表达出来的,它把英帝国利用印度的贫穷作为斗争的主要问题。尽管联盟在选举中表现很差,对投票的仔细分析表明:事实上,穆斯林的印度对国大党的竞选者毫无好感,即使他们不得不成为穆斯林以获得资格竞选"独立的"席位。唯一一个极力支持国大党的、穆斯林占绝大多数的邦是西北边境,其最受欢迎的政治领袖是圣雄的弟子之一,魁梧的帕西人,"边境的甘地"阿卜杜尔·加法里汗(Khan Abdul Ghaffar Khan,1890－1988)。在第二次非暴力不合作运动中,边境省遭受了英国人最严厉的镇压,作为威灵顿勋爵严肃政策的一部分在白沙瓦都能感受到英国炸弹的巨响,而阿卜杜尔·加法里汗与甘地一样,在监狱中度过了许多岁月。

真纳重振穆斯林联盟

在 1937 年选举之后,真纳认识到:如果联盟不只是想成为一个中产阶级穆斯林压力集团,它将不得不吸收足够多的民众支持以获得对一些总督的邦的控制,至少是旁遮普和信德邦,那里的穆斯林占多数, 341
或者在全印联合内阁中加入国大党,这将给予它的下院的议员一些关于邦行政的真正的权力。国大党拒绝了后一种选择,强调内阁必须统一。此后两年,国大党邦一级的职责在历史上一度特别重要,不是因为国大党在当权时获得了什么,而是因为它未能缓解穆斯林的批评及其

“边境的甘地”阿卜杜尔·加法里汗。(由葛蒂图片社拍摄,保存于赫尔顿档案馆。)

不断增加的忧虑。因此这一时期成为巴基斯坦产生的播种时间。国大党的部长们经受了如此艰难的境况,并且为第一次体验政治权力的滋味而等待了这么长时间,以至于他们中的许多人马上运用他们的新权力任命亲戚或同一种姓的同胞在他们控制的岗位上;将合同给予恢复法律权力者、邻居,或者那些愿意提供最大“报酬”的人所拥有的公司,并且花时间回应一些选民的抱怨而不是其他人的。总之,他们都是人;或者似乎注定要成为恶劣的政治人。他们报答朋友,拍他们选区最富的人和最有权势的人的马屁,忽视少数人,并常常对敌人怀恨在心。

342 不过,对于国大党来说,事实证明这些普遍的人类弱点是特别有害的,因为它们被真纳和联盟向所有地方的穆斯林指了出来,作为由一个印度教统治的恶果的“有力的证据”。联盟的战斗呼唤变为“伊斯兰教正处于危险中!”穆斯林的不满通过每一个联盟的平台和报纸的新闻标题惊人、有效地攻击国大党各部,并没有联盟的对应部门可以作为还击的目标。穆斯林议员,像监督邦各部的尼赫鲁最高指挥部的得力助手之一的毛拉纳·阿扎德(Maulana Azad),只要愿意,可以厉声或长久地强调对待穆斯林的“不公正的行为”是“完全错误的”,就像英国早些时候否定国大党对“分而治之”和“经济耗费”的指控一样。穆斯林总能找到足够的证据——即使正是国大党使“向您敬礼,母亲!”成为公立学校的穆斯林和印度教学生唱的圣歌,或者国大党那中间印有甘地纺车的旗帜在所有的公共建筑上飘扬——来“证明”印度教的偏见。一旦不信任的种子种在心里,与兵变时的涂猪油的弹药筒极其相似,就不可能再改变它。真纳现在把他的联盟建设成为强大到足以把次大陆拆散的政治武器。“刚开始就被赋予很小的权力和责任,”真纳在 1937 年联盟的主席演说中大声地说,“占多数的社区明白无误地摊牌:印度是印度教徒的印度”。

尼赫鲁和阿扎德继续坚持不存在穆斯林问题,声称 1 万名民族主义穆斯林都是国大党党员,而国大党代表全印度。同时,真纳把各个邦游荡的穆斯林党派都归拢到他的联盟中,把法兹勒·哈克激进的普拉扎党(Praja)争取过来,并在 1937 年 10 月控制了孟加拉,与此同时,他夺取了大地主锡坎达·海厄特汗爵士(Sir Sikander Hyat Khan)的反对改革的部,他的统一党(Unionist Party)统治着旁遮普。尼赫鲁后来攻击真纳的“惊人的事业”是“激烈反对民族主义的和心胸狭窄的”,称它是“一个仇恨和暴力的消极事业,让人想到纳粹的方式”。1938 年春联盟在加尔各答开会,真纳报告“在不到六个月的时间内,我们成功地组织了全印的穆斯林,而在上一个半世纪他们从来没有这样过”。尼赫鲁现在准备会见真纳,“无论何时他都愿意见我”,但 1938 年这两位领 343
袖之间的通信反映出把他们分开的距离仍在不断扩大,并且很快把英属印度也分开了。那时尼赫鲁的心思完全被“严峻的国际形势和对笼罩全世界的、迫在眉睫的灾难的可怕感觉”所“占据”;真纳的心思则放在如何建设他的联盟和更好地提出“与国大党平起平坐”的要求。苏巴斯·鲍斯在 1938 年被选为国大党主席。真纳在这一年与甘地、尼赫鲁和鲍斯都进行了短暂的会见,但这些会谈都否定了联盟的要求,即国大党承认联盟是印度穆斯林的唯一政党,否定国大党坚持的它代表整个国家的主张。紧接着讨论中断之后,在 1938 年 12 月巴特那的联盟会

摩诃特玛·甘地、拉金德拉·普拉萨德、国大党主席苏巴斯·钱德拉·鲍斯和贵族瓦拉巴巴伊·帕特尔在1938年3月的印度国大党大会上。(由葛蒂图片社拍摄,保存于赫尔顿档案馆。)

议上,真纳报告国大党已经"以一种法西斯的方式破灭了印度教徒与穆斯林和解的任何希望"。

当关于裙带关系、腐败、强奸和暴乱的报告被大肆宣扬或标有"机
344 密"的红头卷宗被送到办公桌上时,英国官员以一种悲哀和自鸣得意的复杂心情观察着党派分裂和社区冲突。家长作风的傲慢继续使一些年长的英国政府公务员相信:尽管年轻一些的印度文职公务员系统的官员像1938年到达印度的莫里斯·赞坎(Maurice Zinkin)一样,在他们职业生涯期间"绝大多数都接受一定时间内自治的不可避免",但毕竟他们是最适合统治印度农民群体、穆斯林和印度教徒的。在邦负起责任的这一时期,当越来越多的人民指望总督及其官僚制的坚固框架能充当印度同族互杀的最后裁决者时,英国股票在印度所有地区全线飘红。国大党的首席部长们和统帅部也指望他们的英国官员"对手们"和"公务员们"能够进行实际指导和日常的专业性帮助,没有这些,机器将

不再运转。无论孟买的政治领袖是一位英国人还是印度人，他对这座大城市生活的日常运转的关心远远赶不上对官僚文件的不停传输、对政府信贷的信心、对它的强制力量的担忧和对最终正义的信念的关心。当然，英国官员一直很清楚，印度的部长们现在知道了，他们沮丧地发现他们一再坚持想要的、但最后被给予的是多么微不足道的权力；并且宽慰地发现有人还在隔壁的办公室里准备回答他们在铁窗内度过政治学徒岁月时从来没有梦想到的问题。这是一种让人冷静的觉醒和一种可怕的泄气；因为对于像尼赫鲁这样的人来说，这是不断膨胀的消极情绪的来源。在为自由的斗争中变老的人突然被迫承认——但愿是对他们自己——仅凭自由并不足以解决印度的复杂问题。

国大党的分裂

1938 年年底，国大党在特里普拉邦(Tripura)的苏巴斯・昌德拉・鲍斯为获得他的主席职位而开始的斗争中分裂，尽管甘地对他的领导地位并不满意。甘地第一次试图说服尼赫鲁再次接过国大党的重担，但贾瓦哈拉尔拒绝了。然后帕特尔听从了甘地的教诲，敦促鲍斯让贤，支持国大党的历史学家帕塔比・西塔拉玛亚(Pattabhi 345
Sitaramayya)，但鲍斯知道他得到了全印国大党委员会的(All-India Congress Committee)学生、工人和农民代表团的支持，因此他决定为保住他曾经拥有了整整一年的位置而战斗。这是国大党历史上第一次主席差额选举，而鲍斯以 1 580 对 1 375 票赢得了选举。这次革命性的胜利并不能影响甘地，他作为全党道德领袖的地位受到暴躁的“内塔吉(Netaji,“领袖”，鲍斯效仿德国独裁者[Fuhrer]的称号)”的挑战。鲍斯的反抗和民主的胜利，既不为圣雄、也不为他的工作委员会的忠实弟子所接受，1939 年 2 月，12 位委员辞职以抗议他们的主席。鲍斯因此发现他主持的党由于缺少最高级管理团队的合作而不能正常运转。在绝望中他向甘地求助，但圣雄不理睬他。尼赫鲁曾经试图从中斡旋，但帕特尔、潘迪特・潘特(Pandit G. B. Pant，北方邦的首席部长)和拉金德拉・普拉萨德(比哈尔的“老板”，他成为印度的第一位总统)再也不想忍受反叛的苏巴斯・昌德拉，他破坏了党的纪律因而受到因其“种姓”而被排斥的惩罚。鲍斯的健康恶化，不过他试图只身领导国大党加强反对统治者的斗争。不过，甘地的反对一直很坚定，而苏巴斯最后被迫在 5 月辞职，其主席位置由普拉萨德取代，他被他自己也是其一员的工作委员会“选出”。鲍斯和他的弟弟苏拉特・昌德拉(Surat Chandra)则离开国大党而形成了他们自己的孟加拉前进集团党(Forward Bloc Party)，献身于争取自由的革命斗争。不过，1939 年年底前，世界政治的强大力量再次介入从而改变了印度历史的进程。

第二十二章　第二次世界大战的影响（1939－1946）

第一次世界大战曾经充当了联合印度民族主义运动的催化剂，但 346
第二次世界大战却打碎了国大党与联盟和解的希望。1939 年 9 月 3 日，当林利思戈勋爵(Lord Linlithgow)告诉印度人民他们与德国处于战争状态，以呼应大不列颠的决定时，国大党感到丢脸和被出卖了。对世界大战后果的苦涩记忆一直保留在甘地及其同事们的头脑中。尽管尼赫鲁和其他印度社会主义者个人同情英国反对纳粹和法西斯专制的人道主义斗争，但他们不愿意支持在宣战之前并没有征询过他们意见的政府，他们也不赞成在没有获得绝对自治的情况下参战。

“一个自由而民主的印度为了共同抗击入侵和经济合作会愉快地将自己与其他自由的民族联系起来”，工作委员会决定，“(但)合作必须是在平等和相互同意的基础上”。不过，英国并不准备在 1939 年秋着手印度独立的问题，因此在 10 月，国大党的统帅部命令所有邦的内阁都辞职。真纳简直不相信他有这么好的运气。最后一个国大党的内阁在 11 月中旬放弃了它的邦办公室，而在 12 月 2 日，真纳宣布 1939 年 12 月 22 日星期五为穆斯林印度解放日。为了表示他们的“解放”，“国大党政权”最终“停止运转”，联盟通过决议并进行祈祷，感谢上帝将自己“从过去两年半的专制、压迫和不正义中解救出来”。这是国大党继续控制一个统一的印度民族梦想的丧钟声。

347 从攻击国大党内阁的任务中被解脱出来后，真纳把注意力集中到形成自己政党的宪法目标这一具有挑战性的问题上来。1940 年 3 月，巴基斯坦的目标在联盟的拉合尔会议上显现出来——除了没说这一名称外。

穆斯林联盟的拉合尔决议

“印度的问题不是社区之间的问题，很明显，它是一个国际问题，”真纳告诉拉合尔的约上万名穆斯林听众，“而且必须这样对待这个问题。只要这个根本和重要的真理没有被认识到，制定的任何宪法都会带来灾难，并且不但对伊斯兰教徒，而且对英国人和印度教徒，都将是毁坏性的。如果英国政府确实想认真和诚挚地保证次大陆人民的和平与福祉，向我们所有人打开的唯一一条道路就是通过把印度划分为自治的民族国家，从而允许主要的民族成立各自独立的祖国”。

关于如何能最好地完成次大陆的分割，至少有六种提议，其中一个建议是从海得拉巴可以分割出去不少于三个穆斯林民族——巴基斯坦、孟加拉和南部的“乌斯曼斯坦(Usmanistan)”，后者的尼扎姆家族的名称是乌斯曼。经过反复推敲的方案最终于 3 月 24 日夜在拉合尔达成，而孟加拉的法兹勒·哈克在协议起草过程中发挥了非常重要的作用，以至于有足够的理由相信最初原想产生两个独立的(自治和拥有主权的)穆斯林国家，西北部的巴基斯坦和东部的孟加拉，而不是一个。不过，其名称还没有最后确定，而允许公之于众的决议起草中的模棱两可的地方成为早上的新闻标题，被戏谑地称为“巴基斯坦决议”，以让印度的穆斯林相信唯一的巴基斯坦是他们真正想要的。“拉合尔决议(Lahore Resolution)”声称“没有一个宪政方案在这个国家可以行得通，或者为穆斯林所接受，除非它是按照下面的基本原则制定的，即相邻近的地理单元被划入应构成领土再调整的地区，这对穆斯林人口占多数的地区是必要的，就像印度的西北部和东部地区，应被聚集到一起
348 以构成其组成单位都是自治的和拥有主权的‘独立国家’”。而且联盟

的工作委员会还授权在决议的最后一段“形成一个与这些基本原则一致的宪法草案，设想最后为各自地区提供包括防御、外部事务、通讯、习惯和其他类似的必要事务等所有权力”。东巴基斯坦省从来没有被授予那些主权，尽管几乎在巴基斯坦产生 25 年之后，孟加拉为之奋斗并在印度的帮助之下得到了那些主权。

拉合尔决议“严重地伤害”了甘地，后者谴责它为号召“对印度进行活体解剖”。他呼吁穆斯林的“很强的判断力”和“自身的利益”停止这意味着“显然是自杀”行为的分裂。在拉合尔的主席演讲中，真纳强调印度教徒与穆斯林从来不会、也不可能形成“一个共同的民族”，而且他还把“一个印度民族的错误想法”说成是大多数印度麻烦的根源。“印度教徒与穆斯林属于两个不同的宗教哲学、社会习俗和文学。他们既没有内部通婚，也没有同席就餐，因此他们确实属于两种不同的文明”，巴基斯坦之父如是宣称。不过，甘地声称“两个民族”理论是不真实的。“绝大多数印度穆斯林都信奉伊斯兰教或者是这些皈依者的后裔。他们不可能一成为信奉者就成为一个独立的民族”，圣雄这样反驳道。当他把目光聚集到孟加拉穆斯林身上时，他的论据就非常有力，他们的语言、服饰、外表、食物和社会生活使他们基本上与孟加拉的印度教徒没有区别。为了加强它的一个民族理论，国大党把毛拉纳·阿扎德选为 1940 至 1945 年的主席。在此后的七年中，由真纳与甘地展开的激烈的对话从来没有减弱过，吸纳了几百万微弱的声音；为支持双方的论点，产生了大量的历史“证据”，并且有学问的“主要权威(活着的和死去的)”都被引用以“证明”每一个直接对立的论点，或批驳对立一方的论点。因此，在 1947 年次大陆分治很久以前，从思想上讲，印度成为被一个民族和两个民族理论的提倡者划分开来的土地。

在整个战争期间，真纳与甘地或尼赫鲁比起来是一位更加精明的
政治领导人，在使联盟事实上只承诺了“慈悲中立”的前提下，设法获得
了英国的支持。他作为律师的聪明在于：对他以不倦的热情开创的政 349
治路径的很好利用。“哪里有被废除国籍的民族?”作为对甘地“活体解
剖”的呼喊的回应，真纳这样发问。“哪里有它的权威被违犯的中央民

族政府？印度被英国的权力所拥有，而且正是这只手拥有并给人以一种统一的印度和统一的政府的印象。印度民族与中央政府并不存在”。这正是英国官员最欣赏的那种论点，尤其是当他们的政府正在勉力支持一场战争，即使不用担心国大党的抱怨，战争强加的人员和物资需求就已足够紧张。在丘吉尔的战争内阁于1940年5月替换了“慕尼黑的”张伯伦不被信任的政府后不久，林利思戈就邀请真纳到西姆拉商讨关于印度与战争的相关问题。真纳在那年7月法国倒下之后向总督提交了一串试验性议案，他们成为1940年林利思戈“八月提议”的概要。为了“将印度的公共舆论与战争行动更紧密地联系起来”，总督提出了邀请“一些有代表性的印度人”加入他的执行委员会并计划建立一个战争咨询委员会，包括各邦主和“其他总的来说与印度民族生活攸关的人”。

林利思戈对真纳要求的支持

真纳进一步建议而林利思戈也承诺，在没有“印度穆斯林前期支持的前提下”，政府应该不再采纳未来的宪法议案。“用不着说”，总督同意，“他们[国王陛下的政府]不会考虑把他们关于印度和平与福祉的当前责任转移给任何其权威被印度民族生活中的重要而强有力的要素直接反对的政府体制”。穆斯林在印度国内和海外军队中发挥的重要作用极大地加强了真纳的分量。国务秘书埃默里(L. S. Amery)在下院为国大党领袖“不能”代表整个印度而惋惜。“假如他们成功了，”埃默里说，“如果国大党事实上能够为印度民族生活的所有主要要素而发言，推动他们的要求，我们的问题在许多方面都会非常容易。”

350 国大党于那年9月开会并授权甘地发起非暴力不合作运动，如果他决定这是必要的“下一步”的话。1940年10月17日，圣雄通过派遣他最重要的弟子维诺巴·巴韦(Vinoba Bhave)“举行仪式”宣布他以非暴力抵制战争的努力，以此开始他的个人非暴力不合作斗争。结果，维诺巴被尊崇为印度“行走的圣贤”，被逮捕并判处入狱三个月。尼赫鲁注意到警察的目的是跟踪维诺巴，10天后他也被捕，接受更严厉的刑罚：四年。“这是‘决一死战’，”甘地称，“没有什么可退缩的。我们的案子是无可反驳的。没有什么可以让步的。”到 1941 年中，约有 2 万名非暴力不合作者被定罪，有 1.4 万名重回监狱。印度人对统治者的反抗并不仅限于非暴力的抗议：在孟加拉，紧接着 1940 年苏巴斯·鲍斯被捕及其前进集团党被禁之后，恐怖主义活动又复兴起来。鲍斯自己在 1941 年被审讯前夕逃脱了软禁，化装穿越北印度到了阿富汗。他在 6 月前、俄德“友谊”的初期从喀布尔逃到了莫斯科，又从莫斯科到柏林。在德国，他受到希特勒的欢迎并获得了高性能的播音器材，每日用几种语言向印度播音，劝说他的同胞们起来反抗英国专制。当听到他们的领袖这样劝说时，许多鲍斯的追随者都这么做了，而且当印度民族主义运动的暴力一翼行动起来时，整个战争期间，火车出轨，英国士兵被暗杀，在公共建筑、剧院和市场炸弹被引爆。

同盟的《大西洋宪章》

当希特勒的军队获得对巴尔干的控制并向俄国挺进时，隆美尔盘桓在苏伊士运河一带，富兰克林·罗斯福于 1941 年 8 月与温斯顿·丘吉尔登上奥古斯塔(Augusta)号巡洋舰会面，商定美国与英国共同致力于和平的目标，这就是众所周知的《大西洋宪章(Atlantic Charter)》。尽管美国还没有参战，这一宣言强调“所有人民都可以选择生活在他们愿意的政府形式中”，并且表达将“主权和自治归还到那些被强制剥夺的人们手中的愿望”。印度人立即被这一自由的新宪章振作起来，但他
们并没有被允许享有多长时间，因为在 9 月 9 日，丘吉尔告诉下院《大 351
西洋宪章》并不适用于“印度、缅甸和英帝国的其他地区”。尽管如此，印度政府依然急于赢得大众对战争的支持，并且在 1941 年 12 月 3 日从监狱里释放了所有的国大党非暴力不合作者，毫无疑问，印度政府感受到日本处于参战的边缘。12 月 7 日，日军袭击珍珠港，紧接着是一系列日本对中国、菲律宾、马来半岛、印度支那半岛和泰国的闪电攻击，使世界困惑，使同盟国的军队在每一条战线都眩晕。1942 年 2 月 15 日，新加坡这一“不可征服”的岛，他们的大炮都指向大海并且过于坚固

地装在混凝土上以至于不能旋转，被一支用杜松子酒俘获了英国指挥官的日本军队从马来半岛的南部尖端占领。在不到一周的时间内，珀西瓦尔将军(General Percival)就让他6万人的印度部队投降，而这个战争囚犯的守备军队成为苏巴斯·鲍斯的印度国民军(Indian National Army，INA)的骨干。

丘吉尔派遣克里普斯去印度

随着日本驻扎在印度的东大门，印度作为同盟国基地的重要性如此地突出，以至于连丘吉尔都承认国王的政府不可能再对通过宪法解决自治问题持有耐心。1941年3月11日，丘吉尔宣布下院的领袖和战争内阁成员的斯塔福·克里普斯爵士(Sir Stafford Cripps)肩负使命前往新德里。作为尼赫鲁与甘地的朋友和个人同情印度争取自由的抱负的工党部长，斯塔福·克里普斯爵士在印度期间提出了民族主义的希望。他于3月22日到达新德里并在那里停留了不幸的三周，提出“在停止一切敌意的条件下”一个印度联盟可以拥有完全主权地位。选择不属于这一联盟的任何邦或印度小国都有权力“退出”，而战争期间英国的统治基本保留。“如果这是你不得不提供的，你为何要来呢？”甘地质问克里普斯，“我建议你乘头班飞机回国”。圣雄称克里普斯的提
352 议为“要倒闭的银行的远期支票”。工作委员会赞同甘地并拒绝了上述提议，“一个邦不介入的新奇原则”被视为“对印度统一概念的残酷打击且可能产生更大麻烦的祸根”。来自国大党的消极反应迫使斯塔福爵士于4月初乘飞机回国。真纳和穆斯林联盟准备接受这一提议，因为它基本上体现了他们巴基斯坦的要求，为了最有效地争取大众的支持，国大党除了这么做之外也并没有其他的政治选择。

国大党“退出印度”的非暴力不合作运动

在克里斯普失败之后，甘地发起了他最后一次伟大的非暴力不合作斗争——“退出印度”运动。“我确信这一时刻会到来的，”圣雄在1942年5月3日说，“英国人与印度人妥协以完成彼此的完全分离。”

他强调,并没有“共同的利益”让这两个遥远而不同的民族联合起来。当有记者问英国人应该把他们的权力交给谁时,甘地回答:“把印度交给上帝吧!如果这太高的话,就让她处于无政府状态吧。”国大党在8月开会以批准新斗争的开始,它采取的口号是“退出印度”,在战争的剩余日子里用这样的呼喊向次大陆的每一位英国人、妇女和孩子问候。真纳和联盟对它称为发动一场“公开反叛”的国大党的决定“表示遗憾”。英国人也是如此看待它的,到1942年年底,大约6万名国大党的支持者被逮捕。暴力和镇压达到了这一时期恐怖、害怕和仇恨的顶峰。甘地在控制他的“队伍”方面不如英国人,无法阻止警察和士兵向他们视为“叛国的暴民”开火。据正式统计,紧跟着“退出印度”的非暴力不合作运动之后的暴乱,直接造成超过1 000人死亡和3 000多人受重伤。

尽管绝大多数印度人普遍反对英国统治、反对战争,他们对统治者在战争期间调动印度的资源或者保持平静的冷淡,或者积极支持,这种对印度资源的调动支撑了经济、充实了军队,并把物价和利润抬高到通
货膨胀的程度,一夜之间给许多商人和工业家族带来财富,也使几百万 353
只靠养老金或固定收入的人陷入贫穷。在前10年,人口增长超过5亿人,北部比南部增长得更快,旁遮普和孟加拉经历了人口增长最快的时期。由于对大片肥沃的土地实行新的沟渠灌溉,在这10年里旁遮普有充足的土地和粮食以养活这些增长的人口,但孟加拉由于本身就是人口更稠密地区,几乎没法养活更多的人口。

1943年孟加拉的饥荒

孟加拉家庭平均拥有的土地大约是1英亩。由于战争期间内部运输被施加的压力和缅甸剩余稻米的损失,市场上的稻米通货膨胀,印度军队的大量需要(从战前的17.5万人增加到1943年的几乎200万人),造成加尔各答的粮商和放债者尽量收购村庄里留下作为食物和种子的农民的贮存。作为其结果的1943年的饥荒,因战时脱节和政府愚笨而造成的,是近代印度历史上最严重的,它夺去了100万至300万人

的生命，是印度在战争期间遭受的军事伤亡总数的 10 至 30 倍。

第二次世界大战期间，工业的增长比此前任何一个相对照的时期都要快。从 1938 至 1939 年到 1943 至 1944 年，电力生产增长了 45%。位于贾姆谢德普尔的塔塔钢铁联合体是英属印度最大的钢铁公司，在战争期间每年生产超过 1 500 万吨铁。当国内消耗以及帮助供应被派往中东和北非的军队使棉织品、纸张和水泥的需求猛涨时，其生产达到顶峰。此前印度从来没有冒险进行的工业，包括自行车、机车和汽车工厂在这一时期也开始了。孟买的化学、制药和轻工业工厂经历着前所未有的增长，而古吉拉特、奥里萨、孟加拉、比哈尔、旁遮普和北方邦都发展成为现代工业区，其战时普通的生产水平都要稍稍高于其“最大生产能力”。不过，印度依然是工业不发达地区，战时施加给铁路网的压力太
354 过巨大以至于许多火车由于超载而不是恐怖分子的破坏而停运。

1943 年 6 月，菲尔德·马歇尔·阿奇波德·韦弗尔(Field Marshal Archibald Wavell，1883－1953)被任命为总督，并且直到印度独立前夕他一直控制着它。一位士兵被任命为总督是英国决定在战争期间在印度对于改革将不再有所作为的有力证据。不过，韦弗尔自己不像他看起来那么“生硬笨拙”，与向那些不太熟悉的人表明他缺少社交魅力相比，他对政治更感兴趣。美国和澳大利亚新闻界欢迎这一任命，认为它反映了英国“积极开展东方战争的决心”，而韦弗尔在起航到印度之前的 1943 年夏季被邀请参加战争内阁会议。孟加拉饥荒日渐加重的悲剧，似乎只是英国统治给大多数印度人的土地造成破坏的进一步的证据，也是不能在外国占领的噩梦中继续生活的进一步的证据。在这一年初，甘地绝食三周以使他对英国统治的抗议更加戏剧化，但战争转移了世界关注的焦点，圣雄的绝食并没有得到外界的太多关注。

内塔吉·鲍斯的印度国民军

1943 年春季，苏巴斯·鲍斯开始了他从汉堡经由好望角到新加坡的 90 天“壮丽的”潜水艇之旅。很少有印度人仍居住在战前的欧洲，以至于鲍斯在柏林控制的自由印度地区(Free Indian Legion)集合起来

不到百名士兵,但有 6 万名士兵在东南亚等待着他们的领袖。东条把他的所有印度战俘都交给鲍斯,并且在 1943 年 10 月,鲍斯宣布建立阿扎德("自由的")印度临时政府(Provisional Government of Azad India),他成为国家领袖、首相、战争部长和外交部长。当日本夺取东南亚的控制权时,那里生活着大约 200 万印度人,而这些移民首先成为这一政府的"公民",这一政府建立在日本的"保护"之下,并且总部设立在"被解放的"安达曼群岛。在政府建立的那天,鲍斯向美国和英国宣战。1944 年 1 月,他把临时政府的首都迁往仰光,并且他的印度国民 355
军开始向北部那些高喊着"向德里前进"的密拉特反抗者进军。1944 年 3 月 21 日,苏巴斯·鲍斯与印度国民军进军的部队在印度边境汇合,进入曼尼普尔,到 5 月他们前进到邦首府英帕尔(Imphal)的郊区。这时鲍斯距孟加拉最近,那里有几百万他的忠实的追随者等着他的军队前去"解放"。英帕尔的英国驻军和航空兵抵挡鲍斯更庞大的军队,相持了很长的时间直到季风雨来临,在这一丛林地区将可能发生的战事推迟了三个月,英国人急需加强他们的东部战线。鲍斯曾经向他的士兵承诺以流血换取自由,但在 1944 年雨季之后战事开始对他们不利,在 1945 年 5 月,印度国民军在仰光投降。鲍斯乘坐最后一架日本飞机上逃离了西贡,但在 8 月死于飞机坠毁中。不过,那时关于他死亡的虚假消息已经报道了很多次,以至于一个传说很快出现在孟加拉:内塔吉·苏巴斯·昌德拉·鲍斯(Netaj Subhas Chandra Bose)还活着——在中国或苏联组织起另一支军队——并且将会带着它归来"解放"印度。

不合作带给印度民族主义者的除了拘留和绝望,什么也没有。事实证明,统治者比任何国大党高级领导层一年前预想的适应力都要强。并没有关于圣雄希望"故意帮助日本人"的控告,韦弗尔在 1944 年写道:他相信甘地和国大党都在希望"利用我们可能遇到的军事困境以获取政治上的有利条件"。他现在劝说甘地合作并帮助他的政府解决印度紧急的经济问题,并且朝着自治"取得稳步而重大的进步"。早在 5 月甘地就从拘留中被释放出来,9 月他在孟买与真纳会面以讨论印度教徒与穆斯林的僵持状态。不过，伟大领袖(Quaid-i-Azam)真纳坚持巴基斯坦建国是从英国统治下独立的一个绝对必要条件，但甘地在自治被允许之前拒绝讨论巴基斯坦问题。“我在与寻找他的阿里的巴基斯坦的先知会谈”，甘地在18天的会谈破裂后发表评论。患病、虚弱且由于会谈而沮丧的真纳解读了甘地关于克里普斯的刻薄的评论，惊奇地大声叫道：“如果甘地没有什么更好的提议，他为什么要来见我？”

356 甘地-真纳会谈的破裂促使韦弗尔寻求正式渠道解决印度最艰难的争论。内阁几乎已准备好尝试拟定“一个印度协议”，根据英国军事实力的新地位而不是它早期的虚弱状态而拟定的协议，与克里普斯提出的类似。战争年代第一次打破了印度与英国的贸易收支平衡，1945年英国为了有助于赢得战争而“借”的物资与服务欠下了印度几百万英镑。经济债务与恐怖活动使印度的英国人的日常生活往好处说不怎么惬意，往坏里说随时都有生命危险，这促使韦弗尔和埃默里采取宪法解决的策略，这将会使战争结束后的几个月或者几年更能让人忍受。印度文职公务员系统中最重要的印度人像梅农(V. P. Menon)和自由的平民萨普鲁(Sapru)已经向韦弗尔简要地介绍过了，但总督在1944年底正确地认识到他的政府“以印度人占优势”。他还乐观地认识到社区问题不是不可解决的。韦弗尔在1945年春天回国与内阁协商并携带一个新方案回到德里，并在6月14日公布。该方案提出的主要变化是执行委员会的构成，它将被选择给予“主要社区的均衡代表”，包括“穆斯林和有种姓的印度教徒的平等比例”。只有总督和他的总司令还是英国人。不过，甘地、尼赫鲁和阿扎德拒绝接受与联盟“社区相等”的方案，因为它不但抬高了联盟的政治地位，而且意味着国大党不可能再任命任何穆斯林进入行政权力。而且“有种姓的印度教徒”这一术语至少明确地否定了国大党对不可接触者的责任或权威。

韦弗尔的西姆拉会议

被召集来商讨提议的西姆拉会议于1945年6月25日开始，有21位印度领导人参加，包括甘地、真纳、尼赫鲁和阿扎德。阿扎德还是国

大党的主席,而真纳侮辱他为一位"橱窗中的穆斯林",拒绝"承认"他的 357
政治地位。真纳坚持会议的所有穆斯林代表都应该由联盟指定。韦弗尔试图改变真纳关于阿扎德的立场但无效,7 月 14 日他宣布会议失败。在西姆拉会议流产两周内,丘吉尔的政府被投票赶下台,为艾德礼(Attlee)政府所取代。佩西克・劳伦斯勋爵(Lord Pethick-Lawrence),一位素食主义者和甘地的朋友接替埃默里成为印度国务秘书。8 月初美国投下原子弹后,日本的投降也为印度民族主义的命运带来剧烈的变化。很快就清楚了:英国国内政府并不想再长期地控制印度。尼赫鲁很为艾德礼的胜利而欢欣,总是感觉其思想意识接近英国工党。斯塔福德・克里普斯爵士(Sir Stafford Cripps)建议在全印度举行新的选举,让人民选择他们自己的制定宪法代表大会的代表。举行大选的倡议得到印度政治家们的积极响应,1945 年 8 月 21 日,总督宣布选举在"寒冷的天气"里举行。1945 至 1946 年间的选举给予真纳他要求的授权,联盟获得了中央议会为穆斯林预留的所有 30 个席位。正如期望的一样,国大党获得了大选席位的 90%。其他 15 个席位被锡克教徒、欧洲人和独立人士获得。1946 年 2 月,邦选举证实了这种两极的政治图景,联盟赢得 494 个穆斯林席位的 439 席。尽管联盟在任何邦议会都没有获得绝对多数,真纳却能够在孟加拉和信德形成由联盟领导的联合政府,但不包括旁遮普,它在统一党的控制之下。国大党在其余的八个邦,包括阿萨姆和西北边境省组成了政府,后两个邦被联盟声称属于巴基斯坦。

印度国民军审讯和孟买兵变

被捕获的鲍斯印度国民军的军官在那年冬天继续在德里的红堡接受审讯,让政府十分懊恼的是:这些"反抗者"很快成了民族英雄,被律师辩护得与贾瓦哈拉尔・尼赫鲁、布拉巴伊・德赛(Bhulabhai Desai)和泰杰・巴哈杜尔・萨普鲁爵士没有什么两样。审讯变成对鲍斯的颂
扬,对印度好战勇气的称赞,印度完全独立意识的象征,更多的是自豪 358
而不是审判。它有助于松懈对统治者忠诚的最后的纽带,因为这里是

印度士兵，他们已经对英帕尔的英国人开枪，并且站起来声称他们这么做是出于“对印度的爱”，是发自“爱国的动机”。所有那些犯有“背叛罪”的人都被准予推迟判决，作为对他们新近获得的民族奉承的回报。其他的印度士兵、水手和负责空运的消防官员现在开始质问他们自己的立场和态度。他们事实上是英国国王忠实的臣民吗？或者是敬礼母亲(Bharat Mata)的爱国的儿子？他们如何才能对这两种如此遥远而不同的统治都保持忠实呢？难道是他们自己的愚蠢和软弱才使印度臣服于英国吗？从何时开始服从命令不再是最高的战争美德却成为最低级的帝国恶习？这些杂音比自 1857 至 1858 年兵变以来听到的任何声音更不祥。在达姆达姆(Dum Dum)空军基地有几位皇家印度空军(Royal Indian Air Force)人员拒绝执行直接命令，而在 1946 年 2 月 18 日，皇家印度海军(Royal Indian Navy)在孟买港兵变。国大党最高指挥部的强人瓦拉巴巴伊·巴特尔亲自去协商军舰“投降的事情”，承诺国大党会帮助有“正当冤情”的水手们。孟买兵变发生后，佩西克·劳伦斯勋爵在上议院将之公之于众，而首相艾德礼告诉下议院，国王政府已经决定派遣一个三人内阁代表团前往德里以寻求解决印度的宪法问题。

这三位“贤人”是：佩西克·劳伦斯自己、现在的贸易委员会主席斯塔福德·克里普斯和海军部长亚历山大(A. V. Alexander)。他们于 1946 年 3 月 24 日降落在帕拉姆(Palam)机场并且在印度停留了三个多月，在国大党-联盟的僵局把次大陆分裂之前，寻求为英国政治家所熟知的每一种外交手段来打破它。他们都是具有特别的耐心、技巧和善意的人。他们拥有英国内阁和国王批准的集体决策的权力，并且他们是大不列颠所做的最后的努力，旨在找到一个方案让国王政府将它延期交付印度的权力交给一个联盟。他们的失败不仅仅是他们处理的问题的复杂性的历史见证，而且是印度历史的最大悲剧之一，因为它带来了分治的创伤和几乎一直持续的南亚战争。

359 内阁代表团的计划

4 月底，内阁代表团向国大党和联盟提出一个三级(工会、团体和省)联邦结构,在每年 5 月邀请每个政党派出四个代表参加在西姆拉举行的圆桌会议,寻求解决他们留下的分歧。第二次西姆拉会议似乎要比第一次成功一些。面对国大党与联盟的持续僵局,内阁代表团和韦弗尔提出他们感觉到“可能最好的安排”是制定一部新宪法。5 月 16 日,代表团作出让步,“如果印度想要内部和平的话,一定是通过确保穆斯林在他们的文化、宗教、经济及其他利益攸关的所有事务中拥有控制权的措施而获得的”,但它拒绝联盟由所有六个省组成巴基斯坦的要求,因为那些省的相当大部分都是非穆斯林少数民族。代表团还拒绝了分割孟加拉与旁遮普的另一种方案,他们确信任何一种“如此彻底的分割”都将“违背”生活在这两个省份的绝大多数人民的“意愿和利益”,并且会使锡克教徒在旁遮普“位于界线的两边”。他们也间接地提到使他们决定反对分割的“重要的”行政、经济和军事因素,以及在那里如何对待土国的问题。最后,他们争辩道:联盟的要求会产生一个地理上分裂和高度脆弱的巴基斯坦,它的两半“的战争与和平取决于印度的意志”。

因此,内阁代表团的解决方案是提出一个包含英属印度与王国的联邦,中央权力仅限于外交事务、防御、通讯和“提高”为支持三个联邦功能“而要求的财政的必要的权力”。联邦由一个行政部门和立法机关统治,而任何“提出的主要社区问题”都将由“两个主要社区中”的多数决定。所有其他问题和剩余权力归各邦,它们将“自由地形成集团”,被称为 A、B、C 组。B 组包括旁遮普、信德、西北边境省和俾路支斯坦;C 组包括孟加拉和阿萨姆;A 组包括其余的所有省份。最近选出的省议 360
会将按 1∶1 000 000 的比例,在印度的主要社区选出未来制定宪法的国民代表大会的代表,划分为“一般”、穆斯林、锡克教徒。“一般”范畴将适用于非穆斯林、非锡克教徒的所有人。因此,国大党将在 A 组中得到一般代表的 167∶20 的多数;穆斯林在 B 组中得到 22 位的多数,一般是九位,锡克教徒是四位;而 C 组一般代表得到勉强多数 36:34。直到新宪法真正实施,行政部门的日常事务由过渡时期的政府履行,它的整个内阁将由“人民完全信任的印度领袖们”组成,并且在宪法生效之后，任何一个省都投票重新考虑它的期限。

这是一个引人注目的方案，是权力从英国非暴力地转移到印度当局手中的最后一个合理的希望。“我们和我们的政府以及同胞希望印度人民可能会同意形成他们将生活在其规定之下的新的宪法的方式”，内阁代表团在公布它的计划时这样作出结论，并补充道，由于“这还没有成为可能”，他们设计了他们“相信会使你们冒最小的内部动乱和冲突的危险、在以最短的时间内获得你们的独立”。他们担心，另一种方案会“面临一种暴力、混乱甚至内战的巨大威胁”。甘地对这一提议的直接反应是宣称：“无论英国统治给印度造成什么伤害，如果代表团的声明是真实的，就像我相信的那样，它将卸下他们曾经宣称的英国对印度负有的责任，即卸下印度这个负担。它包含着把这块悲哀的大陆转化为没有悲哀与受难的种子。”不过，国大党的工作委员会没有这么热情，坚持他们的目标始终是“印度的独立”和“一个强大的、尽管有限的、中央权力”。联盟开了几天会后，决定由于“巴基斯坦的基础”是代表团计划中“本来就有的”，它将与提出的宪法制定机制合作，并且希望这样的过程最终会导致一个“完全主权的巴基斯坦”的建立。对代表团的计划拥有父亲般自豪感的阿扎德说服全印国大党委员会（All-India Congress Committee）在 7 月 6 日投票支持它，但他国大党主席的职位
361 在那时被尼赫鲁取代。几天后尼赫鲁举行了一个记者招待会，在会上他不讲策略地坦言，坚持国大党一直是“绝对自由的”并且“不受”方案的任何细节的“约束”。至于分组问题，尼赫鲁提醒有“极大可能性”是“不分组”，因为 A 组可能决定反对它，西北边境省也许会选择离开 B 组，而阿萨姆反对加入孟加拉。关于联邦行政部门的中央权力，尼赫鲁争辩道它将要求在“严重危机时刻全面干预的权力”，而且这样的中央权力“会不可避免地加大”。

国大党与联盟的分歧

真纳把尼赫鲁的评论解读为“对长期方案依赖的基本形式和它的所有原则的彻底拒绝”。对于伟大领袖来说，这是国大党背叛和“它的

小气和斤斤计较态度”的另一个例子。这时真纳可能已经知道使他筋疲力尽和轻易就得卧床的慢性“支气管炎”不只是一种短期的病症。留给他完成他一生中热切抱负的宝贵时间不多了，而且没有更多的时间可以浪费在与巴尼亚种姓(banias)、博学家(pandits)、将领(sardars)的讨价还价上了。他现在感到不仅被国大党，而且被内阁代表团背叛，后者飞回了英国，留下他与他从来就不信任的人“周旋”。甚至韦弗尔勋爵似乎也出于国大党的压力而背叛了、任命了六位而不是五位国大党的部长进入他的临时执行委员会，其中一位“代表”不可接触者，而联盟被告知要满足于几乎相等的人数。真纳于1946年7月27日在孟买召集他的联盟委员会，谴责政府与国大党等的“不诚实”并号召他的工作委员会预备穆斯林印度的“直接行动”。

“在联盟的整个历史上我们除了通过合乎宪法的方式和立宪政体外从未做过任何事情”，伟人领袖宣称，“但现在……我们要与合乎宪法的方式说再见了”，联盟在1946年8月16日直接行动日(Direct Action Day)宣布。“我们绞尽脑汁，”真纳说，“没有我们能去的法庭。只有一个法庭就是穆斯林国家。”在加尔各答的年鉴中，直接行动日被用血书写为“大杀戮”，苏拉瓦底总理(Premier H. S. Suhrawardy)的警察被 362
命令享受一个特别的假期，城市黑社会照管街道时，发起了一周的“放纵的暴行”。在72小时之内超过5 000人死亡，至少2 000人受重伤，仅加尔各答市就有10万名居民无家可归。这仅仅是系列内战(Civil War of Succession)的开始，它将英国国王统治的最后一年变成了社区暴力、恐怖和屠杀的狂欢。它从加尔各答蔓延到达卡，从东孟加拉到比哈尔，并从那里到孟买、艾哈迈达巴德、拉合尔。凡是穆斯林占统治地位的地方，就有更多的印度教徒被杀；而在印度教徒占多数的地方，
1946至1947年冬天在印度主要城市里阻碍交通的尸体堆中就可以发 363
现更多的穆斯林尸体。韦弗尔邀请尼赫鲁形成一个临时政府，它于1946年9月2日开始运行，尽管就在前一天它的其中一位非联盟穆斯林成员萨法特·艾哈迈德汗爵士(Sir Shafatt Ahmed Khan)刚令人沉痛地死亡。

362

1946 年学者贾瓦哈拉尔·尼赫鲁和伟大领袖真纳在西姆拉。(由葛蒂图片社拍摄,保存在赫尔顿档案馆。)

363 新国大党政府的就职典礼,几百万印度穆斯林家庭以飘扬的黑旗致敬。到 10 月中旬,真纳听从了总督的个人请求,动怜悯之心到如此程度以至于允许利亚卡特·阿里汗(Liaquat Ali Khan)和他的四位联盟成员进入新内阁。不过,假如由于他的不合作策略(真纳规定的)一个联合的印度政府是不可能的话,作为财政部长的利亚卡特·阿里通过截留资金能够“制定政策”和阻碍每个部的有效运转。那时英国通过在 12 月派出韦弗尔、尼赫鲁和真纳前往伦敦,与佩西克·劳伦斯、克里普斯和艾德礼会谈,作出最后的尝试以挽救内阁代表团的计划,但三天的激烈争论足以让尼赫鲁飞回国内并且告诉贝拿勒斯的一位听众“现在我们完全不指望伦敦”。不过,联盟拒绝参加于12月9日由尼赫鲁召集的制定宪法的国民代表大会,而且到1947年年初,影响权力和平移交的一切进展似乎都停止了。

艾德礼首相于1947年2月20日在下院宣布他的国王政府决定不晚于1948年6月把它的权力移交到“负责的印度人手中”,其意味着一个“能够维持和平的”政府。在发现有足够多的国内问题占据着他们所有管理人才的头脑和时间后,现在英国人急于放弃印度的负担。维多利亚女王之曾孙、勇猛的东南亚的盟军战时总司令路易斯·蒙巴顿勋爵(Lord Louis Mountbatten,1900－1979)同意接替韦弗尔担任总督,但只是在一段有限的时间内。蒙巴顿的皇家魅力被认为是全世界都无法抗拒的。他希望自己能在1948年6月之前分好印度这块饼,并急于回到皇家海军去。

蒙巴顿和他的同事于1947年3月22日坐飞机到德里,在酷热、干旱几个月后满怀对第一次季风暴雨的希望。他立刻与尼赫鲁和利亚卡特·阿里会面,寻求打破使临时政府瘫痪的他们之间的僵局。韦弗尔警告蒙巴顿:真正的困难是利亚卡特的“对一切较大的收入征收重税” 364
的提议,它使国大党陷于“被号召保护它的大商业支持者的惹人反感的立场”。不过,尼赫鲁坚持联盟“决定破坏任何经济计划”,而且他很快发现自己完全被蒙巴顿的个人外交迷住,不但是总督,还有他迷人的妻子埃德温娜(Edwina)的魅力。甘地在第一次与蒙巴顿会面时建议:“停止”印度教徒与穆斯林之间暴力的最佳方式是邀请真纳接过尼赫鲁的工作并任命他自己的行政部门。蒙巴顿没有把圣雄的想法作为一个严肃的提议,尽管甘地坚持他是“绝对真诚的”。尼赫鲁对甘地的提议非常愤怒以至于他称“父亲”“有点老了”。

蒙巴顿在德里会谈时,旁遮普点燃了社区骚乱和毁坏的火焰。尽管它的56%、约3000万名居民都是穆斯林,旁遮普却被希兹尔·哈亚特汗(Khizr Hayat Khan)领导的、由印度教徒、锡克教徒和非联盟的穆斯林组成的统一党联合政府所管理着,直到他于3月初辞职。联盟急于在马姆多特汗(Khan of Mamdot)的领导下形成自己的行政部门,但统治者担心好战的锡克教徒的领袖塔拉·辛格祖师会以卡尔萨(khalsa)的名义要求采取反对联盟的"直接行动",点着被压抑了暴力的火药桶,它会使旁遮普到处都是"去死吧,巴基斯坦!(Pakistan Murdabad)"的叫喊声。塔拉·辛格及其追随者要求建立一个锡克教徒的国家——锡克斯坦,但蒙巴顿拒绝加以考虑。阿姆利则和拉合尔成为残杀的中心;所有的英国军队都从旁遮普撤出并从印度的港口乘船回国,在英国统治最后决定性的几个月里到处都是纵火、抢劫和巷战。西北边境省联盟在阿卜杜尔·加法尔汗(Abdul Ghaffar Khan)的兄弟萨希卜汗(Khan Sahib)博士的领导下发起反对国大党政府的不合作主义的斗争。

同时,甘地在他爱的朝圣之旅中徒步穿越东孟加拉的诺阿卡利(Noakhali)和蒂佩拉(Tiperah)地区,试图缓和单在这些地区就造成几千人死亡的社区冲突。他像往常一样与农村民众直接交流,不急不躁地向不识字的农民讲述在这一历史时期发生的一些巨大变化,希望劝说所有人"信奉"他的非暴力不合作的宗教哲学(sarvodaya,字面意思是"人人幸福"),并且希望自己能活到 125 岁以便能有足够的时间看到
365 革命性新生的梦想的实现。不过,在他完成自己的孟加拉之旅之前,圣雄被取消了向受难的少数民族提供他能提供的帮助的比哈尔之行,他听到那里的印度教徒正在杀戮穆斯林。"对我来说,"甘地告诉他比哈尔的朋友,"诺阿卡利穆斯林与比哈尔印度教徒的罪孽一样深重,同样应该受到谴责。"此时甘地开始在公共集会上朗诵《古兰经》中的祷文,甚至当他在印度教寺庙中时也这么做,一些狂热而年轻的印度教地方自治主义者把甘地视为他自己信仰的背叛者,称他为"穆罕默德甘地"和"真纳的奴隶"。

到 4 月中旬,蒙巴顿逐渐考虑巴基斯坦是"不可避免"的,尽管他最亲密的顾问警告他不要产生两个巴基斯坦,担心孟加拉的这个会成为农村的贫民区。真纳为获得一个"破旧的巴基斯坦"而非常担忧,但他很快接受了孟加拉与旁遮普的分割。4 月 20 日,尼赫鲁公开宣布联盟

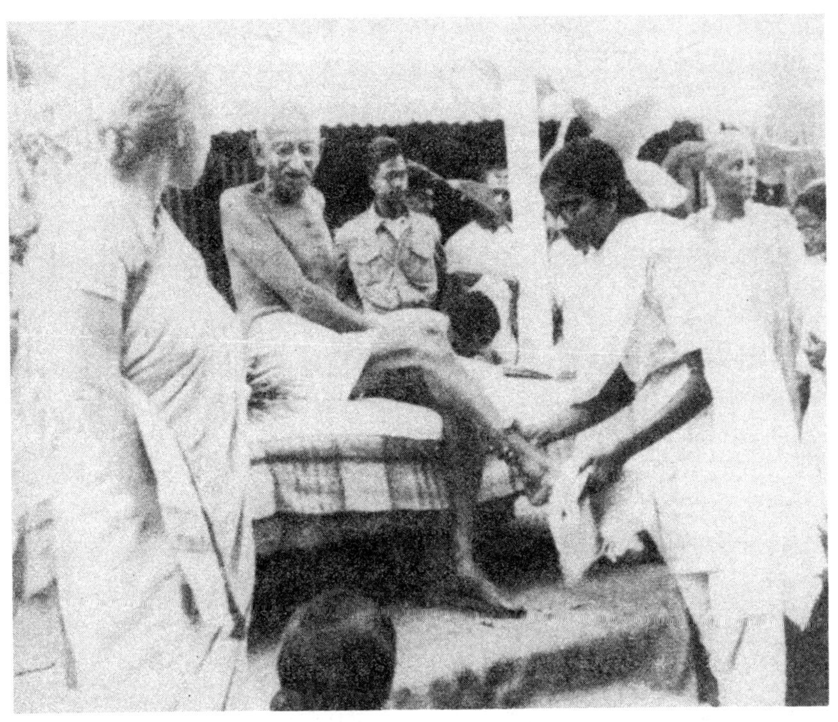

1947年摩诃特玛·甘地在孟加拉的诺卡利(Noakhaili)休息,他收养的"孙女拐杖"摩奴(Manu)在按摩他的脚。(由葛蒂图片社拍摄,保存于赫尔顿档案馆。)

如果坚持的话它可以拥有巴基斯坦,但只有在"他们不能带走不想加入巴基斯坦的印度其他地区的前提之下",联盟原则上持几乎不反对的立场。孟加拉的首相苏拉瓦底现在提出建立"一个拥有主权的、独立的和不可分割的孟加拉",但被国大党和联盟冷淡地不予理睬,他们都认为他的提议是不可接受的。尼赫鲁坚决反对把印度分割成小国,而真纳决心在他的国家诞生前夕不会向巴基斯坦人口的大多数屈服。持续的内乱以及不但英国官员和商人、而且还包括印度军队和警察的腐败的道德,使主要的政党都倾向于最后由梅农在与瓦拉巴巴伊·帕特尔磋商中形成的方案。英国的权力将迅速移交给印度统治者,在有些地区可能会退出,如果其人口的大多数投票决定这么做的话。尼赫鲁私下同意分割,开玩笑说他希望通过"砍掉头我们可以不再头痛"。只有甘地拒绝接受他的祖国被分割,但掌权的人没有谁会再注意圣雄的意见。 366

蒙巴顿忽视了他多次的请求，并且把艾德礼内阁提交给他的英国权力移交时间表缩短了一半，拒绝听从他的邦统治者的意见，他们明白无误地警告他如果太快进行分割会有“大屠杀”。

1947 年 7 月 15 日，下议院宣布精确地说再有一个月“两个独立的自治领”将会在印度建立，“其名称分别是印度和巴基斯坦”。指定了一个由法律专家西里尔·拉德克里夫爵士(Sir Cyril Radcliffe)领导的边界委员会，为了使主持这一分割次大陆机构持有必需的公平，特别要求其成员此前从来没有到过印度；也不会再回到这块土地，这块土地的新边界很快就会被绝望逃难的难民的鲜血浸透。八位印度高级法院的法官四位来自孟加拉，四位来自旁遮普，一半由国大党选出，另一半由联

367

尼赫鲁总理、“狮子鼻”伊斯梅(“Pug” Ismay)勋爵、总督迪克·蒙巴顿(“Dickie” Mountbatten)勋爵和巴基斯坦总督真纳在 1947 年 6 月英属印度分治和印度与巴基斯坦独立自治领产生前夕。(由葛蒂图片社摄影，保存于赫尔顿档案馆。)

盟选出，他们在西里尔爵士的帮助之下施划弯曲的线，但所有最激烈争议的决定都是由他在一些常常是过时的小地图上单独作出的，远离旁遮普的充满灰尘的现实，在孟加拉为雨水浸透的土地上的房间中作出的。尽管分割线划出得很早，蒙巴顿一直到8月中旬才让旁遮普与孟加拉的统治者知道，担心骚乱会笼罩8月14至15日的庆祝。并没有英国军队意识到要守卫新的界线或分别从两个方向穿越它的运送绝望难民的火车变成了民众的棺材。

迄今为止被那些拒绝相信分割可能性的人们忽视、或故意视而不见的分割将带来的无数实际后果，现在都涌入德里、拉合尔和加尔各答每位官员的办公桌上，他们的工作就是把英属印度的财产、债务，还有领土，分割成印度占82.5％，巴基斯坦占17.5％的两份。行政部门和军队不得不在一夜之间被分开，就像铁路、警察和纳税服务一样，就像卡车、大量的纸、钢笔和铅笔、卢比和英镑被分开一样。在一个月内，帝

368

一个印度竞技场上的斗象。(由葛蒂图片社摄影，保存于赫尔顿档案馆。)

国几百年里积聚、建立和创造的财产都被拆散,好像剖腹产一样使两个新国家得以产生。害怕第二天早上醒来发现自己已经被归入基本上对他们的信仰充满敌意的国度之中,因而被迫带上他们能携带的可怜的财产并放弃自己的土地和家园,几百万印度教徒、穆斯林和锡克教徒由此而产生的恐慌、痛苦几乎是不能想象的。据估计,1947 年夏天有 1000万人改变了祖国,其中有将近 100 万人从来没有活着到达他们期望的国家。根本不充足的 5 万名士兵的边界军队,他们中的大多数都为社区狂热所感染,被集中到旁遮普以帮助平稳过渡。大部分时间他们在兵营里,擦洗他们的武器和靴子,而向东运行的列车上装载的锡克难民都被巴基斯坦的穆斯林所残杀,而向西的穆斯林都被印度的锡克教徒和印度教徒滥杀。流动成了一场痛苦的浩劫,抢劫、强奸和谋杀盛行。甘地称通过分割的独立对于国大党来说是一条"木质面包",毒害了那些吃它的人,而让那些拒绝吃它的人去挨饿。作为下议院反对党
369 领袖的温斯顿·丘吉尔称蒙巴顿急忙从南亚撤出所有英国的保护为"可耻的飞行"和"仓促的逃跑"。

蒙巴顿在 7 月 25 日召集印度邦主们举行会议,解释道在 8 月 15 日英国的权威终止的时候,他们应根据规定的地理接近原则,加入印度或巴基斯坦。帕特尔司令官(Sardar)与大多数邦主商量加入协议,向他们承诺会得到与他们从英国国王政府那里得到的几乎一样的支持,条件是他们要服从印度自治领在防御、外部事务和通讯方面的权威。真纳说服巴基斯坦领土内的少数几个穆斯林邦主也这么做。不过,两个最大的王国克什米尔与海得拉巴,还有一个小王国朱纳格(Junagadh)提出了特殊的问题:向新统治者提出他们最棘手的造成冲突的直接原因。蒙巴顿希望这两个自治领的总督继续存在,至少可以帮助他们度过生命中前几个月的危机,但真纳对他的公平没有充分的自信,并且决定自己成为巴基斯坦的总督。另一方面,尼赫鲁很高兴能继续服务——至少名义上——在印度独立后蒙巴顿勋爵的领导下。真纳于 8 月 7 日坐飞机从德里到卡拉奇,他从印度的领土离开象征着一周后分割的正式生效。"败坏是随着外国政府而开始的,"甘地这天写

道，并补充说，“我们的后继者并没有利用麻烦来改正过去的错误。”他不想留在德里参加印度独立的庆祝活动，而是回到孟加拉继续把他的爱的劳动作为印度一个人的“边境巡逻”。

在新德里拥挤的制定宪法的国民代表大会上，当1947年8月14日午夜时分接近时，印度的第一任总理贾瓦哈拉尔·尼赫鲁站起来宣布：“许多年前我们同命运订约，现在时辰已到，是我们实现誓言的时候了，不是全部或完全实现，但是绝大部分实现。在这午夜时分，整个世界都在沉睡，印度却唤醒她的生命与自由。”在那里，他号召印度独立政府的同事们“发誓献身于为印度及其人民，以及为人类这一更伟大的事业服务之中”。三色旗在德里的红堡顶上打开，在其外边的黑暗中，几百万人都在欢呼他们国家完全主权地位的开始，尽管这时尼赫鲁还在警告，“过去还在牢牢地抓住我们”。

第二十三章　尼赫鲁时代 (1947 — 1964)

370 印度独立后的 17 年，处于目标明确、才华横溢的总理贾瓦哈拉尔·尼赫鲁有活力的领导下。潘迪特吉(Panditji)，正如一般被称呼的那样，似乎出现在任何地方，出现在所有重要的正式就职典礼、会议、议会和集会上。他是印度的高贵人物和被女性所崇拜的偶像，才华、英俊的外表和沉思时的孤独独特地结合在一起，为他赢得遍及全国的两性和所有年龄的喜爱者。他完成的要比他希望的少得多，几乎没有享有他感觉好像要享有的权力，他鼓动的要比他完成的多得多的事实，只是稍微减弱了他对印度历史的影响或者其遗产的意义。尽管如此，他是印度外交政策和五年计划的设计师，是这艘国家舰船的船长，像一个身着费边社会主义思想外衣的阿育王或阿克巴专制君主一样仁慈。

在印度获得自治领地位的头两年半，尼赫鲁被迫与国大党说话率真的强力人物萨尔达·瓦拉巴巴伊·帕特尔(Sardar Vallabhbhai Patel)分享核心权力，副总理的职位是专门为帕特尔设立的，而且他还在尼赫鲁的内阁中担任内政与国务部长。这位权贵不具备尼赫鲁的世界主义视野、才学或魅力。他是个律师，在印度所受的训练足以通过地区辩护律师的考试，并且足够精明地在其家乡古吉拉特邦的凯达(Kheda)建立了刑事辩护的良好声誉，在那里他奠定了继续获得政治上支持的坚实基础。之后他去了英国,成为一名中殿律师学院(Middle Temple)的律师,并返回艾哈迈达巴达实习。比尼赫鲁大 14 岁的帕特
尔被大多数年老的工作委员会成员视为甘地的更适当的接班人,但是 371
他缺少潘迪特吉的广泛的吸引力,特别是在有社会主义思想的印度年轻人中。因此,在印度政治中心,他被迫处于尼赫鲁的阴影之下,但是对于帕特尔的气质和政治技巧来说,这是一个极其合适的职位,因为他最不为人注意地享有最大限度的权力,特别是任免权。如果尼赫鲁是其国家的名誉负责人,帕特尔则是国家的脊梁。他是印度农民的耐力和精明天性的缩影,在这一点上他极像甘地。

海得拉巴和朱纳格

1947 年 8 月 15 日,作为国务部长,在他能干的秘书梅农的协助下,帕特尔说服除海得拉巴和朱纳格之外的、印度境内的 550 个小王国,加上这个次大陆上 570 个邦中最大的克什米尔,接受新统治。虽然朱纳格的行政长官纳瓦布和海得拉巴的君主尼扎姆是穆斯林,其压倒多数的国民却是印度教徒,因此,本着民主的精神,在决定这些邦接受谁的统治方面,考虑其国民的优先选择而非仅仅考虑其君主的专横愿望,似乎是唯一合适的做法。地理位置也是一个最重要的决定因素,至少在海得拉巴是如此,它完全被印度包围。尼扎姆不愿意接受,因此被视为独断专行的狂想,而印度接受了海得拉巴一年停顿期的协议,允许尼扎姆到 1948 年 8 月作出决定。1948 年 9 月 13 日,印度军队侵入了该邦,德里将其称做代号为“马球行动计划(Operation Polo)”的“警察行动”。在四天里,印度陆军南方军区的两个师粉碎了海得拉巴的抵抗。朱纳格比海得拉巴小得多,但是,情况很相似,虽然位于离卡拉奇海路约 300 公里的卡提瓦半岛的海湾,其纳瓦布宣称他有绝对的权力加入巴基斯坦,他于 1947 年 8 月 15 日已经这么做了。印度政府担心朱纳格加入巴基斯坦会对“整个卡提瓦半岛的法律和秩序造成不良后果”,因此对其实行了经济封锁,随后武装了一支印度教徒流亡者组成的“解放军”以控制该邦。

372 查谟和克什米尔

克什米尔则属于另一类问题，因为其 400 万居民中的四分之三是穆斯林，但是其大公哈里 · 辛格(Hari Singh)是多格拉拉其普特(Dogra Rajput)印度教徒。大约 8.5 万平方英里美丽并且具有很高战略意义的不动产环绕、眩惑着北印度和西巴基斯坦，查谟邦和克什米尔邦对两个自治领来说是最有吸引力的地方，事实上它是如此有吸引力，以至于两个自治领不止一次为争夺它而开战。查谟的多格拉拉其普特部族通过他们能干的克什米尔婆罗门公务员、学者们(最著名的家族是尼赫鲁-考尔[Nehru-Kaul]部族)统治着克什米尔。1932 年，穆斯林神秘主义者、“克什米尔之狮”穆罕默德 · 阿卜杜拉族长(Sheikh Muhammad Abdullah，生于 1905 年)成立了他的全查谟和克什米尔穆斯林协会(All-Jammu and Kashmir Muslim Conference)，要求在邦政府中有一个穆斯林的职位。七年后，族长的早期民族主义运动得到加入其党派的印度教徒和锡克教徒的支持，并且将其名称改为全查谟和克什米尔国民大会(All-Jammu and Kashmir National Conference)。然而，在第二次世界大战结束之前，大王甚至不愿意将小部分专制权移交出去，以要求过多的罪名将阿卜杜拉族长关进监狱。在英国权力移交倒计时快结束时，哈里 · 辛格与巴基斯坦签署了一个停顿协议，承诺不能接受任何一个国家的统治，希望其多山的邦能够被允许保持独立，成为亚洲的瑞士。其大多数居民的公社制情结、通往巴基斯坦的全天候公路以及克什米尔控制着印度河和旁遮普其他河流的河源的事实，使其当然有充足的理由倾向于加入巴基斯坦，但是，哈里 · 辛格无疑担心：其保留权力的前景在穆斯林统治下可能比在印度更不乐观。在 8 月底和 9 月初他正拖延的时候，位于克什米尔西南角的彭奇(Poonch)省爆发了叛乱，穆斯林农民们起来反抗多格拉拉其普特部族地主。彭奇的叛乱得到了邻近的巴基斯坦穆斯林的支持，他们数次穿过邦的边境去援助同一宗教信仰的人争取土地自由的斗争。哈里 · 辛格将叛乱视为巴基斯坦废黜他的一次阴谋。大王转而寻求新德里的支持，并从监狱中释放了阿卜杜拉族长,让他飞到那里与尼赫鲁商谈,因为后者在其前 10 年斗争中曾支持阿卜杜拉的国民大会。1947 年 10 月 21 日, 373
族长通知德里新闻界克什米尔人想要“归属前的自由”。然而,巴基斯坦的英国军队的运货车已经挤满了几千名全副武装的帕坦人,他们从阿塔克渡过恒河,向东高速行进,当年亚历山大就是从这里率领他的军队穿过印度河,沿着杰赫勒姆河谷到达通往斯利那加的未设防的巴拉姆拉(Baramula)公路。

10 月 26 日,哈里 · 辛格正式加入印度并要求军事支持以保护斯利那加。考虑到克什米尔穆斯林居民占绝对优势,蒙巴顿坚持认为,印度的接纳“得是在侵入者被赶出国土”并且秩序得以恢复后,“以公民投票显示的人民意愿为条件”。尼赫鲁和他的内阁部长们同意了。将第一锡克营(First Sikh Battalion)从德里空运到斯利那加是在第二天早上进行的;山谷的首都得以保存,部落的军队在几天之内向西部转移。在这个时候,真纳试图使巴基斯坦军队投入战斗,但是他的英国总司令格雷西(Gracey)将军说,在没有得到最高统帅、陆军元帅奥金莱克(Field Marshal Auchinleck)预先同意的情况下,他不能命令其军队与姐妹自治领的军队战斗。10 月 28 日,奥金莱克飞到拉合尔通知总督真纳:如果他坚持继续派巴基斯坦正规军进入“在法律上已归属印度”的克什米尔,自己将“自动并立即”要求在巴基斯坦军队中服役的所有英国军官撤离。

第一次克什米尔战争

克什米尔战斗一直激烈地进行,直到邦的实际分割沿乌瑞(Uri)和彭奇以东被稳定下来的战线完成时为止。年底前,部落侵入者大约有 3 万人,这些人成为阿扎德 (Azad,“自由”)克什米尔政府的正规军,控制邦的西部不到四分之一的地区,不包括克什米尔山谷。阿扎德克什米尔连同其位于穆扎法拉巴德(Muzaffarabad)的首府随后加入巴基斯坦。从没有在整个克什米尔举行过公民投票。尼赫鲁坚持巴基斯坦从克什米尔撤离一切“入侵者”以“取消其侵略行为”,以此作为公民投票的先决条件,真纳提议要同时撤出“印度自治领的军队和部落成员”。
374 阿卜杜拉族长被安排飞回斯利那加担任总理。由联合国安排的停火直到1949年1月1日才得以实现。

在未经宣布的印巴克什米尔战争继续的同时,数百万衣着褴褛的印度教徒难民涌入德里和加尔各答,他们蹲坐在露天的地方、火车站站台、街道和小巷,当他们实在无法前行而倒下时,他们就在倒下的任何地方安“家”。德里以北的帕尼帕特(Panipat)建了一个难民营,根据史诗中的战场取名为俱卢之野(Kurukshetra),痛苦哀号声在那个冬天再次在这里回响。摩诃特玛·甘地对国大党精英们在如此多的贫困难民不断加剧的悲哀之中的利己态度很快失去了耐心,厌倦了印度教徒对穆斯林的迫害,决定“我的战斗必须在德里展开和取胜”。

摩诃特玛·甘地被暗杀

1948年1月11日,甘地建议:与其让国大党这个充斥着“腐败和堕落”,一个“腐败”和“强权政治”的地方,一如既往地继续运行,不如“解散”它。第二天他宣布:他决定绝食,“用这种方式抗议”在印度首都迫害穆斯林,努力在信仰各个宗教的印度人中恢复“内心的友爱”。“与无助地目睹印度、印度教、锡克教和伊斯兰教的毁灭比起来,死亡对我来说是一个光荣的解脱”,那天下午甘地在他的住所比尔拉庭院(Birla House)对祷告会的听众说,“让我的绝食尽快唤醒良知,而非使它死亡。认真审视在心爱的印度开始出现的堕落”。这是他最后一次绝食。他听取了悲痛与祈求的声音,其中一个声音来自帕特尔族长,他承诺给巴基斯坦提供迄今被印度扣留的4 000万英镑现金资产,他在不到一周的时间里结束了绝食。所有内阁成员都聚集在甘地床边保证信守诺言。尼赫鲁宣布甘地生命的丧失就意味着“印度灵魂的丧失”。然而,有些人在叫喊“让甘地去死吧!”准军事性的印度教公社的国民志愿者协会(Rashtriya Svayam Sevak Sang,印度教大会[Mahasabha]的
375 变种)的狂热的婆罗门成员密谋暗杀那个“活得太久”的“老男人”。就在1948年1月30日日落前,当甘地在比尔拉庭院的花园里走向祷告

会讲台时，一个浦那吉特巴万，南度蓝姆·高德西(Naturam V. Godse)，萨瓦卡尔(Savarkar)的知识分子信徒向甘地开了致命的一枪。

那天晚上，尼赫鲁在新德里发表全国广播讲话，说“我们生命中的明灯熄灭了，到处都是黑暗”。甘地被暗杀带来的震惊帮助印度政府镇压了印度教集团主义的反动势力，这股势力曾控制了德里和很多其他大城市，并且给了现世思想的尼赫鲁一个优势，他需要利用公愤，从现在其地位被严重削弱了的权贵们手中夺回对国家和警察的控制权。国民志愿者协会被宣布为非法；高德西被判犯有谋杀罪，被处以绞刑；反对婆罗门的暴乱席卷浦那、那格浦尔和孟买等印度教大会的印度教徒支持的主要中心。在德里，印度穆斯林少数族裔更容易平息下来。通过殉难，甘地比他活着时更接近实现他的印度教徒-穆斯林一体化的目标。

印度宪法

1949年，印度立宪会议(Constituent Assembly)选举安贝卡博士(Dr. Ambedkar)担任起草委员会主席，为印度的“主权民主共和国和联邦(Sovereign Democratic Republic and Union of States)”制定一部宪法。1950年1月26日，主权来自人民的印度共和国成立，在纪念它的第20个独立日时，此宪法成为法律。印度公开宣告宪法的目标是“使其所有公民获得社会、经济和政治上的**公正**；思想、言论、信仰和崇拜的**自由**；地位和机会的**平等**；在确保个人尊严和整个国家的统一的同时，促进公民间的**友爱**”。这些崇高的原则反映了尼赫鲁个人的理想，但是它们是由一个生而为不可接触者、后来成为共和国司法部部长的人领导的委员会起草的，这一事实使其获得了特别的力量。在强调独立印度的世俗和平等理念的同时，尼赫鲁常常猛烈抨击印度的“种姓制度和祭司横行的社会”。现在，所有成年公民都拥有公民权在严格的法律意义上使印度成为民主国家。1951年，1.73亿人有资格投票选举差
不多4000名代表，虽然80%的选民是文盲和穷人。 376

总统和副总统拥有与其作为共和国而非王国仪式上首脑的角色相

一致的权力,除了一个"紧急状态"条款外,这一条款是从魏玛共和国宪法(Constitution of the Weimar Republic)借鉴而来的,它准许印度国家首脑完全出于"安全"的考虑而"暂时中止"宪法长达六个月。宁可拥护共和政体也不愿选择君主制。拉金德拉·普拉萨德(Rajendra Prasad)博士是印度首位总统,出色的梵文学者和吠檀多哲学家,萨维帕利·拉达克里希南(Sarvepalli Radhakrishnan)博士是首位副总统,他于1962年接任普拉萨德成为印度第二位总统。因为印度的政治体制基本上是以英国模式为基础的,总理(尼赫鲁)是共和国的实际首脑,是人民院(Lok Sabha)、两院制议会的最强大的下议院的首脑。在1950至1951年冬天的竞选运动中,尼赫鲁个人旅行了3万多英里,期间作为其政党的杰出领导人,据估计他打动了大约3 000万投票人,国大党赢得了全面胜利,得到了人民院489个席位中的362个,虽然全民投票不到总数为1亿投票人的一半(45%)。

为了与英国政府在印度法案中创立的历史传统相一致,印度共和国保留了合众国的联邦制,中央与地方分享权力。原来英属印度的各邦此后被称做"A部分"诸邦,最初只有九个邦,而孟加拉恢复其分治时名称西孟加拉。原来的王国作为"B部分"诸邦被整合进联邦,也是九个,海得拉巴、查谟和克什米尔、迈索尔和特拉凡哥尔-科钦本质上仍然像独立前一样,大约275个小些的公国合并成五个新的行政区:中央邦(Madhya Bharat)、伯蒂亚拉(Patiala)和东旁遮普邦联盟(PEPSU)、拉贾斯坦邦("王土")、索拉施特拉(Saurashtra,"海之国")和温迪亚邦("山区省")。最后,还有61个较小且更原始的地区被重组为10个中央管理的"C部分"诸邦。邦立法机关选举中央上议院,即联邦院(Rajya Sabha)的代表,具有相对平等的地区代表性,仿效美国的参议院。人民院代表由全体人民选举,每50万到75万选民选举不超过1名代表。

377 中央(联邦)政府承担防卫、原子能(显示了卓越的远见,因为该议题在1970年之前与印度是不相干的)、外交事务、铁路、航空、船运、邮电、货币以及几乎100项较小的事务(包括仍然是"自由"印度法律武器的“预防性拘留”)的全部责任。各邦负责治安、司法工作、公共健康和卫生、教育、农业、林业、渔业、地方政府和大约60项其他职能。还有一个包括经济和社会计划、贸易和商务、商业和工业专卖、联合和垄断企业、工会等47项分享联邦权力的“合作目录”,确保中央在邦的任何重大问题上坚持自己的意志。贱民制被废除,任何形式的贱民习俗都被禁止。

“我们很幸运地见证了印度共和国的诞生,我们的后人会因为这一天而非常羡慕我们”,在第一个共和国日,尼赫鲁对其国民说,“但是这个可能失去的东西需要我们自己努力工作来积极地保卫,如果我们松劲儿或者如果我们朝错误的方向看,它就会溜走。”

解决贫困

长期以来,尼赫鲁和国大党认识到贫困是印度大众面临的最关键而紧迫的问题。现在英国人走了,他们不能再简单地将责难转移到外国人的身上而拖延解决这一民族悲剧。作为一个有知识的社会主义者,尼赫鲁一直提倡中央经济计划,而且早在1931年他就推动国大党通过了一个号召对国家主要工业实行国有化的决议。1948年,尼赫鲁在其政党的经济项目委员会(Economic Program Committee)担任主席,1950年3月,他担任国家计划委员会(National Planning Commission)的主席,该机构为计划“最有效、均衡地利用国家资源”而创建。1951年4月,当印度第一个五年计划开始时,它是一个适度的计划,要求到1956年国民收入增长11%,年商品生产与服务总值从大约180亿美元增至
200亿美元。然而印度人口的持续、惊人的增长,1950年大约为3.6 378
亿,远远抵消了第一个五年计划期间食品生产的实际增长,特别是由于大多数旁遮普小麦产区的损失和增加的数百万需要供养的非生产性难民。因此,普通的“自由”印度人一直是世界上营养最差的人之一,在其日常食用的粥里缺乏蛋白质和维生素,成为所有营养不良类疾病的受害者,特别是肺结核,每年夺去50多万人的生命。印度人当时的预期寿命平均只有32岁,大约只相当于大多数经济发达国家的一半。印度

的人口仍然以每年500万至600万的速度在增长。

第一个五年计划期间花费的37亿美元公债总额中,30多亿都仅用于恢复印度战前的消费品生产能力、修复通信系统和试图提高农业产量上。工业和采矿业只得到资本总支出的7.6%,能源部门得到11%。1951年,印度不得不从美国购买大约400万吨小麦,并在之后的20年里一直是食物匮乏的国家。1952和1953年季风的缺少加剧了印度的食物匮乏程度,由于饥荒再次在大陆上蔓延,食用谷物进口增加了两到三倍。不管怎样,到第一个五年计划结束时,食用谷物生产总量从5200万吨增至6500多万吨。

维诺巴·巴韦的捐地(Bhoodan)和赠村运动(Gramdan)

在尼赫鲁时代发起了几次主要的运动以解决农民"落后"和农村贫困的问题。维诺巴·巴韦这个甘地的主要信徒,在1948年通过说服富有地主"收养"他作为他们的第五个儿子并给予他"土地的馈赠(他随后将这块捐地转送给没有土地的劳动者)",试图反击印度共产党在海得拉巴的说泰卢固语地区和德干其他贫穷地区的影响力。很多地主都以捐地来响应,虽然还不到他们财产的五分之一,只是土地的一部分,可能还是最不适宜耕种的或产出最低的,但都多多少少要捐出一些。在10年之中,维诺巴吉(Vinobaji)——正如他被称呼的,征集了100多万英亩土地,他的捐地运动为他赢得了国民的欢迎和国际声誉。萨图
379 (sadhu,托钵僧)虚弱的私语,希望通过要求"赠村"和"捐献人的生命(jivan-dan)"来阐述他的思想。在追寻他的导师的萨沃达亚(sarvodaya,人人幸福)的社会主义遗产、在其不断"朝圣(yatri)"的过程中,他几次徒步走遍整个印度。像甘地一样,维诺巴吸引了很多来自偏远地区的追随者。他和一群虔诚的信徒走过一座座村庄,像一位来访的圣徒一样受到欢迎。印度民族主义运动的几位著名领袖献出了他们的"生命",包括国民社会主义党(Congress Socialist Party,后来的"人民的"[Praja]社会主义党)创始人之一——贾亚普拉卡什·纳拉扬(Jaya Prakash Narayan,1902－1979),他献身于农村的复兴。贾亚普拉卡什

号召将“印度政体重建”为一个“有机的民主政体”，强烈支持计划委员会因希望加速乡村发展的步伐而提出的另一个想法——五人村委会管理 (Panchayati or panchayats Raj)。

农村地区的发展

1952 年 10 月 2 日，摩诃特玛·甘地诞辰纪念日这天，中央政府在
福特基金会的资助下启动了其第一个地区发展和乡村扩大项目
(Community Development and Rural Extension Program)。最初的开
支不大，但是想法是革命性的，要求培训工作人员帮助村民通过自助
“改变”他们的社会经济生活。村级的工作人员，有些像后来的和平队
(Pre-Peace Corps)[1]的印度多面手，被派去以各种实用方式帮助由五
座村庄组成的一个小组，包括开垦荒芜或闲置的土地；通过小喷灌或挖
井技术增加水供应；引进改良的种子、家畜和肥料；消灭蚊子和其他害
虫；修建小学等。每个项目区域要由 100 座村庄组成，三个这样的区域
叫做一个组群。到第一年年底，一共有 55 个组群，每一组群人口大约
有 20 万农民，耕地面积约为 15 万英亩土地。福特基金会出资培训了
所有项目执行官及其工作人员。这是一个雄心勃勃的计划，但在农村
工作的现实中的进展并没有理论上那样成功，许多努力与资金都被浪
费在从未被使用的一次性浇灌的混凝土小便池上、在其排水系统很快
导致污染的地方挖新井，或者试图教给老农民新技巧，但他们总是有充 380
足的理由不情愿去学。在招募需要把他们的美好蓝图转化为有效行动
的几千名出色而忘我奉献的年轻人方面，福特基金会远没有甘地成功，
金钱都被浪费在过于狭隘地解释自助这一项目目标的许多工作人员身
上。贫困、农村的保守主义、文盲和迷信，再加上不断增加的人口压力
(1959 年一年就增加了 1 000 万)，有限的水资源，缺乏化肥、电力及能
源，所有这一切使印度农村的振兴成为世界上最难以解决的问题之一。

---

① 由志愿人员组成的美国政府代表机构，成立于 1961 年，为发展中国家提供技术服务。——译者注

五人村委会管理

五人村委会管理于1959年在印度第二大和最落后的北方的拉贾斯坦邦开始，该邦有750公里沙漠与巴基斯坦西部接界，新德里把它选为农村重建实验地，除了其政治含义外，还增添了战略重要性。这个想法是：通过将村民动员到国家建设和发展的实际过程中，加强经济计划的根基。古代的村委会(panchayat)大概是由每一座村庄主要的雅利安人户主组成的宗族村镇委员会，被“推选”出来管理他们的共同事物。事实上，历史上广为人知的五人村委会成员是一伙保守的长者，通常由村长领导，其世袭权力建立在继承的、从战斗中赢得的大量土地上，或者由于给统治者提供特殊服务而由更高一级权力机关准予免税。因此，这些村庄的“自然领袖”不一定是任何当地社区的最开明的人士，他们一般对改变也不感兴趣。当然，他们生活在邻居们中间，并且因此反映当地的利益，至少是他们高种姓的利益。每一个五人村委会的成员们选出他们组中的一人参加第二层次的五人村委会地方会议(Panchayati Samiti)，它与地区发展的组群相应。由大约50个成员组成的地方会议由组群的执行官担任主席，并且依次选出一个成员接触地区政党(Zila Parishad)，即该集权民主国家的金字塔形等级制度的
381 第三层。所有三个层级都应该有双向的交流。五人村委会管理从拉贾斯坦邦传播到联邦的其他大多数邦，到1964年，印度共有大约300个地方政党和差不多5 000个五人村委会地方会议。

第二个五年计划

第二个五年计划(1956－1961)比第一个更加雄心勃勃，耗资几乎是第一个五年计划的三倍，食用谷物产量提高到近8 000万吨，虽然1961年印度有4.4亿张嘴要填饱。1959年印度政府决定实施计划生育，但仍然是在没有获得真正赞同的情况下这么做的，因此在减少农村社会的大量文盲方面并没有实质性的进展。工业和采矿业从第二个五年计划中得到大约20%的资金，多亏这些资金，铁矿石产量从1956年

的400万吨增加到1961年的将近1100万吨,煤产量从3800万吨猛增至5400万吨,印度的电力翻了一倍。成品钢的产量低于预期增长,1961年只有240万吨。棉纺织业仍然是印度的主导产业,1956年后每年产量都超过50亿码。

1954年12月,国大党将“建立社会主义模式的社会”作为执政党的目标,当新一届选举日临近时,尼赫鲁和计划委员会的其他内阁成员呼吁在印度工业中实行“真空社会主义化”,提高其平民主义言辞的声调。但是尽管言辞华丽,在尼赫鲁时代,私营企业仍然占有牢固的地位,安全无虞并且赢利越来越大。印度政府几次尝试获取极少数莫卧儿商人、零售商、马尔瓦尔人(Marwaris)、帕西人和耆那教徒(其中很多人,如比尔拉家族[Birlas]、塔塔家族、萨拉巴伊家族[Sarabhais]和巴贾吉家族[Bajajs]都是国大党及其候选人的最知名的支持者)的过度利润和快速积累的财富,事实证明这些尝试对除律师以外的所有人都是没有好处的,律师们在每条法令中都能发现足够大的漏洞,数百万卢比就此流走。左翼政治反动派、社会主义者和共产主义者,迫使国大党承诺进行越来越激进的经济改革,但是没有左翼联盟对尼赫鲁政府提 382
出选举上的严重威胁,因为在政治舞台上他是如此有力的社会主义者,抢夺了共产主义与社会主义政党的候选人的风头。

国大党的右翼政治反动派也持中立态度,因为它的两个主要政党——1951年成立的印度人民党(Bharatiya Jan Sangh)和1959年成立的自由党(Swatantra Party)——没有提出使民众围绕它团结起来的真正的议题。虽然人民党印度教复兴主义号召力的潜在力量是巨大的,毕竟印度主要是一个印度教国家,尽管它自称世俗国家。正如对自由党来说,其主要纲领是自由(laissez-faire),更多“自由”的呼吁很难吸引百万没有土地、没有家或者两者都没有的农民大众。

第三个五年计划

虽然土地所有制落后、土地分配不公平和贫困继续困扰着印度农村,第三个五年计划(1961－1966)使印度一跃成为世界第七大工业最先进的国家。在比莱(Bhilai)、杜尔伽普尔(Durgapur)、罗尔科拉(Rourkela)和伯克哈罗(Bokharo)建起了新的钢铁厂,到1966年,成品钢总产量超过700万吨。但是,由于印度经济的其余部分还很不发达,一些成品钢被出口到日本。现在铁产量超过2500万吨,煤炭产量超过7400万吨。生产的电能是430亿千瓦小时,是1961年产能的2倍多。印度生产了1100万吨水泥,50万吨化肥,250万台电扇,150万辆自行车,6万台内燃机和9000多万吨食用谷物。英国、美国、俄罗斯和前联邦德国的资金和技术援助在很多关键领域帮助印度工业获得了发展的动力。国际援助印度俱乐部(Aid-to-India Club)这个由六个国家(美国、英国、加拿大、法国、前联邦德国和日本,美国是主要的捐助者)组成的国际财团向印度的第三个五年计划提供了50多亿美元。因此在很大程度上,尼赫鲁时代的工业化是一个国际性事业,尼赫鲁的"不结盟"政策带来了经济恢复,多亏了这一政策,在世界仍然被冷战分歧
383 所严重分割时,印度获取了来自东方和西方的技术和资金援助的收益。但是,尼赫鲁时代印度的工业政策一直背负着担忧的包袱,担忧西方帝国主义者在印度经济发展过程中通过外部私人投资的大门重新统治印度。因此印度不仅没有鼓励外国私人投资到更高效的、能加速印度全面增长的企业,还对所有进口设立了高关税,而且将其最重要的工业部门置于政府办事部门的专门控制之下,其官员总的来说对经济学知之甚少或者僵化地控制着特有的工业部门。因此,印度经济逐渐以"发许可证的管理(Licensing Raj)"而闻名,被无效率和惧怕创新与竞争的企业所损害。给每一个工业冒险强加的无休止的许可证管制,使印度工业在全球工业中落后并缺乏竞争力,直到尼赫鲁的无益的政策最终被国大党于1991年放弃后,印度经济对国际投资和企业自主行动才快速开放。

自己作为外交部长,尼赫鲁确定了印度的外交政策方针,跟所有国家一样,首先受国家利益支配;因此,克什米尔战争、海得拉巴"警察行动"和1961年果阿从葡萄牙统治下的"解放",无不如此。经过与葡萄牙多年的无果谈判,葡萄牙坚持认为,果阿、第乌(Diu)和达曼(Daman)是葡萄牙国家"不可分割的"部分,尽管它们距离遥远。法国更随和一

些,于 1954 年将本地治里,其在南亚的最后一块飞地还给了印度共和国。1954 年,果阿解放委员会(Goan Liberation Committee)在孟买成立,在接下来的几年里发动了几次坚持真理运动(satyagraha),在尼赫鲁最终于 1961 年 12 月允许印度军队进驻果阿并控制该地区以前,牺牲了一些印度人的生命。不过,总的来说,尼赫鲁使印度外交政策与作为印度历史组成部分的一些原则相统一:反殖民主义和反种族主义是其中最突出的,都产生于对英国统治的反抗。印度宣布对和平的关注和对和平缔造者角色的偏爱可以被视为甘地式政策的发展,该政策反过来深深植根于佛教、耆那教和古代印度教的理想中。

尼赫鲁的"不结盟"外交政策 384

尼赫鲁的外交政策也以稳固印度在"不结盟"的亚非国家这个"第三支力量"中的领袖地位为目标。虽然他说服印度留在英联邦(British Commonwealth)中,尼赫鲁将自己的大陆和非洲看做天然的同盟。甚至在印度赢得自治领地位之前,尼赫鲁于 1947 年春天在德里召集了一次亚洲关系会议(Asian Relations Conference)。来自 28 个亚非国家的代表出席了这次会议。1949 年,他主持了由 15 个亚非强国参加的第二次会议,以谴责荷兰在印度尼西亚的"警察行动"。尼赫鲁认为,亚洲处于"骚动"中,而且存在着"亚洲人的感情这一事物"。1955 年,在印度尼西亚万隆(Bandung)召开的亚非会议上,尼赫鲁发现他不是唯一一个希望作为那里代表的 29 个国家的领袖站到前面的人。尼赫鲁的亚洲联合政策的关键是中印的友谊,而且在 1954 年 4 月印度与中国缔结了贸易协议,在协议中关键的"五项原则(panch shila)"被制定出来:相互尊重主权和领土完整;互不侵犯;互不干涉内政;平等互利;和平共处。这是中印协议新时代的开端,其口号是"印度人和中国人是兄弟(Hindi-Chini bhai bhai)"。

社会改革 385

这是一个社会、政治和经济变化的时代。作为一个所谓的世俗共和国，印度不得不在很多方面改变自己，这种改变中最困难也是最根本的是在宪法中废除不可接触制度。但是，直到 1955 年不可接触(Untouchability)(犯法，Offences)法案(Act)被通过，虽然对高种姓印度教徒仍然歧视这些 6 000 多万陷于贫困的居民中的少数族裔进行明
386 确的处罚，但是没有针对执行宪法中废除不可接触制度的法律赔偿。为帮助补偿神的子民(harijans)[1]，并且帮助他们克服一出生就被强加的不利条件，印度政府为所有竞争性的中央政府部门和邦立法院及人民院的席位都设定了专门留给“前不可接触者”的名额。他们还为这个社会经济地位低下的“群体”保留了一定比例的大学补助金。具有讽刺意味的是，获得“逃避”一个人悲惨过去的优厚待遇和专门的提升机会却要求前不可接触者首先得确认他们自己是这样的出身。以贾瓦哈拉尔作为旗手，通过三次普选，国大党在人民院中维持了一个稳定多数票，1962 年的最后一次普选有 2.16 亿印度人去投票，选出的国大党成员占据了人民院 494 个席位中的 361 席。国大党也控制了邦议会，赢得 2 930 个席位中的 1 800 个，反映了尼赫鲁一直广受民众欢迎的程度和反对党无力汇集力量对抗国大党。

印度的妇女解放斗争至少可以追溯到 1829 年萨蒂风俗的废除上，这是一个漫长而令人痛苦的、缓慢的过程。在印度教和伊斯兰教传统与法律中，妇女的从属和屈从地位一起，将许多艰难困苦和无能强加在印度妇女身上，几乎剥夺了她们所有的人权。她们在婴儿或幼儿时期就被嫁给从未见过面的男人，从此成为丈夫的合法动产，没有权利与所憎恨或鄙视的丈夫离婚，如果她们成为寡妇就是有污点的人，坠入“活地狱”的被遗忘状态，不能继承真正的财产，经常被极度虐待和诽谤，不识字并处于从属地位。多亏甘地，众多妇女参加了印度民族主义运动。他们的最伟大的领袖，如萨罗吉妮·奈杜(Sarojini Naidu)和尼赫鲁唯一的女儿英迪拉，一生都投身政治，但是对于农村妇女接近奴隶制的被

① 梵语“Hari(哈里)”，指“毗湿奴”，jan 是指“人”，“神之子民”为甘地所创用，指印度的不可接触者，即被排斥于种姓之外，社会地位最低的“贱民”。——译者注

奴役的状态而言,她们是“第三性别”的例外。印度妇女的自杀率可能是世界上最高的。

独立极大地改变了印度妇女的法律地位,首先她们被赋予了包括选举权在内的公民的权利与特权。妇女有机会升迁到国家任何一个职位,包括总理职位。仿效甘地的更高种姓的印度教徒可以与首陀罗和不可接触者通婚的建设性劝告,1949 年,印度教徒婚姻合法化法案(Hindu Marriage Validating Act)通过,以消除种姓间通婚的障碍。1955 年,《印度教婚姻法(Hindu Marriage Act)》最终赋予印度教妇女 387
离婚的权利;另外,该法提出男性 18 岁、女性 15 岁这一结婚的最低年龄。寻求鼓励印度教徒一夫一妻制的同时,如果存在“另一个妻子”或“另几个妻子(虽然娶几个妻子的男人不能与前一个配偶合法地离婚,他有义务继续供养她)”分享他们的丈夫,婚姻法允许任何一个妻子起诉离婚。1956 年通过的《印度教继承法(Hindu Succession Act)》赋予女童与男性兄弟平等的继承父亲财产的权利。同一年,《领养和赡养法(Adoption and Maintenance Act)》允许妇女领养男孩子和女孩子,并保证任何领养的女孩子享有与领养的男孩子同样的权利。这几乎不亚于一场法律革命,给绝大多数的印度妇女(这些法令没有改变穆斯林妇女的地位)提供了在法律面前完全平等的权利。但是,无论是多数印度教妇女了解她们的新权利,还是她们有足够的自信、勇敢地充分利用这些新权利,都还需要一些时间。1956 至 1957 年,9 200 万妇女中几乎有 40%拥有投票权,将 27 名妇女选入人民院,105 名妇女选入邦议会。

印度每一类改革的有效实施在很大程度上都与独立的印度教育体系相适应。自从 1864 年大不列颠印度教育体系(British Indian Educational Service)建立后,该体系在英国的指导下得到了发展,在尼赫鲁去世前至少一个世纪里,印度引进了英国教育的专业标准,该标准旨在培养印度教师和学者精英。国民教育和甘地强调在印度课程中需要更多职业和手工培训的瓦尔达(wardha)计划,极大地修正了英国的体系,但是对教学创新来说,有效地将印度极度保守的精英体系改变为真正国民和民主的体系,还需要一些时间。为所有 14 岁以上的印度儿童提供免费义务教育的郭克雷的梦想，作为一个被期望的“指导原则”写入印度宪法。确定实现这一国家目标最初是在1960年，但是当时所有年龄在6至11岁的印度儿童中只有60%上学，11至14岁的只有20%上学。然而，第三个五年计划的目标是到1966年，使大约5000万年龄在6至11岁的印度人中的75%接受教育。但是，即使事实证明
388 这个更节制的目标不可能完成，因为这需要约33万新教师、学校数量要增加50%。在20世纪50年代的10年里，教育进步似乎使人印象深刻，到1959至1960年，差不多5000万各个年龄段的印度学生在接近50万所学校中上学。1961年的统计数据显示：全国平均识字率增至23.7%，虽然印度妇女的识字率只有12.8%。

识字率不仅是指英语的，还包括印度多种本土语言，特别是用天城体字母书写的印地语，它被印度宪法指定为“联邦的官方语言”。甚至从1920年的那格浦尔国大党(Nagpur Congress)开始，印地语就已经与作为印度“民族”语言的英语分享讲台了，虽然最初它仅限于为母语为古吉拉特语的中央邦的甘地所使用，选择印地语作为国语是因为它被大多数印度人使用，并且它与北部的所有其他的印度-雅利安语密切相关。在那格浦尔，沿着语言区分界线，而不是按英国行政区划这个更随意的历史界线，重新划定印度国内省份界线的想法首先被提出，国大党随后将其分为21个语言省委员会。因此，期望印度共和国采取适当行动实施如此的国内重组是自然的，但是，划分的可怕后果挫伤了那些到目前为止坚决提倡省界线任何内在改变的人们的热情。

语言邦运动

但是，语言“分离主义者”是不会沉默的，建立“语言省”的第一次强有力煽动出现在北部马德拉斯说泰卢固语的地区，他们想建立一个自己的、根据古代德干帝国而得名安得拉的邦。与甘地相比，尼赫鲁不太支持语言邦运动，仅在安得拉运动的圣父波蒂·室利拉摩尔(Potti Sriramal)于1952年12月绝食而死之后，才屈从于大众的压力，这导致1953年10月1日安得拉邦的产生。现在尼赫鲁面临来自印度更多地区

建立语言邦的要求。他任命了一个邦重组委员会(State Reorganization Commission, SRC)研究这个问题,因而将进一步行动推迟到 1955 年 10 389
月委员会的报告出来后。邦重组委员会的建议在第二年也没有得到执行,即印度被重新分为 14 个邦和六个中央直辖区的那一年。所有这些邦现在料想都包含说同一种语言的人口。因此,喀拉拉邦是说马拉雅拉姆语(Malayalam)者的家;卡纳塔克邦(迈索尔邦)是说卡纳拉语(Kanarese)者的家;遭受如此剥夺的马德拉斯其人口差不多都是泰米尔人——因此随后更名为泰米尔纳德。语言邦重组原本是想为邦政治家们提供新的权力基础,并以此来削弱达罗毗荼分离主义分子要求在南部印度建立一个“达罗毗荼斯坦”的基础。在极有性格魅力的伯里雅尔(Periyar,泰米尔圣雄)罗摩斯瓦米 · 耐克尔(E. V. Ramaswami Naicker,1880 － 1974)的领导下,达罗毗荼联盟(Dravida Kazhagam, DK)于 1914 年在马德拉斯成立,该组织通过诉诸他们土生土长的“种族”自豪感(他们在南印度土壤中扎根推测起来要早于雅利安人的入侵和其后印度教的征服),长期以来将非婆罗门的神之子民(即贱民)和被压迫的首陀罗集合在“达罗毗荼纳德(Dravidnad)”的平台上。因此,在泰米尔纳德出现的“两个种族”理论导致口头的、经常是暴力的分离主义分子的“国家”要求,包括焚烧印度国旗和宪法,还有“南印度”拒绝接受印地语为“国家语言”。伯里雅尔最有前途的追随者、对精神领袖失去信心的安纳杜赖(C. N. Annadurai)于 1949 年成立了一个更加好战也更受欢迎的达罗毗荼进步联盟(Dravida Munnetra Kazhagam, DMK),通过主张激进土地改革、革命性的经济变革和广泛的达罗毗荼人的文化要求,吸引了一批具有广泛基础的拥护者。达罗毗荼进步联盟对泰米尔地区的控制是牢固的,德里中央政府在处理与这些南部地方势力的“君主们(他们的分离主义潜力是如此的危险)”的关系时特别谨慎,而且对于其过错总是很慷慨。

根据邦重组委员会的报告,孟买邦维持不变,虽然事实是其人口的德干部分绝大多数说马拉提语(Marathi),而孟买城市以北地区包括所有的卡提瓦半岛,绝大多数人说古吉拉特语。在孟买两个新的政党——马哈拉施特拉统一党(Samyukta Matharashtra Samiti)和大古吉拉特党(Maha Gujarat Parishad)——一夜之间声名大振,它们将国大党从邦政府中清除出去,而且证明对古代语言区忠诚的力量要比时
390 间更短暂的国家纽带更强大。尼赫鲁和国大党抵制了几年,但是邦分割的要求只是变得越来越刺耳、越来越具有暴力色彩,最终导致孟买市爆发骚乱,德里被迫宣布将孟买分割为古吉拉特邦和马哈拉施特拉邦并于 1960 年 5 月 1 日生效,从而停止了抵制。在尼赫鲁时代,另一个新邦通过发动地区叛乱而产生,印度从前割取人头作为战利品的那加部落(Nagas)的偏远而丛林茂密的故土,那加部落为之战斗并于 1963 年 12 月 1 日实现了他们的要求,从阿萨姆独立出来,那加兰(Nagaland)因此成为印度第 16 个邦。

语言邦鼓动的蔓延削弱了尼赫鲁对自己继续将印度巨大的多元主义联邦保持在一起的能力的自信心。1958 年,在他 69 岁时,潘迪特吉请求免除自己官职的重担,但是由其声明引发的抗议浪潮说服他不要退休。似乎只有他才有能力消除右派、左派和处于中间的国大党各派系间日益增大的思想分歧。1964 年 5 月 27 日,尼赫鲁总理还在办公室时去世。第二天,在德里亚穆纳河畔“和平之舟(Raj Ghat)”上岸处,这里靠近皇家上岸处、也是早些时候火化摩诃特玛·甘地的地方,尼赫鲁的遗体被火化。10 年前,尼赫鲁写下了自己的最后愿望和遗嘱:

> 在我死后,不需要为我举行任何宗教仪式。我不相信任何一种这样的仪式……
>
> 就我而言,我的愿望是将我的一把骨灰撒入没有宗教含义的安拉阿巴德的恒河里……
>
> 从孩童时代起我就为安拉阿巴德的恒河和亚穆纳河所吸引……尤其是恒河,是印度之河……
>
> 是印度悠久文化和文明的象征,时时变化、一直流淌却始终如一……

当檀香木的火焰从印度第一任总理的火葬柴堆上升起时,聚集在一起、充满着敬意观看的数百万人哭喊着:“潘迪特吉永生了(Panditji amar rabe)!”他的声望和能力超过了莫卧儿王朝的任何一位皇帝或任何一位英国总督。

第二十四章　从集体领导到英迪拉统治(1964－1977)

391 紧接着尼赫鲁时代的是总理拉尔·巴哈杜尔·夏斯特里(Lal Bahadur Shastri, 1904－1966)领导下的议会集体领导的插曲。夏斯特里("教师")以他对党的忠诚和谦逊而闻名,1964 年 6 月 9 日,他突然被议会两院的同事们一致推选为总理。这一时期,党的铁腕人物、"首脑"、泰米尔出生的总统鸠摩罗斯瓦米·卡马罗阇·纳达尔(Kumaraswami Kamaraj Nadar,1903－1976)灵巧地"控制着"夏斯特里的选举,就像他会成为其继承人一样。卡马罗阇("爱之王")在潘迪特吉时代的末期与尼赫鲁密切共事,而在 1963 年,他们公开了著名的专门为振兴议会而设计的"卡马罗阇计划",号召它最强有力的中央内阁的大臣们和各邦首席部长们辞职,为了政党回到农村从事基层工作。事实上,这一计划是摩诃特玛·甘地早些时候建议整个内阁辞职的改进版;愤世嫉俗的人把这只看做是为了给尼赫鲁的女儿、他唯一的孩子一个难得的闪亮登场的机会,是将像财政部长莫拉尔吉·德赛(Morarji Desai,1896－1995)这样强有力的领袖从新德里的政治中心排挤出去的聪明办法。

英迪拉·甘地

英迪拉·甘地(Indira Gandhi,她死去的丈夫菲罗兹[Firoze]与摩诃特玛·甘地没有关系)害羞而谦卑,作为她父亲家中的正式女主人、护士和最亲密的同伴而陪伴他在家中生活。她以青年议会(Youth 392
Congress)和政党左翼的“起骨干作用的核心小组”的领袖身份而开始了自己的政治生涯,并且与尼赫鲁一起在全世界旅行。她圆滑地否定了许多观察家相信的或许她“有资格”接替她父亲的观念。不过,尼赫鲁的去世对英迪拉来说还是太快了,她此时还没有选举或内阁的经验,还不能将深度的悲痛转移到继承其父衣钵的白热化竞争中去。甘地夫人满足于在夏斯特里政府中担任内阁的信息与传播大臣,这是能提升她的公共形象的适当位置,允许她广泛地旅游,并且教会她媒体、信息传播和现代社会中的思想控制这些有价值的事物。莫拉尔吉·德赛拒绝了卡马罗阇的支持,放弃了部长职位的额外补贴,徒劳地为争取国大党中许多人认为的他“有权利”获得尼赫鲁的高职位而努力;他最后同意接受夏斯特里的折中的候选人资格方案。

正如现在统治印度的夏斯特里-卡马罗阇委员会的集体领袖们所称的“联合组织”,包括被邀请到德里加入内阁的强有力的首席部长们,像安得拉的尼兰·桑吉瓦·雷迪(Neelam Sanjiva Reddy,1913－1993),前议会领袖、安得拉1964年以前的首席部长,夏斯特里的钢铁与矿业部长,人民院的发言人(1967－1969)以及1977年后的印度总统。其他受欢迎的各邦首领,像马哈拉施特拉的耶什万特·查范(Yeshwant B. Chavan,1913－1990),他在1962年11月担任尼赫鲁的国防部长,并一直担任这一重要职务。查范后来由英迪拉调至内政、财政和外交部。在与巴基斯坦的布托(Bhutto)关于克什米尔的谈判中,事实证明,公开反对旁遮普锡克教徒的斯瓦兰·辛格(Swaran Singh)是一位强硬的磋商者,他后来成为夏斯特里的外交部长。夏斯特里的总理职位是短暂的并因种族冲突而分裂。因与巴基斯坦在1965年“开战”,印度的第二任总理成为全国最大的牺牲品。

1948至1965年的巴基斯坦

对于巴基斯坦来说,最初15年的自由是最动荡的和政治上不稳定的日子。由于过早地失去了它的“伟大领袖”穆罕默德·阿里·真纳(于 1948 年 9 月 1 日去世),巴基斯坦挣扎在各省之间的冲突,以及在
393 各方同意形成一部宪法之前差点儿将动乱的领土给拆散了的意识形态纷争的泥潭中。巴基斯坦的第一任总理利亚卡特·阿里汗(Liaquat Ali Khan, 1905 – 1951)是真纳在重组穆斯林联盟时的主要助手,在与尼赫鲁谈判时表现得比安抚他的百姓更为老到,1951 年 10 月 16 日,他在陆军总部所在的拉瓦尔品第(Rawalpindi)市的暗杀中成为牺牲品。正统派对利亚卡特世俗现代主义的不满与西北边境的阿富汗-帕坦分离主义感情,以及从印度“占领”中“解放”克什米尔让人垂涎的山谷、从巴基斯坦控制区中解除干预的军事要求共同密谋了这次暗杀。在利亚卡特被谋杀之后,巴基斯坦首先落入一系列由英国文职传统培训的缺乏想象力的文职官僚之手,在 1958 年后一直处于“戒严”的强硬的控制之下。卡拉奇拼命争夺权力的官僚们与政客们都没有找到永久解决最棘手的巴基斯坦宪法问题的方案:如何为东孟加拉的大多数人提供代表权的“公平的”份额,又不至于彻底出让西旁遮普和信德的民族领导权,或者如何在不失去巴基斯坦正统穆斯林领袖或他们庞大的追随者的支持的前提下,管理一个“现代的”共和国。由解决这两个问题的连续失败引起的政治紧张与挫折严重地削弱了巴基斯坦的中央政府,以至于它轻易地成为 1958 年军事政变的牺牲品。穆罕默德·阿尤布汗将军(Muhammad Ayub Khan,1907 – 1974),英国陆军军官学校培养的帕坦人,领导了政变,并很快从巴基斯坦军队总司令升迁为总理,自封为国家总统和它的第一个陆军元帅。20 世纪 50 年代冷战期间,巴基斯坦加入了为“抑制共产主义”而建立的约翰·福斯特·杜勒斯(John Foster Dulles)军事联盟的西方阵营(Western Bloc)“链”。作为中央协约组织(Central Treaty Organization)和东南亚协约组织(South East Asia Treaty Organization)的成员,巴基斯坦接受了来自华盛顿的大量军事与经济发展资助。尽管它的军队一直比印度的小得多,阿尤布自欺欺人地相信由“尚武种族”穆斯林战士掌控的巴顿坦克和 F-16 军刀机完全可以弥补战场上人数的不足。

佐勒菲卡尔・布托

不过,在发布他的新武器之前,阿尤布推出了他年轻的门徒,在伯
克利和牛津受过教育的佐勒菲卡尔・阿里・布托(Zulfikar Ali
Bhutto,1927 — 1979),拥有土地的贵族辛迪家族富有的后裔,正在试 394
图与印度就克什米尔的外交解决展开一轮内阁级别的“会谈”。尼赫鲁
坚定地拒绝允许全国范围的“全民投票”,直到巴基斯坦从阿扎德克什
米尔“完全从它侵入的地方腾出来”,这导致联合国一再努力使克什米
尔争端趋于停息。

卡奇的拉恩的冲突

印度与巴基斯坦的争端开始于 1965 年年初的卡奇(Kutch)的拉恩(Rann,“盐沼”),这是每年被季风降雨几乎全部淹没的荒地,形成印度与西巴基斯坦边境南部 200 公里的一个地区。声称巴基斯坦“非法巡逻”拉恩北部第 24 条纬线,印度边防战士沿着他们坚持属于印度版图的一线守卫着前哨。印度边防军声称巴基斯坦在拉恩以北第 24 条纬线上“非法巡逻”,于是沿着他们认为属于印度的一线部署前哨。巴基斯坦部队在 4 月向那些前哨射击并清除了他们,并在 4 月末之前用巴顿重型坦克和 100 磅的大炮将他们碾轧并轰成碎片。印度指控巴基斯坦把卡奇的拉恩作为集结地、以它的美式武器来考验印度的军事“自制力”。在阿尤布建议停火,6 月 30 日,双方同意在联合国的主持下建立一个联合委员会来划定边界之后,巴顿坦克表现良好,轻而易举地穿越 10 公里进入印度领土。就在那个夏天的季风雨淹没这一地区之前所有军队全部撤出。巴基斯坦似乎是这一轮的赢家,尽管印度并没有把它的主要力量投放到拉恩。8 至 9 月,冲突中心和对抗地点向北转移到克什米尔和旁遮普。

印巴第二次克什米尔战争

1965 年上半年,由克什米尔联合国维和代表团报告的违反停火协

议的次数“急剧”增加，总共达到 2 000 多次。印度指责巴基斯坦训练
395 游击组织潜入克什米尔。联合国观察员报告身着平民服装的武装人员从阿扎德克什米尔跨过停火线进入印度控制的查谟(Jammu)与克什米尔地区。巴基斯坦电台播放了突然在克什米尔爆发的“反抗印度帝国主义的自发的解放战争”的报告。8 月 14 日，布托正式否认巴基斯坦介入克什米尔“反抗暴政的起义”。次日，夏斯特里从德里红堡发表谈话以纪念印度独立 18 周年，谴责“巴基斯坦入侵克什米尔”并保证“兵来将挡，侵犯我们的人永远不会得逞”。8 月 30 日，印度坚持“有必要”派遣军队越过乌瑞附近的停火线以在乌瑞-彭奇(Uri-Poonch)的“人员暴增”地区“清除巴基斯坦入侵者”。作为对印度行动的回应，1965 年 9 月 1 日，巴基斯坦的正规军在奇哈姆布(Chhamb)地区越过停火线，向查谟进军。第二次印巴战争一触即发。9 月 6 日破晓前不久，印度发动了一辆三叉坦克冲向拉合尔。印度拥有大约由 90 万名士兵组成的军队，几乎是巴基斯坦军事力量的 4 倍，由于最近美国的支持，其空军与装甲部队有了大幅度的增加。驻扎在克什米尔的由 15 万名士兵组成的印度军队在维尔(Vale)和查谟轻而易举地夺得印度阵地并继续进军夺取了乌瑞的高地。印度的坦克向 300 公里内的拉合尔进军，毁灭了 450 多辆巴基斯坦的坦克。9 月 23 日，当联合国停火协议达成时，由于美国从战争一开始就实施禁运，双方的军火都快用完了。印度占领了巴基斯坦不到 500 平方公里的土地，而巴基斯坦声称“控制了”印度 1500 多平方公里的土地(大部分在拉贾斯坦沙漠)，其中 340 平方公里在印控克什米尔。不过，对三周战争的详细分析清楚地显示印度在军事上取得了胜利，从印度在拉合尔郊区对其军队的限制中(那时实际上是无可抵御的)可以看出它是有意向世界遮掩它的影响力的。

与对巴基斯坦一样，对印度来说，战争虽然短暂，却有助于转移大众对不断恶化的国内冲突和问题的注意力，团结整个民族，只有民族主义运动时期曾经达到这个程度。印度对克什米尔公民投票的消极立场
396 由于它在军事上的成功而得到强化。夏斯特里呼吁联合国安全理事会(Security Council)宣布巴基斯坦为“侵略者”，而阿尤布却要求“正义”。

塔什干和平峰会

作为扩大其在南亚影响的外交努力,苏联总理阿列克赛·柯西金(Aleksei Kosygin)邀请夏斯特里和阿尤布前往塔什干参加峰会以讨论他们之间共同的问题。1966年1月4至10日的塔什干峰会是夏斯特里总理参加的最后一次会议。在与阿尤布的历史性会晤的开幕式上,印度总理向他建议"我们这次会议的目标不应是为过去而互相指责,而是对未来焕然一新的展望"。他建议应为改善印巴贸易并确保未来更大的经济合作,而不是持续的武装冲突迈出积极的步伐。"沉重的负担压在我们的肩上。次大陆拥有6亿人口……让我们开始与贫穷、疾病和无知作斗争,而不是互相斗争"。紧接着是一系列密集的磋商,最后以夏斯特里与阿尤布于1月10日签订的协议而结束,宣布"恢复两国之间的正常、和平关系,促进两国人民之间理解和友好关系的坚定决心"。他们重申"在宪章框架下履行义务,不诉诸武力,而是通过和平手段解决他们之间的争端",双方同意不晚于1966年2月25日将各自的武装力量退回到1965年8月5日之前他们占有的地区。他们保证在未来,印巴关系"将建立在互不干涉内政的原则之上"。他们还承诺"取缔旨在反对另一国的宣传",以恢复正常的外交关系,并且"考虑恢复经济和外贸关系,通讯和文化交流的措施",所有这些都是由于印巴分治而被阻隔的。最后,夏斯特里和阿尤布同意遣返囚犯,"继续讨论关于难民的问题",并且"创造避免人民大批离去的环境"。它是迄今为止印巴达成的最有希望的协议,而且它似乎标志着南亚和平、友谊和合作新纪元的曙光。不过,在这一曙光到来之前,拉尔·巴哈杜尔·夏斯特里却去世了。在塔什干签订协议的时刻他却死于致命的心脏病发作。 397

印度现在的注意力集中到谁将接替夏斯特里的问题上来。紧接着,是在议会左右派的优胜者英迪拉·甘地与莫拉尔吉·德赛之间为继任而进行的残酷斗争,斗争没有为卡马罗阇圆熟的政治操作而减弱和远离大众视线,他试图说服莫拉尔吉遵从尼赫鲁的女儿。在69岁的年龄上,德赛感到自己太老了,因此不能冒险等待他认为自己最有资格担任这一职位的另一次机会。毕竟甘地夫人只有 48 岁,不仅是一位女性,而且还是遗孀,几乎没有什么行政经历。她的天然的国家选民是社会主义青年和妇女,与像莫拉尔吉·德赛这样的工业化印度的顽固领袖中如此难以对付的保守派首领斗争,恐怕不是一位实力相当的候选人,不过,她表面上的软弱给了她力量。卡马罗阇也非常清楚:如果莫拉尔吉当总理,他掌握任免权和幕后权力的日子就结束了,而英迪拉似乎更谦卑和容易改变一些。1 月 15 日,卡马罗阇召集八位首席部长在德里开会,在“一小时的审议”之后宣布他们全体一致支持英迪拉夫人。到傍晚,她实质上已确保国大党在议院 551 位议员的 347 票。两院四天后的投票用了几乎四个小时,而计票结果是英迪拉·甘地 355 票对莫拉尔吉·德赛的 169 票。

英迪拉·甘地总理

英迪拉·甘地总理立即承诺要继续由她父亲制定的政策并兑现夏斯特里在塔什干发出的誓言。她告诉她的国家:“我们应鼓励塔什干精神。”“如果可能的话,我们应享有国内外的和平。”她有足够的理由来修正她虔诚的愿望,因为几天之后,东北部米佐(Mizo)部落反抗遭遇印度军队的炮火,这是自那加兰邦成立对印度多民族国家的地方分裂增加新的压力以来最严重的一次起义。而且,1965 年雨季没有到来引起
398 人们对饥荒的担忧,在英迪拉竞选前夕,它显得如此地突出。拥有超越民族界线的总理的优势是,可以有效地从海外请求一些粮食和其他急需的金融支持,帮助议会作出抉择。在 1 月 26 日独立日传出的信息中,甘地总理宣布有希望得到来自美国的“足够的粮食”来“弥补”印度迫在眉睫的饥荒的亏空,并说,“我们感谢美国同情的理解和迅速的帮助”。华盛顿的民主党政府始终如一地遵循强烈支持对印度的外援政策,尤其是在面临饥荒时。印度中央邦的大部分地区已经饱受饥荒,而 1966 年粮食收成预计减少到 7 600 万吨(少于最高产的 1965 年的2 000 万吨),到 1966 年年底,约翰逊政府保证每月持续向印度海运美国小麦,这对几百万印度农民的生存起到了至关重要的作用。甘地夫人

在3月乘飞机到华盛顿,得到大约1 200万吨小麦和印度第四个五年计划第一年的4.35亿美元的美国信贷保证。“印度,与美国一样,热爱民主理想”,总理在向她表示敬意的午餐会上使位于华盛顿的全国记者俱乐部(National Press Club)确信。不过,关于她个人的和她的政党的集体领导的理想,她补充道:“今天,民主不可避免地意味着社会福利、机会均等、合理的生活标准和个人的尊严。人们不仅靠面包活着,也同样需要面包以享受自由。”

在确保来自美国的大量持续的援助之后,甘地夫人回国,在4月开始印度第四个五年计划,宣称它“将为农业的突破奠定基础”。尽管印度的国民收入只有34.1亿美元,而它的人口现在已超过4.75亿,总理注意到经济上有希望的“几个变化的征兆”。在前些年,给国家电网增加了两亿度电。在次大陆几个地区试验了一些高产量的新种子,而古吉拉特的农业合作社现在可以加工牛奶、糖,以及比印度历史上以前曾经生产的更加使人精力充沛和经济的其他商品。马德拉斯的1.8万座
村庄中的绝大多数都实现了电气化,6 800万名印度儿童都进了学校。 399
在前三个五年计划期间,成千上万印度人技术与管理技能的提高尽管不可能用数量表示,不过在“社会转变的质量与步伐”的提高方面“并不是不重要的”。

然而,在1966年6月,甘地夫人宣布印度卢比与美国美元比率从4.76贬值到7.50,印度反对党的领袖们都把这一举措解释为公开承认印度经济计划的失败和总理对美国“压力”的“屈从”。随着卢比的急剧紧缩,政府的信誉陡降,并且几乎在半年之后,国大党就得被迫为第四次全国大选而战。甘地夫人坚持贬值,要求提高印度出口以赚取更多的外汇。“不经受地狱与烈火,没有一个国家会获得经济增长与政治或经济的任何独立,”她告诉印度新闻界,“在这些年我们一直过着美好的温馨生活。除非我们愿意经受这些,否则我们别指望有任何突破。”这是一种勇敢但不受欢迎的立场。在国内,甘地夫人面临的罢工和食物骚乱的节奏越来越快,旁遮普鼓动语言与宗教分离主义,好战的锡克教徒则一直要求成立一个旁遮普邦(Punjabi suba)。

旁遮普"邦"的要求

锡克教徒约占印度人口的33%,他们的圣典是写下来的手卷古鲁语录(Gurumukhi),他们讲旁遮普语而不是印地语,旁遮普一直是一个
400 习用两种语言和社区冲突没有解决的地区。锡克教徒对国家地位的要求建立在旁遮普西北那一半的锡克教徒、讲旁遮普语的基础上,他们比哈里亚纳邦——面积4.7万平方公里的东南地区——在经济上更发达,说印地语的印度教徒在此邦占绝对多数。旁遮普美丽的新首府昌迪加尔(Chandigarh,由勒·科尔比西耶[Le Corbusier]设计的"银城")也被锡克分离主义者要求独占,他们从印度独立开始就要求国家的地位,它有时意味着国家的,尽管通常只是省或邦的自治。一个好战的信仰复兴运动的政党阿卡利·达尔(Akali Dal)首先在其间歇禁食的祖师塔拉·辛格的指导下进行斗争,然后在桑特·法塔赫·辛格(Sant Fateh Singh)的领导下实现了他们的要求。1960年12月,当祖师在监狱中时,桑特("圣人")通过为旁遮普邦禁食三周多而登上旁遮普的政治舞台。圣社与加桑党(Jan Sangh)在哈里亚纳正统印度教地区组织了"拯救北印度语"的游行示威。1965年印巴战争的爆发非常及时地推迟了桑特一直坚持到死的斋戒的威胁,他同意停火之后放弃斋戒,而内阁委员会审议了他们政党的要求。因此,新成立的哈里亚纳邦和旁遮普邦在1966年11月1日自以前的旁遮普产生,但直到达善·辛格·佩如曼(Darshan Singh Pheruman)在1969年10月绝食到死,以及紧接着桑特·法塔赫·辛格威胁要自焚之后,1970年年初,昌迪加尔才成为锡克教徒占多数的旁遮普邦的首府。

1967年的大选

1967年2月举行的第四次大选是对甘地夫人政府多数党的一次灾难性的打击,正像绝大多数政治分析家预计的那样。在人民院(Lok Sabha,下院),国大党多数派从200多个席位减少到仅仅使执政党能够继续执政的多数的20席,获得议院515个席位中的279席,仅仅赢得

直接投票的40%。在国家层面,全方位的惨败更加明显,因为在那里国大党失去了总席位中的大多数,只获得了3453个席位中的1661个席位。在西孟加拉、比哈尔、马德拉斯、奥里萨、喀拉拉和旁遮普,到1967年3月底在野联盟建立了非国大党的部。4月,北方邦的国大党联合部倒闭,在拉贾斯坦,由国大党领导的部非常不稳定以至于不得不 401
建立总督的统治。损害非常广泛,人民群众对国大党的领导普遍丧失了信心,以至于卡马罗阇试图孤注一掷地重建国大党,他通过劝说甘地夫人邀请莫拉尔吉·德赛回到德里作为她的副总理(这一职位原本是她的父亲为萨达尔·帕特尔[Sardar Patel]设立的)来虚拟地让渡主席职位。莫拉尔吉还想成为国内事务部部长,另一个为帕特尔拥有的部长职务,但英迪拉拒绝给予他掌控印度警察的权力,而让他做了财政部部长。她认识到:尽管1967年的选举对她的党是一个沉重打击,正是国大党的右翼,至少是它更老、更保守的领导层经受了最令人震惊的失败。因此她接受了卡马罗阇的计划,勉强与莫拉尔吉和解,为了所谓党的团结而与她自己的政治直觉妥协。不过,事实证明,政治上的权宜之计、这种不太可能的结合是徒劳的,国大党已不可能像摩诃特玛·甘地长期以来促使它去做的那样来改革自身,把个人的野心、贪婪和欲望升华为国家目标和公共事业,仅仅在独立后20年即1967年国大党失去了对权力的垄断。左、中、右每一个在野党的宣言都回应着同样令人清醒的主题:"今天国家生活的一切方面都处于混乱之中(自由党)"。"国大党……已经丧失了人民的信任……显露出对国家基本单位与完善的漠不关心,忽视人民的感受并且不关心平民的福祉(印度人民党[Bharatiya Jan Sangh])"。"在这20年中,国大党政府使人民失望之极(统一社会主义党[Samyukta Socialist Party])"。

国大党已失势的老保守派试图重获对党的机器的控制,但甘地夫人抵制他们并且越来越倾向于左翼立场。该年4月,美国决定重新开始向巴基斯坦输送武器和"零配件",1965年因战争爆发而中止的货运也重启,这有助于甘地夫人通过将其政府政策转向更快地实现"社会的社会主义模式(她父亲和国大党在十几年前就已承诺的)",坚定其重获民族信心的决心。当新一轮的南亚军备竞赛开始的时候,塔什干的精神就被埋葬了。现在印度拒绝签订在日内瓦向全世界提出的核不扩散
402 条约(Treaty on Nuclear Nonproliferation),正如甘地夫人所说的,坚持“拥有我所说的安全的可靠保证,我们才会满意”。自 1964 年以来,印度一直在它的特龙贝(Trombay)原子工厂提取爆炸性的钚元素。

印度决意证明它有关世俗国家的主张,尤其是在与巴基斯坦紧张关系不断升级的前夕,于 1967 年 5 月 6 日选举穆斯林副总统扎基尔·侯赛因博士(Zakir Husain,1897 – 1969)为共和国的第三任总统。这位出生于海得拉巴的侯赛因在柏林大学获得自己的哲学博士学位,在印度独立后的八年中一直是阿利加尔大学的副校长。印度新选的副总统维拉哈吉里·文卡塔·吉里(Varahagiri Venkata Giri,生于 1894 年),一位以前的劳工组织者,曾担任全印铁路员工联盟(All-India Railwaymen's Federation)的秘书长,是马德拉斯的劳工与工业部长和新德里的劳工部长。不过,国大党团结统一的日子屈指可数。曾带领印度实现它的国家目标的机器——激进派、自由派和保守派的庞大的联盟不再能维持其基本政治分歧而引起的内在紧张,最后,在 1969 年这个政党分崩离析。本年初的中期选举进一步显示,北方邦、西孟加拉、旁遮普和比哈尔不再对国大党提供支持,更加激进的反对党以及有勇气攻击过时的国大党政策和其未遵守诺言的独立人士稳步增长。甘地夫人有力地捍卫其政府将所有新兴重工业都置于公众指导之下的政策。5 月 3 日,总统侯赛因去世,副总统吉里在特别的总统选举期间担任代理总统。

国大党的分裂

甘地夫人与老保守派之间的裂痕进一步扩大,因为她选择了吉里,他只是得到法赫尔丁·阿里·阿赫默德(Fakhruddin Ali Ahmed)——强有力的国大党中央议会委员会(Central Parliamentary Board of Congress)中的一位穆斯林的额外支持,该委员会则选择了人民院的发言人桑吉瓦·雷迪(Sanjiva Reddy)作为它的正式候选人。没有悄悄地

服从她的政党领袖们的意志,甘地总理敦促吉里为了参加总统竞选而辞去代理总统职位,让人们知道他是她的候选人。在那年7月的国大党班加罗尔会议上,英迪拉公开了她的印度银行国家化的提议,实行一种强有力的土地改革政策,并且为个人收入和私人财产以及公司利润 403
设置上限。7月16日,甘地总理亲自掌控了财政部,将莫拉尔吉·德赛解职,结果后者立即辞去了自己的副总理职位。三天后英迪拉颁布法令,14家印度的主要银行实行国有化,包括中央银行(Central Bank)和印度银行(Bank of India),她解释道:“我们唯一关注的是加快发展,并且因此会对贫穷与失业问题施加明显的影响。”一个月后吉里选举的胜利证明:和仅仅在三年半前相比,英迪拉·甘地总理已经使她掌权的政党机器变得更为强大,也更受欢迎。集体领导的插曲结束了;团结的国大党统治时代也结束了;英迪拉的统治时代开始了。

1969年11月12日,甘地总理灵巧地战胜政党老保守派的策略,使她由于“无纪律”而被“开除”出国大党,接着英迪拉把议会中的国大党党员的大多数团结在“新国大党”的旗帜下。工作委员会几乎平分为莫拉尔吉·德赛的组织派(Organization)与英迪拉的执政派(Requisition),在德里这重要的一月里它们举行各自的会议,但英迪拉获得国大党200多位人民院议员的拥戴和忠诚的支持,而莫拉尔吉只获得65票,足以为他的党争得议会反对党的地位,但不足以使政府倒台。由于她的国大党(执政派)忠诚者中缺少人民院多数,英迪拉现在领导着一个全国左翼联盟,它既包括共产党,又包括地区性的达罗毗荼进步联盟和阿卡利·达尔党,他们都支持她通过不断增强政府的控制促使经济更快发展的基本政策。莫拉尔吉的国大党(组织派)得到自由党(Swatantra)和人民同盟党员的支持,但他的右翼联盟一直比总理的力量小得多。

巴基斯坦失去了它的孟加拉多数

正当印度政府进一步趋向左翼,而甘地夫人正想办法实现延迟已久的民族主义承诺以控制越来越不耐烦的民众的时候,里查德·尼克

404 松正要结束他美国总统任期的第一个年头，此时菲尔德·马歇尔·阿尤布汗正要退出，把巴基斯坦悲伤分割的土地转交给他的帕坦人门徒阿伽·穆罕默德·叶海亚·汗(Aga Muhammad Yahya Khan)将军(生于1917年)的军事控制。独立21年后，巴基斯坦东翼与西翼的差距在扩大，文化差异随着时间的推移也在加深。东巴基斯坦在经济上一直处于落后与贫穷状态，在占其总面积15%的土地上还要养活超过其1.2亿总人口50%的人，它通过出口黄麻为巴基斯坦赚取大部分硬通货外汇，却比西巴基斯坦获得更少的国家工业发展基金。东巴基斯坦在许多方面都是其西部的“殖民地”，主要由来自旁遮普、用乌尔都语而不是孟加拉语讲话与思考的官僚管理，并且由桑赫斯特(Sandhurst)[①]和“五角大楼”训练的帕坦、俾路支和旁遮普的将军和上校们掌控的军队或空军实施军事管制。真纳的国家统一的梦想在阿尤布的体制中被溶解，它通过交替使用逮捕与恐吓的策略来压制民众的反抗。

“国母(Mader-i-Millat)”法蒂玛·真纳(Fatima Jinnah，1893－1967)，凯德·伊·阿扎姆(Quaid-i-Azam)的妹妹，在1964年试图罢免军事独裁者，她作为巴基斯坦联合反对党(Combined Opposition Parties)的候选人竞选“总统”。不过，阿尤布的“宪法”把所谓基本民主人士(Basic Democrats)的选举权限制在8万人，他们一般从他的支持者中选出，常常是军事家族中的成员——来“代表”巴基斯坦的8 000万成年人，从而确保陆军元帅的胜利。尽管法蒂玛的名字充满个人魅力且她获得了来自东西部反对党的一致支持，但她的激烈斗争还是失败了，证明了巴基斯坦民主理想的无效和民众反抗的无力。不过，受欢迎的人民(Awami)联盟的孟加拉领袖舍克·穆吉布尔·拉赫曼(Sheikh Mujibur Rahman，1920－1975)在1966年3月向他的政党提出了一个激进的六点项目(Six-Point Program)：呼吁东巴基斯坦实际自治并要求省税收的完全权力，对外汇盈余的控制权，独立的军事力量或议会，独立但可自由兑换的货币，一个中央议会，在成人拥有普遍选

① 英国英格兰南部一村庄，为英国陆军军官学校所在地。——译者注

举权的基础上由民众直接选举一个由负责的立法机关管理的联邦政 405
府。穆吉布尔的六点项目成为孟加拉的纲领。在西巴基斯坦,布托也努力重新集合他在塔什干会议之后就从中退出的反对党,在国内"伊斯兰社会主义"和国外争取克什米尔"自由"的中巴合作的基础上,于1967 年 11 月成立了他的巴基斯坦人民党(Pakistan People's Party)。1968 年,阿尤布的政府控告穆吉布尔和八位谋反者犯有叛国罪,而同年,布托因"煽动民众,尤其是学生违犯法律并且诉诸暴力制造混乱"而被捕。不是镇压反对派,这种压制只能激起更大的骚乱和民众的不满,迫使阿尤布放弃了他的"基本民主",并把他失掉信誉的权力转交给最高统帅叶海亚的刺刀与坦克的统治。在 1969 年 3 月军事管制禁止孟加拉政治抗议的前几天,西巴基斯坦的援军被空运到达卡。尼克松向叶海亚表达了他个人的"祝贺与问候",而世界银行的援助巴基斯坦国际性协议(Aid-to-Pakistan Consortium)向他保证在下一年财政年度给予 4.84 亿的援助。

在美国的支持和建议之下,叶海亚在 1969 年 10 月宣布他的政府计划并称将在巴基斯坦举行大选——独立以来第一次——在他承诺"交出权力"以"选出人民的代表"之后的 1970 年 10 月。所有的政治犯很快被释放,但在 1970 年 3 月,叶海亚向国家报告了他的法律框架程序(Legal Framework Order),解释了巴基斯坦未来宪法的基本原则,他有预见地强调"世上没有权力"能将东西巴基斯坦分开,因为它们是"同一个身体上的两肢"。不过,他同时向公众透露了巴基斯坦雄心勃勃的第四个五年计划,承诺东巴基斯坦将比西巴基斯坦获得更多的公共支出。巴基斯坦似乎从它过去的错误中汲取了教训。

印度的"绿色"革命

鉴于引入了美国新研制的高产的墨西哥小麦(索诺拉[Sonora]64
号)和菲律宾的水稻,迄今为止印度在农业产量,所谓的绿色革命中实 406
现了突破,1968 至 1969 年印度的粮食产品提高到近 1 亿吨。尽管印度的人口每年大约增长 1300 万,据估计 1969 年人口为 5.3 亿,人均日消耗超过2100卡路里,预期寿命提高到51岁。缓慢开始的农村革命最终开始产生丰硕的成果。工业生产的速度也得到恢复,1969年有超过7%的增长,对减少失业有一定的帮助,并且给予英迪拉政府它需要的用以加固民众支持基础的经济利好消息。1970年3月,由英迪拉提交给议会的修改过的第四个五年计划提出对农业将有更大的财政支出,呼吁各邦和中央政府投入更多的资源以提高粮食收成。1970年6月,甘地总理亲自掌管内政部,保留原子能和计划部部长职务,因此比其父拥有更直接的对中央管理的责任。英迪拉统治的时代是加强中央权力的时代,也是印度坚持更独立于西方的时代。

1970年7月,洪水毁坏了东巴基斯坦的大部分地区,据估计造成1000万人无家可归,形成一波新的难民潮,他们向西移动,在印属孟加拉寻求食物和居所。从内部来讲,长期以来西孟加拉由于人口压力和失业一直是产生不满的中心,但在1970年它那恶化的政治气氛在北孟加拉的纳萨尔巴里(Naxalbari)地区爆发运动之后,随着被称为纳萨尔派分子(Naxalites)的极端暴力小派别的出现,向更坏的方面逆转,像拒绝选举,纳萨尔派分子把谋杀作为他们主要的政治策略,暗杀公众领袖和官员,并把加尔各答变成拥有令人恐惧的傍晚和"可怕夜晚"的城市。东孟加拉印度教难民的涌入——1970年大约有几万人——给加尔各答及其周围地区增加了拥塞、暴力和污染,而总统的统治则扩大到西孟加拉。

1970年,英迪拉的国大党提出了取消以前王公私用金和特权的议案,这些权利自独立以来由政府赐予那些废黜的王公。尽管有公开的
407 反对,印度宪法第24条修正案这一引起争议的提案在那年9月在人民院得到它必需的三分之二多数。当联邦院没能获得它必需的三分之二多数时,王公们就会被简单的总统令"撤销对他们的承认",而英迪拉再一次证明她比联合起来的反对派更为强大。1970年12月5日,最高法院取消了撤销承认王公的总统令,而且几位部长拒绝与英迪拉提出的土地改革和其他旨在更加公平地分配印度土地及资源措施的合作。"我们不只关心保住权力,而且关心使用权力以保证我们人民中的绝大

多数更好地生活,并且满足他们对公正社会秩序的要求”,甘地夫人在1970年12月27日呼吁进行新的选举时宣称。

同一个月,即12月7日,穆吉布尔·拉赫曼的人民(Awami)联盟在东巴基斯坦横扫选票,在巴基斯坦国民议会分配给东部的162个席位中获得160席。这是巴基斯坦第一次全国性的普选,没有一个政党或领袖比穆吉布尔的关于孟加拉自治的六点项目更能获得明白无误的信任。布托的巴基斯坦人民党在西部赢得多数选票,选出了81位议员。但叶海亚并没有准备下台并把巴基斯坦的中央权力转交给由孟加拉人掌控的政权,而布托也不愿接受穆吉布尔为总理。新选出的国民议会原本估计在1971年3月1日开会,而布托要求将它推迟,叶海亚同意了。3月初,穆吉布尔号召东巴基斯坦人民罢工。叶海亚立即实施宵禁令,几天后他承诺在3月25日召开议会。

1971年3月1日,印度的第五次大选开始,10天后的投票结果是英迪拉执政的国大党获得惊人的胜利,在人民院515个席位中赢得350个绝对多数,夺回反对党的16个席位。“国家作出了清楚的裁定:支持我的政党的政策和项目”,英迪拉宣布并明确说明了旨在“减少经济不平衡”和失业的那些政策。“选举证明这个国家民主的根源是多么的根深蒂固,我们的人民是多么的有识别力!”她指出。她的对手们不停高呼“淘汰英迪拉”的口号,而她高喊“消灭贫困”的口号走到人民中间。贫民窟的拆除与重建、遍布全印的低成本住宅的建设,以及把无地 408
的劳动者安置在他们能称之为自己的土地上,都是英迪拉的统治在不远的将来规划的项目。

第三次印巴战争:孟加拉的诞生

1971年3月25日,穆吉布尔、布托和叶海亚在达卡举行的一周之久的会谈由于布托和叶海亚飞往西部而突然结束,留下陆军中将提卡汗(Lieutenant General Tikka Khan)和他的约6万名的西巴基斯坦精锐部队驻防在东部,现在它已称自己为孟加拉。东巴基斯坦的人民撑起民族独立的旗帜,决心在他们的“民族统一者(Bangabandhu)”舍克·穆吉布尔·拉赫曼的领导下不再等待,争取他们需要的自由。午夜前不久,提卡汗的军队和坦克离开他们的兵营并穿越达卡向大学校园中的学生宿舍以及几千人尚在酣睡之中的拥挤的印度教徒市场开火。上午1点钟,穆吉布尔被捕并在坦克护送下离开了家。不过他留给"亲爱的孟加拉兄弟姐妹们"的话在整个国家传播,从每一个芒果林到茂盛的稻田:"你们是一个自由国家的公民……今天西巴基斯坦的军事力量通过杀害(成千上万的)平民正在孟加拉从事种族灭绝的屠杀。在他们企图剥夺孟加拉人民自由的过程中,他们对繁荣的孟加拉施以无以伦比的残暴……我们的胜利是必然的。安拉与我们同在。世界公众舆论站在我们一边。胜利属于孟加拉(JAI BANGLA)!"孟加拉诞生了。

3月31日,印度向联合国上诉,坚持"人类遭受的苦难如此深重,巴基斯坦不再是国内事务"。一个月内,有将近100万恐惧的孟加拉平民逃离东巴基斯坦,到4月末每日以平均约6万人的规模穿越印度边境。到1971年12月,恐惧的浪潮使大约1 000万人陷入绝望,从受战争蹂躏的孟加拉的家庭到相邻的印度都有大量的平民饿死。成千上万年轻的孟加拉人加入"解放力量(Mukti bahini)"游击队,它从越过边境的印度军队那里接受武器和支持。

409 尼克松对巴基斯坦的支持

尼克松的白宫对暂停致命武器流入西巴基斯坦保持沉默并且无所作为,它称东巴基斯坦的问题是由印度"分裂"它的"国家的企图"造成的。当美国人在达卡、吉大港(Chittagong)和其他孟加拉城市有关大屠杀的见证报告到达美国的时候,爱达荷州参议员弗兰克·彻奇(Frank Church)和马萨诸塞州的爱德华·肯尼迪(Edward Kennedy)联合前印度大使切斯特·鲍伊斯(Chester Bowles)和约翰·加尔布雷斯(John K. Galbraith),领导了很快成为全国性的反对西巴基斯坦军事暴行以及反对白宫与五角大楼继续支持叶海亚独裁的浪潮。彻奇在国会提醒他的同事们:自1954年以来,美国向巴基斯坦提供的大约两亿美元武器的"军事援助",其用途不是杀害和恐吓他们"自己的"人民。

但尼克松政府继续像往常一样与叶海亚政府做交易。

印苏协议的签订

1971 年 8 月 9 日,甘地夫人与苏联签订和平、友谊和合作的二十年协议,规定如果任何一方“遭到入侵或威胁”,双方“立即互相商谈以消除这种威胁并采取相应的有效措施保证他们国家的和平与安全”。这是在第三次印巴战争前夕她要求的“有力的”支持。印美友谊与合作的根基被尼克松的外交和尼赫鲁的不结盟政策所损害,事实上尼赫鲁的政策一直严重依赖英美的援助和意愿,却被他女儿倾向于新印俄联 410
盟所抛弃。

到 9 月,印度花费了约两亿美元来安置 800 万难民;1965 年,与巴基斯坦的战争只花费了 7 000 万美元。当季风雨在 10 月停止的时候,约 3 万名印度训练的、恢复元气的“解放力量”孟加拉队员在整个孟加拉采取行动,他们破坏通讯、获取情报、恐吓巴基斯坦官员和士兵,为“削弱农村地区抵抗力”作最后一击。绝望之中,叶海亚承诺在 12 月 27 日召开国民大会并重新修改宪法。11 月 23 日,巴基斯坦驻美国大使召开新闻发布会,报告有三个师的印度军队在装甲部队和空中掩护下,“对杰索尔(Jessore)、伦格布尔(Rangpur)、吉大港山地(Chittagong Hill Tracts)和锡尔赫特(Sylhet)发动全力进攻”。当被问及印巴战争是否“一触即发”时,拉扎(Raza)大使回答:“战争已经开始。不是一触即发,而是正在进行当中。”

12 月 3 日上午,基辛格在白宫的军事情报室(Situation Room)召集他的特别行动小组,报告由于“没有对印度足够强硬”,他“每半个小时就会受到总统的训斥”。尼克松想“向巴基斯坦一边倾斜”,因而命令基辛格中止对印度的一切信用证,总共约有 9 900 万美元,还有另一笔价值 7 200 万美元的公法(Public Law)480 的信用。那天晚上,巴基斯坦的飞机攻击了印度西部的 12 个飞机场,包括阿姆里则、阿格拉和斯利那伽。第二天,印度军队沉重打击了巴基斯坦和孟加拉。凭借空中的绝对优势和民众的支持,印度在东部进展迅速,在西部为“牵制性行动”而战斗。当印度军队撤除它在达卡的钢铁包围圈时，绿色的、红色的和金色的孟加拉旗帜飘扬在每一个村镇。12 月 9 日，杰索尔在胜利属于孟加拉的叫喊声中获得了解放，六天之后印度的参谋长萨姆·曼尼克绍(Sam Manekshaw)将军亲自接受了巴基斯坦将军尼亚齐(Niazi)投降的提议，尽管后者早些时候发誓要“战到最后一人”。“孟加拉驱散所有武装力量”的投降文书在 1971 年 12 月 15 日签订。印度单方面宣布停火，而甘地总理告诉欣喜若狂的议会“达卡现在是一个自由国度的自由首都”。

411 巴基斯坦缩小

印度在孟加拉的军事与外交上的成功是英迪拉统治的最大胜利，无可挽回地改变了南亚与印度的力量平衡。在第三次不宣而战的战争后，巴基斯坦的人口不到其以前的一半，军队和经济处于崩溃的边缘，穆斯林统一的神话被打破了，精神受到严重的打击，征服克什米尔的梦想与重新夺回孟加拉的愿望一样破灭了。12 月 20 日，叶海亚辞职，把他剩余任期的权力转交给布托，后者勇敢地向国人保证将“拾掇碎片，微小的碎片”，“创造一个全新的巴基斯坦——一个繁荣和进步的巴基斯坦”。对于孟加拉来说，自由几乎是一种痛苦，因为有如此众多的人死去，还有如此繁重的重建工作等着去实施。然而，从那些废墟中还是诞生了世界第八大国家，孟加拉人民共和国，一个世俗国家。12 月 21 日，布托从监狱释放了穆吉布尔，两周后他被允许离开巴基斯坦，并于 1972 年 1 月 10 日回到家乡达卡。穆吉布尔现在接任国家的总理，前达卡大学副校长阿卜·赛义德·乔杜里(Abu Sayeed Choudhury)成为总统。几百万难民于 12 月 22 日和 1972 年 3 月 25 日孟加拉的一“周年”开始回返，将近 9 774 140 名逃到印度的人回到他们的家乡。

412 英迪拉的胜利

印度 21 个邦(喜马察尔邦[Himachal Pradesh]——“雪邦”——及其首府西姆拉在 1972 年 1 月获得邦的地位)中的 16 个议会席位选举

举行。将近两亿印度人有权利为约 1.2 万名候选人投票，他们再在全国激烈争夺 3000 个席位。正如预期的那样，英迪拉居于统治地位的国大党横扫投票数。老保守阵线像巴基斯坦军队一样被安排好路线，未能控制它曾经坚固的权力堡垒苏拉特的古吉拉特区。现在英迪拉能够推进她的中央政府社会主义化的政策和更快的发展。1971 年 8 月，第 24 条修正案授权议会修改宪法"基本权利"，这一决定受到关心它的繁荣权利的南印度宗教基金机构的挑战。1971 年 10 月，这一有争议的修正案被提交给最高法院，次年 4 月裁决发布，实质上支持英迪拉政府。1971 年 12 月，第 25 和第 26 修正案通过，正式替代了已确定了的国家化财产"补偿额度"，并且再次取消了给邦主的"资金"，最终"撤销"对他们高贵地位的承认。英迪拉的批评者指责她向来自莫斯科的压力"投降"，为政治冒险而匆忙地放弃"民主原则"。她反驳说"富裕的资本主义者中"没有"自私的少数派"会继续把印度作为抵押品以获取它的"垄断利润"。

为实现她消除贫困的承诺，英迪拉依靠更激进的土地改革；更多工业的国家化，包括 1973 年已归政府控制的煤矿；由中央政府控制的粮食批发市场(小麦市场在 1973 年由德里控制，但在 1974 年又恢复国家控制)。但印度最大的痼疾并不是一两年甚或 10 年就能解决的，无论着手解决它的统治者是多么受欢迎或多么强大，或改革的措施是多么激进。被授权去执行"严酷"新法的政府官员，是那些从严格实施中受损最大的拥有土地的既得利益者。同样，对工业利润和城市收入或财
富征收的严厉的税收被国大党中城市主要支持者肆无忌惮地持续地逃 413
避。印度最古老的传统之一裙带关系不能比贫困更快地被消除。当少数印度人得知英迪拉的儿子桑贾伊(Sanjay)被任命为印度新汽车制造工业的高级经理时(它用了五年时间生产出第一辆汽车)，比他们回想起他们的总理是尼赫鲁的女儿时更为吃惊。毕竟如果一个人不帮自己
的亲戚，谁还会帮？曾经在古吉拉特、北方邦、旁遮普、比哈尔和马哈拉 414
施特拉间歇爆发的社区猜忌、不信任、无知、痛恨的英迪拉的问题都不会一夜之间消失。促使泰米尔人与印地人、比合尔人与孟加拉人、古吉

拉特人与马哈拉施特拉人互相对立的地区之间的冲突，同样危险。印度复杂而多元的历史的业力在未来的漫长世纪里会持续产生果报。

415 1974 年，印度大胆地发布了它的第五个五年计划，以“消除贫困”和“实现经济自力更生”为其双重目标。期望粮食生产在 1973 至 1974 年从 1.14 亿吨增长到 1978 至 1979 年的大约 1.4 亿吨。1975 年，印度的人口接近 6 亿，即使粮食生产有了极大的增长，也不能保证自足，但英迪拉的政府向节育和计划生育项目投入相当多的资金，在第四个五年计划期间投入大约 4 亿美元，而在第五个五年计划期间准备投入接近 7 亿美元。另外 10 亿美元投入到工业中，几乎同样数量的资金投入到电力上，第五个五年计划预计每年的工业生产增长 8%到 10%，它与在最急需的工作岗位上、在更广阔的范围内提供更多的直接就业机会联系在一起。尤其是在 1973 至 1974 年“能源危机”期间油价的通货膨胀，印度石油价格几乎翻了 4 番，打击了印度规划者的乐观预期。在孟加拉战争前夕，印度与美国的关系得到改善，与美洲贸易的扩大有助于印度经济经受住螺旋性膨胀。1973 年年底，美国放弃两亿多美元的公法 480 资金的赔款要求，新德里为以前的援助所欠华盛顿的，因而有助于矫正 1971 年白宫对巴基斯坦的“倾斜”。

英迪拉的核爆炸

1974 年 5 月 18 日，印度在拉贾斯坦的沙漠中实施了第一次地下核试验，并成功爆炸。甘地夫人强调在印度已经成为的“核国家”与她“无意”成为的“核武器国家”之间存在巨大差别。“我们一直被嘲笑作为一个穷国负担不起这种奢侈品”，英迪拉在爆炸前夕争辩道，但她回忆她的父亲曾在半个世纪以前评论道：“就人们所看到的，实力的
416 主要来源是原子能。”巴基斯坦密切地感受到印度大踏步进入世界核俱乐部。德里现在拒绝签订联合国的禁止核试验协议（Test Ban Resolution）。

不过当原子能震动拉贾斯坦沙漠时，另一种爆炸震动了比哈尔和古吉拉特，成千上万的学生和工人游行抗议脱离控制的通货膨胀和国

大党的腐败。在比哈尔邦,6 000 万人口中有五分之四不识字,超过三分之二的人口处于悲惨的贫穷状态,而且一半多的人口没有土地,贾亚普拉卡什·纳拉扬(JP Narayan)领导一个具有广泛基础的联盟反对国大党,展开他称之为一场完全“彻底的革命”。在古吉拉特,两年的干旱造成每年 30%的通货膨胀,吸干了中产阶级职员、学校教师、专业人员和学生们的存款和耐心,莫拉尔吉·德赛继续绝食到死以推翻契曼巴依·帕特尔(Chimanbhai Patel)的国大党内阁,并且在 1974 年 2 月总统的统治被宣布之后,他又实施第二次绝食要求重新选举。反对的受挫再加上对国大党的反感最后促使一个非国大党的大联盟“人民阵线(Janata Morcha)”在贾亚普拉卡什·纳拉扬和莫拉尔吉的共同领导下形成。1975 年,联盟包括了像共产主义者和左翼社会主义者这样的左翼团体;保守的自由党和公社制的国家人民党(Rashtriya Loktantrik Dal),由人民同盟(Jan Sangh)分裂出来的团体;而右翼的“永乐道(Anand Marg)”由一位热烈地搞密教崇拜的人,普拉巴特·兰延(“导师”[Baba])·萨卡尔(Prabhat Ranjan Sarkar),于 1955 年创建。1974 年年中,一次全国性的铁路罢工几乎使印度经济瘫痪,但英迪拉的政府无情地粉碎了它,次年 1 月,联邦铁路部长(Union Railway Minister)米什拉(L. N. Mishra)乘坐的车厢在萨玛斯提普尔(Samastipur)发生爆炸。此后不久,英迪拉精心挑选的首席法官拉伊(A. N. Ray)在新德里差点儿被暗杀。

“印度从来不是一个容易理解的国家,”甘地总理在她的政府的核爆炸之后不久这么反思,“也许它太深奥、矛盾和多样,而且当今世界上很少有人有时间或爱好透过表面去看,尤其是因为在我们国家,我们拥有最大可能表达言论的自由,并且一切的不同都可以永远得到争论。”不过,没过太久,1975 年 6 月 12 日,安拉阿巴德高等法院的法官贾 417
格·摩罕·拉尔·辛哈(Jag Mohan Lal Sinha)发现:在四年前与罗阇·纳来因(Raj Narian)竞争议院席位时,甘地总理犯下两条竞选中利用职权营私舞弊的罪状(在 52 件对其提起的控诉中)。结果甘地夫人被定罪并对其实施强制性处罚:六年内禁止其竞选或拥有任何由选举而产生的职位。而且第二天，激烈竞争的古吉拉特选举结果显示莫拉尔吉的反对派联盟获胜。这两个结果都是对总理的直接打击，她在高等法院的案子中亲自为自己作证，并且在古吉拉特代表她的党全力战斗。“人民阵线”立即在新德里的“总统官邸”外面组织大规模的静坐示威，请求总统阿赫迈德将丧失信誉的总理撤职。整个国家的政治家们包括她自己党的一些党员，还有许多居于主导地位的报纸都敦促甘地夫人从她的高位上“退下来”，至少在最高法院来得及听取她有罪的上诉时。

英迪拉的“紧急”政府

当由莫拉尔吉・德赛任主席、由贾亚普拉卡什・纳拉扬提议的大规模抗议集会在德里举行时，抗议的浪潮在 6 月 25 日达到顶点，他们号召警察和军队的人员加入全国性的反对腐败的不合作(satyagraha)斗争之中，不要听从由丧失信誉的政府的任何“不合格的”首领发出的“非法的”命令。集会不时被大声且延续很久的欢呼声所打断。在第二天早上 4 点钟，英迪拉的中央预备役警察(Central Reserve Police)中的精锐部队开始拘捕所有反对派的政治领袖(除了赞同莫斯科的那些印度共产党)，包括 72 岁的贾亚普拉卡什・纳拉扬和 79 岁的莫拉尔吉。在上午 6 点，甘地总理召集内阁开会，在 1 小时后，即 1975 年 6 月 26 日破晓，印度总统宣布国家进入紧急状态，“暂停”一切公民权利，包括人身保护权(habeas corpus)，对新闻机构施加压力，将穿上盔甲的部队布置在特别警戒的地方，在德里上空停飞一切飞行器。所有这些都是以军事速度和准确度完成的。不仅德里，加尔各答、孟买和为保证恐惧“颠覆性暴力”的其他主要城市都得到彻底的“安全”，成千上万的“颠
418 覆性”政治家、学生、新闻工作人员和律师们被匆忙抓进监狱，不费一枪。许多邦的校园宿舍都被包围，而且“制造麻烦”的教职工和学生被拘捕：在比哈尔有 1 500 名，在西孟加拉有几千名，在马哈拉施特拉有超过 1 000 名，在德里有几百名。到 8 月，外国报纸报道至少有 1 万名政治犯被押进监牢，尽管反对派估计高达 55 000 名，而政府承认拘捕

了“几千名”。“那些进监狱的都应被放出去，”一位人民阵线被捕的英雄，无畏的毗卢·摩迪(Piloo Mody，生于1926年)叫喊道，“而那些在外边的应该被关进来！”

“进入紧急状态的决定并不是轻易作出的，”甘地夫人在1975年7月22日对联邦院说，“但一旦作出了艰难的决定，就会迎来国家生命的一个时期。当出现暴力和无纪律的局面时，人们会清楚地看到国家在走下坡路，此时遏制这一过程的时间已经来到。”对比最近印度历史上的可比较的时期，过去一年确实有对飞涨的物价的更多的罢工、静坐和公众的抗议，这一年也有更多的逃税、腐败和饥荒。不到2 000名的印度居民承认一年的可征税收入高于1300美元，而超过4亿的居民生活在饥饿的边缘(每天花费不到20美分)，人们有太多的理由不满。印度每年超过1 600万的大学毕业生中至少有三分之一找不到任何工作，毫不奇怪受教育的年轻人会成为抗议的先锋。“有一些反对派的成员正确地谴责我们说，为什么我们不早一点儿采取行动，”英迪拉承认，“我得承认如果我早一点儿采取行动，会采取更和缓的行动。”

在宣布国家进入紧急状态不到一周之后，英迪拉通过印度电台公开了她的经济改革二十点项目。第一点是“降低物价”，由于她正确地认识到通货膨胀已成为她最大的敌人。第二到第七点呼吁激进的土地改革，包括“惯常债务的清偿”和“抵押劳动制的废除”，直接针对印度农村金字塔底层的千百万负债累累的农民家庭和无地的农奴的民粹派的呼吁(不过，这些都不是由国大党提出的第一次土地改革)；第八到第十
点重申了发展的目标，尤其是在“手织机领域”和“人民布匹的供应”方 419
面；第十一点是“城市土地的社会化”；第十二到第十三点集中在“逃税”和呼吁“没收走私物品”；第十四点是“防止特许的滥用”；第十五到第二十点都是呼吁对工人的就业和培训以及他们与工业的“关系”投入更多的关注。还有一点是“道路交通的国家特许”，另一点是“中产阶级”税收减免，最后两点向学生许诺学生宿舍的食物和书籍及文具“可控制的价格”。因此，在她的二十点中，英迪拉想方设法向印度社会的重要人群，尤其是那些如此激烈地反对她的政党的那些人，年轻的知识精英们

许诺一些东西。事实证明,胡萝卜加大棒十分有效。几天之内从未在早上 10 点半到达办公室的官僚们 9 点已开始辛勤地工作。黑市囤积和价格欺诈一夜之间就停止了。走私者和逃税者很快认识到“夫人”决意实施她的项目,即使这么做意味着拘捕她以前的支持者和朋友们。一个月之内,水稻和大麦的价格下降了 5%,而且还在下降。几乎让人不可思议的是,对于许多印度人来说似乎没有意识到“火车正点到达”他们这一自豪评论的嘲讽之处。阿萨姆的国大党主席戴夫·康特·巴鲁阿(Dev Kant Barooah,生于 1914 年)宣布“印度就是英迪拉,而英迪拉就是印度”。印有总理像的标语张贴得到处都是,宣称:“她屹立在混乱与秩序之间。”

7 月 4 日,代表极右和左翼的反对国大党(英迪拉的执政派)当权的 26 个政治组织在紧急状态下被取缔,而国内外的新闻报道被实施严格的审查。7 月底前,甘地夫人重新召集议会讨论她的“无限期”延长紧急状态的提案。争论出人意料地短暂。在人民院,336 票多数支持这一措施,而在联邦院是 134 票多数。下院只有 59 位议员,上院只有 33 位议员反对,他们退席以联合抵制议会的其他人时高呼“耻辱!”关于扣押人民院 123 位议员和联邦院 76 位议员,使他们未能参加历史性的会议,对此已经有相当多的反思了。议会接着通过了政府提出的第
420 28 条宪法修正案,它阻止印度法院听取任何对紧急状态和第 29 条修正案的疑议,后者具有追溯效力地免除对总理的法律指控和她掌权时的任何未来可能的犯罪行为的指控。总统、副总统和人民院的发言人也由这条修正案而免受法律的制裁。最后,议会宣布修正案本身不受最高法院的审议以 336 比零投票一致通过。在不经讨论审查就通过的 24 小时紧急状态中,所有 20 个邦国大党(执政派)组阁的立法机构(只有泰米尔纳德和古吉拉特是在非英迪拉政党的统治之下)都开会并一致投票批准了新的修正案。“团结是一个好东西,”贾瓦哈拉尔·尼赫鲁在其自传中说,“但被压制的团结就不是一个引以为豪的东西。一个专制政府的力量会成为人民的沉重负担;在许多方面毫无疑问,有用的警察部队会成为且通常足以成为它本来要保护的人民的对立面。”

“与自由一样,民主也并不意味着每人都自由地走自己的道路”,在庆祝印度独立28周年时英迪拉这样告诫她的人民。通过国家航空与空间管理局(NASA)新的“卫星教育电视实验(SITE)”,她的声音从德里红堡的通道上传播到1 000多公里外的几百万村民的耳中,让她的声音比任何莫卧儿皇帝都能传播到更多的印度民众耳中,这是之前不曾梦想到的。“我们无意实行一党专政”,她承诺。“艰苦的工作、清晰的眼界、钢铁般的意志和最严格的纪律”是现在开始在全印广告牌和标语牌中出现的新道德。“消除贫困的‘唯一魔法’”,印度人被保证,“是艰苦的工作”。信息与广播部加班加点工作提出一些口号和简练的标语来帮助一个崭新而统一的印度实现它的二十点项目。“多做少说”,他们说,而且“好散播流言蜚语是最大的敌人”。

孟加拉的军事集团

在英迪拉宣布进入紧急状态之前六个月,穆吉布尔·拉赫曼在达卡召集孟加拉议会(Jatiyo Sangsad)开会也是为了“修订”宪法,废除代 421
议制政府,以实行总统制。“严重的经济困境、腐败、投机活动、囤积和走私”和其他问题使之成为“必要”,穆吉布尔解释道,用他总理的披风换取更为全面的总统的斗篷。议会的争执是贫穷的孟加拉支付不起的“奢侈品”,当然在许多方面对于印度也是一样,并且很早以前也已被巴基斯坦人承认。民主是这样一种“挥霍的”过程,缓慢而昂贵,远没有军事统治“有效”。不过,后者要承担更大的风险,因为专制君主通常需要由私人警察守卫的宫殿,它一般会引起军队的敌意。1975年8月14日,穆吉布尔及其家庭在达卡政变中全部被射杀,这是由孟加拉常备军领导的。由于个人腐败和无神论的指控被广泛传播,穆吉布尔的身影被双倍地缩小。在1975年剩余的时日里,几次政变使达卡一直处于骚乱之中。齐亚-乌尔·拉赫曼(Zia-ur Rahman)少将成为孟加拉的军事管制首席行政官。1978年,他感到有足够的信心可以让他的人民进行选举实验了,并因此轻而易举地成为伊斯兰共和国的总统。齐亚还是他的政府的孟加拉民族主义党(Bangladesh Nationalist Party, BNP)

的主席。1979 年,新的议会召开,达卡与德里的关系冷下来了,因为自从 1971 年“胜利,孟加拉!(Jai Bangla)”时期以来,许多印度-孟加拉的争端都集中到分享恒河水、孟加拉湾的石油资源、汇率和非法越境上面。1981 年 5 月 30 日,齐亚在吉大港被曼祖尔·阿赫迈德(Manzur Ahmed)少将暗杀,两天后后者也被捉拿并被杀死。孟加拉代理总统的副总统阿卜都斯·萨塔尔(Abdus Sattar,生于 1905 年)希望被悲剧打击的人民“保持安静和纪律”。

英迪拉呼吁她的“紧急状态的”政府“遵守有纪律的民主”,强调纪律作为印度古老品格之一的重要性,这种品质给予瑜伽行者“神奇的力量”。她自己是一位经常的瑜伽修习者,而且她显然继承了其父对付艰苦工作的非凡的耐力和能力。她的两个儿子中,弟弟桑贾伊(1947—1980)在紧急状态期间成为青年国大党的领袖,是印度第二位最有权力的人物。他的言行在被谨慎控制和审查的新闻界几乎与她母亲一样被广泛地报道。

422 1975 年的季风带来大丰收,粮食产量超过 1.14 亿吨,结束了三年接近饥荒的状态,有助于英迪拉政府保持必需品价格回落到 1971 年的水平,这在世界范围内几乎都是独一无二的抵制通货膨胀的胜利。紧急状态消除了罢工、提高了那些职员的生产效率,1975 年工业生产提高超过 6%,1976 至 1977 年提高到 10%。有秩序的气氛和“工作就是礼拜”的伦理前所未有地刺激了资本投资,在紧急状态第一年的投资速度是 30%。尽管苏联在新德里影响的不断增强和苏联人及苏联书摊在全印越来越多的地方出现,马尔瓦尔人、帕西人、古吉拉特人、耆那教的和其他印度资本家显然并没有感受到对他们财产的威胁,或他们商业企业的未来受到英迪拉政府的威胁。这是一种独特的、国家主导的自由企业的印度资本主义与社会主义的混合。苏联的 20 年和平与友谊的承诺保证了英迪拉需要的重武器的军事支援,甚至可能使她的军队保持步调一致。当桑贾伊的西方模式的汽车制造和他对印度青年商业精英的领导,在一种印度式的独断专行的统治下向一种中央统一的新世纪迈进时,被证明是对国家金融和工业领域最有力的再保险。

1976年2月,泰米尔纳杜的德拉维达进步联盟内阁被总理以“腐败”为理由下令实行总统制所推翻。泰米尔纳德政府一直是英迪拉最直率的批评者,而德拉维达进步联盟被认为是紧跟孟加拉确立的先例之后,濒临宣布泰米尔纳德为独立国家的边缘。不过,在顺利实施中央政府接管的一个月内,大多数德拉维达进步联盟的领袖们要么“退”党,要么被捕。在泰米尔纳杜,国大党(O)和国大党(R)的领袖们很快同意共捐前嫌,重新团结起来,欢迎英迪拉回到马德拉斯以祝福这次和解。次月,在古吉拉特,在人民阵线的几个成员被英迪拉的国大党引诱走之后的信任投票中,其内阁垮台。在紧急状态实施第一年之前所有可见的反对的痕迹或以声音表达的反对之声因而都销声匿迹了。1976年年初计划进行的议会选举被“推迟”至下一年。

议会政府、民主选举、言论与新闻自由和法制毕竟都是英国统治最 423
后阶段引入文明的西方现代化光彩的一部分,这种文明与他们的盎格鲁-撒克森自由派和激进派提倡者发现的一样奇特与异质;由英迪拉僭取的可以拯救其统治的紧急状态的权力,似乎注定要比那些舶来的制度和理念更为长久,它们在印度的宪法中被敬奉为基本权利。享有比孔雀、笈多、莫卧儿或英帝国王朝更大的权力的甘地总理更有资本强调:她的政府一直是真正的“民主”统治,而且是一个“符合宪法的”政府。只要物价一直在控制之中,投资持续升高,季风适当的仁慈,它也是一个非常受欢迎的政府。千年文化的传承已经使印度的有耐心、宽容且长期受难的民众习惯于把权威作为神圣秩序的一部分(dharma,法律与宗教的结合)。上了年纪的智者(rishis)知道事物越是变化,它们越是能保持原样;或者,至少它们越是能以循环的必然回到最初的样子。名与相也许看起来或听起来是新的,但幻世界(maya-world)在其蒙蔽人方面是精巧的。本质的真实存在于表相之下;在某种意义上讲,被添加的东西总是被印度化的。

“我总是相信甘地夫人不相信民主,从爱好和信念上讲她是一个独裁者。”贾亚普拉卡什·纳拉扬在监狱中写道。“至于国大党,我不理解它的软弱无力。当然,相当多的国大党员都伪装成共产主义者……他们后面是右翼的印度共产党，在它后面是苏联。苏联完全支持甘地夫人。因为甘地夫人越是在她现在的道路上前进，苏联对这个国家的影响就越是强大。这一时刻会到来的，从甘地夫人那里榨取汁液，苏联人通过印度共产党和国大党中的特洛伊木马将会把她抛弃到历史的垃圾堆上，并且在她的位置上安插他们的人……那个印度也会成为另一个巴基斯坦或孟加拉吗？那样的话也太羞耻了！这些国家没有甘地、尼赫鲁……他们的所有工作都会灰飞烟灭吗？”[1]不过，随着她宣布紧急统治以来越来越少的警报，英迪拉取消了它。1977 年 1 月 18 日，英迪
424 拉宣布释放她的主要反对者，并呼吁在 3 月举行大选，延长了党禁。难道她认为在两个月的时间里，她的零散的、“民主化的”反对派不足以齐心协力赢得一场斗争的胜利？难道细心解读她的人控制了新闻界，使她相信自己的专制政体的“受欢迎程度”？或者实际上，她愿意根据对给予选举权的印度的判断，再次为她的政治前途打赌？有人说她的将军们“建议”甘地总理：是把她的政党的平台交给人民的时候了。其他人认为她只是“厌倦了”“单独主持整个演出”。

英迪拉的选举失利

莫拉尔吉和贾亚普拉卡什·纳拉扬一夜之间复兴了人民阵线。两周之后，英迪拉的前国防部长和印度最强有力的“前不可接触者”、处于社会金字塔底层的约 1 亿印度教徒的政治领袖贾格吉范·拉姆(Jagjivan Ram，生于 1908 年)退出了甘地夫人的内阁和她的国大党，成立了自己的民主大会(Congress for Democracy)并与人民阵线结盟。这一统一的反对派向人口总数约 3.2 亿的印度的选举区现在作出“自由与面包”的许诺。贾亚普拉卡什·纳拉扬宣布 1977 年的选举是印度最后一次在“民主或专制”、“自由或奴役”之间进行抉择。政府在感觉迟钝的低种姓中对有两个或更多孩子的男子实行严格的绝育政策，尤

[1] 贾亚普拉卡什·纳拉扬(Jayaprakash Narayan)：《狱中日记》，1975 年，由沙(A. B. Shah)编辑，孟买：流行的普拉卡善(Popular Prakashan)，1977 年，第 3－4 页。

其是在拥挤的北方邦或比哈尔邦的城镇,疏远和恐吓了几百万的农民,
他们看到“夫人的专制”旨在剥夺他们的能力和后代。桑贾伊在老德里
贾玛清真寺附近清除贫民窟(没有重新安居的足够空间),也使许多传
统上支持英迪拉的下层阶级的穆斯林对她的行政管理的智慧与德性失
去了信心。1977 年,有超过两亿的投票者,他们之中投人民阵线票的
超过票数的 43%,而只有 34%的选民投了英迪拉的国大党。人民阵线
拥有 542 个人民院的绝对多数席位,因而结束了国大党 30 年未间断的
统治权力。莫拉尔吉·德赛胜利地从边陲的流放地返回新德里,成为
印度第四任总理。68 岁的贾格吉范·拉姆希望被他的政党选为总理,
但作为人民阵线导师-调停者的贾亚普拉卡什·纳拉扬说服贾格吉范
允许他的高级婆罗门同僚在管理国家方面首先“上岗”。与摩诃特玛· 425
甘地一样,贾亚普拉卡什·纳拉扬个人拒绝了任何岗位,选择充当他的
同事们的“良心”,然而他们很快就会忘记自己大部分无私的承诺。

英迪拉·甘地的政治生涯似乎在 1977 年 4 月就结束了。她和桑贾伊在被视为尼赫鲁-甘地“票箱”的北方邦选区以不光彩的失败而告终。“人民”,在几乎两年的沉默和能够大胆地说出他们被抑制的苦楚之后,显然倾向于“自由和民主”,而现在一切都很好,或者至少对于那些不能理解印度“受伤的文明”更深的潜流的人们来说,他们似乎忘记了,像奈保尔评论的,印度的大部分生活是以“把不幸作为人之前提来接受”而“开始”的。

第二十五章　从人民党统治到英迪拉·甘地的被暗杀(1977－1984)

426 1977 年伊始,莫拉尔吉·德赛的人民党政府一直派别斗争剧烈,以至于在如何解决印度最紧迫的问题上面一直达不成一致意见,在内阁争吵中消耗了它宝贵的授权。人民院地主派别的领袖查兰·辛格(Charan Singh,1902－1987)是内政部长和后来的代总理,但正如他常常表明的,他生命中的一个抱负是在死之前成为总理。他在莫拉尔吉的内阁时曾有一次心脏病发作,他对总理权位的一心争夺更加快了人民党的下台,使其政党比他自己的性命更为短促。莫拉尔吉的"不可接触者"国防部长、也是后来的代总理贾格吉范·拉姆依据自己的心思和政治见识同样牢固地瞄住了总理职位,最初同意退让不只为了党的团结而等待。毕竟,80 多岁的莫拉尔吉还能在总理职位上待多长时间?

然而在这一职位上的莫拉尔吉似乎变得年轻了。作为一位苦行的正统婆罗门、修习瑜伽的印度教徒,他不吃肉、不饮酒,每天喝自己的尿液作为自己"瑜伽疗法"的一部分,在年轻的同事们回家之后还要工作一段时间。不过,他的大部分时间似乎都花费在为一块被贫穷所困扰,失业率和通货膨胀急剧升高、工业停滞、城市暴力不断恶化和住房不足的土地,设计和实施禁止饮用酒类或食用牛肉的法律上面。由于他宣

称知道印度瑜伽行者“仅在几秒之内就能到月亮上”,因而他认为美国 427
在外层空间探索的投入都是在白费金钱。与英迪拉一样,他有一个儿子。康提拉尔·德赛(Kantilal Desai,生于 1928 年)搬入总理宅第,审查竞相向其父进言的访问者,规划雄伟的项目,达成交易,如此显眼地闯入印度最高政治圈,以至于查兰·辛格的内务部最终决定对康提拉尔的富有和迅速崛起展开调查。在听到未经授权的调查的进展之后,莫拉尔吉解除了他的内务部长职务,完全相信自己的儿子。查兰现在控告他的总理政府的软弱无能并威胁要彻底退出人民党。

当他们逐渐遭到广泛嘲笑的时候,在统治印度的“老人”中发生了非常激烈的争吵,毫不奇怪全印的普通人都失掉了对人民党及其从来未兑现的诺言的信任。或者他们恢复的“自由”仅仅用于增加经济剥削、黑市交易、走私、逃税和囤积的特许,在英迪拉的紧急控制之下艰难度日之后一切都要加倍地偿还?在人民党统治的四个月内,主要食物的价格几乎上涨了 5%,到年终通货膨胀恢复到两位数的攀升。莫拉尔吉的政府迅速耗尽了英迪拉前所未有的 1 800 万吨粮食的结余,而且在不到两年的时间内花掉了它继承的 30 亿美元外汇储备。印度政府长期的官僚过多、优柔寡断和官僚作风也没有消除或减少。花言巧语一直那么激动人心,诺言喊得震天响,然而什么都没做。难怪英迪拉在一年之内就从失败中崛起,在人民院的补缺选举中获得了一个新席位,这次是在南印度。不过,在英迪拉重返议会后不久,莫拉尔吉政府犯了一个错误:强迫人民院对她发起正式指控,尽管他控制了足够的选票可以把她从议院中驱逐,并在 1978 年 12 月把她送进了监狱一周,但他这么做也只是为她经战斗留下伤痕的额上增添了一顶殉难的王冠。“夫人的”的被凌辱导致其年轻追随者在印度的主要城市游行,激烈抗议,阻断交通,要求正义,甚至劫持一架印度航空公司(Indian Airlines)的飞机,以此来表明他们对英迪拉的完全忠诚。

齐亚的巴基斯坦政变 428

印度人这时也在观察着邻国巴基斯坦,其总理布托与英迪拉不一样，他公然控制最后一次选举，在有些选区得到比全部选民还要多的选票，而其政治对手则神秘地消失了、“生病”了、突然死亡了，或者勉强逃脱暗杀。公众对政治领袖丧失信心导致1977年初巴基斯坦全国遍布严重的骚乱，以至于陆军总司令齐亚·乌尔-哈克将军（Zia ul-Haq，1924－1988，与孟加拉的齐亚将军无关）在7月5日夺取政权，逮捕布托，领导了一场不流血的军事政变。布托后来被指控组织了对其政治反对派几位领导人的暗杀，被审判并且确实像被指控的那样犯下了“罪行”，一直在监狱中直到1979年4月4日黎明之前被施以绞刑。对于布托的行为和可怕的命运，整个印度不仅普遍感到震惊，而且表达了人道的关怀，但人们不可避免且越来越多地将他的罪行和对其进行的处置与英迪拉进行对比，对她“专政”时代投以更为宽大的目光。毕竟，如果她真是一位如此苛刻的独裁者，越来越多的印度人会问，为什么她会允许如此自由而公平的选举？大多数人民开始相信：甘地夫人在失败中表现出来的政治勇气，她的坚忍而不是绝望，证明她是与她父亲的职位相称的女继承人，是印度继续自由斗争的真正的女英雄。

1979年初夏，莫拉尔吉失去了他的政党左翼的支持。社会主义者的领袖拉吉·纳来因（Raj Narain，生于1917年）和乔治·费尔南德斯（George Fernandes，生于1930年）从人民党内阁辞职，他们带走了如此众多的议员，以至于政府在人民院失去了足以成事的大多数。贾亚普拉卡什·纳拉扬的理想主义代理官员们，急于影响印度社会的真正变化的现世主义改革家们，对莫拉尔吉的无所作为不耐烦的工会组织者和自由的新闻工作者，为辛格-拉姆的钩心斗角和为物质利益而争吵厌倦、为人民联盟中正统印度教人民同盟者（Jan Sanghis，其年轻领袖瓦杰帕伊[A. B. Vajpayee，生于1926年]是莫拉尔吉的外交部长）的权力不断增强而担忧，他们都不站在政府一边。而莫拉尔吉依然拒绝下台，1979年7月19日，当他确知人民党被击败时，只是在不信任投票动议前夕才辞职。总统雷迪（Reddy）第一次邀请国大党反对党领袖查万（Y. B. Chavan）努力组成新政府，但查万团结多数的努力是无效
429 的，雷迪转而邀请查兰·辛格（农民出身的贾特人[Jat]），他因而实现

了终生的抱负,成为印度第一位"农民"总理,尽管也是最短暂的一位总理。与莫拉尔吉一样,查兰在他被授权几周之内的不信任投票动议前夕辞职。并没有转而邀请人民党的新领袖贾格吉范·拉姆,他也许能够组成一个多数联盟政府,印度的婆罗门总统选择解散议会,呼吁在1980年1月举行全国大选。当历史的幕布以人民党悲哀地失去印度"民主的最后一次机会"而拉上的时候,查兰·辛格一直是看守总理。就在埋葬他赋予生命的政党的大选前夕,贾亚普拉卡什·纳拉扬(J. P. Narayan)在孟买由于肾衰竭而去世。

英迪拉·甘地重获权力

1980年1月的印度第七次全国大选把英迪拉·甘地带回德里权力的中心。62岁的英迪拉不知疲倦地巡视全印,以"选出一个高效的政府!"为口号展开竞选运动。她的国大党(英)(Congress-I,支持英迪拉)在人民院赢得压倒性的三分之二的多数,获得它的542个席位中的351个。英迪拉在她竞选的北方邦雷·巴勒里(Rae Bareli,尼赫鲁家族传统的权力基础)和南印度安得拉的迈达克(Medak)选区都赢得了席位,证明她对全印投票者的吸引力。她选择了保留安得拉的席位,作为"达罗毗荼的"南方的代表再次进入人民院,因此象征性地削弱了任何将这一地区分离出去的企图。桑贾伊·甘地也首次被选为北方邦阿迈提(Amethi)的成员,并且迅速重新奠定了他作为印度第二最有权势人物的地位,尽管他并没有进入内阁。作为活跃的青年国大党首领,他的干部在获得选票方面是最重要的,桑贾伊本人几乎获得新国大党(英)成员的一半"选票",其中大多数都被首次选进人民院。桑贾伊,他母亲最亲密的知己和顾问,被视为她的有确定继承权的人,"尼赫鲁-甘地王朝"有潜力的第三号人物,对于独立的印度来讲这一王朝似乎是最适当的第一家族。1980年6月,桑贾伊驾驶他的私人特技飞机在新德里上空失事。举国哀悼他令人震惊的意外死亡,但甘地夫人以"苦行、
纪律和艰苦工作"的禁欲主义精神继续她自己为治疗印度的痼疾而开 430
出的药方。拉吉夫·甘地(Rajiv Gandhi,生于1944年),英迪拉的长

子，另外一个孩子，一位优秀的印度航空公司飞行员，他从来没有表现出任何对政治的特别兴趣，被劝说代替他弟弟的位置。不铺张招摇、有福相的拉吉夫(其名字的意思是“统治者”)被广泛地认为是桑贾伊的青年国大党领袖的理想继承者。他会实现他弟弟最渴望的抱负，接替她母亲的高位吗？

各邦的骚乱，再加上类似孟加拉的分离主义的可能在 1979 和整个 1980 年蔓延到印度东北部的七个部落邦(阿萨姆、阿鲁纳恰尔[Arunachal][①]、普拉德什[Pradesh]、那加兰、曼尼普尔、梅加拉亚、米佐拉姆和特里普拉[Tripura])。这些人口稀少邦的土著居民一开始对从人口过度稠密的、贫穷的孟加拉移民的大量涌入有零星的非暴力的地方反应，地方性的抗议变得越来越激烈、越流行、越具有意识形态色彩和综合性。最初由摩诃特玛·甘地的不合作技巧而启发的一个阿萨姆解放军，在它驱逐自 1947 年越过边境并定居在阿萨姆的、据估计 500 万名孟加拉移民的斗争中赢得广泛的支持。这种非暴力反抗运动实际上成功地关掉了阿萨姆利润丰厚的新石油工业，并且威胁到了邦古老的茶和黄麻工业，两者都是赚取外汇的重要产业。甘地夫人的政府派出军队进入这些麻烦的地区，并且她亲自坐飞机到高哈蒂(Gauhati)，试图协商政治解决，但没有成功。在特里普拉，孟加拉人以如此大的数量进入这一地区，以至于他们构成多数并控制了邦政府，横冲直撞的部落成员杀害了至少 382 位“外来者”，非官方的估计上升到几千人。德里实施了军管，而且当以那加、米佐和阿萨姆部落为先锋的“七支联合解放军(Seven United Liberation Army)”号召“从帝国主义入侵者手中彻底解放他们的祖国”的报道泄漏出去时，所有外国新闻记者被禁止进入这一地区。这一地区的人主要是佛教徒、基督教徒，或自然崇拜的“万物有灵论者”，印度的东翼是它潜在地最薄弱的一边。如果新德里对这一地区不断恶化的土著“骚乱”的反应，不比英国统治最初对印度民族主义的抑制性反应更具有移情作用、更富于想象力、或者更开明的

---

① 即被印度非法侵占的我国藏南地区。——译者注

话,1980 年的星星之火就会借助不满之风燃烧成可怕的熊熊大火,耗 431
尽印度几十年的生命力和宝贵的资源。

苏联入侵阿富汗

在西面,印度面临着自 1979 年 12 月从阿姆河(Amu Daria, 奥克苏斯河[Oxus])滚落喀布尔的更为阴郁的乌云。莫斯科称之为只是对一个“被围困”的友好政权的“睦邻的支援”的苏联人对阿富汗的入侵最初并没有受到甘地夫人政府的谴责。不过,当阿富汗的约 1 800 万人口孤注一掷地抵抗苏联入侵的时候,对英迪拉来说,苏联军队对其南部与得克萨斯规模相当的接壤国坚持进行军事控制的大规模的、冷酷无情的暴力性质,这些很快就昭然若揭了,因为他们以前都是这么做的。新德里敦促苏联人从占领的阿富汗领土撤出其超过 8.5 万人组成的常规部队的外交呼吁被证明是无效的。苏联的武装直升飞机和重型坦克对杜兰德战线(Durand Line)发动“扫荡式”冲击,迫使 100 多万阿富汗-穆斯林难民在巴基斯坦寻求避难,有时穷追难民的入侵者回到基地后还越境射击。许多印度人现在回忆：南亚的防御者在历史上从未如此频繁地阻止军事入侵者涌入印度河谷,后者一旦抵达开伯尔,就会疾驰过平原,奔向德里那华丽的诱惑。从 3 000 多年前游牧的雅利安部落开始,包括后来的亚历山大大帝(Alexander the Great)、“瘸子”帖木儿(Timur the Lame)和“虎”巴布(Babur the Tiger),难道苏联人是那些率领如此令人生畏的军队的一系列掠夺者中的下一个？仅仅提出这个问题已足以传导这种畏惧的颤抖。

人们常常发问,如果仅仅是帮助“保护和掩护”一个喀布尔的不受欢迎的共产主义小集团,为什么苏联要在军队和装备上投入如此巨大的金钱,维持如此规模的人员伤亡(到 1988 年底据估计从几个到几千人死亡)？阿富汗贫瘠而孤立的高原果真是苏联最近一次大规模向南推进的最终目标吗？难道苏联不正是在觊觎沙俄一直梦想着的夺取进入整个世界的不冻港吗？为什么当白沙瓦仅仅在边境关口以东 50 公 432
里,而拉合尔仅仅在距德里不到 300 公里便捷路程的平坦国度以东

200公里的地方，克里姆林宫会在开伯尔停下呢？为什么俾路支的首府奎达在阿富汗第二大城市东南部不到100公里，却只满足于占领坎大哈呢？那时，从奎达到卡拉奇和阿拉伯海，对于任何与其火力相当的坦克部队来说几乎就是一天多的路程。另一方面，自20世纪50年代中期以来，苏联在阿富汗的现代化方面投入巨大；他们急于保护那些投资，而不是像他们一直被期望的那样，在1979年末遭受装备精良、组织严密的伊斯兰激进组织游击队的沉重打击时，在不做任何斗争的前提下将它一笔勾销，发现这一点可能没有什么奇怪。从莫斯科的立场来看，阿富汗羊毛、新鲜水果和最近在阿富汗发现的贮藏量很大的铀矿，都不是无足轻重的财产，为什么在至少没有炫耀武力的情况下放弃如此宝贵的原材料？也许苏联人期望：只要难以对付的装甲板和致命的飞机一出现，就会扑灭阿富汗人的反抗。当然任何有关英属印度的历史知识都会教育他们：阿富汗人是世界上最强烈热爱独立的民族之一。现在当他们面对着从每一块岩石和山脊狙击他们的阿富汗大黄蜂时，难道他们真的能够向前推进去“征服”南亚其他地区吗？而且人们会问，苏联人对印度或巴基斯坦究竟会干什么？他们确实尝试或完成对次大陆如此直接地控制了吗？重演英国统治的历史了吗？或者重演伟大的莫卧儿帝国的历史了吗？难道事实上这是莫斯科伟大设计师们的长期战略吗？他们会如此愚蠢吗？

然而印度的领袖们与巴基斯坦第一线的领袖们一样，当熊逐渐接近时，他们很难睡着觉。他们重温了19世纪使如此众多的英国政治家许多天夜不能寐的焦虑，策划“大游戏”中他们下一步的行动，设计一些
433 缓冲以有助于他们“领域”的安全，安排一些意外事故，沿着边境把一些钢轨藏匿在棚中，收买一些激烈的帕坦人为他们的来复枪装上弹药，从而为他们的后方驻地充实力量！不过，英国人曾有一个统一的次大陆可以防御，给予他们印度或巴基斯坦今天都没有的战略优势。因为后两者都把他们主要的军事力量用于相互对抗上了，在克什米尔，在萨特莱杰河两岸，而不是同心协力面对来自西北的共同威胁。苏联在开伯尔的出现会有助于印度与巴基斯坦重新认识到次大陆统一的价值吗？

外来的刺激可能由于恐惧的力量而实现印度教徒-穆斯林统一的奇迹吗？真纳先生与摩诃特玛·甘地都曾称之为印度真正民族独立的关键。新德里、伊斯兰堡和达卡也许有一天会醒悟到：使民族自豪感和社区偏见从属于保护和防御整个南亚的协调计划，这难道不是这三个民族的最高利益吗？这样一种“醒悟”有微弱的可能性吗？只有最强烈的乐观主义者才能把这种重新统一作为一种可以预见的前景来考虑。如果稍有区别的话，南亚全部最近的历史，至少自分离之后，都指向另一条道路，指向分离而不是统一。

总统齐亚·乌尔-哈克将军领导之下的巴基斯坦伊斯兰共和国，1980 年在外交上与中东的伊斯兰国家走得更近，并没有倾向于与印度再统一的可能。齐亚几次主持多国伊斯兰会议(Islamic Conference)并被选为主席。伊斯兰堡常常否认但显然持续着力于研制一个热核炸弹，或许可以将获得这样一个炸弹视为多国穆斯林的努力，也许用于反对以色列；例如，巴基斯坦曾在阿扎德克什米尔爆炸了一枚原子弹，印度自然把这种行为视为对它安全的有意挑战。而且，1980 年，新德里贮藏了足够的核燃料，并且获得了完成它自己中程导弹传送系统的技术能力，能够发射对准卡拉奇、拉合尔或伊斯兰堡的核弹头。不过，印度与巴基斯坦一样，继续否认把核能量用于和平以外用途的任何意图。南亚不断升级的军备竞赛，加上苏联承诺向印度军火库投入几十亿美元，而沙特阿拉伯和利比亚帮助增强巴基斯坦的实力，为持续困扰次大 434
陆的未解决的公有问题和未来潜在的冲突增加了恐怖的新动向和紧迫性。他们手中掌握了原子武器，无论谁发起战争，其附带结果都是全球性的。印度与巴基斯坦在它们独立存在的前 35 年里，损害两国关系的反复无常的性情不再掺杂在造成很少伤亡的两到三周的冲突之中。可悲的是，尼赫鲁的“非战争区”有一天会成为全球核屠杀的燃点。

或者，印度文明的对立统一的天才，作为印度教最高信仰的古老而持久的对非暴力的信奉，独特的宽容、对长期苦难的忍耐及对平和(Shanti)治愈能力的相信，足以实现不可能的：重建——至少象征性地——由分离所毁灭的道路和桥梁？历史的车轮会再次走向一个崭新的统一时代吗？由恐惧所锻造，愤怒和痛苦使他们变得冷酷，由科学的力量所增强，难道那些古老而贫瘠的土地会从它们半封建的牛车的泥潭跃升到和平利用核电的增长时代的康庄大道，利用生物医学和太阳能的方法以解决疾病、人口过剩、民众愚昧、分裂主义和贫穷的传统痼疾吗？在它们只有将他们带入激烈的自我毁灭的痛恨、使之成为恐怖的牺牲品之前，依然为其继承人掌握的一个文明还可能提供如此辉煌、丰富却悲惨的教训吗？

“在青少年时代我对政治了如指掌之前，我有一个社区心灵统一的梦想。”摩诃特玛·甘地在德里的最后一次绝食期间承认。“当感到这一梦想已经实现的时候，即使在我生命的黄昏，我也会像孩子一样跳跃起来。那时我们将会拥有真正的自治。那时，尽管在法律上和地理上，我们依然是两个国家，但在日常生活中没有人会认为我们是独立的国家……我正是、也需要为这一目标而活。让来自巴基斯坦的追求者在力所能及的范围内帮助接近这一目标……在这样的天堂里，无论是在联邦里还是在巴基斯坦，既没有乞丐，也没有穷人，没有高低之分，没有百万富翁的雇主，也没有快要饿死的雇工，没有酒类或毒品。妇女被给予与男子一样的尊重，男子和妇女的贞洁与纯净都将被小心翼翼地保
435 护……将没有不可接触者，所有信仰都得到同样的尊重。他们都将是自豪的、快乐的和自愿养家糊口的人。如果在我的床上伸肢体和晒太阳取暖，吸入赐予生命的阳光，我希望听到我的讲话或读到这些字句的所有人会原谅我，我让我自己纵情于这种喜乐之中……如果像我这样一个愚者的欣喜若狂的愿望从来没有实现，那么斋戒从来没有被打破也无关紧要”。①

说过这些话之后两周，甘地就被暗杀了。他关于印度未来的梦想也一定要逝去吗？或者它会在一定程度上被培育成现实？

繁荣的旁遮普似乎坚持把摩诃特玛·甘地的梦想转变为现实这一

① 甘地：《德里日记》，1948 年 1 月 14 日，阿默达巴德：纳夫吉万(Navjivan)出版社，1948 年，第 341－343 页。

最好的承诺。由于占其人口多数的艰苦劳动的锡克教徒和肥沃的土地,现代旁遮普这一较小邦(自1966年以来约2万平方公里)在全印享有最高的人均收入,尤其是自20世纪60年代晚期刺激农业生产的“绿色革命”以来。小小的旁遮普比半打印度更大、更落后的邦拥有更多的汽车、低座小摩托车,更多的拖拉机和电视。旁遮普农民家庭比其他印度农民家庭平均多赚两倍的钱。1987年,印度8亿人口中,只占大约2%(约1 600万)、有才能的锡克教徒依然拥有超过10%的印度兵役中的高级职位。由于他们的胡须与头巾,锡克教徒一直是印度少数族裔最可见的标志,而且由于如此众多的“锡克教徒(Sardarji's)”开着他们的出租车,在德里特别醒目。1982年,甘地夫人的内政部长和亲密的政治同盟歌雅尼·蔡尔·辛格(Gyani Zail Singa,生于1916年)成为第一位被选为总统的锡克教徒,他在这一职位上一直工作到1987年退休。

“纯净之地”的要求

不过,自英国统治的最后几年以来,少数锡克教徒一直大声呼吁建立他们自己的“国家”,这一要求首先由祖师塔拉·辛格(1885－1967)表达出来,他领导着阿卡利党(Akali Dal,永恒党),间歇性地为被称为“锡克斯坦”或“纯净之地(Khalistan)”而绝食。很像分离主义穆斯林要求建立的“巴基斯坦(Pakistan,其意义也是“纯净之地”)”,当它被首 436
次提出时,很少人会认真对待锡克教徒的呼吁,只把它视为极端的政治敲诈或由英国人启发的欺骗。不过,1966年,甘地夫人的中央政府把印度的旁遮普划分为三个邦,恐怕是为了“满足”锡克教徒对一个“旁遮普苏巴(Punjabi Suba)”[①],一个独立的旁遮普人占多数的邦的要求,但事实上通过把以前被瓜分的邦划分为较小的旁遮普,只是加深了锡克教徒的疏离感和愤怒。其中锡克教徒占多数,相邻的哈亚纳在它的东南部,印度教徒占多数,喜玛查尔·普拉德什(Himachal Pradesh)在它

---

① “苏巴”,莫卧儿王朝的一个省。——译者注

的北部，其首府为西姆拉。而且，旁遮普与哈亚纳共有一个集中管理的昌迪加尔首府，它是在尼赫鲁将旁遮普作为现代性的首府的象征的时代建起来的。在普拉卡什·辛格·巴达尔(Prakash Singh Badal)和圣人(Sant)哈尔钱德·辛格·伦格瓦尔(Harchand Singh Longowal, 1928－1985)的领导下，阿卡利党极力鼓动把昌迪加尔归还旁遮普，但甘地夫人最初拒绝答应这一要求。阿卡利党在整个旁遮普受到欢迎并得到政权，而且在甘地夫人“紧急状态”期间，成千上万的锡克教徒由于直接反对中央独裁政府被宣判入狱。从 1977 年直到 1980 年，在紧急状态之后，阿卡利党领导层被推选统治旁遮普，在中央和邦两级取代和激怒国大党。桑贾伊·甘地和蔡尔·辛格试图通过支持一个基本不为人所知的反对“圣人”的年轻原教旨主义者贾内尔·辛格·宾德兰威尔(Jarnail Singh Bhindranwale,1947－1984)来减弱圣人伦格瓦尔在旁遮普的受欢迎程度和权力。

1983 年，宾德兰威尔变得比任何以前的阿卡利党领袖都要极端和危险得多，指导着一个旨在旁遮普民族自治的暴力性运动。此时，桑贾伊已死，尽管蔡尔·辛格是印度总统，他并没有力量影响“圣人”，当他作为锡克原教旨主义年轻人和极端主义的英雄而出现时，把德里国大党的话当做耳风边。1984 年初，宾德兰威尔和他武装起来的信徒们控制了金庙的“永恒之塔(Akal Takht)”，并且决心不离开阿姆利则寺庙的神圣地区，直到新德里停止对抗并准许旁遮普完全自治时为止。到 1984 年 5 月，几百个温和的锡克教徒和印度教徒的生命被极端暴力所残害。在全印有几百万人表达了他们对“夫人的(甘地夫人的)”明显未
437 能对宾德兰威尔及其恐怖主义采取任何“强有力”行动的失望。不过，这个月，英迪拉与她的将军们会面并选择他们的“恶魔的取舍”，计划对旁遮普实施军事管制并进入金庙。这是她一个重大的判断失误。

“蓝星行动(Operation Bluestar)”在 1984 年 6 月初开始。印度军队的坦克驰入神圣的锡克寺庙的地面，并且用它们的重型武器向阿卡利党开炮，直到宾德兰威尔与他的所有信徒要么死亡，要么逃离这座燃烧着的塔时为止，而这座塔对锡克教徒来说曾是权威和极其神圣的场

所。战斗在阿姆利则人的心中激起漫长的持续于6月5日、6日的愤恨，金庙的地面上留下了几千具锡克教徒的尸体，100多名士兵丧生，同样数目的士兵多次受伤，藏于哈曼底亚(Harmandir)的不可替代的锡克经书图书馆化为灰烬。纯净之地有了它的第一批殉难者。不到半年之后，甘地夫人由于下令亵渎锡克信仰的梵蒂冈或麦加而付出了她的生命。为什么她的选择现在看来似乎明显相当于签发了她的死亡行刑令？

甘地夫人非常清楚1985年1月底之前要举行全国大选。在持续恐怖暴力和中央政府无所作为的气氛中，很难想象国大党会赢得这样的选举。任何一种军事上的成功通常都是投票上的优势，而甘地夫人对锡克教极端主义者的“激烈”行动肯定会在年底团结甘地夫人的国大党后面的印度教徒的大多数。也许她是被1971年孟加拉战争胜利之后辉煌岁月的记忆所激发。而且自从桑贾伊去世后，她变得越来越像一位宿命论者，可能失去了对生活的大部分依恋，尽管她总是很勇敢，似乎从来不为自己的个人安全而担忧。当然她也许希望证明从金庙地面上“清除”宾德兰威尔，与过去比起来会是一件更为容易的工作。这样一种如意算盘似乎常常诱惑全世界强有力的领袖发动残忍的军事力量来剿灭其政治反对派。无论其原因是什么，“蓝星行动”令人震惊的、骇人听闻的暴力确实使印度的每一个少数民族都直接注意到继续与德里对抗是多么危险的事情。穆斯林和锡克教徒都领会了这一信息，而且好像是为了强调这一讯息，甘地夫人命令她信任的克什米尔统治者于1984年7月将在穆斯林占多数的邦受欢迎的首席部长法鲁克·阿卜杜拉(Farooq Abdullah)从其斯里那伽的权位上给撤了下来。不过，克什米尔“狮子般的”英雄舍克·阿卜杜拉(Sheikh Abdullah)的儿子，法鲁克·阿卜杜拉一直是他的邦最受欢迎的人物，而甘地夫人的儿子 438
在1987年初感到有必要在国大党(英)联盟的支持下让自己重新获得权力。

在她生命中的最后几个月里，甘地夫人似乎对其所有的政治对立面失去了耐心。在罢免法鲁克一个月后，她命令自己信任的安得拉统治者罢免了在那个邦受欢迎的泰卢固电影偶像、首席部长罗摩·拉奥(N. T. Rama Rao,1924－1996)。当他被称做"N. T. R."的时候,他实际上已经不再受欢迎,但作为一个非国大党地区政党泰卢固之乡党(Telugu Desham)的领袖,他被甘地夫人视为她的多数支持者中一个潜在的"威胁"。在生命的最后几个月,她因担心到处鬼鬼祟祟活动的政治"对手们"而深受折磨,尽管十分滑稽的是:她自己"安全部队"的两名成员杀害了她。N. T. R 通过与自己的大多数立法机关的支持者飞到德里证明他的持续受到欢迎,并且在甘地夫人去世之后很久依然执掌安得拉的政治,在 10 年之后去世前不久他才将权力传递给他的女婿。

1984 年 10 月 31 日上午 9 点多,从她的宅第——新德里保护最为完好的地区,一个有围墙的院子,英迪拉·甘地总理开始她的最后一次散步,她穿过花园小路,走向办公楼。她的两个锡克教徒护卫宾特·辛格(Beant Singh)和萨特万特·辛格(Satwant Singh)在花园门前面对着她,将枪中的全部子弹射向她虚弱的身体。后来,从甘地夫人的身体中取出了大约 30 发子弹。她在到医院之前就去世了,德里最优秀的外科医生团队忙活了几个小时试图挽救她的生命,将大部分的血液注入她已无反应的身体中。伦敦与得克萨斯"纯净之地"的锡克教徒欢呼雀跃,并且被拍下以狂饮香槟酒来庆祝甘地夫人被暗杀的情景。但对德里附近和印度北部充满痛苦的平原上的锡克教徒来说,大屠杀才刚刚开始。

甘地夫人被谋杀的消息传开来时,成群暴跳如雷的印度教暴徒们走上德里街头。高喊"以血还血!"那些可耻的罪犯向他们看到的每一个锡克教徒喷煤油,向人、汽车以及他们发现的所有的锡克教徒商店或家庭放火。被自以为公正善良、为倒下来的总理的报仇者所唆使,成群被雇来的纵火犯和杀手随处狂奔,在三天三夜的时间里,印度的首都成为地球上最无法无天的、最恐怖的所在。同时,警察对所有犯罪袭击熟视无睹,而印度军队在沉睡。据官方统计,仅仅在 1984 年 11 月最初三
439 天,1 000 多名锡克教徒在德里被杀害,但非官方的观察者仅仅在德里

被劫掠的郊区,像特里罗克普里(Trilokpuri),就看到成千上万的尸体。整个印度政府好像与总理一起垮了台。总统蔡尔·辛格得到这个可怕的消息时正在也门,他立即飞回国内。拉吉夫·甘地在加尔各答,他也立即飞回德里,于万圣节之夜他在那里的总统府宣誓就任印度新总理。那年拉吉夫 40 岁,比他的母亲登上德里政治权力巅峰时年轻九岁,比他的祖父贾瓦哈拉尔·尼赫鲁年轻 18 岁。作为一名印度航空公司飞行员的拉吉夫"上尉"比作为一位政治家更为出名,在弟弟死去不到四年,他开始了自己的政治生涯。

第二十六章　拉吉夫·甘地的统治（1984－1991）

440 “她不仅是我的母亲,而且是整个国家的母亲,”拉吉夫·甘地总理在他对全印的第一次广播中说,“我们应该保持平静和最大程度的克制……没有什么比这个国家任何地方发生暴力更能伤害我们热爱的英迪拉·甘地的灵魂。”确实,甚至当他讲演的时候,德里也在燃烧。直到11月3日星期六,当拉吉夫在亚穆纳河岸用火把点燃他母亲火葬的柴堆时,德里大规模的反对锡克教的暴力才逐渐平息。最后军队出动并接受命令:只要看到任何杀人者和抢劫者帮都要“开火”,当坦克碾压在德里烟雾弥漫的街道时,胆小的帮派消失得无影无踪。5万多名被吓坏的锡克教难民在德里附近的临时营地寻求避难,财产损失据估计上升到2000万美元。

在德里大屠杀结束后两周,由前首席法官西可里(S. M. Sikri)为首的公正的市民委员会(Citizens' Commission)向政府呼吁任命一个官方的民权保卫者调查犯罪的悲剧。不过,在1985年8月份之前,在五个月的时间里什么也没有做,直到法官密斯拉(Misra)被委任“对关于德里发生的有组织暴力的事件的指控进行调查”。密斯拉委员会(Misra Commission)在完成报告之前又花费了两年时间,这一报告没有提出任何对德里的刑事被告犯罪行为的指控,听起来更像为官方无所作为的道歉,而不是对德里渗透了鲜血的平原上被称为“反社会”行为的定罪。印度人民民主权利联盟(India's People's Union for Democratic Rights)和公民自由人民联盟(People's Union for Civil Liberties)很久以前就出版了对德里亲眼所见的暴行的第一手叙述,叫做《谁有罪(*Who Are The Guilty*)?》,由戈宾达·穆克霍提(Gobinda
Mukhoty)与拉吉尼·科塔里(Rajni Kothari)撰写,得出的结论是:黑 441
色的1984年11月是“打上由位于国大党(英)之最高位的重要政治家和行政当局蓄意委托和懈怠之标记行为的组织严密计划的结果”。[①]

“对于那些有权力的人士而言,如果有可能,或感觉到有可能逃避违法或违宪的结果,”出版于1987年4月、题名为《被否定的正义(*Justice Denied*)》的密斯拉委员会报告预先提出批评,“有秩序的社会存在的肌体可能无可挽回地受到损害……如果惩罚犯罪者的正常手段使暴乱的牺牲者失望的话,锡克教区与其余社区尤其是印度教徒占多数的教区之间的分裂将会进一步扩大……如果被委员会辜负的话,现在他们将去哪里呢?”[②]至今,德里的锡克教牺牲者仍在等待正义,然而在很大程度上,他们却被辜负了。

国大党压倒的优胜

1984年11月中旬,在大众对作为孤儿的年轻总理一直寄予高度同情时,拉吉夫聪明地提议在12月进行全国大选。国大党(英)接连不断地高喊感伤的口号“记住英迪拉!”而甘地夫人的去世帮助她的儿子及其政党在投票上获得压倒性胜利,达到如果她活着成为杰出领导者所能达到的水平。拉吉夫的弟媳,桑贾伊的遗孀莫尼卡·甘地(Maneka Gandhi)试图在拉吉夫的北方邦选区向他提出挑战,但她轻而易举地被击败了。1984年12月24日,几千万的印度人坐着牛车驶

① 《谁之罪?》,戈宾达·穆克霍提与拉吉尼·科塔里联合出版,德里:阳光图画,1984年,第1页。

② 《被否定的正义:对1984年11月暴乱的密斯拉委员会报告的批评》,新德里:人民民主权利联盟与公民自由人民联盟,1987年4月,第16页。

向几万个投票站,实现独立印度历史上国大党最伟大的胜利。事实证明,拉吉夫作为一位竞选者甚至比当年他的外祖父还要受欢迎,电视上的他朝气蓬勃、举止优雅,在外貌上为自己赢得了“干净先生”的称号。
442 新总理比孟买午后演出的任何偶像都要受欢迎。他率领他的党在人民院获得 500 席中 400 席位的胜利,而且国大党(英)逐渐赢得大众投票的绝对多数,这是以前任何一次选举中都没有达到的。

博帕尔灾难

仅仅在 1984 年 12 月选举之前两周,中印度的博帕尔遭受到了可怕的悲剧性袭击。联邦碳化物杀虫剂贮藏罐中的不可见致命气体,透过有缺陷的阀门泄露,在新德里以南不到 400 公里的大型工厂围墙外面是几千名可怜的无辜受害者,他们当时正在睡眠中,不利的风将气体吹向了他们的身体。几小时之内,2 000 人死亡,还有几万人由于这起最近历史上最恶劣的工业事故而受到伤害。联邦碳化物依然由美国拥有,是未被印度多数股份持有者和管理部门接管的少数几个多国公司之一。建于 1977 年的工厂每年生产 2 500 多吨杀虫剂,但自从 1984 年 12 月以来,悲剧证明这样一座现代化工厂能够给人类生活带来多么可怕的危险。尽管很快在印度和美国提出诉讼的几千宗案件要求几千亿美元的损害赔偿金,在使博帕尔荒芜的悲剧之后几十年间几乎没有真正向受害者赔偿什么钱。法律陷阱和司法权问题困扰着这一过程,用于阻挠着正义而不是加快其实现。印度人再次学会了一个太熟悉的教训:死亡和苦难来得迅速,正义和救济在这个为现代悲哀所折磨的古老土地上总是姗姗来迟。

大多数印度人希望拉吉夫·甘地总理能够带领他们过上更好的生活,一个更幸福的前景:一个没有腐败的社会,国家统一和经济进步,没有更多博帕尔和蓝星的隐藏着的危险或痛苦。毕竟,新领袖和他的老政党代表的是印度辉煌过去和有前途的未来的丰富性,将摩诃特玛·甘地的罗摩统治(Ram Rajya)的民族主义理想目标的遗产、一个辉煌的黄金时代,与由计算机协调的对明天科技的现代主义信仰联系起来。作为印度第一家族的子孙,拉吉夫体现了尼赫鲁-甘地家族令人羡慕的一切。他也是一位勇敢的新人——他在剑桥学习的时候为自己挑选了妻子——意大利出生的索尼娅·梅诺(Sonia Maino)。他甚至 443
自学使用个人计算机。

"我们的政治应该是清洁的",印度朝气蓬勃的总理早在1985年告诉他的国家,承诺"快速的"发展和所有人民经济发展的"看得见的果实"。他的手中掌握着足够的内阁大臣职务以加快许多领域的变化,并且减少长期以来阻碍印度企业创造性的官僚主义,取消进口高科技产品,计算机、彩电和盒式磁带录像机——所有拉吉夫和他的现代印度经理们向上流动的一代渴望的东西特许的耽搁状况。他也削减了财富与遗产税,效法里根的经济政策,试图使印度步履沉重的经济远离倾向社会主义和经济"平等"的老路,从而走上经济高速增长的"滴入式"①机会的更平滑的大道。他很快把母亲的绝大多数高级顾问打发走,而将他第一流的杜恩学院(Doon School)的同学围拢在自己周围,他们与他共同拥有尽快让少数人有一个更好印度的梦想。摩诃特玛·甘地的梦想很快褪色,而为尼赫鲁和英迪拉·甘地如此雄辩地表达的社会主义的修辞被控制飞机座舱的现代专家治国论者的新团队所抛弃。

掌握有全体选民有效力的授权,拉吉夫在旁遮普、阿萨姆和米佐拉姆与反对党几次达成令人印象深刻的政治协议,似乎预示着长期存在的地区冲突的终结。1985年7月,旁遮普协议由拉吉夫与阿卡利党领袖桑特·伦格瓦尔签订,允诺在1986年1月26日把昌迪加尔转交给旁遮普,作为补偿,旁遮普的"讲印地语地区"在那个时候转交给哈亚纳。协议的其他条款包括锡克教徒被极力鼓动多年的允诺,包括保留一些"优势",诸如关于新兵征召主要标准、"全印古鲁达瓦拉法案(All-India Gurudwara Bill)"的考虑、关于中央与邦关系更多问题上联邦原

① 由美国学者提出的经济学上的"滴入论"或"垂滴论(trickle-down-theory)",认为政府与其将财政津贴直接用于福利事业或公共建设,不如将财政津贴交由大企业陆续流入小企业和消费者之手更能促进经济增长。——译者注

则的扩展，以及向旁遮普农民保证继续利用发源和流经他们邦的河水。而且，中央政府承诺采取“步骤”帮助“推广”“旁遮普语”。这个协议被作为标志着德里与旁遮普之间暗淡关系的“对抗”时期的“终结”，开创
444 了“友好、亲善和合作的时代”而受到欢迎。在签订协议之后，拉吉夫立即宣布将在旁遮普进行选举。之后不到一个月，桑特·伦格瓦尔在他的村庄被锡克教恐怖分子暗杀。不过，选举如期举行，而且伦格瓦尔的阿卡利党在整个邦获得绝对多数。伦格瓦尔最亲密的弟子苏尔吉特·辛格·巴纳拉(Surjeet Singh Barnala)被推选为旁遮普的首席部长。但在1986年1月，昌迪加尔被宣布还给旁遮普的前夕，由于德里与巴纳拉之间未能达成一致，协议在执行中间被推迟。在此后的六年中没有采取过任何更积极的行动，并且由于惰性的阴影笼罩了旁遮普，幻灭接踵而至，恢复的激烈的暴力粉碎了快速或和平解决旁遮普难题的最后一丝希望。

旁遮普协议的流产

锡克教恐怖主义暴力遭遇了从德里迅速调来旁遮普的几万中央预备警察(Central Reserve Police)和第一流的边防安全部队(Border Security Force)。印度最有名的警察总监朱利奥·利贝罗(Julio Ribeiro)被安排指挥旁遮普的被加强了的安全部队，它是全印最大的警察力量。没有宣布军事管制，旁遮普成了一个武装了的营地，而利贝罗自己说与恐怖分子的殊死搏斗不亚于一场“战争”。锡克教政党的领袖们和许多锡克教记者激烈反对他们称为“伪造的相遇”的旁遮普警察对年轻锡克教徒的杀戮，而朱利奥·利贝罗坚持“恐怖主义入侵者”每天“从巴基斯坦”跨越边境，由“国外人员”提供的武器武装起来，帮助锡克教徒破坏印度联邦。拉吉夫也提到邪恶的外部力量试图削弱印度的危险，而协议的精神很快就消融在社区暴力、怀疑与仇恨的气氛当中。首席部长巴纳拉试图修复昌迪加尔与德里之间的信任桥梁，但收效不大，而他越是向拉吉夫寻求帮助，他自己的阿卡利党支持者就越是不信任他。最后他在旁遮普立法院失去了多数的支持。在1986年底之前

紧接着普拉卡什·辛格·巴达尔和古尔查兰·辛格·托拉(Gurcharan Singh Tohra)在议会投反对党的票之后,巴纳拉的阿卡利党的23位党员抛弃了他们首席部长的政府,但并没有进监狱。巴纳拉没有辞职,他绝望地抓住权力转换的沙子,试图在国大党(英)的支持下继续掌管旁 445
遮普,因而加倍依赖德里的领袖们。很快,一度受欢迎的阿卡利党领袖被金庙的领袖们从他自己的锡克教信仰中给“驱逐”出去。巴纳拉依然拒绝下台,更紧急地求助于拉吉夫,要求得到看得见的支持,诸如立即转交昌迪加尔,或关于旁遮普要求更多的水源,以及在军队中征召更多的锡克教新兵的有利的决定。不过,新德里在费力支持软弱无能的首席部长的位置方面无所作为,1987年5月,巴纳拉被罢免,而总统统治(President's Rule)被强加到旁遮普。

孟加拉出生的林肯律师学院(Lincoln's Inn)的律师、地方长官悉达特·善卡·雷(Siddhartha Shankar Ray)和警察局局长(Director-General)朱利奥·利贝罗现在在旁遮普实行独裁统治。而这非但没有减少暴力,反而在总统统治的第一年,死亡人数翻了两倍多。新的更严厉的法律使得逮捕和拘留任何被认为对旁遮普的“安全”构成“威胁”的锡克教年轻人变得更加容易,几乎是无限期的。各种报告各不相同,尽管不可能获得准确的官方信息,但显然几百名,也可能几千名(有人说多达5000名!)被拘留者被监禁多月,有的人被监禁多年,没有任何明确指控和可指望达到审讯的地步或从“预防性拘留”中被释放。尽管印度签订了联合国的普遍人权宣言(Declaration of Universal Human Rights),其法律体系现在显然违犯了它的基本条款,而且在没有任何官方认定的原因也没有重获自由的真正希望的情况下,使越来越多的公民在铁窗后面失去活力。

阿萨姆和米佐协议

旁遮普被激怒时,阿萨姆和米佐拉姆由于拉吉夫与那些在东部起义的最有权势的领袖达成的协议而享受着一种非暴力的新的间歇。几百万孟加拉穆斯林移民跨越国境进入人口稀少的印度(他们在那里清除丛林而种植水稻)，使得畏惧和憎恨外国人的情感在大部分印度东翼的人们心中产生。阿萨姆人米佐和那伽部落，还有这一地区更具有城市化色彩的印度教徒与基督教徒高呼“穆斯林入侵”他们的家乡，并且
446 对穆斯林农民和在破败的东部边疆边远地区长期定居的农村发动暴力袭击。通过与阿萨姆人民党(Asom Gana Parishad)和米佐民族阵线(Mizo National Front)的直接协商，拉吉夫与这两方的人士达成一致，基本上准许他们轻易赢得在那里举行的选举从而获得对本邦地区的政治控制。而且在1987年，米佐拉姆从以前较低的直辖区升格到邦的地位。以前的“叛乱煽动者”由此转变为拥有政治权力与责任的邦的首席部长。拉吉夫的国大党(英)在这一地区失去了政治权力和赞助，而印度军队能够从阿萨姆和东部地区撤出，而且控制越过印度多漏洞边界的违法穆斯林移民的更有秩序且更少花费的尝试也在进行当中。不过，1988年初，随着更强烈的“驱逐”所有“外国人”的排外要求在这一地区扩散开来，东部的这两个协议都开始被破坏。重新开始的暴力冲击着印度东部地区，而印度军队在1990年回到阿萨姆。

当拉吉夫受到高度赞扬的政治“协议”失去其最初的光彩时，他一度光辉的个人形象开始黯然失色。在公众质询的眼光之下，内阁最受尊敬的成员之一，财政部长辛格(V. P. Singh)抨击一些印度最富裕的工业与商业企业，他们自1986年底开始出现逃税和其他不正当投机。1987年1月，拉吉夫突然将辛格从财政部调到国防部。不过，辛格并没有就此罢休，开始对一份据报道是国防合同的“佣金”展开新调查，据称由瑞典博福斯(Bofors)公司向拉吉夫的电影明星、学校的伙伴开的代号为“莲花”的瑞士账户注入资金。博福斯丑闻成为德里的新闻标题，尤其是在辛格被迫于1987年4月从他的内阁第二的位置上辞职之后。总理否认拿了钱，但在阿兰·绍利(Arun Shourie)无所畏惧的编辑指导下的《印度快报(*Indian Express*)》将其社论放在头版，质问一些令人为难的、尖锐的问题，直到这份最受欢迎的报纸被据称发现许多“违反”建筑与防火条例而调查其“资产”的官员关闭。德里有类似小违规的建筑不在少数，在1987年12月底之前《印度快报》又回到街头，但

政府的消息很少被忽略或遗忘。事实上,到这一年底,辛格自己因“不
适当地”雇佣一个外国侦探机构调查合同“佣金”而被调查。前财政与 447
国防部长成为拉吉夫自己党内领导权的最大挑战者和联合反对党(类似反对拉吉夫母亲的人民党全盛期的贾亚普拉卡什·纳拉扬的再生)的一位可能的黑马竞争者。

1987年的许多补缺选举也反映出拉吉夫的国大党(英)失去了民众信任。哈亚纳邦长期被视为支持国大党(英)的安全堡垒和延伸到北印度及中印度,包括北方邦、拉贾斯坦、中央邦和比哈尔的党的印度教多数的印地语带的西部支撑,但它在1987年中期选举中退出了占统治地位的政党阵营。人民党领袖戴维·拉尔(Devi Lal)在他占优势的印度教农民邦的每一地区都戏剧性地击败了国大党,他宣称新德里的领袖们在哈亚纳农民最想获得的两件事情上“辜负了”他们:粮食价格补贴和充足的水供应。人民党的首席部长承诺在一切方面帮助支持他的农民,包括由邦承担他们艰巨的土地债务。戴维·拉尔的对手们知道任期之后,当他如此之多的承诺都会被提起以反对他时,他会轻而易举地被击败。但对被取代的当地国大党政治家而言,1989年似乎困难重重,而且拉吉夫的轻型直升机降落在哈亚纳的竞选演说现场并没有为他们的薄煎饼增添一点儿的液体奶油(ghi)。

拉吉夫的对外政策

在国际事务中,拉吉夫·甘地取得了一些成功,这有助于抵消他国内政治的损失。从他1985年中叶第一次访问美国,英俊的年轻的总理在华盛顿赢得了来自官方与民间的对印度的热烈支持。“联结我们两国人民的纽带是多种多样的,”那年6月拉吉夫在参众两院的演说中说,“我们拥有民主是持久发展的最好保证的共同信念:我们的人民一定会作为自由的个体而生活。”在白宫和五角大楼,就从华盛顿向印度高科技出口达成协议,超级计算机在许多方面有助于印度经济,也会有
助于她的军事实力。不过,美国与印度的年贸易总产值仍然只有40亿 448
美元,不到美国与日本价值的5%。但在拉吉夫第一次访问华盛顿期

间，他为持续一年之久的印度节举行了开幕式，这将有助于向几百万美国人介绍印度文明独特的美丽和持久的魅力，及其向世界文化贡献的辉煌文化与艺术。两年之后拉吉夫又短暂返回，在他参加联邦会议访问加拿大期间，在波士顿和华盛顿停留，进一步加强印度与美国的友谊与贸易纽带并分享观念和信息。

印度与苏联的亲密关系并没有因新德里与华盛顿的这些友谊纽带的增强而减弱。由拉吉夫母亲与苏联缔结的友好协议一直是印度-苏联友谊与合作的基本原则，而拉吉夫与米哈伊尔·戈尔巴乔夫总书记的个人关系至少与他与罗纳德·里根总统的会见一样亲切。苏联继续为印度军队提供最先进、最成熟的武器，包括新型米格-29 战斗-截击机，以此回击美国向巴基斯坦运送 F-16 型战斗机。两艘核动力潜艇在 1988 年初运送至印度，为印度海军和空军提供了与在南亚或印度洋发现的致命武器库中的武器一样先进。

1985 年 12 月，七个南亚国家首脑的第一次会晤在孟加拉的达卡举行，它标志着南亚地区合作联盟(SAARC)的成立。通过加入这个最有希望的地区组织，拉吉夫帮助去掉了印度与巴基斯坦永恒紧张关系和其他爆炸性地区问题的引信。在近些年，持续报道的伊斯兰堡实现了核能力的“竞赛”一直是巴基斯坦最危险的问题，它常常被指称为“伊斯兰炸弹(Islamic Bomb)”。尽管巴基斯坦总统和其他主要官员都否认任何研制这种炸弹的企图，印度与美国的情报机构的报告却显示由于利比亚的帮助，巴基斯坦可能已经拥有。在南亚地区合作联盟产生后不久，拉吉夫与巴基斯坦总统齐亚将军在德里会见，签订了任何一国都不会首先攻击另一国的核工厂或原子设施的协议。零星发生的战斗
449 继续困扰着克什米尔“停火线”，而且 1986 年印度在旁遮普和信德沿着巴基斯坦边界拥有如此巨大的军事机动力量，似乎大规模冲突一触即发。1987 年设立于尼泊尔首都加德曼都的南亚地区合作联盟秘书处，现在成为减少潜在地区误解或冲突的永恒的南亚信息与交流中心。与欧洲共同市场一样，南亚地区合作联盟的经济交流和地区增长、文化与科学合作的潜力至少与其政治用途一样大。

印度与斯里兰卡关系

对于斯里兰卡,泰米尔纳德邦下面悬着的一头熊一样的独立小岛国来说,印度的重要性一直是十分巨大的。斯里兰卡 2 000 万居民中大多数都是印度移民的后裔,其中占多数的是僧伽罗佛教徒,他们在大约 2 000 年以前第一次来到康提(Kandy)和科伦坡(Colombo)地区。大约 500 万泰米尔纳德的少数族裔中的绝大多数定居在北部的贾夫纳(Jaffna)附近,他们也在其早期根源和文化传承上受惠于印度。斯里兰卡僧伽罗多数与泰米尔少数族裔社区之间的种族冲突,随着英帝国在第二次世界大战后撤出锡兰而逐步升级。科伦坡 1956 年的"只要僧伽罗语"的官方语言法案("Sinhala-only" Official Language Act)激起泰米尔人的激烈反对。20 世纪 70 年代早期,泰米尔人在政治上组织严密,而且他们中的大多数都支持泰米尔联合解放阵线(TULF)党。1978 年后,在斯里兰卡最后一次大选中赢得明显胜利的统一民族党(United National Party)的贾耶瓦德纳(J. R. Jayewardene,1906－1996)总统制定了被认为是泰米尔联合解放阵线领袖们反对泰米尔人的宪法。议会中的泰米尔成员举行联合反对宪法的活动,后来被统治的政党从议会"驱逐"。泰米尔-僧伽罗暴力事件在科伦坡、康提和贾夫纳蔓延,而年轻的泰米尔人武装起来,投入到很快出现的初期冷战中。半打的泰米尔"男孩"帮向斯里兰卡武装部队或手无寸铁的平民发动游击战,到 70 年代末他们中的几支呼吁从斯里兰卡的北部与东部地区形成独立的泰米尔国家(Eelam)。那些泰米尔分离主义团体中最激烈、最富于战斗性的是泰米尔国家解放猛虎(LTTE),被称做猛虎,由他们的创建者普拉巴卡兰(V. Prabakaran,生于 1954 年)领导。南印度 450
6 000 万泰米尔人中的大多数人都同情和支持他们斯里兰卡同文同种者的斗争,为他们的"男孩们"提供食物、金钱、武器和避难所。

1986 年,斯里兰卡升级的战斗非常激烈,以至于印度决心采取行动以结束其邻国的"冷战"。在该年班加罗尔举行的南亚地区合作联盟峰会上,拉吉夫与贾耶瓦德纳会见,并用印度空军的喷气机把普拉巴卡兰运送到那里,试图把猛虎拉到谈判桌前。不过,猛虎领袖坚决拒绝接受实质上为斯里兰卡北部泰米尔人占多数的自治“省”的首席部长的职位,要求北部和东部地区的完全自治。由于泰米尔人在东部不占多数,贾耶瓦德纳有说服力地反驳普拉巴卡兰的要求是不合理的、不民主的。班加罗尔峰会因此以失败而告终,年终的战斗随着贾夫纳附近的复仇而继续,斯里兰卡的空军发射火箭弹与炸弹。印度用空军的运输机在贾夫纳上空空投给养。此后不久,贾耶瓦德纳总统戏剧性地改变自己,同意与拉吉夫签订一个条约,从而“结束”斯里兰卡战争:允许一支印度“维和部队”进入贾夫纳,并且“解除”猛虎组织及其他游击队组织武装,而斯里兰卡军队撤退到南部或驻扎在兵营以内。这显示了他的卓越的政治家才能。印度与斯里兰卡和平协议在 1987 年 7 月 29 日由拉吉夫与贾耶瓦德纳在科伦坡签订。此后不久,印度接过了首先寻求解除武装,然后驯服不妥协的猛虎组织这一吃力不讨好而又血腥的任务。

科伦坡协议期望到 1987 年 8 月底所有泰米尔游击队都会放下武器,之后在全岛举行大选,于年底召集一个新议会。这就是整个计划,印度最初为此投入了不到 1.5 万名士兵的远征军。不过,到年底其数目几乎增加了 3 倍,解除猛虎组织武装这一预计 8 月初完成的让人困惑的目标还遥不可及。印度军队起初到处受到泰米尔平民的欢迎,称他们为“救星”、“解放者”,有几支“男孩子”的团体很乐意向他们缴械,但并不是普拉巴卡兰的猛虎组织。他们在被俘时选择服用氰化物,到1987 年秋,印度军队开始了同样血腥的战争,斯里兰卡的小股力量得
451 以最大程度地脱身。到 1990 年 4 月,德里从斯里兰卡撤走最后一支印度部队时为止,几乎有几百名印度士兵在艰苦而无益的战斗中被猛虎组织杀死或伤害。一年后,拉吉夫·甘地自己也成为尚未解决的冲突的牺牲者。不久之后,在 1994 年,昌德里卡·库玛拉通伽(Chandrika Kumaratunga)被选为斯里兰卡总统,她重启与泰米尔领导人的谈判,希望为 20 多年来蹂躏美丽岛国的悲剧性内战寻求和平的政治解决。不过,即使在谈论“和平”的时候,普拉巴卡兰持续实施恐怖,致命的泰米尔猛虎组织的汽车炸弹撕裂了科伦坡拥挤的市场,炸飞了斯里兰卡

的贮油罐。1995年年底之前,由僧伽罗人领导的斯里兰卡军队占领了贾夫纳泰米尔的大本营,加强了它对猛虎抵抗的最后一个大堡垒的控制。在最后一次攻击中,据称泰米尔付出了1万多条生命的代价,不过普拉巴卡兰逃脱了,并发誓要"继续战斗"直到他的独立的泰米尔国家建立时为止。

1987年,当不断高涨的廓尔喀民族解放阵线(Gurkha National Liberation Front, GNLF)运动要求在大吉岭附近的西孟加拉北部地区,切割一块建立一个独立的廓尔喀(Gurkhaland)国的时候,印度与尼泊尔的关系也很紧张。与加尔各答的讲孟加拉语的多数人比起来,讲尼泊尔语的廓尔喀人自然感到他们与尼泊尔人的廓尔喀邻居更亲。当印度边防安全部队警察试图驱散高海拔的大吉岭的廓尔喀民族解放阵线的游行和示威联盟时,暴力发生了。印度的准军事力量跨越了廓尔喀"恐怖主义者"激烈要求的所谓尼泊尔边界,但加德曼都的外交部坚持印度"军队"的这种攻击是"无缘无故的"和"完全不正当的",在夜晚一连串的速射中许多村庄的农舍被夷为平地。

印度独特的语言与伦理多元主义使它比世界上任何其他国家在面对如此的分裂要求时更加脆弱。因为由尼赫鲁总理在20世纪50年代打开的重划印度内部边界的语言邦这个潘多拉盒子越来越难以关上。 452
在马哈拉施特拉邦,一个那格-维达尔巴(Nag-Vidarbha)分离主义运动长期以来在那格浦尔酝酿之中,而自1987年年底以来,一个新的乌塔干(Uttarkhand)邦分离主义运动在北方邦的山区形成,带领成千上万的狂热的提倡者前往新德里以显示他们的团结。同样,在比哈尔邦,一个长期存在的"查尔干(Jharkand)"部落分离主义运动也愈来愈猛烈,而在梅加拉亚邦,一个加罗山区(Garo)部落在1995年提出了一个新要求:呼吁建立一个独立的加罗国家(Garoland)。

不过,现代印度古老土地上最迅即的变化是德里附近令人窒息的污染程度的不断加深,快速增加的工厂烟雾、汽车尾气和几百万厨房炉灶的烟雾威胁着聚集在印度首都平原上的那些人的肺。加尔各答的空气一直比较差,而孟买和马德拉斯冲入城市现代性的污染危险中的步伐也不比德里慢。但正是由快车道和围绕中心不断扩大的环线所支撑的德里的中央权力吸引了喷射出柴油浓烟的交通，而来自被吸引的几百万移民的压力和要求超过了勉强够用的印度特大城市的水力与电力供应。

现在所有文明的“野蛮状态”都来到了印度，就像早些时候它们来到伦敦、曼彻斯特、纽约和洛杉矶一样，德里和孟买“最好”社区的许多城市居民，在他们漂亮的用大钉钉牢的家门外面昼夜布置武装起来的门卫，并且在没有至少一位私人保镖随时与他们在一起的情况下，很少驾车外出。而且，古代印度习惯和宗教暴力最近甚至在现代印度首都的中心地区重新出现。现在，仅在德里地区每年都有年轻的新娘被“厨火”烧死的“意外死亡”的报道。实际上，据说这些新娘因嫁妆不足而被焚，是蓄意实施的谋杀，常常由不满的丈夫及其父母预谋或实施，他们感到新娘以前的家庭没能兑现在嫁妆协商期间预先许诺的“价格”。在拉贾斯坦，萨蒂的公开复兴和庆祝导致官方逮捕了许多人和对其以谋杀罪提出刑事控告的有力行动。然而，即使在 1829 年焚烧寡妇已经被
453 英国人宣布为不合法，而且提供或接受多少嫁妆都是违反现代通行的印度法律的，这一古老的印度习俗依然在继续。对过去印度丝制纱丽文明及其光辉的墨守还在继续吞噬着年轻新娘或寡妇的身体，就像几千年间它们做的一样，当阿耆尼的火焰从快速焚烧的肉体中“解脱”永恒灵魂的时候，婆罗门神圣的咒语充斥在空中。

印度农民中的大多数，城市与农村中再生的印度教徒中的大多数，从来没有失去或放弃他们对古老神祇和他们要求的祭祀仪式的信仰，尽管英国统治的短暂插曲以其自由世俗的道德给印度古老的印度教身体留下了“世俗民主社会主义的”烙印。在印度，和之前相比，现代的计算机被更有效率地用于印刷印度教算命天宫图，正如宽阔而彩色的西方电影银幕更有可能向几亿狂喜的印度观众讲述罗摩与悉多和般度兄弟的史诗故事。

拉吉夫在党内一些最受尊敬和最有权势的党员如辛格（V. P. Singh）中失去威信，未能执行他与受欢迎的旁遮普和阿萨姆邦领袖达

成的“协议”,以及印度不得不为被派遣“解决”斯里兰卡内战的无益的远征军支付过高的价格,使他一度辉煌的形象在他总理第一任期的最后一年黯淡下去。当1989年年底之前举行的全国大选的选票计算出来之后,拉吉夫的国大党在人民院赢得不到40%的席位,不到他五年前压倒性胜利的一半。其人民党只赢得145席的辛格(V. P. Singh)在1989年12月向文卡塔拉曼(Venkataraman)总统宣誓就任新一届总理。由于在人民院得到来自拉尔·基善·阿德瓦尼(Lal Kishan Advani)的88位印度教第一的印度人民党(Bharatiya Janata Party, BJP)支持者和两个共产党党员的支持,辛格设法获得了他脆弱的联合政府的人民院多数。他承诺“代表穷困的和劳苦的大众”行使权力之“剑”,但不幸的是,当经常重申这种民粹主义的呼声和后来旨在赢得来自印度贫苦“大众的”全国多数支持而提出了的立法时,他低估了印度自豪而从传统上被纵容的高级种姓少数人的力量。

辛格的短暂任期 454

辛格总理以对阿姆里则的无畏而鼓舞人心的访问开始他掌握印度政府的第一年,在那里他绕着金庙散步,试图向旁遮普受伤的邦政体应用其“治愈性接触”。锡克教徒一向赞赏勇气,而他们中的绝大多数现在相信:新德里是被一个无畏到宣称昌迪加尔为旁遮普自己的首府,并在为警察管理的、为暴力撕裂的邦举行自由选举的人所领导。但辛格一回到德里,就会被如此众多以至于他会忘记旁遮普的其他更紧迫的问题所吞没,而不能实施他勇敢的承诺。当内政部长穆夫提·穆罕默德·赛义德(Mufti Mohammad Sayeed,他自己是一位克什米尔的穆斯林)的年轻女儿被斯里那伽的克什米尔分离主义组织绑架的时候,查谟和克什米尔这同样令人困扰的邦成为辛格最关注的核心。绑架者要求释放所有最近被逮捕的查谟与克什米尔解放阵线(Jammu and Kashmir Liberation Front)的领袖们以换取她的生命。外交部长英德尔·古吉拉尔(Inder Gujral)乘飞机到斯里那伽商讨释放其内阁同僚的女儿的细节,当恐怖分子的撕票日期临近又没有协议达成时,他每小时与辛格和穆夫提联系一次。所幸,赛义德小姐完好无损地被释放了,作为交换,所有被监禁的解放阵线的领袖们被释放了。掌控印度警察的赛义德终于能够松口气了,就像新总理和他信任的外交部长一样。不过,一些印度人担心:为任何人质而释放羁押犯,无论她多么重要,会确立一个危险的先例,可能会在克什米尔引发更多的绑架或使暴力升级。斯里那伽现在不再是印度人特别喜爱和赢利的旅游胜地,反而成为不断冲突的第一线的邦。克什米尔最好的旅馆都被用作印度军队的营房,其中超过 50 万名被部署在人口稀少的邦,越过阿扎德·克什米尔"控制线"边界就是巴基斯坦常备军最优秀的部队。1995 年年中,克什米尔战斗中的死亡总数比在旁遮普的要高得多。印度谴责"外国的(即巴基斯坦的)""渗透"造成如此迅速的暴力升级,并且拒绝讨论由联合国主持的公民投票或克什米尔冲突可能和平解决的任何其他方
455 法。印度坚持克什米尔纯粹是新德里的"内部"事务。

不过,与旁遮普或克什米尔毫无关系的两件事情,加速了辛格的人民党联合政府在不到一年的时间内的倒台。其中第一件是辛格总理一宣布他对被长期忽略或不被理睬的中央政府的陈腐的曼达尔委员会报告(Mandal Commission Report)的积极行动建议的支持(它呼吁保留所有新文职雇员岗位的几乎 60%、印度低种姓和以前不可接触者后裔的高等教育入学率),就炸了锅。在没有征求其内阁同僚意见的情况下,辛格确定曼达尔委员会对印度古老的、高级种姓统治的社会的激进疗法,正是治愈印度特有的贫穷与不平等必需的一剂猛药。不过,反对党领袖们坚持:诡计多端的总理只是希望通过将他自己与曼达尔"实现不了"的建议的拥护联系在一起来赢得大多数印度选民的支持。德里、哈亚纳和北方邦的许多年轻的高种姓印度教徒担心:曼达尔委员会建议的实施是对他们医药与工程文职雇员或职业生涯抱负的致命一击。相反,面临着被激烈竞争的职业学校或文职雇员就业所拒绝的黯淡前景,成千上万的年轻婆罗门和刹帝利团结起来并且游行示威,以愤怒的声音抗议那些让人痛恨的曼达尔委员会建议的未来的实施。不过,辛格拒绝改变,即使在几个沮丧的、极度绝望的年轻男子和女子在

激烈抗议其政策的活动中自焚之后。但随着每一位年轻人的死亡，许多年纪大一些的高种姓印度教徒宣布他们对辛格的领导失去信任，就像忠于他自己政党的几位所做的那样，他们劝他们的总理改弦更张，否则会失去他的大多数。辛格同意将曼达尔委员会建议提交给印度最高法院进行司法复审，至于它们对社会有益的价值，他依然没有改变他的意见。

印度教反对巴布里清真寺 456

直接导致辛格下台的最具爆炸性的事件是：广大印度教徒要求推倒由莫卧儿皇帝巴布于16世纪在阿约提亚建立的一座巴布里清真寺(Babri Masjid)，代之以一座新的印度教寺庙以标明罗摩神(Ram Janmabhoomi)的“出生地”和古代“首府”。正统的印度教徒相信罗摩正出生在巴布命令建筑清真寺的地方，首先亵渎了那里的一座古老的印度教寺庙，然后又把它推倒。作为一座印度教圣城，它不但是罗摩神的“出生”地，而且还是他“神圣统治的”首府，每年都有几百万崇拜罗摩和悉多的印度教朝圣者，访问阿约提亚全城的至少100座印度教寺庙。罗摩的生日在每年春天被庆祝，在史诗中与楞伽(Lanka)的魔鬼十首王(Ravana)战斗之后的加冕典礼在每年秋天被庆祝，标志着在罗摩的英明统治下阿约提亚黄金时代的到来。因此，1990年10月，印度人民党领袖阿德瓦尼登上由几千名他的虔诚的印度教信徒和兄弟们所拖曳和推动的金马车向阿约提亚驶去，他们在那里宣誓，要在巴布的穆斯林“魔军”毁坏的地方重建印度教寺庙。几百万“神圣的砖头”被属于正统的统一印度教会(Vishwa Hindu Parishad)的穿藏红色袍子的圣人(sadhus)和婆罗门加持，它动员从北方邦和南、北印度大多数邦的每一座村庄中的印度教徒，加入到这次再使罗摩的“出生地”神圣起来的朝圣之中。成千上万的人加入到10月中旬之前的游行之中，到月底，几百万人集中到阿约提亚来，每人手中都带着一到两块圣砖，准备赤手，或用被强力加持的砖头、手杖、铁棒、刀、剑和攻城槌推倒老清真寺。辛格请求阿德瓦尼“推迟”朝圣，但印度人民党领袖在10月已经失去了对其总理的信任,没有阿德瓦尼 88 位追随者的支持他永远也爬不到德里“涂油杆”的顶端。

早在 63 年前,阿德瓦尼出生于阿拉伯海印度河口的港口城市卡拉奇的一个舒适的印度教家庭。当全家和所有朋友被迫放弃这个城市
457 时,他只有 21 岁。随着 1947 年悲惨分治,与 100 多万有胆量的信德印度教徒中的大多数人一样,阿德瓦尼从巴基斯坦的卡拉奇逃到印度的孟买和德里,重建其远离故土的生活并想方设法在新移居地繁衍生息。他为长寿和得到的好运的恩赐而感谢罗摩,从未忘记正是穆斯林迫使他和父母逃离他们的家乡。在着装和温和的言辞上,阿德瓦尼完全是一位现代中产阶级印度政治领袖,看起来和听起来都非常像辛格。人们几乎错把他们当成兄弟,总理只比他最有权势的、原来的联盟伙伴年轻 4 岁。但在这个问题上他们不能达成一致。辛格发现不可能劝说阿德瓦尼停止他视为他生命中最重要使命的朝圣。对阿德瓦尼和如果没有几亿、也有几千万与他意见一致的印度教徒来说,没有比要求恢复罗摩出生地和再使之神圣化更有效、更重要、更具历史意义、更由神注定的或更紧急要求的公开活动了。推迟是不必要的,退却是不适当的,取消是不可能的。由于所有印度人中有超过 80%是印度教徒,而且约占 10%的穆斯林的大多数祖先最初也都是印度教徒或佛教徒,因为伊斯兰刀剑的逼迫或免税的诱惑而改宗,政治上精明的阿德瓦尼有理由相信他的朝圣会为印度的绝大多数人所支持。

不过,1990 年 10 月 23 日,在德里的辛格和其他人要求停止的请求都不被听从之后,内政部长穆夫提·穆罕默德下令逮捕阿德瓦尼,他被迫从马车上下来而进了监狱。由于印度毕竟是一个**世俗**共和国,难道不是吗?在一个多世纪里,印度国大党及其领袖们强调:保持印度国家独立和独立于它的宗教多元主义的行政的重要性,其宗教多元主义已在 1000 年间造成了如此之多的剧烈冲突。国大党反对穆斯林联盟的“两个民族(Two-Nation)”理论及其要求建立一个独立的**穆斯林**巴基斯坦论点的基本原则是:印度作为一个世俗国家永远不歧视任何宗教少数民族。无论何时,贾瓦哈拉尔·尼赫鲁哪怕在谈话中稍稍涉

及宗教多元主义问题,他都为这一陈述感到特别自豪并重申这一陈述。但许多虔诚的印度教徒坚持国大党和尼赫鲁,还有其女儿英迪拉·甘地和她的儿子拉吉夫,长期以来走向“纵容”穆斯林以及锡克教徒这一极端,总是首先照顾少数族裔,“剥夺”印度教徒大多数的资源和机会, 458
无视印度教徒的要求,轻视印度教徒的担忧或梦想。不过,对于辛格来说,世俗主义作为印度的首要价值是没有任何问题的。印度教第一的论点并没有使他动摇,尽管在不许在阿约提亚发生任何血腥的战斗的情况下下令逮捕阿德瓦尼的时候,他必须认识到印度人民党会取消支持,他的政府会垮台。不信任投票在两周后的1990年11月7日到来,辛格向充满敌意的议会发表几小时的演说,却被毫不含糊的356对151票击败。他在第二天辞职。

文卡塔拉曼总统最初邀请在人民院领导反对辛格的拉吉夫·甘地在没有提交给全体选民的情况下努力组成新政府。但拉吉夫拒绝了总统的提议,毫无疑问,他从来没有想到这是他返回政坛的最后一次机会。他尚是一个46岁的年轻人,觉得还有足够的时间;他希望等候一下政治气氛会为他及其政党有所改变。然而,当印度发现用完它的硬通货和减少国家黄金储备以避免拖欠每月国际债务支付时,经济状况是如此的糟糕,拉吉夫知道除了国家不断加深的萧条和蹿升的通货膨胀的指责,他会一无所获。拉吉夫因而决定成为印度的“左右候选人选择的要人”,而不是“新德里的统治者”,选择支持一个人民党(S即社会主义)领袖,昌达拉·舍卡尔(Chandra Shekhar),他在人民院只拥有60名追随者的集团,其中绝大多数都是去年从辛格的社会主义人民党(S Janata Dal)分裂出来的。由于拉吉夫190名国大党(英)党员的支持,昌达拉·舍卡尔声称“控制”了人民院多数,但每个人都知道事实上他的政府是世界上最大的狗摇动的小尾巴。使许多人非常惊讶的是:昌达拉·舍卡尔缺少内阁经验,成为一位完全不知未来的总理,他想方设法掌握了印度半年时间,提出几条有指望的倡议,包括试图通过与所有锡克教派领袖(包括属于支持卡利斯坦尼[pro-Khalistani]的分离主义团体)的公开讨论以解决旁遮普不断加剧的冲突。他甚至不能设法赢得人民院足够的支持以通过一个新预算,1991 年初,似乎很明显,昌达拉·舍卡尔不再是一位临时的总理了。新选举很快就要进行,否则印
459 度宪法不得不进行一些改变,从它的英国议会模式转变成与法国或美国的总统制更接近的东西。拉吉夫试图将他从造成新德里的国家政治瘫痪的罪责中开脱出来,但似乎没有完成任何积极的事物而且印度的所有痼疾都在恶化或扩散。这时,在 1991 年 3 月,拉吉夫和他的国大党追随者突然从人民院退席,以"非法窃听"拉吉夫家庭电话指控昌达拉·舍卡尔的政府。昌达拉·舍卡尔总理并没恳求拉吉夫回来,而是在同一天辞职并建议印度总统进行新的全国大选。人民院被解散,而确定在 1991 年 5 月进行三天新选举。昌达拉·舍卡尔在过渡时期负责德里被削弱的基本行政事务。

印度最悲哀的、最受创伤的选举初看时似乎是在一个公平的三方竞选中开始的。拉吉夫·甘地的国大党,由于它全国范围的党的机器和巨大的财力支持,被民意测验者给予了一个微弱的优势。拉吉夫吸引了印度绝大多数现代年轻的资本家和向上移动的中产阶级,他们喜欢他经济增长的自由企业的路径。辛格领导着一个左派和中间派的联盟,对印度的低种姓和贫苦农民有吸引力,许诺通过实施曼达尔委员会改革将他们更迅速地带入主流。辛格赢得两个共产党和比哈尔和孟加拉,还有北方邦的达利特(Dalit,以前的不可接触者)的支持。不过在他作为总理的令人失望的表现之后,辛格履行其承诺的能力不再被他以前的许多支持者所信任。实际上,许多他以前的支持者现在都抛弃了辛格,而且尽管他吸引了比哈尔和北方邦的庞大的群体,他得到的全国名声和选票比预期的都要小或少得多。阿德瓦尼的印度人民党被视为选举的"黑马"。通过诉诸印度教意识,在所有说印地语的印度教中心地带的选举平台上许诺罗摩和面饼(Ram aur Roti),阿德瓦尼和他的政党触动了印度大多数人情感最深处的关怀,吸引了最大的群体,每次他们承诺在罗摩神的"出生地"竖立与其相称的寺庙都会引来热烈的反响。

不过,到 5 月末,由于无论什么时候拉吉夫在公众中出现,他的名

望似乎都在增强,大多数选举观察员预测国大党(英)的胜利。拉吉夫没有躲在密集的武装保镖后面,而是采取走进人群的更温和的竞选策略,与他的外祖父和他母亲曾经用过的方式很像。他为泰米尔纳德的旅行而坐飞机到马德拉斯,但在 1991 年 5 月 21 日夜,他与身边的 12 个人一起被炸身亡,包括一名女性泰米尔"猛虎"暗杀者,她在向他的脚鞠躬时引发了致命的爆炸。拉吉夫·甘地在他可能胜利回归政坛的前夕被夺去了生命,在几百万人哀悼时选举中止了。国大党领袖们由于失去他们年轻而杰出领导者而受到重创,以至于他们在绝望中求助于他那位在意大利出生的遗孀索尼娅,提议她为他们政党的首领,恳求她代替他的位置。不过,她聪明地拒绝接受一个她几乎没有准备好的岗位的任何政治权利前景的诱惑,那个岗位使她太容易成为下一个丧心病狂的恐怖分子的目标。索尼娅·甘地短暂地正式从公共生活中引退,与她的孩子们一起退隐到与政治无关的隐居处开始平静安全的生活。国大党在 1991 年 6 月重新起用一个王朝的无望中转而求助于它最资深的领袖纳拉辛哈·拉奥(P. V. Narasimha Rao,生于 1921 年),一致选举他为首领,他先后在英迪拉·甘地和拉吉夫·甘地的两个内阁中担任外交部长。 460

"印度存亡的唯一途径是共存",狡猾的老国大党主席强调,勇于争辩"与印度尼赫鲁路线不同的选择是法西斯主义"。纳拉辛哈·拉奥比他的批评者和半心半意的支持者想象中得更有力、更有弹性。在国大党(英)赢得不低于 220 席位的拉吉夫去世之后,他如此熟练地、有效地领导着他的政党,而且尽管纳拉辛哈·拉奥自己在那次大选中并没有亲自竞选一个人民院的选区,他很快被政党的议会委员会一致选为他们的总理。泰米尔纳德最强有力的政党,全印安纳德拉维达进步联盟(AIADMK),以及规模小但重要的穆斯林联盟立即在人民院加入国大党的力量,正像乔提·巴苏(Jyoti Basu)的孟加拉共产主义"阵线(West Bengal Communist "Front")"的信徒做的一样,拼合成了一个新联盟统治。

第二十七章　印度经济面向全球化（1991 — 1999）

461 1991 年海湾战争期间，石油价格的上涨和成千上万在科威特与伊拉克失去收入丰厚的工作的印度工人（他们基本上身无分文，也不抱重新就业的希望而回乡）的返回，使印度衰退的经济雪上加霜。为避免拖欠支付国际债务，印度被迫出售大部分黄金。因此，纳拉辛哈·拉奥和他的党优先考虑使预算向恢复信心倾斜，在国际和国内方面，尽印度的能力以轻快的步伐发展。每年以接近 3%的速度增加的人口带来压力，不断吞噬印度的经济增长，也使国家除了能养活近 10 亿人中的大多数之外，不能做更多的事情。

财政部长曼莫汉·辛格（Manmohan Singh）博士，在哈佛大学受过教育，是一位信奉自由企业导向的经济学家，在赢得世界银行和国际货币基金组织几十亿美元贷款支持的同时，立即提议大幅削减政府经费并使卢比贬值。外国投资被有力地吸引进来，非定居的印度人争相将他们的硬通货存入高利息的印度银行或转入私营企业。印度官僚主义繁琐和拖拉的公事程序九个月来阻碍批准任何新的经济许可证，因而取缔了其中大部分规定和消极的条例。1991 年 10 月，IBM 和福特汽车公司组建联营公司的协议被官方快速批准。现代印度资本主义自由经营经济开始取代尼赫鲁式的社会主义，出口一年内增长了 20%。华

盛顿热烈赞同曼莫汉·辛格的预算方案,但是印度共产主义者和左派 462
社会主义知识分子预言:失控的通货膨胀和失业会使印度共产主义党派、辛格(V. P. Singh)和阿德瓦尼重返政坛,在人民院为反对党联盟赢得足够的选票来推翻拉奥的、由国大党领导的联合政府。

巴布里清真寺的毁灭

普通印度教徒重建"罗摩出生地"神庙的呼声过高,以至于并不能持续太久,即使在选举中已经在勒克瑙赢得对北方邦政府控制的印度人民党,现在也要为维护邦的法律和秩序负责。统一印度教会(Vishwa Hindu Parishad,VHP)带头发誓要重建罗摩"出生神庙",并承诺于1992年完成饱含"印度教徒第一(Hindutva)"感情的目标。1991年10月底,当辛格(V. P. Singh)率领大约500名现世主义者举行游行,反对印度教拆毁位于阿约提亚的巴布里清真寺时,在距离阿约提亚不到50公里的地方被捕。虽然辛格很快被释放,但是果报却意外地快速成熟,现在他正品尝着一年前给阿德瓦尼开出的苦涩的药方。印度教徒和穆斯林间的冲突的黑云和从1946至1947年以来在印度未出现过的灾难性的暴力活动,从未停止在阿约提亚这个双重神圣的土地上盘旋。1992年12月6日,在不到九个小时里,经受了460多年风雨洗礼的壮观的清真寺被一群喊着"罗摩,罗摩"的疯狂的印度教狂热分子毁坏,而当他们把巴布里清真寺化为碎石和令人窒息的尘土时,印度军人和警察带着赞同的微笑注视着他们。穿着藏红色长袍的苦行师们(swamis,斯瓦米)和托钵僧们(sadhus)用狂暴的咒语煽动一群暴徒的拆毁激情,宣称这个古老的穆斯林纪念碑只不过是建造在罗摩神的出生地和悉多的"厨房"上面的古老的恶魔十首王的"黑暗之地"。因而他们相信自己的行动是以上帝的名义,是得到神的认可的,统一印度教会领导的捣毁大军的行径引发了遍及整个南亚的恐怖冲击波,导致成千上万无辜者在孟买被杀害。相应地,被误导的狂热穆斯林想出了适当的报复手段,在巴基斯坦和孟加拉,数以百计的印度教寺庙被悲惨地毁坏。

463 由巴尔·萨克雷(Bal Thackeray)领导的孟买印度教原教旨主义的湿婆军(Shiv Sena)狂热分子们警告印度穆斯林:如果他们希望留在“印度斯坦”,他们必须接受印度教(Hindutva,Hinduness)的伦理,因为大部分印度人都是印度教徒。对于那些不能忍受这种约束的穆斯林,另一种选择是移民到“他们自己的国家”巴基斯坦。从阿约提亚到孟买拥挤的贫民窟,到马哈拉施特拉和古吉拉特的非常偏僻的乡村,“印度教徒的印度斯坦”的刺耳叫喊声到处都可以听到。最初,具有世俗思想的印度教徒、穆斯林和其他的少数民族对这种极端保守的言辞如此反感,以至于它的印度人民党-湿婆军的鼓吹者们在几个邦的竞选中失去了阵地。1995 年底前,支持印度人民党的浪潮席卷北方邦城市——同时在马哈拉施特拉和古吉拉特邦的胜利预示着“印度教第一”在印度北部大部分地区越来越受欢迎,在胜利来临之前,印度人民党与旁遮普的阿卡利党(Akali Dal)和南部其他主要邦的政治组织联手,在1996 年 4 至 5 月举行的大选中,席卷新德里的权力中心。印度人民党主席阿德瓦尼勇敢地通过一揽子“贪污”指控对总理劳(Rao)和他的言过其实的内阁进行抨击,承诺将“诚实”和“正直”归还给印度权力中心。然后,在选举前夕,拉奥公布了一份被长期隐瞒的联邦警察局的主要行贿活动的报告,玷污了阿德瓦尼本人以及国大党内阁的很多成员,暗示他们都脱不了干系。阿德瓦尼立即放弃在人民院中的席位,发誓在澄清他否认的所有指控之前不再参加竞选,由他的最亲密的印度人民党的共同领导者阿塔尔·比哈里·瓦杰帕伊(Atal Bihari Vajpayee,生于1925 年)和穆尔利·曼诺哈·乔什(Murli Manohar Joshi)将他们党的竞选运动推向全国。感到幻灭的全体印度选民清楚地感到国大党(英)比印度人民党个人盗用公款和严重的贪污更“有罪”。选举结果没有使任何一个党在人民院占多数席位,印度人民党控制的 194 多个席位正好足够允许他们组建一个脆弱的政府,在 1996 年 5 月这个印度党派政治过热时期,该政府仅仅掌权了 12 天。

曼莫汉·辛格的经济全球化计划始于 1991 年,开放了长期保护下的印度经济,使其成为世界市场投资和激动人心的变化的促进力量,引起多少人为印度经济“奇迹”而欢呼啊！在不到五年时间里，印度经济发展速度与之前的 40 年相当。印度的 250 所大学和工程学院每年培养了 10 万毕业生，他们渴望到位于印度的通用电气和美国运通公司从 464
事“外部采购”工作。年轻的印度人在每年赚得 15 亿美元的同时，证明自己比年工资是其 5 倍的美国人更有效率，价值 100 多亿美元的外国资本为印度长期萧条的经济打气，给它强有力的助推启动。出口猛增 25%，工业生产增长 10%以上，到 1995 年底，通货膨胀降至 6%多一点。全球化给世界第三的、印度近 10 亿人口带来了到目前为止梦想不到的兴旺和物质方面的舒适。孟买的股票市场发展迅猛，班加罗尔看上去不像南印度一个古老的城市，而更像加利福尼亚的硅谷，同时新德里具备了一个伟大世界之都的所有外部标志。南亚沉睡已久的巨人终于苏醒了！进口关税大幅度降低，才华横溢的印度财政和商业部长们向西方投资者频送秋波，他们曾在牛津大学和哈佛大学学习，现在环绕全球激励资本主义听众，向他们演说“把我们的需求变成**你的**机会”。

百事可乐率先进入旁遮普，不久 IBM 和施乐(Xerox)紧随其后，就像一些较小的企业做的那样。曾在德里开过餐厅的肯德基，仅仅因为印度“卫生”检察员们和印度无数唐杜里(tandoori)[①]鸡制品批发商店中的很多朋友“震惊地”发现在其厨房里有两只苍蝇而被迫简单地关闭。更严重的打击外国投资者热情的事件最早出现在 1995 年，当时新当选的印度人民党-湿婆军马哈拉施特拉政府下令停止刚刚开始在达博尔(Dabhol)建设的休斯敦的巨大的安然(ENRON)发电厂。那个 28 亿美元的电力工程是与孟买前国大党政府签订的协约，其“酬金”号称不少于 3 亿美元。因此，当双方在电力供应的“公平价格”方面展开争论时，新一届孟买政府坚决要求安然将工程总价至少削减那个数额，该数额使整个建设工作延迟半年以上。大家一致认为，到下一个世纪，西印度将需要至少 3 倍于现在的电力输出量才能实现已经起草的雄心勃勃的经济发展计划，该计划号召将孟买变成印度的上海和纽约。印度

① 一种印度烹饪法，在泥炉炭火中烹饪。——译者注

才华横溢的数学家和计算机专家这些丰富的贮备帮助其经济蛙跳般地越过工业化的最后阶段,进入未来全球通讯和电子制导的卫星技术以及核大国(nuclear power)的轨道。

465 不管怎样,对于陷入泥沼和贫穷的印度最贫困的 3 亿失地农民和城市贫民窟居民来说,在带来饥荒和水灾的季风雨的摆布下,曼莫汉的改革收效甚微。印度乡村的牛车经济日常的单调乏味,仍然像它一直以来那样不稳定,而孟买、加尔各答和德里这些大城市肮脏而拥挤的贫民窟,对于那些通过劳动建立都市繁荣的天堂但却不足以养家糊口的人来说更为痛苦。全球化拉大了非常富有的与最贫困的人口之间的差距,使这些差别更令人不安地突出和刺目。尽管在 90 年代初期经济方面取得了重要进展,但是,在举行全国大选的强制日期临近时,国大党失去了民众的支持。1995 年仲夏,拉奥总理宣布了他的 10 亿美元的选举投票前的大礼包:为穷困孩子提供免费膳食、为穷困母亲支付生孩子的费用、为穷困年长者提供养老金等,希望通过慷慨的举动赢得约 1.2 亿穷困者的选票,大多数印度人不再相信腐败的老拉奥和他的合作伙伴。这再次证明:印度的全体选民比许多新德里最聪明的博学家和权力经纪人想象的更成熟。投票人说,太多的“乳脂”被政治家们从大量引入印度经济中的外国投资的“牛奶”中吸走,他们的很多孩子们举办非常昂贵而浪费的婚礼,他们年轻的主妇们和新婚妻子们“需要”太多昂贵的珠宝和真丝纱丽。大多数印度人认为需要改变的时候到了,他们希望新一届政府能彻底消除德里腐败和炫耀性浪费的现象。

不久前,在 1995 年 9 月,一个关于宗教“神迹”的传言数小时内快速传遍整个印度。“象头神在喝牛奶”,兴奋的印度教徒说,在德里、孟买、加尔各答和马德拉斯,实际上,在每一个可以找到和崇拜湿婆神的象头小儿子的城市,都开始有成千上万的端着牛奶的信徒源源不断地前往寺庙。日落前,德里的牛奶以打破纪录的价格被一售而空,数百万虔诚的印度教徒相信:湿婆和他的全家都自天而降。那个“奇迹”预言了六个月后的印度人民党选举的胜利,很多印度教徒认为这只不过是印度教繁盛的黄金时代承诺的重生:期待已久的摩诃特玛·甘地预言的罗摩统治(Ram Rajya)。

统一印度教会的领导人阿肖克·辛伽尔(Ashok Singhal)宣布 466
1996年为“保护圣牛的年”,这引发了一场由身穿藏红色长袍的信徒充当先锋的大规模运动,他们乘坐用玫瑰花和万寿菊花环装饰的、被称做“圣牛保护战车”的吉普车到处猛冲,强行关闭牛屠宰场和肉店,威胁那些既不崇拜婆罗门、也不崇拜圣牛,不懂得非暴力对于印度教国家(Hindu Rashtra)的价值的人们。辛伽尔还承诺使马图拉的古代印度教寺庙、克里希纳的“出生地”和瓦拉纳西(Varanasi,贝纳勒斯[Benaras])“不再有”“在他们尸体之上”竖立穆斯林清真寺之虞。而且,他接着发誓:罗摩的“出生地”寺庙不久会在位于阿约提亚的被拆毁的巴布里清真寺遗址上重建。

大约3.3亿印度人在1996年5月中旬为竞争新德里的人民院的545个席位的几千名候选人投票。没有单个党派获得多数票。印度人民党得票最多,并得到了拥有194个席位的几个小党派的强有力的支持。印度人民党指定的总理瓦杰帕伊在1996年5月16日向总统沙尔玛(S. D. Sharma)宣誓就任其高级公职,但是直到5月31日,才获得人民院多数票。举止温和的瓦杰帕伊是生于北方邦的婆罗门,其选区是勒克瑙,他不能吸引来自东印度的激进分子和达利特(以前的不可接触者)的任何领导人进入其内阁,也不能吸收大多数穆斯林政治家和南印度的达罗毗荼的首领们,因为他们都感到在世俗社会主义党派的联盟中更安全,该联盟在这些选举前不久形成,被称做13个党派的统一国民左翼阵线(United National Front-Left Front)。进入政府机关刚刚12天,瓦杰帕伊就被迫辞职,但是他作为印度人民党占多数的政府首脑发誓还要回来,正如他不久后做的那样。

该统一阵线是一个松散的联盟,在英德尔·库马尔·古吉拉尔(Inder Kumar Gujral)和其他几个世俗社会主义者的授意下建立,是辛格(V. P. Singh)人民党(Janata Party)的扩大再生,虽然辛格本人并不觉得该联盟兴盛到足以运行的程度,并且拒绝包括成为阵线的总理候选人的所有提议。孟加拉的老共产主义者、首席部长鸠提·巴苏

(Jyoti Basu)希望被提名到拥有潜在权力的职位,但是他的同志们否决了这个想法。因此,该阵线在没有自己提名总理的情况下参加选举,但是因为它只赢得了117个席位,居第三位,排在国大党(138个席位)和印度人民党之后,它被印度总统指派组建新政府的希望看起
467 来很小。前总理拉奥选择支持该阵线,不过是从其内阁"外部",精明地以这种方式安排自己和他的国大党少数派,以便在无需借助高位的职责进一步玷污它们的情况下感知权力的动向。拉奥在印度人民党中的反对者威胁以"腐化"的主要行为"起诉"他,在瓦杰帕伊的短命内阁中被任命为法律和司法部部长的印度律师(Barrister)[①]拉姆·杰特马拉尼(Ram Jethmalani),发誓他的新政府一获得信任投票他就"指控"被免职的总理。但是,那个投票没有进行,机会主义者纳拉辛哈·拉奥(Narasimha Rao)甚至在瓦杰帕伊辞职前已同意回到原先立场,让卡纳塔克的首席部长戴维·高达(H. D. Deve Gowda,生于1993年)担任总理。

1996年6月1日,沙尔玛总统宣布由戴维·高达(Deve Gowda)担任总理,一个来自班加罗尔非婆罗门的伏卡利伽(Vokkaliga)地主商人,作为由15个以上政党组成的新德里拼凑联盟的首脑。比哈尔的前首席部长,曾担任阵线主席的拉鲁·普拉萨德·雅德夫(Lalu Prasad Yadev)拒绝接受内阁总理之外的任何职位。总理戴维·高达把强大的内政部和原子能留在自己手里。英德·古吉拉尔这个新政府中经验最丰富的外交官回来领导有威望的外交部。前国大党贸易部长、哈佛大学毕业的奇达姆巴拉姆(P. Chidambaram)作为财政部长被召回到内阁,这清楚地表明新政府继续进行经济改革的承诺。但是,社会主义者反对印度经济的全球化,分裂了联盟内阁,而同僚间的不断争吵很快打倒了经验不足的戴维·高达,他在任职不到一年后下台。

---

① 不是被告所聘的一般辩护律师,而是在英国有资格出席高等法庭的律师。——译者注

英德尔·古吉拉尔的总理任期

戴维·高达辞职的直接原因是他没有预料到国大党收回了对阵线联盟的支持,这是由志向超过其才干、脾气暴躁的老主席悉塔拉姆·盖斯利(Sitaram Kesri)宣布的。一些人坚持认为,80多岁的盖斯利担心因挪用公款而不是对权力的渴望而被逮捕,立即将他变为印度统一阵线联盟统治的破坏者。不管是什么激发了盖斯利的行动,被推选领导共和国 468
的第一个前“不可接触者”,印度新总统纳拉亚南(K. R. Narayanan),明智地选择邀请英德尔·库马尔·古吉拉尔(生于1919年12月4日)试图复活其联盟,而非花费宝贵的数百万元这么快就再举行无益的选举。古吉拉尔是一名经验丰富的政治家和清廉的政治领袖,生于现在的巴基斯坦杰赫勒姆的旁遮普城。作为一个世俗社会主义者——其行为榜样是贾瓦哈拉尔·尼赫鲁——古吉拉尔年轻时就将共产主义思想作为解决印度问题的最快的“解决办法”。之后他成为并一直是一名尼赫鲁国大党的坚定支持者,而且是一位真正的爱国主义者。他作为印度第一位信息和广播部长供职于尼赫鲁女儿的政府,之后任驻莫斯科的大使,是辛格最智慧的人民党同盟者,也是他和戴维·高达的外交部长。

在辉煌50周年纪念之际,总理古吉拉尔领导着印度这个国家,以恰如其分的隆重方式庆祝其第50个独立纪念日。1997年8月14至15日午夜,在议会中央大厅,古吉拉尔主持重新播放了尼赫鲁具有历史意义的演讲“与命运相约”。第二天早晨,他在德里的红堡升起印度的三色旗,并号召同胞们和他一起发誓开展一场反“腐败”的改革运动,因为腐败已经成为当今印度最具传染性的社会疾病。他说,“当人们告诉我,印度是最腐败的10个国家之一时,我羞愧得低下头”。他请所有印度人直接将对于腐败官员的投诉交到他的办公室,并承诺回复他们。在其对外和对内政策中,古吉拉尔总理采取了重要的措施,被称为古吉拉尔主义(Gujral Doctrine)。因单方面采取积极行动以解决同印度邻国的难题,古吉拉尔赶走了南亚上空的阴云。关于与孟加拉国和尼泊尔的关系,他引入了水资源分享的做法,在处理与巴基斯坦的关系时,他开始进行广泛领域的商讨，包括日趋危险且代价高昂的克什米尔冲突。

印巴克什米尔冲突

1971 年解放孟加拉国的印巴战争后，佐勒菲·布托和他的女儿贝娜齐尔(Benazir)于 1972 年 6 月飞往西姆拉与英迪拉·甘地会面。由
469 那些人民党南亚独裁者精心设计的西姆拉协议将克什米尔停火线变成“控制线(Line of control, LOC)”。印度权威评论者称这个协议证明佐勒菲的“秘密协议”是克什米尔永久的、事实上的分割。可是布托拒绝接受这种外交上口是心非的辩解。他坚持认为关于克什米尔他“什么也没有”答应，除了声明西姆拉的地位，在将来，印度和巴基斯坦只能通过“双边协商”来解决它们之间的争端，拒绝任何“第三方”干预。佐勒菲抱着伊斯兰堡这根“易滑脱的柱”头几乎有六年了。1977 年 7 月，他精心选择的将军齐亚·乌尔·哈克逮捕了他并将他锁在监狱里几乎两年。布托在被判定犯有“谋杀”罪后于 1979 年 4 月的一个黎明前被绞死。差不多 12 年后，贝娜齐尔·布托从其伦敦的流放地返回，以巴基斯坦人民党主席的身份继承其父的衣钵。1988 年，当齐亚将军和他的大部分高级统帅乘坐飞机在一次神秘的空中爆炸的火焰中坠落后，她被选为巴基斯坦总理。贝娜齐亚·布托最初似乎对寻求解决巴基斯坦冲突有兴趣，她与同样继承王朝权力的印度相关人物拉吉夫·甘地会面。当反对党领导人指责贝娜齐亚对印度“过于软弱”时，她试图显得比她的父亲还强硬，但是在 1990 年 8 月，还不到两年，让她宣誓就职的总统古拉姆·伊萨克汗(Ghulam Ishaq Khan)解除了她的职位，并推选反对党国民议会领袖米安·纳瓦兹·谢里夫(Mian Nawaz Sharif)代替她成为总理。生于克什米尔的纳瓦兹永远不会以放弃巴基斯坦对穆斯林占多数的邦的要求而被起诉，其首字母“K”对其民族的离合诗[①]来说是极为重要的。此外，1991 年以来，在阿富汗发生的超级大国代

① 离合诗即几行诗句头一个词的首字母或最后一个词的尾字母能组合成词的一种诗体。——译者注

理者的战争和苏联解体的后果中，在巴基斯坦境内西北边境营地成长和接受它们支持的数万装备精良的阿富汗好战部落，由巴基斯坦各军种情报(Inter-Services Intelligence, ISI)代理给予威力更大的武器，进行恐怖训练，派他们穿过控制线，试图将克什米尔从印度占领中“解放”出来。

1991 年以来，印度驻扎在克什米尔的军队已经增加到约 50 万正规军，驻防在有 700 万人口的邦。不宣而战的印巴克什米尔战争在继续破坏着从前被莫卧儿皇帝和乌尔都语诗人们描述为“人间天堂”的这一地区的和平。克什米尔的经济和曾经繁荣的世界旅游业被破坏，约 470
6 万克什米尔人的生命被暴力和恐怖活动所夺去。还有无数年轻的克什米尔人被监禁，他们一般没有经过指控，被拘押数年，或者以“试图逃跑”为名被杀害。在印巴难得的独立周年纪念活动期间，古吉拉尔总理主动提出与谢里夫总理重启克什米尔会谈，这似乎给南亚最危险、最悲惨和旷日持久的冲突的和平解决带来了希望。但是，甚至在协议被提到那些极其重要的谈判的议事日程之前，悉塔拉姆·盖斯利再次从印度联合阵线联盟下面抽走了国大党的小地毯。次日，即 1997 年 11 月 28 日，总理古吉拉尔向纳拉亚南总统递交了他的辞呈，总统满怀遗憾地接受了，但请求其明智的老朋友继续掌管德里看守政府，直到 1998 年举行新的全民选举。

打着“一个民族，一样的国民，一种文化”的口号，印度人民党领先所有老的党派，赢得人民院 545 个席位中的 260 个席位。超过票数达不到允许印度人民党在无需联盟支持下统治印度的必需多数，因此为达到他的多数票，瓦杰帕伊总理被迫与泰米尔纳德的全印安纳德拉维达进步联盟(AIADMK)腐败的老板贾亚拉丽塔·贾亚拉姆(Jayalalitha Jayaram)达成交易。“我们面临的挑战，”总统纳拉亚南提醒印度，“是获得具有社会正义的发展……我们必须保证社会比较弱势的群体在我们的经济发展过程中不被边缘化。”

印度人民党承担着经济全球化和“核武器”的“发展”，印度人民党争辩道：印度需要一个“强大的国防”。瓦杰帕伊还号召在阿约提亚重建“罗摩神出生神庙”；制定一部“统一的婚姻法”，该法将取消穆斯林伊斯兰婚姻法特权；还提出废除印度宪法第370条，向来自印度其他邦的印度教徒地主开放迄今为止受保护的查谟和克什米尔邦。瓦杰帕伊在人民院向来自其他党派的支持者承诺：在他的政府的“国民议事日程”中会一直寻求“一致”。曾是狂热的非暴力社会主义者的国防部长乔治·费尔南德斯(George Fernandes)，因为将中国视为“印度的首要问题”，现在出人意外地成为好战者。很多议会议员好奇：是否“冲动的乔治”只是“鲁莽地讲话”而已。前总理古吉拉尔认为费尔南德斯的话是“不明智的”。

471 印度的核爆炸

1998年5月11日，再次使“佛陀微笑”这一秘密拟定的印度核计划在波克兰(Pokhran)的沙漠下被启动，早在24年前，正是在这个地方英迪拉·甘地按下了印度第一枚钚原子弹启动装置。在那个酷热的下午，三次巨大的爆炸使拉贾斯坦震惊的同时，也将警告的热核冲击波传递给邻近的巴基斯坦，也传递给更遥远、被震惊到的世界其他地方。瓦杰帕伊总理自豪地宣布：“让世界知道我们拥有一个非常大的炸弹。”两天后他的核科学家们又爆炸了两颗更低当量的地下炸弹，它们和前三颗一起确保印度有能力以可怕的毁灭性炸弹来装备自己威力无比的导弹。德里民众异常高兴地舞蹈，满怀钦佩之情的人们日夜守候在总理官邸外面，为他的每一次即便短暂的出现而欢呼。

正如世界担心的那样，两周后，巴基斯坦以五颗原子弹爆炸作出了回应，在愤怒的俾路支斯坦荒山下点燃。总理谢里夫宣布：“印度爆炸原子弹，我们今天以牙还牙。”“我们宁愿被砍头也不忍受这种侮辱。”于是，就在大多数国家一致同意避免如此危险的恐怖和污染逐步升级，或者承诺销毁钚军火库的时候，南亚的近邻和死敌开始进行世界上最危险的核武器装备竞赛。秉承圣雄-国父(Mahatma-Father)的精神，印度应当成为第一个号召在世界范围内禁止核武器的国家，但是，现在，令人啼笑皆非的是：它竟然成为少数几个拒绝签署“全面禁止核试验

条约(Comprehensive Test Ban Treaty)”的国家之一。像印度一样,巴
基斯坦也拒绝签署该条约,并成功试验能将毁灭性的核弹头发射到南
亚任何一个主要城市的弹道导弹。和过去冷战的两个超级大国不同的
是:无论印度还是巴基斯坦都没有安全的预警或指挥与控制系统,该
系统至少可以帮助它们避免由核武器装备的弹道导弹的错误或意外的
发射。如果发射的话,在不到七分钟的时间里,这样的导弹就能击中目
标并启动报复性的发射,由此导致的结果是,可能在不到一天的时间里
夺去1亿个生灵。南亚由此得到一个令人畏惧的称号:成为在21世
纪世界上引发潜在核冲突的最危险地区。解决长期郁积的印巴克什米 472
尔分歧从来没有如此紧迫。整个1998年,两国的外交秘书连续会面讨
论尚未解决冲突的原因。当几个较小的建立互信的措施被商定后,包
括开放跨越过国境的公共汽车旅游,在克什米尔问题上还没有取得
突破。

1998年底,在德里、拉贾斯坦和中央邦举行的邦选举之前,所有人都赞成振兴国大党以战胜执政的印度人民党,当武器方面的过高花费被弄清楚时,它在核爆炸后赢得的盛名迅速减退。对于印度数百万选民的头脑和胃来说,导致洋葱和其他蔬菜价格上涨两倍和4倍的无法控制的通货膨胀,是比生活在一个由原子弹武装的国家这一含糊的荣耀重要得多的事情。1998年初,从被严密保护的新德里隐退的索尼娅·甘地现身并代替盖斯利出任国大党主席,自拉吉夫被暗杀后她便处于长期隐退哀悼之中。她以其魅力和从容的领袖气质鼓舞了年轻的国大党干部们,以其姓氏的魔力激励了数百万选民。因为毕竟她是一个穿纱丽的甘地夫人,在数百万印度选民,特别是农村人看来,她和“英迪拉夫人”再生一样。他们成群结队地去听索尼娅的演说,只是渴望瞥见她,或者当她的随从人员从旁边走过时为他们欢呼。尽管索尼娅出生于意大利,并且缺乏政治或管理经验,英迪拉儿媳妇的身份对国大党来说是最宝贵的财富,但她的影响力还不足以在全国战胜印度人民党,或者还没有能力要求瓦杰帕伊的总理权力。

无论如何,12月份国大党在三个邦的胜利,被恰当地归功于洋葱

的价格而非索尼娅的名望。然而,印度的穆斯林和基督教少数派现在已经疏远婆罗门占统治地位的印度人民党的“印度教第一”政策,就像由于她们喜爱的咖喱食品飞涨的价格而忍痛割爱的很多节俭的家庭主妇一样。瓦杰帕伊及其权限很大的内政部长阿德瓦尼,否认任何支持印度教的偏见,坚持认为他们的政府完全没有偏见,而且不受领导国民志愿者协会、统一印度教会和湿婆军等组织的印度教狂热分子的影响。然而,几个印度基督教修女被罪犯强奸却未受到惩罚,穆斯林清真寺被
473 印度教徒流氓亵渎却未被拘押。越来越多曾经无忧无虑、幸福地生活在印度大城市中的少数民族感到自己受到了足够的威胁,把他们的选票从婆罗门祭司那里收回,投向任何一个许诺让印度回到尼赫鲁时期开明的世俗体制的政党,似乎这些婆罗门祭司的“印度教第一”和“自己的国家(Swadeshi)”的口号,使他们有胆量挑战议会的每一条法令,以及他们认为与吠陀经典或某些印度教史诗传说不一致的任何一所学校的课程、电影或书籍。

联合国 1998 年的《人类发展报告(*Human Development Report*)》根据人类发展的生活质量,其中包括调整后的实际收入、预期寿命和教育,将印度排在世界 174 个国家中的第 139 位(巴基斯坦排在第 138 位)。然而,印度并非唯一的大国,其选举的代表似乎没有意识到自己选民们最关切的事情,或者一心想着微不足道的个人权力或者党派间的争斗,而不去考虑大多数人民紧迫的健康和福利方面的需求。一个现代国家的实力很少靠大规模毁灭性武器体现,而要靠教育水平、富裕程度和大多数人口的自信来体现。

当阿玛蒂亚·森(Amartya Sen)博士由于他关于社会选择的经济公理的“关注人民”的著作和对 19 世纪印度饥荒的实证研究,被瑞典诺贝尔委员会推选获得百万美元的诺贝尔奖时,全世界的印度人都感到特别骄傲。由于他的获奖和成就,阿玛蒂亚·森被任命为剑桥大学三一学院第一个印度裔院长,而且在哈佛大学讲授经济学,森敦促印度人民党政府“重新调整”其经济政策以更关注印度最贫困的社会第三阶层,他们都生活在人类生存所需的公认的最低热量标准之下。

“什么都比不上祖先播下的种子,”摩诃特玛·甘地在他的第一本书《印度人自治(*Hind Swaraj*)》中写道:“罗马灰飞烟灭了,希腊分享了同样的命运……但印度仍然,以这种或那种方式,基础牢固……我们不敢改变…… 职责的履行和道德的遵守是可以改变的措辞……印度的使命不同于其他国家的。印度合乎世界的宗教至上性……印度很少使用钢铁武器……其他国家信奉蛮力……印度能够通过精神力量征服一切。”

摩诃特玛·甘地被一个国民志愿者协会组织的印度教第一狂热分 474
子刺杀,半个世纪后,他生命的爱与和平的理念,对于年轻的印度人来说失去了潜在的吸引力,他们中的很多人似乎更相信印度核武器的威力,选择用钱可以买到的现代的快乐。始于 1991 年的印度经济的全球化和私有化加快了印度的发展,使其成为一个高科技的、发射导弹的、计算机推动的社会。上个千年的最后 10 年,印度有吸引力的城市发动机,像“硅谷”班加罗尔和耀眼的“宝莱坞(孟买)”将全球资本、劳动力和电子企业吸引到南亚这个新兴大国。新千年到来前夕,印度在新软件和在每一个大陆被销售和观看的故事片的生产方面领先于世界。但是,印度农民人口中地位更低的一半还生活在没有干净水源和电力的乡村,营养不良,并且易受所有印度古代地方性流行病和我们世界上的现代“瘟疫”——艾滋病的侵袭。

1999 年春天,永不满足的贾亚拉丽塔将达罗毗荼党的 18 个成员从德里中央政府撤出,用她并不无足轻重的力量支持索尼娅·甘地的国大党领导的反对党,瓦杰帕伊的由印度人民党领导的、微弱平衡的 14 党联盟瓦解。10 亿印度人中的约 6 亿人有资格投票,在 1999 年的选举当天,有选举权人口中大约 60%的人乘坐免费的卡车或公共汽车来参加投票,高于最近美国总统选举的投票比例。虽然印度政府的议会体制反映的是大英帝国的威斯特敏斯特模式,而不是华盛顿的总统制,但最近的印度选举却更像美国的总统信任投票。“罗摩的”的印度人民党总理瓦杰帕伊轻而易举地打败了“罗摩的”英迪拉——国大党总理候选人索尼娅·甘地。当前总理拉吉夫的遗孀、身着纱丽的甘地女士自豪地肯定自己的印度身份时，她吸引了几乎与聆听总理瓦杰帕伊演讲的一样多的人群，但是与她的意大利出身相比，缺乏政治与管理经验这一点显然注定了她的总理梦的破灭。在 1999 年 9 月的选举中，国大党遭受了过去半个多世纪中最大的惨败，在德里的人民院减至 113 个成员。1999 年秋天，瓦杰帕伊的胜利并不仅仅反映了印度人民党“印度教第一”党纲的受欢迎程度。而是因为 1999 年仲夏，在与巴基斯
475 坦的“卡吉尔(Kargil) 战争”中，瓦杰帕伊领导印度军队越过克什米尔多山的控制线，取得战争的胜利，他本人由此成为印度最受欢迎的民族英雄。他的印度人民党只比 1998 年多得到两个席位，但是不少于仓促加入瓦杰帕伊国家民主同盟(National Democratic Alliance, NDA)的 24 个党派的席位。瓦杰帕伊新政府在人民院轻松享有 303 个席位的多数。印度在卡吉尔军事上的胜利证明了他的同盟不断增强的权力。

第二十八章　印巴冲突的逐步升级和恐怖统治(1999－2006)

1999年2月,瓦杰帕伊总理接受巴基斯坦总理纳瓦兹·谢里夫的 476
邀请在拉合尔与他会晤商讨调解印巴争端,包括在查谟和克什米尔冲突的解决办法。这是10年来印度总理第一次访问巴基斯坦,并且由于瓦杰帕伊选择乘坐白色公共汽车穿越迄今为止封锁着的印巴旁遮普边境,从瓦伽(wagah)到拉合尔,从而开通了广受欢迎的、每周双向运行的公交车,事实证明这次访问是既具有历史意义、又充满希望的。拉合尔高级会晤不仅在德里和伊斯兰堡,而且还在整个世界唤起了南亚和平的希望。1998年5月多次核爆炸后,全球对区域冲突升级的担忧猛增。现在两国总理好像突然决定通过和平商谈而非通过导弹的呼啸解决印巴分歧。

但是,就在印巴合作之风使拉合尔变得活跃的时候,乌云却在更北的地方聚集。由巴基斯坦军队支持的边境帕坦人穆斯林志愿者向前移动并占领了由于天寒地冻而被印度军队放弃的、位于克什米尔卡吉尔区控制线印度一侧的地堡。巴基斯坦军队总参谋长佩韦兹·穆沙拉夫(Pervez Musharraf),以战术大胆和夺取对克什米尔溪谷的控制权的军事决策而闻名,在拉合尔高级会晤结束之后马上将一些军队派到卡吉尔。在那个4月,零星射击突然在卡吉尔发生,虽然6月之前,零星射击在瓦杰帕伊命令印度的装备重型武器的炮兵、空军和陆军“清除”卡吉尔占据壕沟的巴基斯坦“侵略者”时没有出现。

477 华盛顿劝告巴基斯坦将其军队撤回控制线后面，而且联合国安全理事会拒绝考虑巴基斯坦要求重新讨论长期停滞的克什米尔争端及其未履行的、要求进行公民投票的决议。1999 年 6 月中旬，印度大规模地增派 3 万多名军人，在重型博福斯式高射炮兵和直升机的空中支持下，在卡吉尔发动了名为“胜利(Vijay)”的军事行动。7 月初，克林顿总统邀请瓦杰帕伊和谢里夫到华盛顿，试图消除卡吉尔冲突升级为核战争的可能性。谢里夫一个人接受了邀请。7 月 4 日，他与克林顿在白宫会晤并被告知：要将巴基斯坦军队撤回控制线之后，或者面临印度即将发动的、穿越他们的旁遮普边境的进攻。巴基斯坦心慌意乱的总理飞回国内，在要求所有人包括仍然占领着地堡的人马上放弃它们的同时，催促他的将军们撤退。卡吉尔“战争”在持续几周后，在 6 月底前结束，双方高昂的死伤代价在德里和伊斯兰堡都留下了怀恨在心的怒火和互不信任。新千年的前夕，拉合尔短暂高级会晤的曙光因而变成了最黑暗的夜晚。

1999 年 10 月 11 日，纳拉亚南总统任命瓦杰帕伊连任总理。第二天，巴基斯坦总理被以军事手段“免职”并根据穆沙拉夫将军的命令被逮捕，穆沙拉夫指控谢里夫试图阻止其巴基斯坦国际航空公司的飞机降落在卡拉奇，这“危及”了所有乘客的生命安全，因为飞机快没有燃油了。那年 10 月 12 日的军事政变是巴基斯坦历史上四次延长的军事夺取文官统治中最近的一次。事实上，卡拉奇和伊斯兰堡的文官政府只是阿尤布汗、叶海亚、齐亚·乌尔·哈克和佩韦兹·穆沙拉夫将军进行的数十年军事统治的短暂例外。看起来，与其说军队因为谢里夫在 7 月“投降”克林顿和印度而发怒，不如说他“拒绝”让穆沙拉夫的飞机在卡拉奇降落，是他下台和后来被流放到沙特阿拉伯的主要原因。与齐亚相比，穆沙拉夫是温和的“世俗”穆斯林，他坚称他夺权只是为了将其“归还”给“诚实”的民主的文职领导人，将巴基斯坦从其拖欠国际债权人数十亿美元的状况中给拯救出来，使国家回到经济发展的康庄大道

上,使国家免于落入像贝娜齐亚·布托和纳瓦兹·谢里夫那样的政治
“掠夺者”之手。穆沙拉夫在其第一次电视播放的演讲中呼吁瓦杰帕伊 478
开始新一轮谈判以解决所有悬而未决的冲突,包括它们在克什米尔的“核心冲突”。在其回应中,瓦杰帕伊要求立即结束巴基斯坦在作为印度联邦“组成部分”的查谟和克什米尔邦的所有“恐怖行为”,并坚称决不会向巴基斯坦“侵入者”交出1英寸的印度土地。

穆沙拉夫军事政变的直接后果是华盛顿对巴基斯坦的新领导人很冷淡,因为他罢黜由选举产生的总统被视为一种倒退。2000年3月,克林顿总统接受瓦杰帕伊总理访问印度的邀请,并且同女儿在德里和阿格拉度过了富有成效的五天。可是,在回国途中,当飞机短暂降落在半个世纪前曾是美国“最紧密同盟国”的巴基斯坦时,克林顿甚至不愿意走出他的飞机。巴基斯坦对伊斯兰极端主义者的阿富汗塔利班政权的强烈支持加剧了白宫对穆沙拉夫政府的消极看法。

1999年圣诞节前夜,五名穆斯林恐怖主义者劫持了一架载有178名乘客、从尼泊尔加德满都飞往德里的印度航空公司的飞机,强迫它降落在阿富汗,而且在印度释放了包括毛拉纳·马苏德·阿扎尔(Maulana Masood Azhar)这名被印度以“谋杀罪”监禁,被指控在孟买和克什米尔煽动人们的恐怖分子头目在内的三名巴基斯坦罪犯后,才释放人质。因此,在新千年前夜,很多人认为巴基斯坦要比野蛮的佛像毁坏者、塔利班邻居稍好一些。

从另一方面看,印度被拥立为南亚的民主价值、自由和宽容的中心,虽然最近印度教恐怖分子攻击基督教修女和牧师并焚烧婆罗多(Bharat)偏远地区的教堂。当然,到2000年,1992年12月,发生的一伙疯狂的反穆斯林的印度教暴徒一边拆毁古老的莫卧儿王朝清真寺、一边高喊“罗摩,罗摩”的阿约提亚的巴布里清真寺被毁事件几乎被西方忘记了。同时,印度同美国之间的贸易和商业活动开始迅速发展,包括AT&T、美国运通和通用电器在内的很多美国大公司都将廉价的印度劳动力用于其后勤办公室24小时的呼叫中心服务。印美友好达到一个信任和合作的新高度,仅仅在2000年访问印度的美国政治家、将

军和舰队司令们比前半个世纪的还多。

479 3月底，克林顿总统飞往印度，英明地开启了华盛顿与印度间勇敢的新外交“伙伴关系”之年，印美关系达到最高点。克林顿得到印度议会的起立欢呼，而且他邀请瓦杰帕伊到华盛顿进行国事回访，年底之前对包括尼赫鲁在内任何一个印度总理的访问，国会全体起立，给予最热烈的欢迎。“印度和美国站在历史的正确一边”，瓦杰帕伊自豪地宣布。克林顿使他确信印度和美国“一起”“能够改变世界”。对德里来说，这听起来亲切而充满希望，就像对伊斯兰堡来说，如果不是危险的，就是成问题的。110多个美国国会成员签名并且投票支持他们的“印度核心小组(India Caucus)”的建议，而且200万居住在美国的印度人每年的“购买力”大约为200多亿美元，印度显然已经成为美国社会的一个主要因素和力量。另一方面，巴基斯坦似乎每个月都在逐渐接近经济和政治破产的悬崖边缘。

9·11的影响

然而，2001年9月11日的可怕灾难猛烈地改变了印-美-巴之间的均衡，几乎就像它们改变令我们胆战心惊的世界上的其他事物一样。总统布什打击作为奥萨玛·本·拉登(Osama Bin Laden)的基地组织(Al-Qaeda)穆斯林恐怖分子援助基地的阿富汗的决定，将巴基斯坦拉回反恐“战争”的前线。20年前，当苏联入侵阿富汗时，美国将巴基斯坦齐亚作为美国的工具，使苏联人在严寒而崎岖不平的部落高原进行了耗资巨大的10年战争，付出血的代价。声称夺去数万苏联人、阿富汗人和巴基斯坦人的生命，耗费美国100多亿美元的艰苦战斗10年后，苏联解体了。当然，俄罗斯不仅放弃了阿富汗；在那里它们也失去了最优秀、最年轻的血肉之躯和几千辆(架)坦克和飞机，光脚部落的帕坦人挥动着美国的毒刺式导弹，当他们击落俄罗斯的直升机时他们喊着“上帝是伟大的(Allahu Akbar)！”但是，阿富汗-巴基斯坦-穆斯林游击队员(Mujahideen)胜利后不久，美国撤军了，留下巴基斯坦独自照顾
480 数百万阿富汗难民。当没有俄罗斯人在那里时，华盛顿失去了对阿富

汗的兴趣,坎大哈陷入塔利班穆拉·奥玛尔(Mullah Omar)及其追随者的控制之中;再往北方是竞争对手塔吉克和乌兹别克军阀在争夺喀布尔,靠近伊朗边境是波斯-阿富汗部落控制着赫拉特(Herat)。

布什总统向穆沙拉夫紧急呼吁加入美国使世界摆脱恐怖的新“十字军东征”,从阿富汗开始,使大多数巴基斯坦人,不仅仅是长满胡须的毛拉,摇头并向着天空转动他们的眼珠问到,“之后会是什么?利用我们帮助你们屠杀我们的穆斯林兄弟后,你们会再次抛弃我们吗?”毕竟,巴基斯坦1.4亿人口中的15%多是在种族和语言上与他们的阿富汗边境邻居相同的帕坦人。贝娜齐亚·布托和纳瓦兹·谢里夫也支持塔利班阵营,这说明穆拉·奥玛尔在卡拉奇、拉合尔和伊斯兰堡,以及沿西北边境、俾路支斯坦首都奎达是多么受欢迎!数百万巴基斯坦人为下述事实感到震惊和苦恼:其军队领导人立即同意加入西方阵营,为每天穿过巴基斯坦去打击喀布尔和坎大哈的美国执行轰炸任务的飞机开放国家的领空,允许西方特种部队将巴基斯坦领土作为其安全掩护之所,与五角大楼、联邦调查局(FBI)、中央情报局(CIA)和国务院分享巴基斯坦各军种情报机构(ISI)的信息。当然,印度对于突然发现自己再次被华盛顿降到过去冷战时的次要地位,感到震惊、灰心和愤怒。并不是说华盛顿特别消极地对待德里,但毕竟布什不是克林顿,而且德里比伊斯兰堡、奎达和卡拉奇距离阿富汗更远。

因此,虽然瓦杰帕伊在印-美“伙伴关系”的新精神下,立即向布什提出要参加联盟以帮助使世界摆脱恐怖,当获悉至少在“眼下”,印度既不“被需要”,也不“被约请”时,他感到沮丧。他的提议被冷淡地拒绝了,部分是由于五角大楼和国务院领袖们知道瓦杰帕伊认为巴基斯坦是“一个恐怖国家”,而且他对发动卡吉尔“战争”并在拉合尔篡夺总理最高级助手职位的军队领导人只有轻蔑。在华盛顿的建议下,那年7月,瓦杰帕伊的确邀请了穆沙拉夫到阿格拉进行为期三天的高级会晤,包括就它们之间关于克什米尔的冲突进行一些讨论,但是没有达成协议,甚至在没有发表联合声明的情况下就结束了。这两个如此对抗的“伙伴”怎么可能在这场可怕的新战争中一起战斗呢?是否获得印度就 481

只意味着失去巴基斯坦呢？而且在战争的这个阶段，巴基斯坦不是更重要吗？至少在地理上。

巴基斯坦恐怖使印度胆战心惊

正当印度还在为华盛顿拒绝其在反恐战争中立即提供全面合作而痛心时，两个穆斯林恐怖分子的袭击在国内发生，第一次瞄准克什米尔邦议会，第二次目标正是新德里人民院的印度民主联邦的“核心”。印度一直确信巴基斯坦的各军种情报机构煽动了在克什米尔和印度其他地区的所有穆斯林的暴力行动。关于巴基斯坦加入美国领导的、针对阿富汗恐怖分子的联盟，外交部长贾斯万特·辛格(Jaswant Singh)刻薄地评论道：他“高兴地”看到“一个恐怖国家”对“恐怖主义根源”开战。

穆斯林恐怖分子们在几年中一直都要炸掉印度民主议会，最近一次是在 2001 年 12 月 13 日，目标指向新德里美丽的议会大楼，印度内阁及其被选出的 500 多名代表刚刚在此开过会，在其第二次孤注一掷的企图之后，在德里，除了不祥的暴怒之外，没有欢乐和笑声。一辆载满全副武装的穆斯林恐怖分子的汽车从下议院的一个正门开过。所幸议会护卫队相当快地枪杀了进攻者，而他们自己遭受了很多致命的枪弹的袭击，然而，挽救所有议会成员和政府部长的生命避免了一场更大的悲剧。印度武装部队进入全面戒备状态；百万军队移动到克什米尔控制线和旁遮普国境线。“忍耐是有限度的”，总理瓦杰帕伊评论道，呼吁他的国家准备与“恐怖主义展开最后的战斗”。“如果美国可以让它的炸弹飞行 1 万公里击中穆斯林恐怖分子的基地的话，”印度人争辩道，“为什么印度需要等待那么长时间才能摧毁巴基斯坦恐怖分子的越境基地？”

穆沙拉夫否认任何巴基斯坦人参与了 2001 年秋天那些可怕的恐怖袭击中的任何一次，坚持认为，他同样急切地“想从巴基斯坦领土上根除恐怖主义”，就像他帮助邻国阿富汗摧毁它一样。2001 年 12 月 25
482 日，适逢巴基斯坦“伟大领袖”和第一个总督真纳诞辰 125 周年，在其对全国讲话中,穆沙拉夫完全认同真纳明智的现代主义"世俗的"伊斯兰教信仰,该信仰是巴基斯坦所有笃信宗教的少数民族的支柱,他还急切地让所有巴基斯坦女人和男人进入现代学校接受教育,在那里他们可以学习西方世界的艺术和科学,而不是在伊斯兰马德拉萨(madrasas)中[①]将他们的思想束缚在只记诵古兰经上。他立即镇压了号召以武力"解放"克什米尔的卡拉奇和拉合尔的武装克什米尔组织,逮捕了数万名巴基斯坦"吉哈德(Jihadis,圣战分子)"和所有知名的鼓吹恐怖和暴力的人。

但是,穆沙拉夫将军还毫不含糊地明确这一点:他不能容忍印度军队对巴基斯坦领土的任何侵犯,他命令自己的军队开赴控制线和边境,以小而同样装备精良的军队与印度大规模集结的军队面对面地对抗。在2002年的大多数时间里,100多万印巴军队就这样在世界最高的战场上短兵相接,多亏两国的核能力,否则可能演变为南亚的哈米吉多顿(Armageddon)[②]。到6月,最危险的、旷日持久的印巴对抗引起包括美国在内的很多西方国家、外国人士对核战争的极大担忧,他们劝告人们不要去那个地区旅游,催促已经在那里的人们立即飞回本国。数百万旅游损失和许多原本有兴趣对印度投资的公司计划的耗资巨大的改变,最终使印度政府认识到:从克什米尔撤回一些军队,并且尝试使用外交而非军事手段,这些如果不能解决但可以使其失去爆炸性的方式可能更明智,印度政府还认识到:在一个长期以来被世界赞美为"人间天堂"的地方发生的长达半个世纪之久的冲突,现在已经使其变成了名副其实的地狱。

克什米尔选举

选举被印度安排在查谟和克什米尔邦举行,尽管克什米尔自由

---

① 伊斯兰教逊尼派神学与法理学高等学术机构,这些学院专门用来培养能按照正统逊尼派思想来管理政府的、合格的艾什尔里派(Ashrite)学者。——译者注

② 基督教圣经中所说的世界末日善恶的决战场。——译者注

(Hurriyat)联盟的很多克什米尔分离主义分子的领导人抵制投票，极端的恐怖分子威胁并暗杀了几名候选人，无所不用其极地破坏任何投
483 票，克什米尔人的投票率仍比以前的选举都高，外国观察家都同意：投票似乎比过去任何时候都更可信。继舍克·阿卜杜拉之后，在斯利那伽执掌政权的国民会议首席部长法鲁克·阿卜杜拉和他的儿子奥玛尔双双失去了他们的席位，在 27 年后不光彩地结束了德里的印度人民党支持的克什米尔王朝，法鲁克在其克什米尔同僚不承认其政权的情况下辞去了职务。国民会议领导人未能解决克什米尔的任何政治、经济和社会等紧要问题。克什米尔受欢迎的人民民主党(People's Democratic Party，PDP)领导人穆夫提·穆罕默德·赛义德负责组建由索尼亚·甘地国大党支持的查谟和克什米尔邦的新联合政府。

瓦杰帕伊个人向克什米尔新首席部长承诺德里会从财政和军事上给予强有力的支持，但是总理的印度人民党对失去其克什米尔傀儡政权感到非常失望，不愿提供穆夫提要求的完成他承诺的一半那么多。在控制斯利那伽后不久，他马上从人满为患的监狱中释放了很多穆斯林囚犯。一周后，三次血腥的恐怖袭击在克什米尔溪谷(Vale)夺去了几名印度军人的生命，在一个查谟寺庙夺去了 12 名印度教祈祷者的生命。按照当时的内务部长穆夫提·穆汗默德·赛义德的命令，因领导 1990 年反对巴布里清真寺游行而被逮捕的副总理阿德瓦尼立刻警告同一个穆夫提：不要再释放任何一名克什米尔“恐怖分子”。华盛顿再一次敦促印度和巴基斯坦双方回到外交谈判桌前，并且双方作出更大努力以达成一些准则，防止未来在世界之巅的战场发生战争。印度从控制线撤回了更多军队；一天后穆沙拉夫也照着做了。

在巴基斯坦举行的“选举”

穆沙拉夫曾许诺在 2002 年底前将其军事管制政权移交给一个被选举的文官政府。但是，在 10 月举行国民议会选举前，穆沙拉夫举行了一次几乎一致“选举”他为未来五年总统的公民投票。穆沙拉夫总统随后授权他自己可以“免去”任何一个新选举出的“行为不端”的总理的

职务，取消了前总理布托、谢里夫以及许多其他受欢迎的竞选候选人的 484
资格。2002 年 11 月底，“选举”仍然在巴基斯坦举行，尽管集会的人群很少，在毫无生气的竞选运动后，一个成分复杂的联合政府还是形成了。俾路支斯坦的米尔·扎法鲁拉汗·贾马利(Mir Zafarullah Khan Jamali)成为巴基斯坦总理，其支持穆沙拉夫的穆斯林联盟(Quaid-i-Azam)党赢得伊斯兰堡议会 172 个席位中的超过票数，得到拥有 70 个席位的布托巴基斯坦人民党(Pakistan People's Party)团的支持，而且很多无党派者渴望加入政府。

西北边境亲塔利班的、反对与美国进行任何形式合作的毛拉纳·法兹鲁尔·拉赫曼(Maulana Fazlur Rahman)的伊斯兰政党联盟赢得 86 个席位，并且从国家产生之日起就作为巴基斯坦的政治反对力量而存在。很多人担心好战的伊斯兰激进组织不断增长的政治声望对巴基斯坦的未来是一个不祥和危险的征兆。当然，在伊斯兰堡议会中，这是对帕坦人部落势力和沿着松懈的边境线的传统影响这一长期以来的现实的更准确的反映。与法兹鲁尔·拉赫曼不同，贾马利总理及其内阁对穆沙拉夫总统的亲美政策表示强烈支持。印度和巴基斯坦都不支持华盛顿在伊拉克的单边战争，哪一个国家都没有派军队去帮助美国在伊拉克“维护和平”的企图。

灾难冲击古吉拉特邦

在 2001 和 2002 年，破坏性的灾难冲击摩诃特玛·甘地出生的邦：古吉拉特邦。首先是自然灾害的冲击，在 2001 年 1 月 26 日印度共和纪念日(Republic Day)这一天，一场大地震据说夺去了大约 5 万古吉拉特人的生命。从艾哈迈达巴德的首府到普杰(Bhuj)的陶工镇及其周围的村庄，从巴乔(Bhachau) 到贾姆讷格尔(Jamnagar) 和拉杰果德(Rajkot)，所有的村庄和拥挤的城市周边地区被夷为平地，所有居民都被以极快速度掉落的沉重的砖石压在下面，一次强震就夺去了数万人的生命。几天后，当瓦杰帕伊总理访问被地震毁坏的地区时叹息道：“我从未见过如此猛烈的自然灾害。”与世界许多地区一样，所有的印度

人都深表同情并慷慨解囊帮助新世纪最大地震中受到惊吓的古吉拉特
485 受害者。强大的余震如此频繁和持久,数万人因为害怕回到家中而站立、生活在临时营地的帐篷里。

破坏古吉拉特邦的第二次灾难是一年后由它的自己人引起的。印度教好战分子受到占统治地位的印度人民党的力量和声望、印度教第一以及像国民志愿者协会、统一印度教会和准军事性的巴杰朗党(Bajrang Dal)组织身着藏红色外衣的同盟所激励。印度两个最有权势的领袖,瓦杰帕伊总理和内务部长阿德瓦尼,后者在 2002 年也成为副总理并被认为是瓦杰帕伊的德里总理职位的潜在继任者,都坚决支持在阿约提亚重建“罗摩诞生神庙”的运动。阿德瓦尼由于领导印度教好战分子前往阿约提亚游行并决定拆毁巴布里清真寺而于 1990 年被捕,这导致辛格世俗政府的倒台。两年后,即 1992 年 12 月 6 日,阿德瓦尼的追随者喊着“罗摩! 罗摩!”拆毁了古老的清真寺。瓦杰帕伊和阿德瓦尼不得不依靠广泛的联盟伙伴来支持由印度人民党领导的政府,停止了在阿约提亚的进一步的暴力活动,遵照印度最高法院的指令不在以前为清真寺所占据的地方“重建”罗摩“诞生神庙”,但可以利用由中央政府拥有的土地,因而避免重演由 1992 年清真寺被毁而引发的印度教徒与穆斯林间的惨痛暴乱。

但是,国民志愿者协会和统一印度教会的领袖们不受联盟的约束或法律上的限制,相信自己完全是作为罗摩神的仆人在行动,只听从“来自天庭的声音”,而他们好战的追随者在阿约提亚繁忙的作坊里又唱又跳地反复敲打为印度教神庙雕刻的、精心设计的新石柱和雕像。他们计划在 2001 年 3 月 15 日罗摩生日这天,在古老清真寺的所在地将所有完成部分安装在一起,竖立起整个神庙,他们已经在那里的“宫房(garba griha)”祭坛上安放了一个带有罗摩和悉多雕像的神龛,每日在其前面膜拜。数千信奉印度教第一的忠实的工人们为了完成这个神圣的工作很早来到阿约提亚,但是瓦杰帕伊和阿德瓦尼知道,如果神庙按计划建成,他们的政府就会由于失掉其联盟的大力支持而倒台。于是,在 2002 年 2 月,他们派出 1.5 万名训练有素的警察去保护阿约提亚神庙的土地,这挫败了极端分子将石柱搬运到那个地方的计划。

在那个月,失望的印度教志愿者开始离开阿约提亚。其中乘火车返回古吉拉特的59人注定再也看不到神庙了。2月27日,开往萨巴 486
尔马蒂的快车的铁车厢进了哥德拉(Godhra)车站,一些疲倦的旅客下车去喝茶,一个旅客“撞到”了一个站在站台上的年轻穆斯林,双方互相咒骂,很快变成了互相扔石头,年轻穆斯林喊来其他的铁路工人,他们拿来撬棍砸碎了火车车窗,然后开始往车厢里扔浸满汽油的火把,使这节车厢变成了一个火葬柴堆。一小时之间,被堵在燃烧着的车厢里的59个男人、女人和儿童被烧成焦尸。悲惨的大屠杀的消息在邦里传开后,一群印度教暴徒手持浸满煤油的毯子和头巾点燃了他们找到的所有穆斯林的房子和穆斯林。不管是年轻人、老人还是病人全部被活活烧死。

古吉拉特邦的印度人民党 国民志愿者协会首席部长纳兰德拉·穆迪(Narendra Modi)没有采取任何行动去阻止那场持续几天的大屠杀,大屠杀没有被警察、古吉拉特人的良心,或摩诃特玛·甘地将“非暴力”奉为“上帝”的记忆所减弱。无论是负责国家内部安全的印度内务部长,还是总理本人都没有立即谴责他们的朋友和印度人民党的同志穆迪,而当穆迪对使自己的名誉和曾经清白的邦的名誉沾满鲜血的屠杀紧闭双眼时,他却在印度教徒中大受欢迎。拥有勇气和良知谴责无辜的穆斯林被杀戮的野蛮行径的唯一一位印度领导人是国大党主席索尼娅·甘地。到月底约1000名穆斯林被杀死,10万多穆斯林惶恐地挤在家外面的帐篷里,害怕回到他们出生的城市。穆迪知道他应该在原本定于艾哈迈达巴德大屠杀之后几个月举行的邦选举中利用印度教第一为其赢得名望。考虑到“不稳定”的局势,印度选举委员会最初有足够的勇气延缓投票,但是不能长时间拖延于2002年12月中旬举行的邦选举。印度人民党和国民志愿者协会的领导人谴责巴基斯坦的各军种情报机构通过“蓄意”将火把扔进哥德拉的坐满印度教徒的火车车厢里,“造成”了古吉拉特的穆斯林的大屠杀,争辩道:一次“恐怖行为”顶上千次,给那些“背信弃义的”穆斯林“一个教训”。

阿德瓦尼警告他的狂热的朋友们：印度穆斯林的被杀戮只是在“帮助”巴基斯坦证明真纳说过的话的正确：一个印度教统治是危险的，因而需要一个独立的伊斯兰国家巴基斯坦作为南亚穆斯林的庇护
487 所。穆迪的极端主义信徒同意“真纳是对的”，并且要求所有穆斯林离开这个神圣的“印度女神” (Mother Bharat)的印度，对一些外国的世俗国家没有一点儿反思。

无论是某些“偶然撞上的”疯狂的穆斯林铁路工人的狂怒，还是由一只“外来之手”的恶毒命令引发了哥德拉大屠杀，这都永远无法改变有理性的人类的判断，即数以万计印度教徒于 2002 年 2 月在古吉拉特邦不受管束地狂暴行动，杀戮无辜的穆斯林男人、女人和儿童是文明社会的耻辱。可是，在古吉拉特邦 5 000 万人口中，只有不到 500 万人是穆斯林。2002 年 12 月的选举反映出权力方面的社区不均衡，因为印度教第一的穆迪和他的印度人民党以压倒的优胜掌握了古吉拉特邦议会三分之二以上多数，重新掌权，在摩诃特玛・甘地出生的邦埋葬了在可预见的将来印度教徒-穆斯林和谐相处的前景。印度人权委员会报告“印度教极端分子团体成员有预谋的大量证据；古吉拉特邦政府官员的同谋；以及在针对穆斯林的这些暴力攻击中，面对很多人被射杀、被刺伤、被强奸、被断肢或被烧死时，警方的不作为”。基督教徒也成为古吉拉特邦那些印度教第一狂热分子的目标，“很多教堂被毁坏”。但是，这个诚实的报告既没有降低穆迪的声誉，也没有快速恶化他的邦的经济形势。受欢迎的首席部长的煽动性的竞选运动是如此鲜明地信奉印度教第一，如此强烈地反穆斯林，以至于谁也不想错过古吉拉特邦选举人对印度未来政治的判断所蕴含的信息。“世俗化”是这个国大党最喜欢的竞选口号之一，能否宣判希望在 2003 年后任何一个邦(克什米尔除外)被重新选上的任何一位印度领袖政治上的死刑？2004 年的全国大选能否选出印度人民党，不仅仅作为统治新德里的一个大联盟的政党，而可能作为印度居统治地位的印度教第一政党的国民政府？

作为一个虔诚的印度教徒，摩诃特玛・甘地经常为“罗摩之治(Ramarajya)”的重现而祈祷，他为现代印度指定的是一个完美的和平

和仁爱的政体。在他被暗杀前三个月,甘地提醒他在德里的朋友:“如果我们希望给印度带来上帝或罗摩之治,我会建议我们的首要任务是放大我们自己的缺点而不是去挑剔穆斯林……如果我能够再次长出翅膀,我会飞往巴基斯坦。”但是,他的最有影响力的政治信徒尼赫鲁和帕
特尔总理剪掉了甘地的翅膀。“没有人听从我,”甘地在他生命中的最 488
后几周叹息道,“我自己可以和信奉非暴力的一群人去克什米尔或巴基斯坦或任何地方……但是什么时候我可以期待这样的时刻?……今天我是无助的……我已筋疲力尽。今天我对我的人民无话可说。”几天后一个印度教徒暗杀者的子弹使印度的“小父亲”沉默下来。54 年以后,古吉拉特邦统一印度教会和印度人民党的领导人不仅忽视了甘地爱的

一个印度教湿婆教派的萨图。(由黛安 · 西尔弗曼(Diane Silverman 摄影。)

福音，还装作他从未被一个狂热的印度教徒射倒。在一个官方授权的高中课本中，关于“印度历史(Bharat's History)”部分没有更多提到摩诃特玛·甘地的博爱的福音，也没有更多提到他被名为高德西(Godse)的疯狂的马哈拉施特拉的印度教婆罗门暗杀的全球性悲剧。

让我们希望印度繁荣的全球化经济和宽容的悠久历史，现在能以
489 足够的力量去抵消印度教第一对印度穆斯林和基督教少数民族的仇恨这种教派毒素，并以此来武装印度文明。印度新总统阿卜杜尔·卡拉姆(A. P. J. Abdul Kalam)博士，一位设计了印度最先进导弹技术的核专家，在血统上是一个泰米尔穆斯林，一位理性的人文主义者，他崇拜的英雄人物是摩诃特玛·甘地和佛陀。他 2002 年接替的纳拉亚南(K. R. Narayanan)总统虽然生来是一个“不可接触者”，由于其出众的头脑和善良的性情，被推选出来掌管印度 10 亿信仰和身份各不相同的人民的命运。总理贾亚瓦哈拉尔·尼赫鲁生来是一个克什米尔的婆罗门，在哈罗公学和三一学院受过非常良好教育，他从未停止告诫他的国人防范“头脑狭隘的婆罗门”的诡计和印度教古老的“受种姓支配的”社会固有的不容进步的危险。

印度比中世纪欧洲遭受的宗教战争还多，然而作为一个共和国的现代的再生超越了念诵咒语的婆罗门“地上神”的教派偏见，以采用一部宪法来维护所有公民的世俗民主自由和机会平等的最高理想。印度文明之海被无数个中亚和西方入侵者，锡西厄人(Scythian)、贵霜人、蒙古人和英国人等的河流所滋养，由呼喊着“圣战”的毛拉或“背负”着他们的傲慢的超越婆罗门的社会达尔文主义包袱的狡猾的英国帝国主义者跟随和引导。印度水域的主导色彩随时间的流逝从橙色变成绿色或红色，然而在过去的 4 000 多年，它的多文化的海洋一直为不断成长的、有丰富文化内涵的成员寻求发展空间，并且努力以和平的方式支持它们。

2004 年国大党领导的全国性胜利

2004 年 5 月，索尼亚·甘地充满激情的国大党全国竞选运动使一个由国大党领导的联合政府开始执政。飞速发展的印度经济奇迹的设

计师曼莫汉·辛格博士,被推选为总理来领导他的国家。辛格政府执政的头三年,印度经济的所有部门年均增长率在6.5%到9.5%之间。印度的硬通货储备超过1 000亿美元,几个有利的季风雨年份带来了有余粮的大丰收,余粮装满了印度的粮库,消除了对未来饥荒的担忧。490
但是,2004年,季风引起的洪水泛滥给孟买、比哈尔和孟加拉带来了惨重的损失,与此同时,少雨给马哈拉施特拉、中央邦和拉贾斯坦造成了严重干旱,在2006年,这些地区农民的自杀数量急剧地增加,以至于总理辛格命令将更多联邦基金投入到印度最薄弱的农业部门。

在2004年选举失败前不久,瓦杰帕伊前往伊斯兰堡参加南亚地区合作联盟(SAARC)高级会晤,并与穆沙拉夫举行了会谈,他们都同意在克什米尔控制线停火,开启一个全面的"和平进程"以有助于解决印巴冲突。辛格总理很快宣布他的意图在于"以坚定的决心和诚意推进与巴基斯坦的全面对话进程"。晚些时候,他与穆沙拉夫和巴基斯坦新总理,同样是一名经济学家,也是前花旗集团银行家的绍卡特·阿齐兹(Shaukat Aziz)举行了会晤。虽然在克什米尔问题上没有获得较大突破,但停火实现了,而且在两个国家至少有七个双轨小组在不停歇地工作以解决个别冲突,北方锡阿琴冰川(Siachen Glacier)冲突和卡奇的拉恩的先知溪(Seer Creek)冲突即将得到解决。但是,巴基斯坦各军种情报机构和基地组织派出的疯狂的穆斯林恐怖分子继续作恶,无所不用其极,妄图破坏和平进程,他们在孟买拥挤的通勤火车里引爆致命的炸弹,在克什米尔分界"线"新开通道路上行驶的友谊公共汽车上射杀手无寸铁的穆斯林和印度教徒男人、女人和儿童。但是所有印度的领导人都记得一个印度教徒杀害了他们爱戴的摩诃特玛·甘地,英迪拉·甘地自己的锡克教保镖杀害了她,一个精神错乱的泰米尔猛虎组织成员炸死了拉吉夫·甘地,疯狂的恐怖分子们产生于宗教信仰和教派旗帜的每一个阴暗处。因此,在2006年年底,总理辛格、总统阿卜杜尔·卡拉姆和国大党主席索尼亚·甘地没有被穆斯林恐怖分子的疯狂所动摇,决心每天更努力地工作,通过强化他们通过对话谋求冲突的和平解决的劳动,与如此疯狂的暴行战斗。

第二十九章　印度的今天（2007－2008）

491 对于印度来说，2007 年是经济强劲增长和国际影响力不断增强的一年。“美-印民用核协议（U. S. -India Civil Nuclear Accord）”即将签署，该协议承诺向印度提供足够未来 40 年运转所有的民用核反应堆的核燃料，很多核反应堆将由美国公司在获利丰厚的基础上建设。很多美国人和欧洲人反对这一举措，因为印度从未签署“核不扩散条约”，因此“美-印民用核协议”被看做一个更广泛的全球核扩散的邀请，因为此后对印度来说，它有可能从自己已使用的民用核棒中提取再循环的钚，用它来装备致命的导弹。印度四个共产党联盟对德里国大党领导的统一进步联盟（United Progressive Alliance，UPA）表达了他们的极度愤怒之情。那些左翼政党都担心“美-印民用核协议”会使印度变成美国的“走狗”。然而，辛格总理和国大党主席甘地仍然坚定地赞同他们的统一进步联盟与美国建立的新的“战略伙伴”关系。不管怎样，如果人民院中统一进步联盟的共产主义支持者抛弃曼莫汉的联盟，正如他们威胁的那样，选举将可能被要求在 2008 年而不是 2009 年举行，那样在他的印度人民党指定的总理阿德瓦尼领导之下的联盟，会趁机利用他们憎恨的左翼反对派对美国全球帝国主义的担忧，将令人啼笑皆非地重新掌权。这样，印度就像别处一样，政治制造出奇怪的同盟者。

“60 岁的印度是一个年轻的国度”,总理曼莫汉·辛格在 2007 年 8 月 15 日提醒他的国家,强调“要实现我们真正的潜力我们必须在每一个孩子……每一个印度人的健康和教育方面投资,我们的中学和大学 492
要力争成为世界上最好的。我们的商业企业和实验室也要如此……我号召每一个印度人为印度第一而工作”。这是一个鼓舞人心的独立日贺词,将普遍的早期教育和保健视为印度统一进步联盟的最高目标,强调“更好地协同工作”和“在一个国家议事日程上达成最低国民共识”的重要性。由于印度不仅是世界上最大的民主国家,还是世界上年轻人口最多的国家,有 6 亿人年龄在 25 岁以下。如此庞大而充满活力的人口的激增带来的能量和创造潜力,还有未来的购买力使印度成为未来全球每一种新产品和服务的需求的先锋。3 亿多部移动电话,其中大多数实际上经常使用,表达力强的印度人成为世界上最积极的,也是最“好争论的”传达者,用观念和见识激发彼此的想象力。在印度,每年 60 多亿次旅程是由铁路完成的,接近 10 亿次是由公共汽车完成的,公共汽车横穿世界上最长的道路网和国家级高速公路,新近增加的、连接印度的孟买、德里、加尔各答和金奈的“金色四边形”高速公路是新塑胶快车道。

尽管有如此鼓舞人心的发展,辛格总理告诫人民不要自鸣得意,并且提醒他的国家:巨大的悬殊仍然将最富有的少数人与印度饥饿的穷人分隔开。他告诫道,“印度不能成为一个飞速发展的岛屿与未被发展触及的广阔区域并存的国家”,并且宣布他的政府打算在农业改良和新的农村学校方面投入 62.5 亿美元。“只有在我们中间消除贫困,摩诃特玛·甘地关于自由印度的梦想才能完全实现”。

新近增加的女性领导

2007 年,两名印度妇女被推选到重要的政治权力的位置上:由于得到了国大党主席索妮娅·甘地和另一位非凡的女性玛亚瓦蒂(Mayawati)的强有力支持,普拉提巴·帕提(Pratibha Patil)博士赢得了竞选印度共和国总统的所有被推选代表的 2/3 的选票;尽管生来是

“不可接触者”的达利特，玛亚瓦蒂再次当选为印度最强大的邦——北
493 方邦的首席部长。处于国家政治金字塔的顶端的印度的新女性三驾马车——索妮娅、普拉提巴和玛亚瓦蒂能够做很多事情以帮助扭转长期存在的杀害女婴、因嫁妆少被杀害、寡妇自杀和农村妇女被强奸等令人悲痛的折磨印度社会的悲惨现实。在现代印度，尽管各个年龄段开明的男性的数量在增加，但仍有数百万男性沙文主义者，其中大多数生活在偏远农村，而且仍然有惊人数量的男性沙文主义者生活在印度大城市里，他们还是将自己的妻子、女仆和女工视为“下等的”或“低出身的”生灵。在15年时间里，作为总理，英迪拉·甘地旗帜鲜明地反对这种男性的傲慢，但未能取缔被宣布为不合法的嫁妆，尽管她将嫁妆描述为对男性“自尊心”的“侮辱”。现代印度女性领导人现在能够一起努力，利用联合起来的声望和权力的全部力量向印度的法院和警察施压，帮助她们软弱的姐妹们在维护宪法规定的女性合法权利及与男性完全平等的人权方面取得胜利。索妮娅·甘地和玛亚瓦蒂至少也能够选择最有实力的女性候选人参加下一届的人民院选举，选举之后古代流行的颂歌“印度之母(Mother India)”可以真实地反映德里议会中占优势地位的性别。此外，玛亚瓦蒂足够年轻，足够富有，政治上足够敏锐，可能会在某一天成为印度第一位不可接触者出身的总理。

在企业、艺术和娱乐等所有领域，印度女性也赢得了国际声望和财富。百事可乐的新CEO英迪拉·努伊(Indra Nooyi)是第一位在全球公司财富500强企业中进入高层的印度女性。印度电影明星沙巴娜·阿兹米(Shabana Azmi)和艾什瓦亚·拉伊(Aishwarya Rai)在美国观众中闻名遐迩，与她们在孟买一样；导演米拉·奈尔(Mira Nair)的最新、最受欢迎的作品《同名者》就是根据普利策奖获得者朱姆帕·拉希里(Jhumpa Lahiri)的同名小说改编的。在其他印度女性作家中，阿伦达蒂·罗易(Arundhati Roy)首先以其富有灵感的《小东西的上帝(*The God of Small Things*)》获得了布克奖(Booker Prize)，正如最近基兰·德赛(Kiran Desai)以她的《丧失的遗产(*The Inheritance of Loss*)》也获得了这个奖项一样。卡迈拉·玛坎达娅(Kamala Markandaya)的《筛

子里的甘露(*Nectar in a Sieve*)》一直是描写印度农村生活最凄美的小
说之一;阿妮塔·德赛(Anita Desai)的《白天的亮光(*Clear Light of
Day*)》微妙地描述了在分治的悲惨时期一个德里家庭的生活;巴拉
蒂·穆克吉(Bharati Mukherjee)的《虎女(*The Tiger's Daughter*)》揭示了
一个嫁给美国人的孟加拉妇女内心的深深矛盾。印度女性仍然出色地
表演着古典的印度舞蹈(Bharat Natyam)和其他现代舞蹈,并且擅长演唱 494
所有的印度声乐、演奏所有的印度器乐。

印度散居在外者的影响力

今天,大约有2500万印度人生活在全世界的100多个国家,仅在美国就有250万至300万。在最近移民到美国并享受最高人均收入的少数族裔中,印度人受到最好的教育,他们每年将大约150亿美元寄回印度,因此对印度国民生产总值的贡献率约为3%。从诺贝尔奖得主阿马蒂亚·森博士、杰出的指挥家祖宾·梅塔(Zubin Mehta)、西塔尔琴演奏家(Sitarist)拉维·尚卡尔(Ravi Shankar)和宇航员苏尼塔·威廉姆斯(Sunita Williams)到亚洲学会主席维沙卡·德赛(Vishakha Desai)和印度原住民全球组织(Global Organization of people of Indian Origin,GOPIO)主席英德尔·辛格(Inder Singh),到阿玛吉特·辛格·马尔瓦(Amarjit Singh Marwah)博士、拉金·阿难德(Rajen Anand)教授和沙希·塔鲁尔(Shashi Taroor),印度裔美国人在艺术、科学、经济学和医学等领域已经登上顶峰,赢得了国际承认和全球赞誉。印度人早期受到印度父母和祖父母的激励,极为重视他们的教育和天赋,通常比大多数美国人工作更努力,事实上也比大多数欧洲人更努力。至今只有两个印度裔美国人被选入美国国会:1956年加利福尼亚的达利普·辛格·桑德(Dalip Singh Saund)和2004年路易斯安那的鲍比·金达尔(Bobby Jindal)。但是,现在更多的印度裔美国人登上通往地方和全国政治中每一政党的阶梯,要不了太久,一个印度裔美国女性可能在美国的参议院中轻松赢得一个席位,即使不在白宫中占一席之地。

到达美国的第一批印度人是来自中国香港的四个旁遮普锡克教士兵，他们于1899年在旧金山登陆。这些先驱者回家描述了加利福尼亚无居民的溪谷和起伏的山脉的丰富的潜力，很快无数旁遮普锡克农民到达那里，渴望在他们发现的多产的荒地上耕作，很快将荒地变成了结满柑橘、葡萄和鳄梨的果园。当加利福尼亚繁盛和兴旺的时候，吃苦耐劳的印度移民因中央山谷而变得强大和富有，他们中的一些人离开这里到联邦的其他州去探险和工作。丑恶的种族歧视使印度人不能成为美国公民，直到1946年杜鲁门总统签字批准了开明的“克莱尔·布
495 思·卢斯(Clare Booth Luce)和伊曼纽尔·塞拉(Emanuel Cellar)移民法(Act on Immigiration)”，使之成为法律，该法对印度人开启了美国公民权的金色大门。半个世纪之后，申请赴美签证的出色的印度人的数量巨大，以至于从印度的移民逐渐被称做“智力流失”。

但是，流失情况近来在发生逆转，许多最出色的印度科学家和工程师现在渴望在美国完成他们的博士和硕士学业后不久回到祖国，更倾向于在印度繁荣的城市和由计算机装备的“外包”的新兴高科技空调中心找到高工资的、受尊敬的工作。最近的另一个“回流”是受疾病折磨的、需要做昂贵的心脏、髋关节或肾脏手术的美国人坐飞机到孟买或新德里，在那里，这样的手术可以在新式印度医院里由出色的印度医生来做，手术费和飞机票加在一起最多是美国医院总花费的十分之一。更值得注意的是，年纪大的美国公民现在开始由他们自己的孩子“外包”到印度。需要昂贵的医疗和24小时私人精心照顾的上了年纪的美国人可以更舒适地生活在印度，并且其价钱比在美国要合理得多。马哈拉施特拉的制药厂生产最好、最先进的药物，价格只是它们在美国花费的五分之一或十分之一，年长的糖尿病患者、老年痴呆症或两极型痴呆患者的孩子们可以雇佣训练有素的印度护士、出色的印度厨师和温和的临床医生，以不到美国一个普通看护费用的三分之一来照顾他们的父母。因此，印度和美国不仅在民用核能方面，而且在老年保健方面成为战略伙伴。

最近与巴基斯坦的关系

2007 年 3 月,穆沙拉夫将军试图"解雇"巴基斯坦首席法官伊夫提卡·穆罕默德·乔杜里(Iftikhar Mohammad Chaudhry),因为他敢于挑战将军身着制服再次竞选"总统"的合法权利。如以前巴基斯坦文官政府的每一位军事篡权者一样,穆沙拉夫政变后立即承诺尽"可能"快地返回兵营。2002 年,在赢得他命令举行的唯一议题的全民投票之后,穆沙拉夫接受了"总统"头衔,并将它加在作为巴基斯坦首位将军的陆军参谋长(Chief of Army Staff, COAS)的头衔上面。他宣称"绝大多数"巴基斯坦人支持他担任总统,但他不是政治家,没有党派,而且如 496
果他与诸如纳瓦兹·谢里夫或贝娜齐尔·布托那样经验丰富的政治家竞选,当然不会获胜,永远不能赢得自由而公正的选举。于是,在承诺号召选举的同时,他坚持将他们两个作为"接受贿赂的罪犯"而被"剥夺资格"。令人惊奇的是,穆沙拉夫也没有意识到反对他解除巴基斯坦首席法官职务的罢工和抗议是如此的强有力。毕竟巴基斯坦的"伟大领袖"真纳本人是律师价值观念的典范。因此,巴基斯坦的律师和法官一直是国家最受尊敬的专业团体。正如每份报纸每天的头号标题报道的那样,他们沿着每座城市的街道游行,中断交通并赢得广泛支持,直到穆沙拉夫作出让步,并且承诺等待巴基斯坦最高法院的所有法官能够对首席法官乔杜里的身份问题作出裁决。当最高法院投票恢复他原来的职务时,将军最初接受了他们的明智裁决,但是当他得知同一个法院准备否决他身着制服竞选总统的第二个任期时,他解雇了整个法院并废除了巴基斯坦宪法,于 11 月 3 日宣布国家处于"紧急状态"。

到那时,华盛顿源源不断地输送给巴基斯坦价值约 100 亿美元的武器和重型装备以支持穆沙拉夫的军事政权,因此美国官员提醒他自己的承诺:在年底前举行"自由而公正"选举以恢复民主的文官统治。国务院认为前总理贝娜齐尔·布托是再次担任这一职位的最佳候选人,作为一位适度受欢迎的文官对穆沙拉夫施加影响,而且敦促他与她达成一致。10 月 18 日,当贝娜齐尔结束八年流亡飞回卡拉奇时,他们好像非常“接近”于达成一个权力共享的协议。欢呼的人群欢迎贝娜齐尔回家，她仍然像她的受崇敬的父亲佐勒菲卡尔·布托一样极富魅力。这时，一颗自杀式炸弹袭击了她的卡车，尽管贝娜齐尔没有受伤并逃脱了，但她的巴基斯坦人民党 136 名热情的追随者被炸死了。但是，仅仅两个月后，12 月 27 日，当贝娜齐尔从拉瓦尔品第的政治集会驶离时，当她的更多支持者被另一个自杀式炸弹炸死时，她也被射倒。

选举被再次推迟到 2008 年 2 月 18 日。一些人担心当人们去投票时巴基斯坦会面临更多的恐怖袭击，或者穆沙拉夫可能试图操纵选举结果。在卡拉奇和拉瓦尔品第都没能保护好贝娜齐尔，尤其是后者，因
497 为那里是陆军总司令部，在那里巴基斯坦第一位总理利亚卡特·阿里汗在 54 年前当他起身向官员听众们发表演讲时被暗杀。这使很多巴基斯坦人很忧虑，如果不是感到恐惧的话。

印度很平静，其领导人避免发表不利的评论，在巴基斯坦烦扰不断升级的那些月份里小心翼翼以免激起任何跨境暴力，一度小心看管其弹道导弹核军火库。

未来

就这样，印度命运和苦难的巨轮在滚滚向前，现在的印度一方面存在着由全球化的繁荣而衍生的财富和奇迹，它们将世界上最强大、最富有国家的推销员吸引到新德里、孟买、加尔各答和班加罗尔，向圣雄甘地和贾瓦哈拉尔·尼赫鲁的 10 亿后人提供最现代的和平消费品和最致命的战争武器，另一方面也使母亲印度(Mata Bharat)的最贫穷的三分之一的孩子以腐烂的残羹剩饭为食，饮用恒河母亲被无数代人骨灰染成绿色的水。当印度变得越来越强大时，是否也将变得更有同情心，能否与没有土地，从早到晚地工作，仍然不能喂饱他们生下来就饿得每晚在哭泣中睡着的婴儿们的最贫穷的农民们分享其巨大的财富？印度由远道而来的核燃料提供能源的强大的新电力能否给印度最黑暗的村庄带来光明和希望，或者只使发动一场比以前所知的更致命的新战争变得更容易，是否验证了将这“最黑暗的时代”称做“Kala Yuga”的古代

圣人的预言？

作为佛教和摩诃特玛·甘地的印度教“爱的法则(Ahimsa)”的发
源地,印度也养育了第一个大王,他有足够的智慧在其疆土上竖立的石
柱上镌刻“和平”的信息——阿育王呼吁生活在其政体“白伞”下的所有
人对邻居要有同情心,无论他们的种族起源、语言或者肤色是多么的
“异质”。印度哲学的最大成果吠檀多教导:尽管一切生灵迷惑人的外
表显得多么的不同,但万物一体。“对他来说苦乐是一样的,”印度古代
智慧教导说,“他能永生……对他来说土块、石头和黄金没有差别。”古
代印度文明的天才永远不会被遗忘。“一个人如何引导自己,他就会成 498
为那样的人。行善得善,作恶得恶”。2 500 年前的奥义书导师预言。
毫无疑问,今天印度最有智慧的领导人至少在本世纪的最后岁月里不
会忽视由他们的古代圣哲传承给他们的那些真理。

索　　引

（本索引中的页码为原书页码，即本书边码）

C

D

E

G

H

J

K

N

O

P

Q

R

S

T

U

V

W

X

Y

Z

译后记

译这部《印度史》是我工作计划之外的事。自 1996 年师从黄心川先生研习印度哲学、宗教以来，我的主要精力都投入到印度哲学、宗教的研究。当然在研究过程中，印度历史方面的书籍也常常阅读、参考，它们是从事一切有关印度研究的基础。而且许多印度学者与中国传统学者一样，在他们那里文史哲是不分家的，尤其是从事印度古典研究的学者。

反观我国的印度学研究，由于受现代学科制度的影响，各自为战、条块分割现象比较严重，使本来就长期处于边缘地位的印度学科越来越边缘化，力量分散，形不成集群效应。国内的印度历史研究概莫能外，如果说过去还有几位老先生几十年如一日地致力于印度历史的研究（华中师范大学的涂厚善先生、北京大学的林承节先生和辽宁大学的崔连仲先生等），在世界历史的百花园里犹有可观的话，现在基本可以说是凋零了，青黄不接、难以为继了。正是在这种意义上，我们认为引进、介绍西方一些印度历史的著作还是很有价值的。西方印度历史学者都有很好的语言基础，都要掌握梵文、巴利文，另外还必须到印度进行学术考察，了解最新的出土文物、地下发掘情况，与印度学者建立良好的学术合作关系，因此在印度历史相关学术信息的掌握方面具有优势。再者，他们都有薪火相传的师承关系。

《印度史》作者是美国加利福尼亚洛杉矶分校历史系荣休教授斯坦利·沃尔波特，他是印度学者，是世界上关于现代印度与巴基斯坦政治与思想史最权威的学者之一，有十多部著作，其中主要有《提拉克与郭克雷(*Tilak and Gokhale*，1962年)》、《印度(1991年)》、《甘地的激情：圣雄甘地的生活与遗产(*Gandhi's Passion: The Life and the Legacy of Mahatma Gandhi*，2001年)》、《印度百科辞典(主编，2005年)》、《印度与巴基斯坦：持续的冲突抑或合作(*India and Pakistan: Continued Conflict or Cooperation*，2010年)》。

关于此书，1977年出版第一版，到现在发行第八版，汉译本即是根据最新的第八版译出。《印度史》一直是最具可读性、最流行的一卷本印度史。此书第八版吸收了最新的学术成果，并且在印度人的国外散居、印度经济和核武器等问题上综合了最新的研究。斯坦利·沃尔波特教授以一种生动的语言将4000多年的印度历史浓缩在一种优雅而吸引人的叙述之中。在此书中他讨论了印度急剧膨胀的人口、工业和经济，还展望了印度的未来。沃尔波特以一种均衡的视野，真实地呈现了印度历史，他既描绘了印度文明辉煌的成就，也尖锐地指出了它持续存在的社会不平等、经济与政治的腐败。

非常感谢上海师范大学的陈恒教授和中国社会科学院世界历史研究所的郭子林博士，由于后者的大力举荐和前者的信任才使本书汉译本得以问世。译者于2010－2011年在美国康奈尔大学访学，其间曾与斯坦利·沃尔波特教授联系，希望他能为其大作汉译本赐序，不久之后即收到他的汉译本序，在此谨对斯坦利·沃尔波特教授表示衷心的感谢。

由于本人对经济学不熟悉，因此为保证译书质量，特邀请首都经济贸易大学经济学院的张锦冬博士翻译本书有关印度经济部分，即第15章、第16章、第23－29章。其他各章为李建欣所译，特此说明。

译者于2013年6月